STEIDL

taschenbuch 24

Bernt Engelmann, 1921 in Berlin geboren, erlebte den Zweiten Weltkrieg zunächst als Soldat bei der Luftwaffe, dann als Angehöriger einer Widerstandsgruppe, wurde zweimal von der Gestapo verhaftet und erst bei Kriegsende, nach langer »Schutz«-Haft in Gefängnissen und Konzentrationslagern, aus dem KZ Dachau befreit.

Engelmann arbeitete schon während seines Studiums als Journalist für Gewerkschaftszeitungen, dann als Reporter, Korrespondent und Redakteur beim *Spiegel,* später für das NDR-Fernsehmagazin *Panorama.* Seit 1962 war er freier Schriftsteller. Viele seiner Bücher – unter anderem »Die Aufsteiger«, »Hotel Bilderberg«, »Die Laufmasche«, »Deutschland-Report«, »Schwarzbuch Helmut Kohl«, »Großes Bundesverdienstkreuz«, »Berlin«, »Du deutsch?«, »Die Beamten. Unser Staat im Staate«, »Wir Untertanen. Ein deutsches Geschichtsbuch« sowie, zusammen mit Günter Wallraff, »Ihr da oben, wir da unten« – wurden in alle wichtigen Sprachen übersetzt und sind sowohl in den USA wie in Rußland, in Frankreich, Großbritannien, Schweden, Finnland, Polen, Italien, Ungarn und in Japan erschienen. Die Weltgesamtauflage seiner mehr als 40 Buchtitel hat die 15-Millionen-Grenze überschritten. In Deutschland erscheinen seine Bücher im Steidl Verlag.

Bernt Engelmann, engagierter Gewerkschafter, war von 1977 bis 1984 Vorsitzender des Verbands deutscher Schriftsteller (VS) in der IG Druck und Papier, von 1972 bis 1984 Präsidiumsmitglied des PEN-Zentrums BRD, war langjähriges Mitglied der IG Metall und gehörte der Tarif- und Verhandlungskommission des VS an. 1984 wurde er mit dem Heinrich-Heine-Preis ausgezeichnet. Er starb 1994 in München.

Bernt Engelmann

Wir Untertanen

Ein deutsches Geschichtsbuch
Erster Teil

Steidl

»Wir Untertanen« erschien erstmals 1974
im C. Bertelsmann Verlag, München

Wir senden Ihnen gern unser kostenloses
Gesamtverzeichnis zu:
Steidl Verlag, Düstere Straße 4, D-37073 Göttingen

98 99 00 01 9 8 7 6 5 4 3 2 1

Umschlag: Klaus Detjen
unter Verwendung eines Gemäldes von Robert Warthmüller,
»Der König ist überall«, 1886 (AKG, Berlin)
Satz, Druck, Bindung:
Steidl, Düstere Straße 4, D-37073 Göttingen
Gedruckt auf Öko 2001 RC-Papier
zur ökologischen Buchherstellung
(80 Prozent Altpapier, 20 Prozent Durchforstungsholz
aus nachhaltiger Forstwirtschaft,
ohne Färbung, ohne optische Aufheller)
Printed in Germany
ISBN 3-88243-201-2

Für Pitzi, Thomas, Bine, Kati, Jabok und Rosinchen, Bimbi, Vinzi und Soscha – damit ihnen die wahren Helden der deutschen Geschichte, die Männer und Frauen, die für Recht und Freiheit kämpften – von Joß Fritz und Jäcklein Rohrbach über Johann Jacoby und Robert Blum bis zu August Bebel und Rosa Luxemburg –, keine Unbekannten bleiben.

Inhalt

Fragen eines lesenden Arbeiters

Wer baute das siebentorige Theben?
In den Büchern stehen die Namen von Königen.
Haben die Könige die Felsbrocken herbeigeschleppt?
Und das mehrmals zerstörte Babylon –
Wer baute es so viele Male auf? In welchen Häusern
Des goldstrahlenden Lima wohnten die Bauleute?
Wohin gingen an dem Abend, wo die Chinesische Mauer
fertig war,
Die Maurer? Das große Rom
Ist voll von Triumphbogen. Wer errichtete sie? Über wen
Triumphierten die Cäsaren? Hatte das vielbesungene Byzanz
Nur Paläste für seine Bewohner? Selbst in dem sagenhaften
Atlantis
Brüllten in der Nacht, wo das Meer es verschlang,
Die Ersaufenden nach ihren Sklaven.
Der junge Alexander eroberte Indien.
Er allein?
Hatte er nicht wenigstens einen Koch bei sich?
Philipp von Spanien weinte, als seine Flotte
Untergegangen war. Weinte sonst niemand?
Friedrich der Zweite siegte im Siebenjährigen Krieg.
Wer siegte außer ihm?
Jede Seite ein Sieg.
Wer kochte den Siegesschmaus?
Alle zehn Jahre ein großer Mann.
Wer bezahlte die Spesen?

So viele Berichte.
So viele Fragen.

Bertolt Brecht

1. Eine neue Perspektive oder wie Geschichte interessant werden kann

»Geschichte ist doof«, meint Karin. Und das finden auch Sabine, Klaus, Peter und Monika. Sie wohnen zwar in verschiedenen Städten der Bundesrepublik Deutschland; sie besuchen Schulen unterschiedlichen Typs; sie stimmen in vielen anderen Fragen ganz und gar nicht überein. Aber, was Geschichte betrifft, so sind sie völlig einer Meinung: Sie finden sie langweilig, uninteressant, überflüssig und nennen sie deshalb schlicht doof. Allerdings gilt ihr abfälliges Urteil – wie sich dann ergab – nicht eigentlich der Geschichte, sondern der Art und Weise, in der man sie ihnen beizubringen versucht hat. »Immer nur Kaiser und Könige, die von dann bis dann regiert haben und nur Kriege führten und Schlachten schlugen – wen interessiert das schon?« erklärte dazu Sabine. »Wenn es wenigstens dufte Typen gewesen wären«, fügte Monika hinzu, »Leute, die einem imponieren könnten ...«

Einige Vorschläge, die eine oder andere Gestalt der deutschen Geschichte betreffend – zum Beispiel Joß Fritz, Johann Jacoby, August Bebel –, ergaben, daß diese Namen weder Sabine noch Klaus, noch Peter, noch Monika oder Karin etwas sagten. Und umgekehrt zeigte sich, daß ihnen Martin Luther wohl als der große deutsche Reformator, Bibelübersetzer und Kirchenlieddichter sowie als mutiger Mann – »Hier stehe ich, ich kann nicht anders. Gott helfe mir. Amen.« – bekannt war, nicht aber Luthers Rolle in der ersten großen deutschen Revolution, von der sie ebenfalls nichts wußten. Erst als ihnen klar wurde, daß damit »die Bauernkriege« gemeint waren, fiel Peter ein, daß Luther den Ausschreitungen der Bauern furchtlos entgegengetreten sei. »Aber was soll das?« beeilte er sich, hinzuzufügen. »Das kann doch heute keinen mehr vom Stuhl reißen – nicht mal den Landwirtschaftsminister!«

Das gab den Anstoß zu diesem Buch. Es soll - um Irrtümern vorzubeugen - nicht einfach der Vielzahl bereits vorhandener Geschichtsbücher nur ein weiteres hinzufügen. Vielmehr ist es sein Zweck, die geschichtliche Vergangenheit - und zwar naheliegenderweise hauptsächlich unsere, also die deutsche Vergangenheit - einmal ganz anders darzustellen, als dies bislang üblich war und ist, sie von ihrem Pomp und Staub zu befreien und im besten Sinn des Wortes *interessant* zu machen. Warum? Es gibt dafür ein paar gute Gründe, die jeden angehen. Beispielsweise diesen:

»Wer sich an die Vergangenheit nicht erinnern kann, ist dazu verdammt, sie zu wiederholen.« Diese Feststellung stammt von dem großen amerikanischen Philosophen und Romancier George Santayana. Sie gilt, mehr noch als für den einzelnen Menschen, auch für Völker und Nationen.

Der Gedanke, unsere Vergangenheit wiederholen zu müssen, ist für uns Deutsche besonders erschreckend! Wenn wir uns nicht erinnern (und deshalb aus begangenen Fehlern nichts lernen) können, müßten wir und unsere Nachkommen alles noch einmal durchmachen: den Wahnsinn der Hitler-Zeit samt dem Massenmord an einer wehrlosen, dem Diktator verhaßten Gruppe von Mitbürgern und auch samt allen Schrecken eines von Anfang an aussichtslosen Krieges gegen die halbe Welt; den mit Millionen Toten und Abermillionen Krüppeln bezahlten frisch-fröhlichen Hurra-Patriotismus von 1914; die völlige Rechtlosigkeit, nicht nur aller Frauen und beinahe sämtlicher Jugendlicher, sondern auch der meisten Männer gegenüber jedweder Obrigkeit »von Gottes Gnaden«, zu der auch der Fabrikherr, die »gnädige Frau«, der Herr Unteroffizier und der Meister gehörten; den Kadaver-Gehorsam, die Prügelstrafe, die ständige Bevormundung durch geistliche und weltliche Uniformierte. Und so weiter und weiter zurück bis ins finstere Mittelalter...

Diese Vorstellung ist entsetzlich.

Aber können wir, die heutigen Bürger der Bundesrepublik, die wir die große Mehrheit der Deutschen des zwanzigsten Jahrhunderts sind, uns der deutschen Geschichte erinnern? Zunächst ist man geneigt, diese Frage erleichtert zu bejahen,

natürlich mit Einschränkungen: Wir, die heute Lebenden, haben die historische Vergangenheit unseres Volkes ja nur in ihren allerjüngsten Teilen selbst erlebt. Wir sind deshalb im wesentlichen auf das angewiesen, was uns andere davon vermitteln konnten. Unser Geschichtsbild wurde geprägt vom Unterricht in der Schule, von historischen Romanen, Theaterstücken, Filmen oder Fernsehspielen, auch von dem einen oder anderen Sachbuch, vielleicht von älteren Verwandten oder Freunden, die dieses oder jenes noch selbst miterlebt oder sich besonders damit beschäftigt haben, vielleicht auch von Künstlern, die sich bemühten, bestimmte geschichtliche Ereignisse oder Gestalten mit ihren jeweiligen Mitteln zu verewigen.

Natürlich kennt niemand, auch nicht der beste Fachgelehrte, die gesamte deutsche Geschichte in allen Einzelheiten. Unser Wissen beschränkt sich, im ganzen gesehen, auf das, was sich von den – teilweise recht lückenhaften – Überlieferungen aus mehreren Jahrtausenden durch intensive Forschungen einigermaßen erhärten ließ.

Für die meisten Bundesbürger unserer Tage ist die deutsche Geschichte nur das, was sie in fünfzig, hundert oder mehr Schulstunden davon erfahren haben und später durch allerlei Einzelheiten aus Romanen, Gemälden, Filmen oder Illustriertenberichten ergänzen konnten. Die Auswahl dessen, was unser Geschichtsbild geformt hat, wurde meist von anderen bestimmt, die sie für uns trafen, und vom zufällig Angebotenen.

Außerdem gibt es zwischen den Geschichtsbildern der einzelnen Mitglieder unserer Gesellschaft sehr beträchtliche Unterschiede, was die Deutlichkeit, den Umfang und die zumindest zeitlich ungefähr richtige Einordnung der Geschehnisse betrifft. Diese Unterschiede sind vor allem dadurch bedingt, daß die oder der eine mehr Bildungsmöglichkeiten gehabt (und diese mehr oder weniger wahrgenommen) hat als die oder der andere.

Dagegen ist die Perspektive, also die Blickrichtung, aus der heraus unser jeweiliges Geschichtsbild entstanden ist, bei allen ziemlich gleich. Das war schon immer so, seit es Schulen in

Deutschland gibt, und es ist auch heute noch so: Der Hauptschüler Franz, Sohn eines Waldarbeiters; sein Klassenkamerad Wolfgang, Erbe des Schloßguts, zu dem der Wald gehört, wo Franzens Vater als Holzfäller sein Brot verdient; die Berufsschülerin Doris, die Friseuse wird und deren Vater Maschinenschlosser ist; die Gymnasiasten Markus, Peter und Michael, Söhne von Akademikern und höheren Beamten; die Studentin Karin, Tochter eines Großindustriellen; Erbprinz Kraft-Eberhard, dessen Familie Ländereien im Umfang mehrerer Landkreise besitzt, dazu Schlösser, Kunstschätze, Brauereien und Aktienpakete der die Region beherrschenden Bank; Maria, Tochter einer ledigen Kellnerin und Absolventin einer oberpfälzischen Dorfschule; der Postamtmannssohn Fritz, Realschüler in der Kreisstadt; Sabine, großstädtische Bäckermeisterstochter und Oberrealschülerin, oder Knut-Asgard, der als Sohn eines Kaffeeimporteurs und Konsuls an einem altehrwürdigen hansestädtischen Gymnasium seine Reifeprüfung ablegt – sie alle, ob Dorfschülerin oder, wie der Erbprinz, Zögling eines exklusiven Internats, erhalten einen zwar unterschiedlich intensiven, aber von der Betrachtungsweise her durchaus gleichen Geschichtsunterricht.

Das scheint auf den ersten Blick nicht nur gut und richtig zu sein, sondern geradezu selbstverständlich. Warum sollten Heinrich der Löwe, Karl V., die Fugger, Ulrich von Hutten, Wallenstein, Friedrich der Große, der Freiherr vom Stein oder auch Bismarck, Ludendorff und Hitler für Bankierstöchter, Erbprinzen und Großindustriellensöhne andere Bedeutungen haben als für die Kinder von Waldarbeitern, Kellnerinnen oder Maschinenschlossern?

Unterstellen wir einmal, es gäbe darauf keine vernünftige Antwort. Dann müßte es aber dennoch erlaubt sein zu fragen: Wessen Geschichtsauffassung ist dies eigentlich, die uns da – offenbar so selbstverständlich für alle gleich – vermittelt wird oder werden soll? Und was ist der Sinn und Zweck dieser Geschichtsdarstellung und ihrer Einheitlichkeit?

Gehen wir noch einen Schritt weiter und fragen wir, was denn Geschichte überhaupt ist und sein soll. Darauf gibt uns der schweizerische Kulturhistoriker Jacob Burckhardt eine

schlichte und klare Antwort: *»Geschichte ist, was ein Zeitalter an dem anderen interessiert.«*

Das setzt nun allerdings etwas voraus, nämlich, daß wir, für die die mehr oder weniger weit zurückliegenden Epochen zur begriffenen Geschichte werden sollen, aus der sich dann nützliche Lehren für die Gegenwart und die Zukunft ziehen lassen, auch tatsächlich wissen, *was* uns davon interessiert, das heißt: was unseren Interessen entspricht.

Dazu müßten die meisten von uns jedoch erst einmal klar erkennen, in welcher Interessenlage sie sich befinden. Sodann müßten sie imstande sein, aus dieser Erkenntnis Folgerungen zu ziehen. Sie hätten sich vor allem darüber klarzuwerden, daß sich ihre eigene Lage von der Situation anderer teils gar nicht, teils aber – und zwar in sehr wichtigen Punkten – außerordentlich stark unterscheidet.

Daraus folgt, daß sie selbst, wahrscheinlich gemeinsam mit vielen anderen, ganz bestimmte Interessen haben. Doch diese brauchen nicht unbedingt übereinzustimmen mit den Interessen derer, die die Auswahl der geschichtlichen Betrachtungsweise für alle getroffen haben, und zwar von ihrer wahren oder vermeintlichen eigenen Interessenlage her.

Es könnte dann durchaus sein, daß sich ein solches »allgemeines«, in Wahrheit von wenigen für alle geschaffenes Geschichtsbild bei genauerem Hinsehen als etwas herausstellt, das von einer der unseren genau entgegengesetzten Interessenlage ausgeht.

Dann aber wäre das von den Lehrern an die Schüler, von Büchern, Theaterstücken, Kino- und Fernsehfilmen oder von bildenden Künstlern an das Publikum vermittelte Geschichtsbild in Wahrheit für uns, die es sich zu eigen machen sollen, eindeutig uninteressant. Ja, im Burckhardtschen Sinne handelte es sich dann gar nicht mehr um Geschichte, jedenfalls nicht um unsere.

Nehmen wir ein krasses Beispiel und versuchen wir uns einmal vorzustellen, wir seien keine Mitteleuropäer der Gegenwart, sondern Afrikaner eines späteren Jahrhunderts, sagen wir: Bürger des westafrikanischen Freistaats Sierra Leone des Jahres 2091, und an den Schulen unseres Landes lehrte man

uns oder unsere (schwarzhäutigen) Kinder die Geschichte Sierra Leones, wobei die Lage im letzten Drittel des 19. Jahrhunderts etwa so beschrieben würde:

»Es war eine für unser Land überaus glückliche Zeit des wachsenden Wohlstands und des dauerhaften Friedens. Es herrschten Gesetz und Ordnung, Gottesfurcht und Sittsamkeit. Die Wirtschaft blühte wie nie zuvor. Anbau und Ausfuhr von Kakao, Elfenbein, Erdnüssen und Ingwer nahmen gewaltig zu. Der Palmkern-Export erreichte eine Rekordhöhe: Man entdeckte Diamanten- und Chromerz-Vorkommen, und deren intensive Ausbeutung brachte so viel Reichtum ins Land, daß auch einfache Beamte, Geistliche, Techniker und Unteroffiziere ein sehr gutes Auskommen hatten. Sie konnten sich komfortable Wohnungen, Hausangestellte, beste ärztliche Versorgung und gute Schulen für ihre Kinder leisten.

Man trieb viel Sport, vor allem Tennis, Golf, Cricket und Polo. In Clubs und Privathäusern pflegte man Geselligkeit und suchte Zerstreuung bei Musik, Tanz, Kartenspiel und Laientheateraufführungen. Dabei hielt man, auch bei größter Hitze, stets auf korrekte Kleidung: Die Herren trugen abends Smoking, Frack oder Ausgehuniform; die Damen zeigten sich in langen, hinten über den Boden schleppenden, in der Taille enggeschnürten Kleidern aus Seide oder Samt, geschmückt mit vielen Spitzen, Rüschen und Bändern. Und man gedachte, sobald das Beisammensein dem Ende zuging und der letzte Walzer verklungen war, stets mit dem stehend gesungenen Lied ›Gott schütze unsere Königin!‹ der fernen Herrscherin, unserer seit 1837 regierenden Landesmutter Victoria, einer Enkelin Georgs III. aus dem Hause Hannover, die bis zu ihrem tief betrauerten Tode im Jahre 1901 unser von allen hochverehrtes Staatsoberhaupt war. Der Königin zur Seite stand der stille und bescheidene, um die Londoner Weltausstellung von 1851 hochverdiente Prinzgemahl Albert aus dem Hause Sachsen-Coburg und Gotha, geboren 1819, gestorben 1861.

In dieser glänzenden, nach der Königin ›viktorianisch‹ genannten Epoche kostete in unserer Hauptstadt Freetown das Pfund Tee nur fünfeinhalb Pence, ein Pfund Orangenmarmelade vier Pence, die Flasche Gin zwei Schillinge, ein Stück gute

Toilettenseife dreieinhalb Pence, eine seidene Smokingschleife einen Schilling und sechs Pence, das Abonnement einer (mit mindestens vierzehn Tagen Verspätung eintreffenden) Londoner Tageszeitung, gleich ob konservativer oder gemäßigt liberaler Richtung, monatlich zwei Schillinge.

Obwohl niemand körperliche oder schmutzige Arbeit tat, nahmen alle, arm oder reich, täglich mindestens ein Brause- oder Wannenbad. Man war hygienisch, aber auch fromm. Der Sonntag war dem Kirchgang, der Andacht, ernster Lektüre und der klassischen Musik gewidmet. Wohltätigkeit, Sitte und Anstand, zumindest deren äußerer Anschein, waren unerläßliche Voraussetzungen für einen gesellschaftlichen Erfolg. Daneben legte man großen Wert auf standesgemäßes Auftreten und auf Bequemlichkeit. Man genoß alle Vorzüge der hochentwickelten Zivilisation und fortgeschrittenen Technik, hatte ausgeprägte Ehr- und Gerechtigkeitsbegriffe und erfreute sich höchsten Ansehens bei allen Nachbarn ...«

Ein solcher Geschichtsunterricht müßte den Bewohnern von Sierra Leone des Jahres 2091 geradezu absurd erscheinen. Denn im letzten Viertel des 19. Jahrhunderts, von dem die Rede war, lebten von den - damals noch nicht gezählten, nur grob geschätzten - rund zwei Millionen Einwohnern dieses westafrikanischen Landes allerhöchstens 0,02 Prozent etwa so wie beschrieben.

Dagegen kannten 99,98 Prozent der Landeskinder weder Hygiene noch andere Vorzüge der Zivilisation, sie spielten niemals Tennis oder gar Polo, waren an Tee, Orangenmarmelade und Smokingschleifen kaum interessiert und konnten, obwohl auch ihnen die körperliche Schwerarbeit in glühender Hitze verhaßt war, sich dieser leider nicht entziehen. Und selbst ein kostenloser Bezug der Londoner *Times* oder des *Daily Telegraph* hätte ihnen wenig genutzt; sie waren nämlich fast ausnahmslos Analphabeten, zudem der englischen Sprache gar nicht oder nur sehr beschränkt mächtig.

Die Masse der Bevölkerung von Sierra Leone lebte damals in unbeschreiblicher Armut, litt unter Hunger und Seuchen, hatte eine durchschnittliche Lebenserwartung von weniger als 27 Jahren, wurde entsetzlich ausgebeutet und war nahezu

rechtlos. Die kargen Mahlzeiten nahmen selbst die Häuptlinge nicht im Frack oder in Ausgehuniform ein, und auch deren Frauen trugen keine seidenen Schleppkleider mit enggeschnürten Taillen, sondern höchstens ein paar Lumpen.

Die gerechte Ordnung, die damals in Sierra Leone herrschte, bestand im wesentlichen darin, daß in sehr regelmäßigen Abständen ein weißer Kolonialoffizier mit sechs Haussa-Soldaten in den Dörfern erschien und im Schutz der Schnellfeuergeschütze eines am nahen Flußufer vor Anker liegenden Kanonenboots die enorm hoch festgesetzten Steuern eintrieb. Säumigen Zahlern ließ der weiße Herr eine Hand oder einen Fuß abschlagen. Ihm unfähig dünkenden Häuptlingen drohte Absetzung und Verschickung in ein Bergwerk, wo sie als Kettensträflinge Zwangsarbeit zu verrichten hatten. Aufsässige wurden öffentlich ausgepeitscht, Aufrührer niedergeschossen oder am nächsten Baum aufgeknüpft. Eine ärztliche Versorgung der eingeborenen Bevölkerung gab es so gut wie gar nicht; weniger als 0,1 Prozent der schwarzen Kinder erhielten etwas Elementarunterricht, vornehmlich aus der Bibel und dem Gesangbuch – kurz, die gesamte Schilderung der Zustände in Sierra Leone gegen Ende des vorigen Jahrhunderts, die hier als Beispiel für einen möglichen Geschichtsbuch-Text des Jahres 2091 gegeben wurde, ist zwar insofern historisch richtig, als es tatsächlich damals unter den etwa zwei Millionen Landesbewohnern ein paar Leute gegeben hat, die so, wie beschrieben, gelebt haben. Aber die Darstellung bezog sich eben nur auf diese knapp vierhundert Weißen und ihre speziellen Interessen. Dergleichen im Jahre 2091 allen Bürgern des dann seit über anderthalb Jahrhunderten vom Joch des Kolonialismus befreiten Landes Sierra Leone als deren geschichtliche Vergangenheit aufzutischen, wäre wahrscheinlich unsinnig und eine dreiste Zumutung.

Natürlich müßte auch eine die tatsächliche Interessenlage der eingeborenen Bevölkerung von Sierra Leone gewissenhaft wahrende Geschichtsschreibung beinahe alle zuvor aus der Kolonialherren-Perspektive geschilderten Umstände und Verhältnisse berücksichtigen. Die winzige weiße Minderheit übte ja in jener Zeit die alleinige Macht im Lande aus und diktierte

den Ablauf der Geschichte. Und man kann deshalb das Vorhandensein der weißen Herren nicht mit Schweigen übergehen.

Nur müßte man dann die Tatsachen auch für die Masse der Bevölkerung von Sierra Leone wirklich interessant, das heißt: ihren Interessen entsprechend - und nicht völlig widersprechend - berichten, etwa so:

»Die seit etwa 1830 von der Küste her immer weiter ins Land eingedrungenen europäischen Kolonialherren nahmen uns nach und nach alles: Feldfrüchte und Vieh, Kokosnüsse und Elfenbein, Land und Bodenschätze, aber auch unsere Kultur und unsere Freiheit. Durch List und Gewalt, vor allem durch ihre den unseren weit überlegenen Waffen, zwangen sie uns, für sie zu schuften, während sie selbst keinerlei körperliche Arbeit taten, diese vielmehr verachteten und sich statt dessen bei Sport, Musik und Kartenspiel vergnügten.

Sie taten sich viel zugute auf das, was sie ihre Gesittung und ihre Moral, ihre Ehre, ihre Fairneß und ihre christliche Frömmigkeit nannten. Doch in Wirklichkeit waren sie die brutalsten, skrupellosesten Ausbeuter und die habgierigsten Halunken, die man sich denken kann.

Es wäre falsch, wollte man behaupten, daß sie uns wie Tiere behandelt hätten. Denn ihre Hunde und Pferde fütterten sie reichlich und pflegten sie gut, ja oft sogar liebevoll. Uns dagegen ließen sie mitleidslos hungern, auf Plantagen, beim Eisenbahnbau und in Bergwerken zu Tode schuften und elend verrecken. Sie kannten auch mit Frauen und Kindern, Alten und Kranken keinerlei Erbarmen ...«

Soweit das - vielleicht doch nicht gar so absurde - willkürlich gewählte Beispiel aus Sierra Leone. Läßt es sich auf die deutsche Geschichte und deren bei uns übliche Darstellung ganz oder teilweise übertragen?

Man ist zunächst geneigt, eine solche Frage mit Entrüstung zu verneinen. Schließlich ist es ja mehr als anderthalb Jahrtausende her, daß es in Deutschland fremde Kolonialherren gegeben hat. Und diese, die Römer, brachten uns, wie wir in der Schule gelernt haben, ihre hohe Kultur und Zivilisation, ihr Recht und das damit abgesicherte System einer glänzend funk-

tionierenden Gesellschaft. Deren Hauptmerkmal war allerdings die Ausbeutung von sehr zahlreichen Unfreien, sogenannten Sklaven, teils durch deren private Eigentümer, teils durch den Staat.

Der Sklave war für die Römer ein bloßes Nutztier, eine rechtlose Sache, die sich von anderen Dingen, die man nach Gutdünken verwenden, kaufen, verkaufen, pflegen oder verkommen lassen konnte, nur dadurch ein wenig unterschied, daß diese lebendige, »Sklave« oder »Sklavin« genannte Sache zu sprechen fähig war. Man unterschied deshalb zwischen stummen Werkzeugen wie Hacken oder Sicheln, halbstummen wie Ochsen oder Schafen sowie sprechenden Werkzeugen, also Sklaven, die zwar äußerlich Menschen zu sein schienen und deshalb geschoren, gebrandmarkt und mit metallenen Halsbändern, auf denen der Name des Eigentümers stand, versehen werden mußten. Aber juristisch war es ziemlich einerlei, ob es sich um eine Schaufel, ein Schaf oder einen Sklaven handelte.

Diese Rechtsauffassung der Römer war den Bewohnern des – nur im Westen und Süden von den Römern unterworfenen – Gebiets, das sie samt dem noch »wilden« Mittel- und Norddeutschland, aber auch samt Dänemark und dem übrigen Skandinavien »Germanien« nannten, völlig fremd und unbegreiflich gewesen. Doch die römischen Kolonialherren brachten den Eingeborenen des von ihnen unterworfenen Teils, einer Mischung aus Kelten, Westgermanen und Resten der europäischen Urbevölkerung, sehr schnell bei, sich mit diesen Notwendigkeiten abzufinden. Und notwendig war die Sklavenhaltung. Ohne Massen von Sklaven wären die gewaltigen zivilisatorischen Leistungen des von Rom aus regierten Weltreichs überhaupt nicht möglich gewesen. Andererseits war es, wie wir gelernt haben, eine wichtige und gute Sache, daß uns die Römer ihre Gesittung beibrachten, dazu ihre Gesetze und deren – im Grunde noch heute gültigen – Eigentumsbegriffe sowie ihr solides, ja geradezu bewunderungswürdiges Verwaltungs- und Wirtschaftssystem. Und so muß wohl auch die für das Ganze unentbehrliche Sklavenhaltung der Antike eine durchaus zu rechtfertigende, gute und nützliche Sache gewe-

sen sein – natürlich weniger vom Standpunkt der Sklaven aus gesehen als vielmehr von dem der Sklavenhalter und ihres Staates.

Was aber geht uns der Sklavenstandpunkt an?

Selbst wenn wir heute die Dinge etwas anders beurteilen als die Menschen damals, so ist nicht zu übersehen, daß die Sklaven im antiken Rom keine hochkultivierten und -zivilisierten Damen und Herren waren. Es handelte sich wohl zunächst um eingefangene und gezähmte Halbwilde, ferner um Menschen aus den untersten Volksschichten, einstige Kleinbauern, Handwerker und Tagelöhner, denen die Schulden über den Kopf gewachsen waren, so daß man sie ihren Gläubigern zum Eigentum gab, damit diese sich einigermaßen schadlos halten konnten. Oder es waren Kinder von Sklaven, die natürlich dann dem Eigentümer ihrer Mutter gehörten.

Im Laufe der Zeit vermehrte sich das Heer der Sklaven gewaltig, weniger durch Geburtenüberschüsse, denn die waren unter den gegebenen Verhältnissen nur schwer zu erzielen, als vielmehr durch immer neue, von den römischen Legionen unterworfene Völkerschaften, die, wenn sie allzu energischen Widerstand geleistet hatten, zu Sklaven erklärt und von den Behörden an den Meistbietenden verkauft wurden. So bekam man zu den »niederen« Sklaven auch solche von hoher Kultur und Bildung. Bald wurden nahezu alle mit etwas Mühe verbundenen Tätigkeiten von Sklaven verrichtet: Sie bestellten nicht nur die Äcker, Weinberge und Gärten, weideten das Vieh, förderten das Erz, brachen die Steine, fällten das Holz, bauten die Städte, Tempel, Straßen und Wasserleitungen, trugen die Lasten und ruderten die Boote; sie waren auch die Schreiber und Rechnungsführer, die Architekten, Ärzte, Bildhauer und Schauspieler, ja die Erzieher der Kinder ihrer Eigentümer und die Manager der Unternehmen, die ihre sich ganz dem Luxus und Lebensgenuß hingebenden Herren so reich und mächtig machten.

Spätestens an diesem Punkt unserer Überlegungen müssen uns nun allerdings doch Zweifel befallen, ob uns der Sklavenstandpunkt tatsächlich nichts angeht; ob das Geschichtsbild, das uns vermittelt worden ist, und die Darstellungsweise,

deren wir uns gerade bedient haben, auch wirklich die für uns richtigen sind.

Im antiken Rom sollen rund anderthalb Millionen Menschen gelebt haben, davon mindestens neunhunderttausend als Sklaven. Auch von den übrigen sechshunderttausend waren viele nur Freigelassene, einfache Tagelöhner, kleine Handwerker oder Hausierer sowie in nicht geringer Zahl Fremde ohne Bürgerrecht. Dagegen gab es nur einige Dutzend Familien, die man als Sklavenhalter großen Stils bezeichnen konnte. Dieses Mißverhältnis war in den römischen Provinzen noch ausgeprägter, und deshalb ist die Wahrscheinlichkeit, daß unsere eigenen Vorfahren keine »sprechenden Werkzeuge« ausgebeutet, sondern selbst metallene Sklavenhalsbänder getragen haben, ungleich größer als die, daß sie zu den zufriedenen Nutznießern des Systems zählten.

Es könnte also durchaus sein, daß wir uns versehentlich, richtiger wohl: weil es uns nicht anders beigebracht worden ist, ein Geschichtsbild zu eigen gemacht haben, das auf der einstigen Interessenlage einer winzigen Minderheit von rücksichtslosen Ausbeutern beruht, mit denen uns zu identifizieren wir keinerlei Anlaß haben. Das wäre dann tatsächlich so, als wenn die Afrikaner in Sierra Leone oder anderswo noch in tausend Jahren die »Segnungen« ihrer brutalen Unterjochung und Ausplünderung durch die weißen Kolonialherren als beglückende Begegnung mit der abendländischen Zivilisation preisen würden...!

Nein, unternehmen wir lieber einen neuen, besser angelegten Versuch, der Frage auf den Grund zu gehen, ob sich für die irritierenden Lehren, die wir aus dem im fernen Sierra Leone angesiedelten Beispiel ziehen konnten, Möglichkeiten der Anwendung auf unsere deutsche Geschichte und ihre übliche, schon traditionelle Darstellung finden lassen. Begeben wir uns dazu in eine uns ziemlich gut bekannte, weil noch nicht weit zurückliegende Epoche, in einen besonders reizvollen Abschnitt der neueren deutschen Geschichte, nämlich ins Rokoko, das man uns in aller Regel etwa so darzustellen pflegt:

»Welch eine heitere, leichtlebige und kunstsinnige Zeit! In ganz Deutschland wie auch im übrigen Europa nahm man sich den unerhört verfeinerten Lebensstil zum Vorbild, der am fran-

zösischen Hof damals üblich war. So präsentierte sich nun alle Welt mit wohlfrisierten, weißgepuderten Perücken, die bei den Damen zudem hochgetürmt und mit eingeflochtenen Bändern, Blüten und Juwelen reich geschmückt waren.

Während die Herren goldbestickte, mit kostbaren Spitzen verzierte Samtröcke, Seidenbrokat-Westen, Kniehosen, weißseidene Strümpfe und Schnallenschuhe, dazu Zierdegen und mit Federbüschen geschmückte Dreispitze bevorzugten, zeigte sich das zarte Geschlecht gern tief dekolletiert, liebte enggeschnürte Taillen und riesige Reifröcke, dazu kostbare Fächer und Schönheitspflästerchen.

Man suchte den raffinierten Genuß, trieb ungehemmte Verschwendung, förderte dabei die Künste und Kunsthandwerke, die zu hoher Blüte kamen und neue, sehr verspielt wirkende Ausdrucksformen fanden.

Die französische Sprache und die feinen Sitten des Hofes von Versailles eroberten sich ganz Deutschland. Alle waren bemüht, ebenso graziös, geistreich und galant, dazu ein wenig frivol, aber auch so aufgeklärt und tolerant zu sein wie die Höflinge Ludwigs XV.

In den rund sechs Jahrzehnten des Rokoko – etwa von 1733 bis 1793 – ging es in Deutschland verhältnismäßig friedlich zu. Mitunter gab es einen Krieg, meist von Preußen ausgehend, das in dieser Epoche zum beherrschenden Faktor in Deutschland und zu einer Großmacht des europäischen Kontinents aufstieg.

Preußens König während des größten Teils der Rokoko-Zeit war Friedrich II., genannt der Große. Dieser Hohenzoller war nicht nur die dominierende Gestalt seiner Epoche, sondern wurde darüber hinaus zur Symbol- und Idealfigur der ganzen neueren deutschen Geschichte bis hin zur nationalen Einigung, der Reichsgründung von 1871, als sich Kaiser Wilhelm I. und Bismarck auf ihn beriefen, ja bis zum ›Tag von Potsdam‹ im Jahre 1933, als Hindenburg und Hitler sich am Grabe Friedrichs des Großen feierlich die Hand zum Bündnis reichten.

Der große Friedrich war ein glänzender Feldherr, der seine Soldaten zu begeistern und zu den größten Heldentaten anzuspornen verstand. Seine preußischen Grenadiere, die mit

bewunderungswürdiger Disziplin, begleitet von mitreißender Marschmusik, in die Schlacht zogen, todesmutig kämpften und nach gewonnener Schlacht fromm niederknieten und mit Inbrunst ›Nun danket alle Gott!‹ sangen, hoben das Ansehen Preußens – und damit ganz Deutschlands – ins Unermeßliche.

Andere preußische Tugenden, die unter dem ›Alten Fritz‹, wie seine Soldaten den König liebevoll nannten, zu höchster Blüte kamen, waren die berühmte Korrektheit, besonders der preußischen Offiziere und Beamten; die strenge Gerechtigkeit, die auch und gerade dem kleinen Mann stets zuteil wurde, denn es gab Richter in Berlin, zumal am Kammergericht, dessen Räte sich auch von des Königs Majestät niemals einschüchtern ließen; die Aufgeklärtheit, die beispielsweise zur frühen Abschaffung der grausamen, aus dem Mittelalter stammenden Folter führte, sowie jene wahrlich respektgebietende Toleranz, die nach dem Willen des Königs allenthalben geübt wurde. Jeder sollte und konnte nach seiner Fasson selig werden; die Pressefreiheit war dadurch garantiert, daß in Preußen die ›Gazetten nicht geniret‹ werden durften, und selbst bei Flugschriften und Plakaten, die den populären Monarchen zu schmähen wagten, hieß es nach dessen Willen nur: ›Niedriger hängen!‹ ...«

So etwa kennen wir das deutsche Rokoko aus den Geschichtsbüchern, aus Romanen, Theaterstücken, Filmen und Fernsehsendungen. Aber war es wirklich so?

Es genügt hier – denn wir werden uns an anderer Stelle noch sehr viel ausführlicher mit der Zeit Friedrichs II. befassen –, zunächst einmal darauf hinzuweisen, daß es zur Zeit des Rokoko in ganz Deutschland etwa zwanzig Millionen Menschen gab und daß davon drei Viertel Bauern waren.

Diese und die übrige Landbevölkerung – also Köhler, Schäfer, Flößer, Fischer, Fuhr- und Fährleute, See- und Flußschiffer, Hausierer, dörfliche Handwerker oder auch Landboten, Gemeindediener und Dorfschullehrer – machten, zusammen mit den Bergleuten, den städtischen Handwerksgesellen, Manufakturarbeitern, Tagelöhnern und Dienstboten sowie mit den einfachen Soldaten der zahlreichen Armeen, mehr als 95 Prozent der Gesamteinwohnerschaft Deutschlands aus, das damals in etwa dreihundertfünfzig Fürstentümer und weit über tausend

kleine und kleinste »reichsunmittelbare« Herrschaften, selbständige Städte und sogar einige direkt dem Kaiser unterstehende Dörfer aufgesplittert war.

Die bloße Vorstellung, daß auch nur einer dieser Deutschen der unteren Stände, die zusammen das Gros der Bevölkerung bildeten, einen Zierdegen, Spitzenmanschetten, eine weißgepuderte Perücke oder gar einen mit Gold und Edelsteinen verzierten Galarock getragen haben könnte (oder als Frau einen jener gewaltigen Reifröcke, Wespentaille und Juwelen im hochtoupierten Kunsthaar), ist geradezu grotesk!

Den deutschen Bauern, Handwerksgesellen, Manufakturarbeitern, Bergleuten, Dienstboten und gar den einfachen Soldaten ging es um die Mitte des 18. Jahrhunderts zum allergrößten Teil nicht besser als den Sklaven im alten Rom. Die meisten von ihnen waren auch nicht viel mehr als »sprechende Werkzeuge« ihrer adligen oder geistlichen Herren. Sie waren so gut wie rechtlos und wurden selbst von einem – angeblich beinahe demokratisch denkenden – Mann wie dem General Yorck von Wartenburg (geboren 1759) schlicht als »Ungeziefer« bezeichnet und, was dessen eigene Bauern betraf, auch entsprechend behandelt. Waren es kräftige Männer, machte man sie gewaltsam zu Soldaten und verkaufte sie nicht selten als Kanonenfutter an kriegführende fremde Mächte. Ansonsten behandelte man die Angehörigen der untersten Stände bestenfalls wie unmündige Kinder, meist jedoch nicht besser als das Vieh und häufig sogar weit schlechter.

Selbstverständlich sind die Herren in den spitzenverzierten und goldbestickten Samtröcken, mit den zierlichen Degen und den federgeschmückten Dreispitzen, die tiefdekolletierten Damen mit den gewaltigen Reifröcken und den kostbaren Fächern und hochgetürmten Frisuren keine Erfindung; es gab sie wirklich. Aber sie machten weniger als ein halbes Prozent der Bevölkerung aus, und sie waren die einzigen Deutschen jener Zeit des Rokoko, die über so viel Geld und Muße verfügten, daß sie sich mit galanten Tändeleien, recht frivolen Schäferspielen, zierlichen Versen oder auch mit kostspieligen Privatinszenierungen italienischer Opern ein »zeitgemäßes« Vergnügen bereiten konnten.

Wollte man jedoch diese seltenen Ausnahmen als *die* Deutschen des Rokoko schlechthin bezeichnen, dann müßte man für die heutige Zeit später einmal so berichten:

»Um 1990 hatte jeder, der in Deutschland etwas auf sich hielt, sein privates Düsenflugzeug. Damit ließ man sich vormittags zum Friseur nach Paris, nachmittags zum Zahnarzt nach Zürich und anschließend zum Schneider nach Rom fliegen. Ferner hatte jeder Herr eine hochseetüchtige Motorjacht, ausgestattet mit Luxusappartements, Bädern, Bar und Swimmingpool. Damit konnte er dann wochenlang im Mittelmeer kreuzen oder auch mal einen Ausflug zu den Bahamas machen.

Es war üblich, mehrere in- und ausländische Wohnsitze zu haben, zum Beispiel ein schönes Haus am Düsseldorfer Hofgarten, ein Schloßgut in Oberbayern, eine luxuriöse Villa im Tessin, eine stattliche Besitzung an der französischen Riviera, ein Jagdschloß nebst ein paar tausend Hektar Wald in der Steiermark, ferner Ferienbungalows auf Sylt, an der portugiesischen Küste, in Florida und im mexikanischen Acapulco. Jede Familie verfügte über eine Flotte von schönen, schnellen Luxusautomobilen, bestehend aus je einem Reise-, Stadt- und Sportwagen für jedes erwachsene Familienmitglied, sowie einigen Mittelklasse-Fahrzeugen für das zahlreiche Personal. Dieses bestand in der Regel aus einem Haushofmeister, der Butler genannt wurde, mehreren Dienern, Stubenmädchen, Zofen, Küchenhilfen, Fahrern, Gärtnern, einem Küchenchef nebst Gehilfen sowie einer Privatsekretärin für die Dame des Hauses, einer Säuglingsschwester oder Gouvernante für den jüngsten Nachwuchs, Gesellschafterinnen für die älteren Töchter und ein paar angestellten Akademikern, die für die Bibliothek, die diversen Sammlungen oder auch die Ahnenforschung nötig waren.

Die Verwaltung des Familienkonzerns oblag hochqualifizierten Managern, die für ihre verantwortungsvolle Arbeit, ähnlich wie alle anderen Angehörigen der jeweiligen Betriebsfamilie, leistungsgerecht hohe Vergütungen erhielten, dazu Gewinnbeteiligungen, eine glänzende Altersversorgung und zahlreiche sonstige Sozialleistungen, oftmals mehr, als tariflich vereinbart war...«

Auch das wäre ein im großen und ganzen richtiges Bild, wenngleich, wie wir wissen, durchaus nicht *alle* deutschen Familien der Gegenwart mit soviel Luxus und Personal gesegnet sind, sondern eben höchstens eine unter etwa fünfzigtausend Haushaltungen der Bundesrepublik.

Die Durchschnittsfamilie unserer Zeit hat weder einen privaten Jet noch eine Hochseejacht; sie hat nur einen Wohnsitz, in der Regel eine Dreizimmerwohnung, nur einen Klein- oder Mittelklasse-Wagen und keinerlei Personal. Und wie es um die »lieben Mitarbeiter«, die Arbeiter und Angestellten großer Konzerne und deren Entlohnung im Verhältnis zum Gewinn des Unternehmens sowie zu den Einkünften der Spitzenmanager steht, das bedarf keiner Erläuterung.

Kurz, würde die Geschichtsschreibung kommender Zeiten die Bundesdeutschen der neunziger Jahre unseres Jahrhunderts zu (scheinbar durchweg) zigfachen Millionären hochstilisieren, so wäre das in unseren Augen lächerlich. Und genauso unsinnig ist es, die Deutschen des Rokoko samt und sonders als modisch aufgeputzte, tändelnde und verschwenderisch die Künste fördernde Müßiggänger hinzustellen.

Es gibt jedoch an der traditionellen Darstellung des deutschen Rokoko noch vieles andere auszusetzen, und es wird zu prüfen sein, ob sich diese Unrichtigkeiten auf einen gemeinsamen Nenner bringen lassen und ob dahinter womöglich eine bestimmte Absicht steckt.

Da ist zum Beispiel die vielgepriesene Aufgeklärtheit und Toleranz der Großen jener Zeit, insbesondere die des seine Epoche beherrschenden Preußenkönigs Friedrich II.

Es gibt kein deutsches Geschichtsbuch, das zu erwähnen versäumt, wie Friedrich II. gleich nach seiner Thronbesteigung im Juni 1740 die Aufhebung der Zensur und die Abschaffung der Folter verfügte. Zwar hat der junge König wirklich damals angeordnet, daß »die Gazetten wenn sie interessant seyn solten nicht geniret werden müsten«. Aber dieser vielzitierte Erlaß bezog sich nicht auf Bücher, die während der ganzen Regierungszeit Friedrichs II. unter strenger Zensur blieben. Und außerdem enthielt bereits die Anweisung vom Juni 1740 eine ganz wesentliche – jedoch von den Geschichtsbüchern sel-

ten erwähnte – Einschränkung, nämlich die, daß man die Zensur der Zeitungen, zumal mit Rücksicht auf die auswärtigen Mächte, nur »mit guter Behutsamkeit« lockern solle.

In den sechsundvierzig Jahren, in denen Friedrich II. das Königreich Preußen regierte, blieb eine strenge Vorzensur der Presse bestehen. Diese machte, wie kein Geringerer als Lessing seinem Vater aus Berlin schrieb, die preußischen Zeitungen »so unfruchtbar und trocken, daß ein Neugieriger wenig Vergnügen darinne finde«.

Dabei war es nicht irgendeine auch noch so leise Kritik an der Regierung oder gar dem König selbst, die Lessing in der preußischen Presse vermißte. Derartiges hätte kein preußischer Zeitungsschreiber jener Zeit gewagt, denn man konnte damals sehr rasch und oft auf sehr lange Zeit in den Verliesen der Festung Spandau verschwinden, wenn man das Unglück hatte, des Königs Mißfallen zu erregen. Nein, es waren vielmehr nicht einmal die amtlichen Bulletins und Hofberichte zum Abdruck in den Zeitungen freigegeben, weil es Friedrich II. für unnütz und schädlich ansah, den Bürgern mitzuteilen, was er und seine Räte offiziell taten oder gerade beschlossen hatten. Ausländische Zeitungen und Flugschriften, die von der preußischen Zensur nicht vor Drucklegung hatten geprüft werden können, waren im Königreich meist verboten. Dabei wagte damals selbst im Ausland, etwa in Holland oder in den Rheinlanden, ohnehin kaum jemand, Friedrich II. öffentlich zu kritisieren oder gar anzugreifen. Der Preußenkönig hatte einen langen Arm und ließ mehrfach ausländische Journalisten, die sich ihm mißliebig gemacht hatten, weit jenseits seiner eigenen Landesgrenzen von eigens dazu gedungenen Halunken brutal zusammenschlagen.

Wer innerhalb des Königreichs mit einer dort verbotenen ausländischen Zeitung erwischt wurde, hatte mit einer Geldbuße von fünfzig Dukaten zu rechnen (wovon die Hälfte als Verräterlohn demjenigen zufiel, der den Sünder angezeigt hatte). Diese Strafandrohung richtete sich nur gegen die »höheren Stände«, vor allem gegen das wohlhabende und gebildete Bürgertum der größeren Städte. Denn erstens gab es in Preußen nur wenige Familien, die fünfzig Dukaten (= etwa 140

Taler), das halbe Monatsgehalt eines Staatsministers, hätten zusammenkratzen können, und zweitens war die breite Masse der Bevölkerung viel zu wenig gebildet, um eine Zeitung richtig lesen zu können. Die meisten konnten kaum mehr als ihren Namen schreiben, und viele nicht einmal das. Noch vierzig Jahre nach dem Tode Friedrichs II. gab die amtliche preußische Statistik den Anteil der völligen Analphabeten im Königreich mit über 56 Prozent an.

Was aber der angeblich so aufgeklärte »Alte Fritz« tatsächlich von Information und Bildung seiner Untertanen hielt, das teilte er 1770 dem französischen Mathematiker und Philosophen d'Alembert mit folgenden Worten mit:

»Es ist verlorene Mühe, die Menschheit aufklären zu wollen. Man muß sich damit begnügen, selber weise zu sein, wenn man es vermag, aber den Pöbel dem Irrtum überlassen und nur danach trachten, ihn von Verbrechen abzubringen, die die Gesellschaftsordnung stören.«

Was die Abschaffung der Folter betrifft, so ist es zwar richtig, daß Friedrich II., ebenfalls gleich nach seiner Thronbesteigung im Juni 1740, eine entsprechende Anordnung erließ. Aber auch sie war mit wesentlichen Einschränkungen versehen: Bei Verdacht auf Majestätsbeleidigung oder gar Verletzung der geheiligten Person des Königs, bei Hoch- oder Landesverrat, Verschwörung, Aufruhr oder – man beachte die Reihenfolge! – auch bei »größeren Mordthaten« sollte weiterhin die Folter mit der gebotenen Strenge angewandt werden, ebenso dann, wenn es nötig erschien, zwischen mehreren verdächtigen Personen eine etwaige Komplizenschaft herauszufinden.

Ferner ließ es der König zu, daß die preußischen Untersuchungsrichter jeden standhaft leugnenden, also »verstockten« Beschuldigten durch Prügel zu einem Geständnis brachten. Und was die adligen Grundbesitzer, die auf ihren Gütern sowohl Polizeibefugnisse als auch die niedere Gerichtsbarkeit ausübten, mit Verdächtigen trieben, das kümmerte den König wenig oder gar nicht.

Seine »blauen Sklaven« – so nannte man am Hof von Weimar zu Goethes Zeit die preußischen Soldaten – ließ der König, auch wenn es sich um altgediente, schon grauhaarige Familienväter handelte, nicht selten vor den Augen ihrer Frauen und Kinder von halbwüchsigen »Jünkerlein« nach deren Lust und Laune »fuchteln«, das heißt: mit der flachen Säbelklinge prügeln. Und das nachmittägliche Spießrutenlaufen, das für die dazu Verurteilten sehr häufig mit lebenslangem Siechtum, Wahnsinn oder Tod endete, pflegte der »Alte Fritz«, sehr zum Mißfallen Voltaires, in Potsdam stets persönlich zu überwachen. Er tat dies aber keineswegs, wie man annehmen könnte, um allzu sadistische Mißhandlungen zu verhindern. Im Gegenteil: »Es gibt für einen Offizier kein besseres Mittel, des Königs Wohlgefallen zu erregen«, notierte sich der spätere Lord Malmesbury im Jahre 1767 am Hofe Friedrichs II., »als die eigenmächtige Verschärfung der vom König gegen die Soldaten verhängten Strafen.«

Es ließe sich noch vieles anführen, das geeignet ist, das deutsche Rokoko und den diese Epoche beherrschenden Preußenkönig in einem ganz anderen als dem gewohnten, beide verklärenden Licht erscheinen zu lassen, und wir werden darauf noch zurückkommen.

Zunächst aber sei die – ursprünglich so absurd klingende – Frage wiederholt, die uns zu unserem kurzen Ausflug ins deutsche Rokoko veranlaßt hat: Lassen sich für die Lehren, die wir aus unserem im fernen Sierra Leone angesiedelten Beispiel ziehen konnten, Möglichkeiten der Anwendung auf unsere eigene Geschichte und deren übliche Darstellung finden?

Es hat sich gezeigt, daß dies tatsächlich möglich ist. Es hat sich nämlich – zumindest für das Rokoko – bereits auf Anhieb feststellen lassen, daß man uns etwas als die allgemeine deutsche Vergangenheit darzustellen pflegt, was in Wahrheit eine sehr spezielle deutsche Geschichte ist, wie sie die allermeisten Deutschen der jeweiligen Epoche nie erlebt haben. In Wirklichkeit ist es eine Geschichte der brutalen Despotie und rücksichtslosen Ausbeutung, aber sie wird liebevoll vom bequemen Lehnstuhl des ausbeuterischen Despoten her geschildert (oder, wie es der devot hinter dem Sessel wie ein Lakai stehende Historiker wichtigtuerisch nennen würde: von höherer Warte aus). Wie Geschichte vom Volk als Ganzem erlebt wurde, davon schweigen die Geschichtsbücher.

Außerdem haben uns bereits die wenigen Beispiele erkennen lassen, daß sich, selbst aus der Kolonialherren-, Sklavenhalter- oder Jetset-Perspektive gesehen, manches in Wirklichkeit ganz anders verhalten hat. Wir finden in der traditionellen Geschichtsschreibung auf Schritt und Tritt Juwelen, die sich bei genauerem Hinschauen allenfalls als Halbedelsteine und oft genug als schlichte Kiesel erweisen. Oder man zeigt uns stolz die blankpolierte Schauseite einer Medaille, ohne uns mit deren häßlicher Kehrseite bekannt zu machen.

Wir werden uns darüber ein genaueres Urteil bilden können, wenn wir alle Abschnitte der neueren deutschen Geschichte in zeitlicher Reihenfolge kritisch untersucht haben. An dieser Stelle soll nur noch ein möglicher Einwand geprüft werden, der sich gegen die Art unserer Kritik erheben läßt, nämlich der, daß jede Persönlichkeit, jede geschichtliche Tat und jede Stromung *in ihrer Zeit* und im Verhältnis zu deren Vergangenheit gesehen und gewertet werden müsse. So sei beispielsweise Friedrich der Große, als er bei seiner Thronbesteigung die Folter abschaffte – wenngleich er dies, wie wir wissen, gar nicht tat –, für seine Zeit schon sehr fortschrittlich und human gewesen; man täte ihm bitteres Unrecht, wollte man den Grad seiner Aufgeklärtheit und Toleranz nach unseren heutigen Maßstäben messen. Und außerdem lasse sich an einer überragenden Persönlichkeit immer etwas bekritteln, sofern man nur kleinlich und respektlos genug ist, nach Schwächen und Fehlern zu suchen.

An alledem ist natürlich einiges richtig. Doch auch wenn wir – um bei dem einmal gewählten Beispiel zu bleiben – den Preußenkönig Friedrich II. als Kind seiner Epoche sehen und ihn nur an seinen Zeitgenossen messen; wenn wir lediglich prüfen, wie sich der absolute Monarch gegenüber den wirklich großen Geistern seines Landes und seiner Regierungszeit verhielt und wie führende Köpfe seiner Epoche über des Königs Toleranz und Aufgeklärtheit schon damals gedacht haben, so finden wir nur die Bestätigungen für unsere bereits zuvor geäußerten Zweifel.

Von Immanuel Kant, dem großen Philosophen, der im preußischen Königsberg, wo er 1724 zur Welt gekommen war, während Friedrichs Regierungszeit jahrzehntelang forschte und lehrte, hat der König nie auch nur Notiz genommen, so wenig wie von Johann Georg Hamann, Königsberger wie sein Freund Kant und außerhalb Preußens hochberühmt als »Magus des Nordens«.

Dem dritten Philosophen in diesem Bunde, dem gleichfalls aus Ostpreußen stammenden Johann Gottfried Herder, schenkte Friedrich II. auch nur insoweit kurze Beachtung, als er durch seinen Einspruch verhinderte, daß der vielfach preisgekrönte Herder in die Preußische Akademie der Wissenschaften zu Berlin aufgenommen wurde.

Der große Moses Mendelssohn, der ein Menschenalter lang in des Königs Hauptstadt lebte und wirkte, ja der - zusammen mit Lessing und Nicolai - Berlin überhaupt erst zu einem geistigen Zentrum machte, fand ebenfalls keine Gnade vor Friedrichs Augen, die diesen bedeutenden Zeitgenossen übrigens nie zu Gesicht bekamen - im Gegensatz zu den vielen Wichtigtuern, Scharlatanen und Schnorrern, die der König im Laufe seines Lebens zu empfangen geruhte. Zwar wurde Mendelssohn 1763 von der Berliner Akademie preisgekrönt, aber deren untertänigste Bitte, den verdienstvollen Berliner Gelehrten nun auch zu ihrem Mitglied ernennen zu dürfen, würdigte der angeblich so aufgeklärte und tolerante Monarch nicht mal einer Antwort.

Und Gotthold Ephraim Lessing, Mendelssohns Freund, konnte zwar in des Königs Abwesenheit in die Preußische Akademie aufgenommen werden, aber just diese Zuwahl eines wahrhaft großen Geistes nahm der darüber sehr verärgerte »Alte Fritz« zum Anlaß, der Akademie fortan zu verbieten, sich ihre Mitglieder selbst zu wählen. Lessing durfte nicht mal eine ihm 1765 in Berlin versprochene Stelle als Bibliothekar antreten; Friedrich verhinderte es.

War es bloße Verärgerung über diese schlechte Behandlung, wenn Lessing 1769 an Nicolai schrieb, die vielgepriesene Geistesfreiheit in Preußen beschränke sich »einzig auf die Freiheit, gegen die Religion soviele Sottisen auf den Markt zu bringen, als man will«? Wenn er – ebenfalls gegenüber Nicolai – den von Friedrich regierten Staat schlicht als das »bis auf den heutigen Tag sklavischste Land Europas« bezeichnete? Wenn er Preußen – in einem Brief an seinen Freund Gleim – mit einer Galeere verglich, die zu verlassen man nur froh sein könne?

Der große Erforscher der antiken Kunst, Johann Joachim Winckelmann, der damals die Gebildeten ganz Europas begeisterte, konnte zwar in Berlin Bibliotheks-Aufseher werden, meinte aber dennoch: »Es schaudert mich die Haut vom Haupte bis zu den Zehen, wenn ich an den preußischen Despotismus und an den Schinder der Völker denke ...« (womit er Friedrich II. meinte).

Der Dichter Christoph Martin Wieland, der im preußischen Magdeburg zur Schule gegangen war, gestand später, daß ihm »König Friedrich zwar ein großer Mann« sei, »aber vor dem Glück, unter seinem Stock ... zu leben, bewahr uns der liebe Herrgott!«

Johann Wolfgang von Goethe, dessen *Götz von Berlichingen* König Friedrich für »eine scheußliche Nachahmung der schlechten (!) englischen Stücke« – gemeint waren die Werke Shakespeares – zu halten geruhte, obwohl er Goethe kaum, Shakespeare gewiß nicht im Original, wenn überhaupt je gelesen hatte, mußte zwar später der traditionellen Geschichtsschreibung als Kronzeuge dafür dienen, daß alle großen Geister in Deutschland Bewunderer des Preußenkönigs gewesen wären. Aber Goethe war nur als Kind und aus der Ferne »gut fritzisch« gesinnt gewesen. Später hat er dann sehr viel skeptischer geurteilt. Er kannte übrigens das Preußen Friedrichs II. nur von einem einzigen Besuch in Berlin und hat dabei, wie er an Merck schrieb, »in preußischen Landen kein laut Wort hervorgebracht, das sie nicht könnten drucken lassen«. Den König selbst hat Goethe nie gesehen.

Lassen wir noch einen letzten Zeugen auftreten, einen, der nicht im Verdacht des Intellektualismus steht, an dessen Patriotismus auch von königlich preußischen Geschichtsbüchern nie gezweifelt wurde und der Vergleiche ziehen konnte, denn er war – nachdem er als junger Mann vor den Menschenräubern Friedrichs II. Zuflucht auf einem auslaufenden Schiff gesucht hatte – als Seemann in der ganzen Welt herumgekommen. Es ist der spätere Verteidiger Kolbergs gegen die Truppen Napoleons, Joachim Nettelbeck.

Dieser preußische Held schrieb in seinen Erinnerungen nicht von der guten alten Zeit unter Fridericus Rex, sondern von den »heillosen und unmenschlichen« Zuständen und den »grausamsten Mißhandlungen«, denen die Landeskinder des »Alten Fritz« ausgesetzt waren.

Aber, so könnte man fragen, hatte es nicht Friedrichs Vater und Vorgänger auf dem preußischen Thron, der »Soldatenkönig« Friedrich Wilhelm I., mit der Menschenschinderei noch weit ärger getrieben? War nicht unter Friedrich II. ein deutlicher Wandel zum Besseren eingetreten?

Was diese relative Verbesserung betrifft, so ist es durchaus richtig, daß Friedrich Wilhelm I. noch jedem fahnenflüchtigen Angehörigen seiner Armee, der wieder eingefangen wurde, zunächst die Ohren und die Nase abschneiden ließ. Danach mußten die so Verstümmelten Spießruten laufen, und wenn sie dabei nicht starben, kamen sie in der Regel für den Rest ihres Lebens als Kettensträflinge zur Zwangsarbeit auf eine preußische Festung.

Dabei muß man sich vor Augen halten, daß diese wegen Desertion so hart Bestraften fast durchweg Männer waren, die man widerrechtlich, teils mit falschen Versprechungen, teils mit nackter Gewalt, in die preußische Armee gepreßt hatte und die deshalb dem König keinerlei Treue schuldeten.

Unter Friedrich II. blieben die Rekrutierungsmethoden die gleichen. Doch nun fürchtete man die preußischen »Werber«, die in Wahrheit Menschenräuber waren, im benachbarten Ausland eher noch mehr als zuvor. Denn der »Soldatenkönig« hatte sich nur mit sehr »langen Kerls« versorgen lassen; vor seinem Sohn aber war kein Mann mit gesunden Gliedern mehr sicher.

Friedrich II. »humanisierte« allerdings – vielleicht eingedenk der Tatsache, daß er in seiner Jugend einmal selbst vergeblich zu desertieren versucht hatte – die Strafen für Fahnenflucht insofern, als die Verstümmelungen zunächst unterblieben. Eingefangene Deserteure ließ der König zu Tode prügeln oder nach längerem Spießrutenlaufen in halbtotem Zustand hängen. Und von 1749 an wurden Ausreißern auch wieder die Nase und die Ohren abgeschnitten.

Nicht Aufgeklärtheit, Toleranz und menschliche Größe, sondern ebenso sture Grausamkeit und Härte wie sein Vater bewies Friedrich II. besonders gegenüber Soldaten, die sich ihrem nicht mehr zu ertragenden Schicksal durch Selbstmord oder Selbstverstümmelung zu entziehen versucht hatten. Der Monarch, der selber den Freitod in vielen hundert Versen verherrlicht hat, ließ jeden entdeckten Versuch eines Angehörigen seiner Armee, sich Leben oder Gesundheit zu nehmen, genauso hart bestrafen wie Fahnenflucht, mitunter sogar noch grausamer:

Als 1744 ein Regimentskommandeur in einem besonders tragischen Fall für einen seiner Füsiliere, der sich im Zustand tiefster Depression zwei Finger abgehackt hatte, nachdrücklich um des Königs ausnahmsweise Gnade bat, da schrieb Friedrich II. an den Rand des Gesuchs nur verächtlich: »Welche Schwäche . . . !« – und er befahl dem General, sich strikt an die empfangene Order zu halten und den Missetäter vierundzwanzigmal Spießruten laufen zu lassen. Das bedeutete, wie der König sehr genau wußte, etwa siebentausendzweihundert kräftige Gertenhiebe auf den nackten Leib, stets bei vollem Bewußtsein und daher verteilt auf mehrere aufeinanderfolgende Tage, jedenfalls aber qualvollen Tod.

Doch nicht nur Soldaten, auch Zivilpersonen, sofern sie nicht den »höheren Ständen« angehörten, hatten im friderizianischen Preußen unter der Grausamkeit einer Strafjustiz zu leiden, die uns, obwohl diese Zeit erst etwa sechs Generationen zurückliegt, mittelalterlich finster und von der Aufklärung unberührt erscheinen muß.

So ließ Friedrich II. bestimmte Gruppen von zum Tode verurteilten Missetätern auch weiterhin rädern, das heißt: auf ein Rad flechten und dabei von unten nach oben jeden Knochen einzeln brechen – nicht, wie er ausdrücklich betonte, um die Delinquenten zu martern, sondern nur, um damit ein gräßliches, abschreckendes Exempel zu statuieren. (Die Strafe des Räderns wurde in Preußen übrigens erst im vorigen Jahrhundert, durch Kabinettorder vom 19. Oktober 1811, endgültig abgeschafft.) Kindsmörderinnen brauchten dagegen unter Friedrichs Herrschaft nicht mehr die Säcke selbst zu nähen, in denen sie dann ertränkt wurden. Aber eine gutpreußische Quelle, nämlich Daniel Nikolaus Chodowieckis Kupferstich-Illustrationen zu Basedows *Elementarwerk für die Jugend, ihre Eltern und Freunde in den gesitteten Ständen* von 1782, zeigt uns in schöner Deutlichkeit, daß es im friderizianischen Preußen, auch noch nach allen angeblichen Reformen, den Pranger gab:

Männer, aber auch Frauen und Mädchen, natürlich wiederum nur Angehörige der »niederen Stände«, also der Masse des Volkes, wurden öffentlich ausgepeitscht, dann mit Halseisen und Handschellen an einen sogenannten »Schandpfahl« gefesselt und zur Schau gestellt – zumeist wegen Bagatelldelikten wie Waldfrevel, zum Beispiel Brennholz-Sammeln ohne Erlaubnis des adligen Forsteigentümers, oder wegen eines kleineren Garten- oder Felddiebstahls.

Die Prügelstrafe wurde in Preußen in so reichem Maße angewandt, daß es von Friedrich II. hieß, er regiere, wie schon sein Vater, vornehmlich mit dem Stock. Es versteht sich von selbst, daß es Auspeitschungen und Stockprügel ebenfalls nur für Männer und Frauen gab, die nicht »von Stand« waren. Wenn gelegentlich auch adlige Herren und Offiziere den Bütteln und Henkern überliefert wurden, dann waren dies Willkürakte des Monarchen, der sich über das geltende Recht hinwegsetzen konnte.

So ließ Friedrich nicht nur seinen ehemaligen Ordonnanzoffizier und Günstling, den Baron Friedrich von der Trenck, aus – wie man weiß – recht geringfügigem Anlaß und ohne Gerichtsurteil fast zehn Jahre lang in einem dunklen Verlies gefangenhalten, mit eisernen Ringen um Hals, Hand- und Fußgelenke an die Wand gekettet; auch seinen General Walrave, den er – wahrscheinlich zu Unrecht – verbotener Beziehungen zum Wiener Hof verdächtigte, hielt der König so gefangen – fünfundzwanzig Jahre lang, bis zum Tod des Generals. Einige Geschichtsschreiber behaupten, Friedrich habe Walrave, obwohl dieser doch den »höheren Ständen« angehörte, sogar heimlich foltern lassen.

Wie dem auch sei: Schon die wenigen Beispiele aus einem als aufgeklärt gerühmten Land und aus einer Zeit, wo man in Amerika bereits die Menschenrechte zum Verfassungsgrundsatz erhoben hatte, werfen die Frage auf, wann eigentlich das Mittelalter in Deutschland nun wirklich zu Ende gegangen ist.

Zwar fand der Preußenkönig Friedrich II., er hätte während seiner sechsundvierzigjährigen Regierungszeit in seinem Land alle Überreste des Mittelalters ausgetilgt. Er behauptete 1777, in bezug auf die Strafjustiz seien von ihm - trotz weiterer Anwendung der Folter, des Prangers, der barbarischen Prügelstrafen und sogar des Räderns - »die Gesetze ... hierzulande hinreichend weise geordnet« und infolgedessen weitere Reformen überflüssig.

Aber natürlich wurde auch diese Beurteilung eines geschichtlichen Zustands vom gutgepolsterten Sessel des Herrschenden aus vorgenommen. Wie die unterdrückte, rechtlose und ausgebeutete Allgemeinheit die Verhältnisse empfand, blieb dabei außer Betracht. Und so ist für uns, die wir eine neue Perspektive gefunden haben, die Frage noch durchaus offen, wann das Mittelalter in Deutschland wirklich endete.

2. Ging unser Mittelalter schon zu Ende?

Als eine lange Nacht hat ein kluger und mutiger Kritiker der Verhältnisse seiner Zeit, der Dichter Ludwig Börne (1786–1837), das deutsche Mittelalter bezeichnet. Und er fügte hinzu, der Glaube sei darin das Nordlicht gewesen.

Wann hat diese lange, finstere Nacht begonnen? Und was noch wichtiger ist: Wann ging sie zu Ende? Und schließlich: Welcher Glaube hielt die Menschen in dem Irrtum befangen, ein neuer Morgen bräche an?

Der Beginn des Mittelalters – darin sind sich die Historiker weitgehend einig – ist etwa um das Jahr 400 unserer Zeitrechnung anzusetzen. Dabei muß man sich darüber im klaren sein, daß sich der Begriff des Mittelalters, wie wir ihn verwenden, nur auf das Abendland bezieht. Andere Kulturkreise, zum Beispiel der des Islams oder Chinas, werden davon überhaupt nicht berührt. Und schließlich ist auch noch zu bedenken, daß die ganze Einteilung unserer – wie auch jeder anderen – Geschichte in bestimmte große Zeitabschnitte etwas durchaus Willkürliches und eigentlich nur aus praktischen Erwägungen heraus zulässig ist.

Erst die deutschen Humanisten des frühen 16. Jahrhunderts prägten den Begriff »Mittelalter«, um darzutun, daß sie damit einen mehr als ein Jahrtausend währenden Zeitabschnitt zwischen dem Verfall der Antike und deren vermuteter Wiedergeburt meinten. Deshalb setzten sie auch den Beginn der das Mittelalter ihrer Meinung nach beendenden Neuzeit mit dem der deutschen Renaissance gleich und datierten beides etwa um das Jahr 1500.

Nun kann man ihnen darin zwar beipflichten, daß der Untergang der römischen Sklavenhalter-Gesellschaft, die so viele Jahrhunderte lang weite Teile Europas und den ganzen Mittelmeerraum beherrscht hatte, tatsächlich ein tiefer Einschnitt, ja so etwas wie eine Zeitenwende war. Dabei ist es ziemlich gleichgültig, ob man das Altertum schon mit Kaiser Konstantin um das Jahr 330, mit dem Einfall der Hunnen in Osteuropa und dem Beginn der dadurch ausgelösten großen Völkerwanderung (etwa um 375) oder mit der Vernichtung des weströmischen Restreichs durch aufständische germanische Söldner unter Odoaker im Jahre 476 enden läßt.

Was aber die Dauer des abendländischen und insbesondere des deutschen Mittelalters betrifft, so müssen an der Meinung der Humanisten, daß mit ihnen und der von ihnen bewirkten Renaissance (= Wiedergeburt) bereits die Neuzeit begonnen habe, erhebliche Zweifel erlaubt sein.

Schon die Datierung des Beginns einer »deutsches Mittelalter« genannten Epoche um das Jahr 400 fordert zu dem Einwand heraus, daß es nach dem Ende des antiken, von Rom aus regierten Sklavenhalter-Reiches zunächst überhaupt noch nichts gab, was sich »deutsch« hätte nennen können oder wollen. In den schon vor Beginn unserer Zeitrechnung oder kurz danach gegründeten Städten an Mosel, Rhein und Donau und in den Tälern der Nebenflüsse gegründeten Städten, von denen Köln, Trier und Augsburg die bedeutendsten waren, lebten Nachkommen der ersten, aus allen Teilen des Mittelmeerraums stammenden Siedler und der als Knechte und Mägde hinzugekommenen keltischen oder westgermanischen Eingeborenen. Auf dem Lande, zumal in den Flußtälern, hatten in den Jahrhunderten der römischen Kolonialherrschaft die verabschiedeten Legionäre mit eingeborenen Frauen Familien gegründet und Landwirtschaft oder Weinbau betrieben. Die nach langer Dienstzeit mit dem römischen Bürgerrecht und einem Stück Land belohnten Ahnherren der Bauern und Winzer West-, Südwest- und Süddeutschlands stammten, je nach dem Rekrutierungsgebiet ihrer Legion, aus Syrien, von der Rheinmündung, aus Spanien, aus dem Sudan, vom Balkan, aus Gallien oder auch vom Kaspischen Meer. Die Umgangssprache in den Städten und auf dem Lande war und blieb noch für lange Zeit das Vulgärlatein der römischen Kolonisatoren, daneben Eingeborenen-Idiome der Kelten und Westgermanen.

Im 3. und 4. Jahrundert lebten am Mittel- und Niederrhein einige westgermanische Stämme unter römischer Oberhoheit; sie wurden mit dem Sammelnamen »Franken« bezeichnet. Ein Teil der Franken drang in der Völkerwanderungszeit weit nach Westen vor und siedelte sich in Nordgallien an. Die in Gallien noch intakte römische Verwaltung verstand es, sich die fränkischen Anführer zu Bundesgenossen zu machen. Und gemeinsam mit den römischen Legionären verteidigten nun die Franken die letzte Bastion West-Roms gegen andere von Osten her eindringende Germanenstämme. Dabei gewannen die Franken rasch die Oberhand und fühlten sich bald als die eigentlichen Herren im Lande. Das hinderte sie jedoch nicht, den römischen Verwaltungsapparat weitgehend zu übernehmen und damit auch das Lateinische als Amtssprache, nachdem Chlodwig, ein junger Anführer aus dem Stamm der salischen Franken, im Jahre 486 der römischen Herrschaft in Gallien auch formell ein Ende bereitet hatte. Er eroberte mit den von ihm geeinten Frankenstämmen das Gebiet zwischen Somme und Loire, besiegte um 496 auch die Alemannen und unterwarf sich deren Land bis zu den Alpen. Nachdem er das Frankenreich nach Süden hin bis an die Garonne ausgedehnt und alle seine Rivalen beseitigt hatte, trat er als König an die Spitze eines fränkischen Einheitsstaats, der vom Rhein bis Bordeaux und Toulouse reichte. Seine Söhne setzten diese Eroberungspolitik fort, nun nach Osten hin. Sie unterwarfen die Thüringer und die Bayern, so daß das Frankenreich um 550 von der Biscaya bis zur Saale und zum Böhmerwald reichte.

Schon unter Chlodwig waren die starken Reste der Römer in die fränkische Gesellschaft integriert worden, und umgekehrt hatte sich die fränkische Oberschicht in vieler Hinsicht den bereits christianisierten Römern angepaßt. Chlodwig selbst war 496 katholischer Christ geworden, wohl nicht zuletzt, um sich dadurch die Unterstützung der reichen Bischöfe und Klöster zu sichern. Er hatte sich auch schon insoweit als Nachfolger der römischen Kaiser gefühlt, als er deren Staatsdomänen in Gallien samt Sklaven, Vieh und Inventar in Besitz nahm und zu seinem Privateigentum erklärte. Chlodwigs Unterführer folgten diesem Beispiel und eigneten sich die herrenlosen

Güter geflohener Römer an. Und auch die Bischöfe und Klöster konnten unter Chlodwig und dessen Nachfolgern ihren ohnehin schon sehr umfangreichen Grundbesitz durch großzügige königliche Schenkungen noch beträchtlich vermehren.

Die guten Beziehungen zum König, an dessen Hof sie Ämter übernahmen, sowie die Möglichkeit, sich bewaffnete Gefolgsleute zu halten und während der häufigen Feldzüge die eigenen großen Güter durch Verwalter und diesen unterstellte Arbeitskräfte weiter gut bewirtschaften zu lassen, gaben den Angehörigen der alten und neuen Oberschicht rasch eine deutliche Überlegenheit gegenüber der Masse der fränkischen Freien.

Diese Bauernkrieger, die das Gros des schlagkräftigen Heeres bildeten und das Frankenreich geschaffen hatten, wurden zunehmend abhängiger und ärmer. Je häufiger sie zu Feldzügen aufgeboten wurden, desto mehr mußten sie ihre Höfe vernachlässigen und gerieten in Schulden.

Die ursprüngliche Gleichheit aller freien Franken innerhalb der Dorfgemeinschaften verwandelte sich zunehmend in eine Abhängigkeit der bäuerlichen Massen von Staat und Kirche sowie von den königlichen Unterführern und Höflingen, die zugleich Großgrundbesitzer waren.

Dieses System wachsender Ungleichheit und Ausbeutung wurde in Gang gehalten und stabilisiert vom staatlichen Verwaltungsapparat und von der Kirche, zwei scheinbar verschiedenen Einrichtungen, die jedoch weitgehend miteinander identisch waren. Denn es waren vor allem die als beinahe einzige des Lesens und Schreibens kundigen Kirchenmänner, die im fränkischen Reich die Verwaltungsarbeit verrichteten, zugleich sorgten sie aber mit den Mitteln der Religion für Gehorsam gegenüber der Obrigkeit.

Überhaupt wirkte nun das Christentum, obwohl es doch ursprünglich die Brüderlichkeit, die Nächstenliebe und die Barmherzigkeit zu seinen höchsten sittlichen Forderungen erklärt hatte und im Frühstadium seiner Ausbreitung deutlich sozialistische Züge aufwies, jetzt als starke Stütze der beginnenden administrativen Unterdrückung und feudalistischen Ausbeutung. Die Kirchenmänner predigten dem Volk Demut,

Fügung in die Unfreiheit sowie jene Hoffnung auf ein besseres Leben nach dem Tode, die ein Aufbegehren gegen irdische Ungerechtigkeit sinnlos und schädlich erscheinen lassen mußte.

Unter Chlodwig und seinen Söhnen wurden die Weichen gestellt für die ganze nachantike Entwicklung der abendländischen und damit auch der deutschen Gesellschaft: Die ursprüngliche germanische Vorstellung von der Gleichheit aller Freien, vom Gemeineigentum der Sippen und Dorfgemeinschaften und der Demokratie des Things, der über alle wichtigen Angelegenheiten beschließenden Volksversammlung, wurde durch eine Gesellschaft verdrängt, die auf der Ungleichheit ihrer Mitglieder basierte. Im Bündnis mit den Resten der römischen Sklavenhaltergesellschaft und der an sie angepaßten christlichen Kirche schufen die Frankenkönige die Grundlage der Feudalherrschaft. Staatsapparat und Heer dienten nunmehr, neben der Sicherung der gewaltigen Eroberungen, der systematischen Unterdrückung des Volkes, seiner allmählichen Entrechtung und wachsenden Ausbeutung durch das Königshaus, den neuen Adel und die katholische Geistlichkeit.

Es spielte dabei für die Masse des Volkes kaum eine Rolle, daß sich die Privilegierten untereinander und auch mit den Königen häufig stritten; daß bei diesen unerhört blutigen und grausamen Machtkämpfen, oftmals auch zwischen Vätern und Söhnen, die Nachkommen Chlodwigs schließlich unterlagen und daß 751 mächtige Unterführer aus dem Geschlecht der Arnulfinger Könige des Frankenreichs wurden.

Der Bedeutendste der Arnulfinger, die man dann nach ihm später Karolinger nannte, war Karl, der von 768 bis 814 regierte und in der traditionellen Geschichtsschreibung als »der Große« bezeichnet wird. Karl fiel schon bald nach seiner Thronbesteigung in das bis dahin freie, noch nicht christianisierte Land der Sachsen ein, dessen Oberschicht teilweise mit den Franken sympathisierte, weil sie hoffte, sich mit deren Hilfe die sächsischen Bauern untertan machen zu können. Mit Jahr für Jahr wiederholten Heerzügen, bei denen mehrmals Frankenheere vernichtend geschlagen wurden, gelang es Karl schließlich, die Sachsen zu unterwerfen.

Karl ließ alle sächsischen Kult- und Thingstätten sowie zahlreiche Siedlungen zerstören. Die Bevölkerung wurde mit Massentaufen zwangsweise zum Christentum »bekehrt«. Wer Widerstand leistete oder auch nur dazu fähig schien, wurde hingerichtet - so allein an einem Tag mindestens (nach fränkischen Angaben) viertausendfünfhundert sächsische Geiseln bei Verden an der Aller. Als weiteres Mittel der Disziplinierung wandte Karl die Versklavung und zwangsweise Umsiedlung zahlreicher Sachsen in andere Reichsteile an.

Durch immer neue Eroberungen dehnte er danach das Frankenreich bis Nordspanien, Mittelitalien, Dänemark und weit in die slawischen Siedlungsgebiete östlich der Elbe und Saale aus, machte sich Böhmen tributpflichtig und ließ sich im Jahre 800 unter dem Jubel des römischen Stadtadels vom Papst zum Kaiser krönen. Die Kolonialherrschaft, die er mit Waffengewalt in den Gebieten errichtet hatte, aus denen ein Jahrhundert später Deutschland entstand, vernichtete die Reste der germanischen Urgesellschaft.

An deren Stelle trat eine weltliche und geistliche Feudalherrschaft mit einer nicht mehr demokratischen, sondern streng obrigkeitlichen Verwaltung und Gerichtsbarkeit sowie einer allmählichen Versklavung der meisten ehemals freien Bauern. Dadurch verbreiterte sich die gesellschaftliche Kluft zwischen Adel und Klerus auf der einen, der Masse der Landbevölkerung auf der anderen Seite.

Durch erzwungene Abgaben von landwirtschaftlichen Erzeugnissen und unentgeltliche Arbeitsleistungen, sogenannte Frondienste, vor allem aber durch immer neue Aufgebote der noch verbliebenen Freien zum Heeresdienst wurde die Bauernschaft, also die überwältigende Mehrheit der Bevölkerung, immer ärmer und abhängiger, Adel und Geistlichkeit dagegen zunehmend reicher und mächtiger. Auch beanspruchte nun die Kirche nicht nur den zehnten Teil aller Erträgnisse; sie benutzte auch alle die zur Verfügung stehenden Mittel, um die Bauern dazu zu bewegen, ihr Land einem Kloster oder einem Bischof zu schenken. Dafür verhieß die Kirche nicht nur die sofortige Rückgabe der Grundstücke nebst allem, was sich darauf befand - nun allerdings als in Pacht gegebenes Bischofs-

oder Klostergut –, sondern auch mancherlei Vorteile auf Erden wie im Jenseits: Wer seine Stellung als freier Bauer aufgab und »Höriger« einer kirchlichen Einrichtung wurde, brauchte nicht mehr Kriegsdienst zu leisten und konnte weiter sein Land bestellen. Vor allem aber, so versicherten die Mönche, erwarb sich jeder, der Eigentum und Freiheit den Gottesmännern schenkte, die ewige Seligkeit nach dem Tode, wogegen Widerspenstigen die schrecklichsten Höllenstrafen drohten.

Eine weitere Einnahmequelle, auch gegenüber dem Adel, schuf sich die Kirche mit Hilfe angeblich wundertätiger Überreste von Heiligen, sogenannter Reliquien. Denn die Knochen, Schädel, Holzsplitter, Nägel oder Tuchfetzen, die von Heiligen stammten oder stammen sollten, bewirkten bloß dann – so lehrte die Geistlichkeit ihre Gläubigen – mitunter Wunder, wenn die Bitte darum nicht nur von inbrünstigem Gebet, sondern auch von reichlichen Spenden begleitet war.

Die Menschen, die im 9. Jahrhundert im Gebiet zwischen Rhein und Oder, Nordsee und Alpen lebten – es waren höchstens zwei Millionen, nicht mehr als die heutige Einwohnerschaft Hamburgs –, wurden während der ganzen feudalistischen Epoche, die mit der fränkischen Kolonialherrschaft begann, zum allergrößten Teil in völliger Unbildung gehalten. Anfangs konnten selbst die Feudalherren weder lesen noch schreiben. Die einzigen Stätten kultureller Betätigung waren die Klöster, und diese vermittelten Bildung nur an die Söhne der Reichen und Mächtigen sowie an diejenigen Begabten aus der Masse des Volkes, die bereit waren, Mönche zu werden. Und auch diesen wenigen wurde lediglich soviel an Bildung zuteil, wie der Kirche von ihrem Standpunkt aus erforderlich schien.

Deutschland war zu dieser Zeit größtenteils noch ein fast wegeloser Urwald. Die wenigen Menschen – im Durchschnitt höchstens sieben je Quadratkilometer – lebten vornehmlich in den Niederungen der Flußtäler. Die hohe Sterblichkeit, vor allem im Säuglings- und Kindesalter, bewirkte eine durchschnittliche Lebenserwartung von nicht mehr als 22 Jahren. Der Zivilisationsstand war äußerst niedrig, nicht nur im Vergleich zu heute, sondern auch zu dem der römischen Oberschicht am Rhein sechs Jahrhunderte zuvor. Aber trotz des totalen Mangels an Bildung und Information in der gesamten Unterschicht, die etwa 95 Prozent der Bevölkerung ausmachte; trotz strenger Aufsicht, militärischer Überwachung und genauer kirchlicher Kontrolle aller »sündigen« Gedanken bei der allwöchentlichen Beichte und trotz geringer Möglichkeiten, regional oder gar überregional miteinander in Kontakt und zum Meinungsaustausch zu kommen, gab es vor allem im Land der Sachsen, dessen Lage etwa dem des heutigen Niedersachsen entspricht, immer wieder Aufstände der Bauernschaft gegen ihre Unterdrücker und Ausbeuter.

In den Jahren 841 bis 843 kam es dort zur größten Erhebung der frühfeudalistischen Zeit, dem Stellinga-Aufstand. Nachdem ein königliches Heer die anfangs erfolgreiche Rebellion niedergeworfen und ein furchtbares Strafgericht gehalten hatte, erhoben sich die sächsischen Bauern abermals, doch wiederum vergeblich.

Mehr als zweihundert Jahre später, von 1073 bis 1075, kam es erneut zu einem großen Bauernaufstand in Sachsen, bei dem zahlreiche Herrensitze, Fronhöfe und Burgen zerstört und alle Unterdrücker, die nicht mehr rechtzeitig hatten fliehen können, grausam getötet wurden. Doch auch diese Erhebung wurde von einer gutgerüsteten königlichen Streitmacht unterdrückt und blutig bestraft.

Es waren nun nicht mehr Frankenkönige, die die Herrschaft über das Sachsenland und die anderen östlich des Rheins gelegenen Gebiete ausübten. Denn um das Jahr 900 ging im Ostteil des unter die Enkel Karls aufgeteilten Frankenreichs die Herrschaft der Karolinger zu Ende. Der letzte, Ludwig das Kind, starb 911. In den folgenden acht Jahren, in denen ungarische Reiterheere wiederholt ins Land einfielen und es ausraubten, drohte dieser ostfränkische Staat bereits wieder zu zerfallen. Übrigens, man begann, ihn damals das »Land der Deutschen« zu nennen. »Deutsch«, was soviel wie »volksmäßig« bedeutete, war auch die – von den fränkischen Herren verächtlich gemeinte – Bezeichnung für die unzivilisierte Lebensweise und die, wie sie fanden, primitive Umgangssprache der Eingeborenen. »Deutsche« – das bezeichnete also die *misera, contribuens plebs,* die elende, steuerpflichtige Masse des Volkes. Die Herrschenden, ihre Umgebung und die Beamten, Offiziere und Geistlichen sahen sich als Erben der römischen Kultur und Zivilisation an und sprachen lateinisch. Noch jahrhundertelang blieb Latein die Verwaltungs- und Kirchensprache, die Sprache der wenigen Gebildeten, auch die der Diplomatie und der Wissenschaft, Deutsch hingegen der Sammelname für die Eingeborenen-Idiome, die stark voneinander abwichen und in die allerlei lateinische Brocken Eingang fanden, zumal Bezeichnungen für dem Volk anfangs Fremdes, zum Beispiel »Fenster« - lateinisch *fenestra* - oder »Mauer« - lateinisch *murus* - oder auch »Markt« - lateinisch *mercatus.* Deutsch war damals so etwas wie das Gemisch aus Kisuaheli, Küstenarabisch und Pidgin-Englisch in den ostafrikanischen Kolonien des 19. und frühen 20. Jahrhunderts: wenig angesehen, aber zur Verständigung mit den Unterworfenen unentbehrlich.

Dieses muß man wissen, wenn man vom Land der Deutschen, von Deutschland spricht, das im 10. Jahrhundert, kaum daß es zu einem im Osten bis an die Elbe reichenden Staat zusammengefaßt war, schon wieder in Stammesherzogtümer zu zerfallen drohte. Aber 919 wählten die Mächtigsten unter den Feudalherren, weil sie im Interesse der Aufrechterhaltung des für sie so nützlichen Systems die Notwendigkeit einer Zentralgewalt erkannt hatten, den sächsischen Herzog Heinrich zum neuen deutschen König. Erst mit diesem Wahlkönig, der dann auch in Schwaben und Bayern die ihm dort zunächst verweigerte Anerkennung erzwang, beginnt - mit mehr als fünfhundertjähriger Verspätung - die mittelalterliche Geschichte des ersten deutschen Staates.

Am feudalistischen System änderte sich damit jedoch gar nichts. Für die überwältigende Mehrzahl der Menschen, die zu Beginn des 10. Jahrhunderts in Deutschland lebten, war der Übergang der Herrschaft von den Frankenkönigen auf den Sachsenherzog völlig ohne Belang. Es war für sie so, als ginge in der heutigen Bundesrepublik ein großes Tochterunternehmen eines ausländischen Konzerns in den Besitz deutscher Großaktionäre über, und an die Stelle des bisherigen ausländischen Generaldirektors träte nun ein erprobtes Mitglied der

Barhäuptig bringen die Bauern dem Fronvogt ihre Abgaben. (Holzschnitt, 1479).

alten Geschäftsleitung, ein Deutscher, den seine deutschen Kollegen zum »Vorstandssprecher« gewählt hätten.

Für die zigtausend Beschäftigten des Unternehmens, die Männer und Frauen an den Fließbändern, in den Montagehallen, an den Schreibmaschinen des Sekretärinnen-Pools oder auch in der stumpfsinnigen Datenverarbeitung, für die Fahrer und Pförtner, Heizer und Schlosser, Kantinenköche und Putzfrauen und sogar für die Männer vom »Werkschutz«, denen allen der neue Ober-Boß seinen »Hier-bin-jetzt-ich-Herr-im-Hause«-Standpunkt mitteilen läßt, ändert sich damit so gut wie nichts. Die Bänder, Maschinen und Diktiergeräte laufen deshalb nicht langsamer, die Arbeitszeit wird nicht kürzer, die Lohntüte nicht voller. Infolgedessen ist der Wechsel an der Spitze des Unternehmens allenfalls für die ranghöchsten leitenden Angestellten von Interesse; die Masse der sogenannten »Betriebsfamilie« wird davon überhaupt nicht berührt. Und der

Fließbandarbeiter Schulze, die Locherin Pizzinini, der Hallenputzer Nikeadopolos, der Lohnbuchhalter Müller und selbst Fräulein Huberti vom statistischen Büro werden sich nicht einmal den Namen des neuen Generaldirektors merken.

So ähnlich war es im frühen deutschen Mittelalter, nur daß damals die Masse des Volkes, von dessen Arbeit die adligen und geistlichen Herren lebten, nicht einmal eine ausgehängte Mitteilung über die Wahl Heinrichs zum deutschen König hätte lesen können, ja auch deren Verlesung, etwa durch einen schriftkundigen Mönch, nicht zu folgen imstande gewesen wäre. Denn natürlich hätte man damals eine solche Mitteilung in lateinischer Sprache abgefaßt (so wie die europäischen Kolonialherren Afrikas tausend Jahre später ihre Zeitungen nicht in Sesuto oder Suaheli, sondern in ihrer Herrensprache lesen wollten).

Unter König Heinrich und von 936 an unter dessen zum König gewählten Sohn Otto festigte sich der feudalistische Staat. Durch die Aufstellung eines Heeres von gepanzerten Reitern und den Bau von steinernen Burgen, die eine ständige militärische Besatzung erhielten, konnten sowohl die Ungarn vernichtend geschlagen als auch die Volksmassen besser in Zucht gehalten werden. König Otto I. garantierte den Bischöfen und Äbten volle Unabhängigkeit gegenüber den Herzögen und Grafen, schenkte ihnen weiteren Landbesitz, übertrug ihnen in ihren Bereichen auch bei schweren Verbrechen die Rechtsprechung und betraute geistliche Würdenträger mit hohen weltlichen Ämtern. Damit schuf er sich ein Gegengewicht gegen die Stammesherzöge, die nach Selbständigkeit strebten.

Mit dem Aufbau dieses Herrschaftssystems, bei dem die einander in Schach haltenden geistlichen und weltlichen Feudalherren im Namen des Königs, dem sie direkt unterstanden, die Masse des Volkes in völliger Unterdrückung hielten, war die Gründungsphase des ersten deutschen Staates gegen Ende des 10. Jahrhunderts abgeschlossen.

Die Masse des Volkes bestand zu dieser Zeit aus einigen wenigen freien und sehr zahlreichen abhängigen Bauern, sogenannten Hörigen, zum nicht geringen Teil auch aus Leibeigenen und Sklaven, die alle schwere Arbeit zu verrichten hatten. Über deren Lebensverhältnisse wissen wir sehr wenig.

Sie selber konnten keine Aufzeichnungen hinterlassen, denn sie waren samt und sonders Analphabeten. Ihre Ausbeuter aber hielten es für nicht der Mühe wert, der Nachwelt genaue Berichte über das Los ihres Arbeitsviehs zu hinterlassen.

Alles, was wir aus jenen Jahrhunderten über das Leben der breiten Masse zur Kenntnis nehmen können, sind Nachrichten, die aus der Sicht der Herrschenden von Interesse waren. Doch auch diese können mitunter sehr aufschlußreich sein.

So gibt es einige tausend dokumentarische Beweise dafür, was damals ein Leibeigener seinen weltlichen oder geistlichen Ausbeutern wert war: auf Heller und Pfennig. – Ein einziges Beispiel, das sogar schon aus dem späten Mittelalter stammt, nämlich aus dem Jahre 1333, sei hier angeführt:

»Ich Konrad der Truchseß von Urach, Ritter, thue kund... daß ich den Ersamen geistlichen Herren, dem Abt und dem Konvent des Klosters zu Lorch hab geben die zwei Frawen Agnes und ihr Schwester Mahilt, Degan Reinbolts seligen töchter, und ihre kindt, die davon kommen mögen, um drei Pfund Heller...«

Das heißt, auf heutige Verhältnisse übertragen: Der Personaldirektor eines mittleren Provinzunternehmens, Nichtakademiker, aber Reserveoffizier, verkauft aus seinem Privatbesitz die beiden Töchter seines kürzlich verstorbenen Gärtner-Chauffeurs an die hochwürdigen Patres eines nahen Klosters, wobei das Eigentum an den beiden minderjährigen Mädchen sowie an ihren noch zu zeugenden Nachkommen nach Erlegung des Kaufpreises von schätzungsweise achtzig Deutsche Mark unwiderruflich an die geistlichen Herren übergeht.

Doch zurück zu König Otto, der 961 auch noch Oberitalien eroberte und vom Papst im Jahr darauf zum Kaiser gekrönt wurde. Er betrieb mit besonderem Nachdruck die schon von seinem Vater begonnene Unterwerfung der jenseits der deutschen Ostgrenzen lebenden Slawen und dehnte das Reich bis an die Oder aus. Beides, Italienzug nebst Krönung durch den Papst und Ostkolonisation, war beispielgebend für die Politik seiner Nachfolger, doch sollte sich dieses Streben nach Expansion, Beute, Machtzuwachs und erhöhtem Ansehen sowohl für Deutschland als auch für das Kaisertum als verhängnisvoll erweisen, weil dadurch die innere Entwicklung und die zentrale Lenkung der Stammländer vernachlässigt wurde.

Bei der deutschen Landbevölkerung war durch verbesserte Anbaumethoden die landwirtschaftliche Produktion gestiegen. Dies führte zu einer Arbeitsteilung zwischen Geräteherstellern und Gerätebenutzern. Der einzelne Haushalt machte nicht mehr alles selbst - Hausbau, Feldarbeit, Anfertigung von Kleidung, einfachen Möbeln, Kochgerät, Haus- und Ackerbauwerkzeug, Netzen, Stricken, Waffen und so weiter -, sondern überließ dies immer mehr einigen Spezialisten. Diese wiederum gaben ihre Landwirtschaft ganz oder doch weitgehend auf und tauschten ihre handwerklichen Erzeugnisse gegen das, was sie ihrerseits benötigten. So entwickelte sich ein - dann immer weiter spezialisiertes - Handwerk, dessen Angehörige jedoch genauso wie zuvor als Bauern in den verschiedenen Graden der Abhängigkeit von den Feudalherren lebten.

Auch der bis dahin in Deutschland noch ganz unbedeutende Handel nahm im 10. und 11. Jahrhundert einen kräftigen Aufschwung, und zwar auch mit dem Ausland. Aus Frankreich und dem Mittelmeerraum importierte man Öl, Wein, Gewürze, allerlei Luxuswaren und besonders gute Waffen für die reichen Herren; aus den noch nicht unterworfenen Ländern der Slawen kamen vor allem Pferde, Getreide, Wachs, Salz, Fische, Honig, Bernstein und nicht zuletzt Sklaven. Bestimmte slawische Stämme - daher auch das Wort »Sklave« - eigneten sich nach Ansicht der Ausbeuter besonders gut für schwere Zwangsarbeit, weil ihre Angehörigen kräftig, unterwürfig und fleißig waren. Und da Deutschland - wiederum vom Standpunkt der Feudalherren aus - viel zu wenig Arbeitskräfte hatte, manche unterworfene Stämme sich auch äußerst schwer zähmen ließen, führte man billige Zwangsarbeiter ein, so wie später die weißen Eroberer Amerikas Negersklaven aus Afrika.

Der Aufschwung von Handel und Handwerk führte dazu, daß sich nicht nur die alten, weitgehend verfallenen Römerstädte im Rhein- und Donautal wieder zu beleben begannen, sondern daß auch zahlreiche neue Städte entstanden, zumeist aus Märkten, die nun regelmäßig abgehalten wurden, wo immer sich Siedlungen von Bedeutung – etwa an Bischofssitzen, neben größeren Klöstern, im Schutze von Burgen oder Königspfalzen – gebildet hatten.

Zunächst waren auch diese Städte nur eine Ansammlung von armseligen Häusern aus Holz und Lehm, die Stroh- oder Schindeldächer hatten. Mit ihren Schmalseiten bildeten sie enge, krumme Gassen, die höchst selten gepflastert waren. Abfälle und Unrat lagen überall herum; es gab weder Wasserleitungen noch Kanalisation, noch Straßenbeleuchtung wie einst in den römischen Großstädten.

Von solchen Städtchen hatte Deutschland um das Jahr 1000 erst etwa vierzig, bis 1100 waren es schon knapp hundert. Und um 1200 hatte sich ihre Anzahl bereits auf etwa zweihundert vermehrt, wobei allerdings die meisten weniger als tausend, oft nur hundert oder noch weniger Einwohner zählten.

Sogar nach drei weiteren Jahrhunderten, etwa um 1500, als unser Mittelalter angeblich schon vorüber war und die Neuzeit bereits begonnen hatte, wiesen die allermeisten der nun rund 3000 Städte des Reiches, nämlich 2450, weniger Einwohner auf als heute ein kleines Dorf. Nur ganz wenige wie Köln, Lübeck, Straßburg, Danzig, Breslau, Nürnberg, Augsburg, Ulm oder Erfurt konnten mit Einwohnerzahlen zwischen zwanzig- und dreißigtausend aufwarten.

Diese Siedlungen, die von den Königen, später auch von den anderen Feudalherren, gegen hohe Abgaben ihr Markt- und Stadtrecht, mancherlei Zollfreiheiten und in zunehmendem Maße ein Recht auf innere Selbstverwaltung erhielten, erlangten für ihre Bewohner ein größeres Maß an Freiheit, als man es bis dahin in Deutschland gekannt hatte. Die ummauerten Städte und ihre bewaffneten Bewohner konnten sich gegen die Willkür der Feudalherren einigermaßen schützen. Sie wurden deshalb Anziehungspunkte für alle, die nicht länger bloße Ausbeutungsobjekte sein wollten. »Stadtluft macht frei«, lautete die Parole. Doch diese städtische Freiheit war weder vollständig, noch galt sie für alle. Nur wer in der Stadt Haus- und Grundbesitz hatte, wer selbständig ein »ehrsames« Handwerk

Bau einer Stadt
(Holzschnitt aus der Koehlhoffschen Chronik *von Köln, 1499)*

oder Gewerbe ausübte und aus eigenem Vermögen erheblich zu den Gemeinschaftsaufgaben beisteuern konnte, hatte volles Bürgerrecht.

So entwickelte sich in den deutschen Städten des Mittelalters eine neue gesellschaftliche Ordnung: An der Spitze standen die Häupter einer Handvoll begüterter Kaufmanns- und Handwerkerfamilien, die stets aus ihren Reihen die Bürgermeister stellten und die Stadt wie kleine Souveräne regierten. Diese Großbürger oder Patrizier beherrschten den Rat der Stadt, verteilten alle Pfründen und Machtpositionen unter sich, entwickelten ein kräftiges Selbstbewußtsein, später sogar eine eigene Kultur, und paßten sich in ihrem Lebensstil dem Adel an, dem sie sich gleichwertig fühlten.

Die weniger wohlhabenden Mitglieder des Kaufmanns- und Handwerkerstandes nahmen den zweiten Platz ein; auch sie waren als Haus- und Grundbesitzer mit eigenem Betrieb oder Geschäft vollberechtigte Bürger, nur weit weniger einflußreich als das Patriziat.

Die breite Unterschicht dagegen, die aus »unehrlichen« Handwerkern - wie etwa den Henkern oder Schindern (= Abdeckern) - sowie der gesamten Gesellschaften, allem Hausgesinde, den Tagelöhnern, Prostituierten und Almosenempfängern bestand, waren Stadtbewohner ohne Bürgerrechte, wenngleich nicht völlig rechtlos. Sie hatten jedenfalls im allgemeinen ein etwas leichteres Los als die Hörigen und Leibeigenen auf dem Lande. Vor allem konnten sie sich, anders als die weit verstreut lebenden Bauern, untereinander beraten, sich gegenseitig informieren, wohl auch heimlich miteinander verbünden und gemeinsam versuchen, ihre Lebensbedingungen allmählich zu verbessern.

Doch wenn nun hie und da ein paar junge Leute die ihnen eingeflößte Angst vor der »Sünde« der geradezu »ketzerischen« Unbotmäßigkeit und deren angeblich so furchtbaren Folgen im Jenseits, vor allem aber den sehr realen, entsetzlich grausamen Strafen, die ihnen von ihren irdischen Herren bei der Wiederergreifung drohten, mutig überwanden und aus der Hörigkeit oder gar Leibeigenschaft in eine Stadt flohen, dann waren sie erst »nach einem Jahr und einem Tag« in Sicherheit, weil sie dann nicht mehr zurückgefordert werden konnten. Dabei darf man sich keine falschen Vorstellungen vom Umfang der jetzt einsetzenden Landflucht machen: Der Anteil der

Stadtbewohner an der - damals nur etwa drei Millionen Menschen ausmachenden - Gesamtbevölkerung Deutschlands lag im 10. Jahrhundert bei etwa zwei Prozent und stieg bis gegen Ende des 14. Jahrhunderts, als es schätzungsweise zwölf Millionen Deutsche gab, auf etwa acht Prozent an. Erst im 16. Jahrhundert, als angeblich die Neuzeit bereits begonnen hatte und Deutschland an die zwanzig Millionen Einwohner zählte, waren mehr als ein Zehntel davon Städter, allerdings noch keineswegs Bürger mit entsprechenden Rechten.

Anders ausgedrückt: Die überwältigende Mehrzahl der Deutschen, stets mehr als neun Zehntel, blieb das ganze Mittelalter hindurch auf dem Land, zumeist hörig oder leibeigen, in völliger Unbildung und ohne Berührung mit der Kultur. Und auch in den Städten waren die meisten Menschen minderen Rechts, Analphabeten und kaum mehr als »sprechende Werkzeuge« ihrer bürgerlichen Herren.

Deshalb sind die meisten der aus dem deutschen Mittelalter überlieferten Geschehnisse und Gepflogenheiten für uns auch ziemlich uninteressant. Romantischer Minnesang und ritterliches Turnier, illuminierte Handschriften, die Reichskleinodien und selbst die herrlichen Plastiken, etwa der Uta von Naumburg oder des Bamberger Reiters - sie sind zwar Zeugnisse einer mittelalterlichen Kultur, aber für das deutsche Volk des Mittelalters waren sie etwa so bedeutungsvoll wie für die afrikanischen Kolonialvölker Englands um 1880 die Gedichte Longfellows, das Polo-Spiel, die Prachtausgabe der Werke von Walter Scott auf dem Nachttisch des schnurrbärtigen weißen Herrn, der sich von einem barfüßigen Analphabeten das Frühstück ans Bett bringen ließ und ihn prügelte, wenn er etwas Tee verschüttete, oder das pompöse Denkmal der Königin Victoria auf dem Rasen vor dem Gouverneurspalast.

Und so, wie es den Untertanen Ihrer Majestät in Sierra Leone und anderswo in der Welt damals völlig gleichgültig sein konnte (und auch war), ob gerade Mr. Gladstone oder Lord Beaconsfield aus weiter Ferne ihre Geschicke lenkte; wem die Mehrheit der Suezkanal-Aktien gehörte und ob das Empire in Gefahr war, wenn Kosaken am Khaiberpaß gesehen worden sein sollten, so war es auch für die meisten Deutschen des

Mittelalters absolut belanglos (und wurde auch so empfunden), wer gerade Kaiser war; in welches Gerangel um die Macht er sich mit dem Papst, den Herzögen und der eigenen Familie einließ; ob und wie er die Reichsidee zu verwirklichen suchte und wie diese oder jene blutige Auseinandersetzung mit wirklichen oder angeblichen Feinden des Reichs nun ausging.

Die Masse des Volks nahm aber auch kaum davon Notiz, wenn in der Nachbarregion Menschen, in einer ganz ähnlichen Lage wie sie selbst, verzweifelten Widerstand gegen ihre Unterdrücker leisteten, was mitunter vorkam.

So wurden beispielsweise im Jahre 1234 die Bauern des Stedingerlandes, die sich gegen den Bischof von Bremen aufgelehnt hatten, von einer viermal stärkeren Polizeitruppe besiegt, ausgeplündert, gefoltert und zu Tausenden hingemordet, ohne daß ihre gleichfalls unterdrückten Nachbarn sie auch nur bedauert, geschweige denn ihre Partei ergriffen hätten. Die Volksmasse des Mittelalters hatte kein Zusammengehörigkeitsgefühl, das über die Familie, das eigene Dorf oder allenfalls die engere Gegend hinausgereicht hätte, erst recht kein Empfinden für die Ungerechtigkeit *des Systems* der Unterdrükkung und Ausbeutung, sondern höchstens für die Ungerechtigkeit besonderer, sie selbst betreffender Auswüchse dieses Systems.

Die Schuld der Stedinger hatte übrigens darin bestanden, daß sie dem Erzbischof, ihrer »von Gott eingesetzten« Obrigkeit, die Abgaben verweigert hatten. Diese »Sünde« bewog den Papst, sie zu »Ketzern« zu erklären und einen Kreuzzug gegen sie anzuordnen. Die Ordnungshüter, die dann die Exekution vornahmen, waren »Soldaten Christi«, deren Grausamkeit, Habgier und Geilheit angeblich durchaus Gottes Willen entsprach. Denn wer sich als Untertan gegen die Obrigkeit auflehnte, der mußte – so erklärte es die Kirche –, damit er seine Freveltat auch wirklich bereue, wohl auch zur Abschreckung anderer, so hart bestraft werden, wie es die in ihren angeblich göttlichen Rechten verletzte geistliche oder weltliche Obrigkeit für nötig hielt.

Die Erde sei nun mal ein Jammertal, und jeder wäre glücklich zu preisen, der von Gott ins Jenseits abberufen würde. Wer sein glücklicherweise meist kurzes Erdendasein - die durchschnittliche Lebenserwartung lag noch im 14. und 15. Jahrhundert unter dreißig Jahren! - in Demut, unbedingtem Gehorsam und rastloser Arbeit verbracht hatte, dem winkte immerhin die Aussicht auf ein Plätzchen im Paradies. Wer aber aufsässig, faul und ungehorsam war, dem wurde schon auf Erden ein kleiner Vorgeschmack dessen zuteil, was ihm im Jenseits angeblich drohte, nämlich Höllenstrafen, die den Menschen bis in die sadistischen Details hinein ausgemalt und nicht selten von Henkersknechten vorgeführt wurden.

Also fanden sich die meisten Deutschen des Mittelalters, wenn auch seufzend, mit ihrem harten Schicksal ab. Es war besser, meinten sie, sich nicht aufzulehnen, ohne Murren zu schuften und die meisten natürlichen Regungen so gut es ging zu unterdrücken, selbst solche, die durchaus im Einklang mit der Lehre Christi gestanden hätten, wie beispielsweise Mitleid mit einer gefolterten Ketzerin, die gestern noch eine freundliche Nachbarin gewesen war.

Für das Schicksal Fremder, das heißt: derer, die man nicht näher kannte, hatte man ohnehin kein Interesse. Wer wie die Bauern oder auch die städtischen Handwerksgesellen bis zu sechzehn Stunden am Tag vornehmlich für andere arbeiten mußte, dabei noch Hunger, Angst vor Schlägen und eigene Sorgen aller Art hatte, der war voll damit beschäftigt, sich und die Seinen einigermaßen durchzubringen. Totale Unbildung und äußerst geringe Information taten ein übriges, das Interesse der Masse des Volks auf den Umkreis zu beschränken, der sich vom Kirchturm des eigenen Dorfs oder Städtchens aus überblicken ließ, und kein Zusammengehörigkeitsgefühl mit den Unterdrückten der Nachbarregion oder gar anderer Provinzen entstehen zu lassen. Um so mehr Solidarität und Klassenbewußtsein entwickelten die Ausbeuter; und das begann schon bei den Bürgern der Städte. Dort schlossen sich die Kaufleute in Gilden, die Handwerker in Zünften zusammen, stellten genaue Regeln für die Unterdrückung der Gehilfen, Gesellen und Lehrlinge auf, verhinderten nach Kräften die Entstehung von Konkurrenz und ließen niemanden hochkommen, der sich in das System nicht einfügte. Die Strenge der hierarchischen

Handwerker protestieren gegen den zahlungsunfähigen Baumeister (handkolorierter Holzschnitt aus Sebastian Brants Narrenschiff, *1497)*

Ordnung und die Undurchlässigkeit der sozialen Schranken, die von der Geistlichkeit als gottgewollt bezeichnet wurden (obwohl die Kirche in ihren eigenen Institutionen begabten

Nachwuchs auch aus der Unterschicht durchaus für sich heranzubilden wußte), förderten die Gleichgültigkeit des Volks gegenüber dem Zeitgeschehen.

Immerhin ereignete sich schon im deutschen Mittelalter das eine oder andere, das nicht bloß für eine Handvoll Mächtige und deren nächste Umgebung von Belang war, sondern auch die große Mehrheit der Bewohner Deutschlands aus ihrer Teilnahmslosigkeit riß, mal für kurze, mal für längere Zeit. Es waren dies Vorgänge, die auch der Stumpfeste nicht unbeachtet lassen konnte, weil sie ihn unmittelbar berührten und er sich ihren Auswirkungen gar nicht entziehen konnte. Da waren zunächst die Einfälle fremder Völker, beispielsweise der große Mongolensturm, der erst nach der Schlacht bei Liegnitz im Jahre 1241 endete. Vor den wilden Reitern, deren straff organisiertes Reich vom Chinesischen Meer bis nach Mitteleuropa reichte, zitterte damals das ganze Abendland.

Die mongolischen Krieger wußten jeden Widerstand zu brechen. Sie plünderten und verbrannten alle eroberten Städte und Dörfer, schonten dabei niemanden und nichts. Sie hatten bereits Krakau und Breslau vernichtet, ganz Schlesien verwüstet und waren drauf und dran, über Böhmen nach Bayern und über Brandenburg nach Nord- und Westdeutschland vorzudringen. Sie blendeten ihre Gefangenen, wenn es sich um noch arbeitsfähige Männer handelte, mit glühend gemachten Eisen, um sie danach zu lebenslänglicher Zwangsarbeit in die Silberbergwerke der Karpaten zu treiben. Frauen und Mädchen hatten die Wahl, entweder als Sklavinnen gehaltene Soldatenhuren zu werden oder sich mit den Greisen und Kindern abschlachten zu lassen. (Übrigens, eine Heldengestalt der traditionellen deutschen Geschichtsschreibung, der Stauferkaiser Friedrich II., nahm sich diese mongolischen Methoden zum Vorbild seiner eigenen Tyrannei, wie wir noch sehen werden.)

Und da waren umgekehrt die großen Raubzüge, an denen sich viele Deutsche aus allen Schichten beteiligten und die angeblich allein der Befreiung Jerusalems und anderer heiliger Stätten des Christentums von den »ungläubigen« Moslems dienen sollten. In Wahrheit waren es aber nur zum geringeren Teil religiöse Motive, vielmehr vorwiegend die Habgier und Abenteuerlust der großen und kleinen Herren und ihres Anhangs, denen die Ausbeutung der Bauern daheim zu langweilig und unergiebig geworden war.

Diese sogenannten »Kreuzzüge«, die gegen Ende des 11. Jahrhunderts in Frankreich ihren Ausgang nahmen, bewirkten in Deutschland mancherlei, von dem noch zu reden sein wird. Nach anderthalb Jahrhunderten immer neuer Raubzüge nach Kleinasien, schlug die Kreuzzugsidee sozusagen nach innen um: Man begann, mit großer Energie und äußerster Grausamkeit die »Ketzer« im eigenen Land zu verfolgen. Und als dieses Gemetzel überhand nahm und sich auch gegen Reiche und Mächtige zu richten begann, da lenkten Kirche und weltliche Mächte den Kreuzzugsgedanken auf ein neues Ziel: die Eroberung Osteuropas.

Für die breite Unterschicht der Halb- und Unfreien, Ausgebeuteten und von Bildung und Kultur Ausgeschlossenen bedeuteten die Kreuzzüge eine unerhörte Chance, zwar nicht für eine Veränderung der Gesellschaft, wohl aber für eine Verbesserung des eigenen Loses. Durch Raub, Mord, Plünderung und jedes andere Verbrechen konnte man nun ohne Furcht vor Strafe in den Besitz von Gütern kommen, die sonst nur der Oberschicht vorbehalten waren. Die Kreuzfahrer waren nämlich keineswegs nur Ritter. Den Zügen hatten sich Menschen aller Schichten angeschlossen, sogar entlaufene Leibeigene, dazu viel fahrendes Volk und auch manche Räuberbande.

»Gott will es!«, hatte Papst Urban II. 1095 von allen Kanzeln verkünden lassen. »Wer von euch bis heute ein Räuber war, der soll nun ein Ritter sein; wer gegen seine Brüder wütete, mag gegen die Barbaren ziehen; wer um schnöden Mammon wucherte, kann jetzt den ewigen Lohn erringen. Allen aber, die ins heilige Land ziehen, ... sichere ich im Namen des allmächtigen Gottes die Vergebung ihrer Sünden zu!«

Es war indessen nicht nur der verheißene himmlische Lohn, der die Kreuzfahrer anlockte. Mindestens ebensosehr reizten die Schätze des Morgenlandes und der soziale Aufstieg, den ihr Besitz bedeuten würde. Zwar gingen die meisten Kreuzfahrer elend zugrunde, doch die wenigen, die tatsächlich mit reicher Beute heimkehrten, waren dann vermögende Leute und stiegen nicht selten in den Adel auf, dem sie zuvor hörig gewesen waren.

Für die Masse der Bevölkerung aber wirkte sich der Strom von Gold, Juwelen und anderen Schätzen, der während der nächsten einhundertfünfzig Jahre aus dem Orient nach Deutschland floß, ganz anders aus. Er machte den zurückgebliebenen Teil der Ausbeuter, für den Geld und Luxus bislang keine große Rolle gespielt hatte, sehr viel anspruchsvoller und entsprechend habgieriger.

Und noch etwas ganz anderes bewirkten die Kreuzzüge, soweit es Deutschland betrifft: Sie vernichteten einen bedeutenden Teil der städtischen Bürgerschaft Deutschlands, vornehmlich den, der so etwas wie eine bürgerliche Intelligenz repräsentiert hatte und der noch am ehesten imstande gewesen wäre, aufklärend und damit gesellschaftsverändernd zu wirken, weil er das den Feudalismus zementierende Christentum ablehnte: die deutschen Juden.

Das bedarf, weil es in den traditionellen deutschen Geschichtsbüchern gar nicht oder ganz anders dargestellt wird, einer kurzen Erklärung: Seit der Römerzeit, lange vor Beginn der Entstehung einer deutschen Sprache, einer deutschen Kloster- und Adelskultur oder gar des geographisch-politischen Begriffs »Deutschland« waren Juden in den germanischen Provinzen heimisch und bildeten einen festen, oftmals beherrschenden Bestandteil der einstmals römischen Siedlungen an Rhein, Main, Mosel und Donau. Als waffenfähige, zum Grunderwerb berechtigte Freie und an den kommunalen Angelegenheiten mit Rechten und Pflichten beteiligte Kaufleute, Handwerker, Ärzte, Juristen oder Beamte, die daneben, wie es allgemein üblich war, von Sklaven oder Dienstboten bestellte Gärten, Äcker und Weinberge besaßen, hatten sie ihren christlichen Nachbarn einiges an Bildung voraus, denn es gab unter den Juden so gut wie keine Analphabeten.

Es wäre allerdings verfehlt, sich die Juden des frühen deutschen Mittelalters als »Fremdrassige« oder auch nur als ziemlich reinblütige Nachkommen des biblischen Volkes vorzustellen. Erstens gab es im einstmals römischen Gebiet kaum einen Städter, der nicht einem vielfältigen Rassengemisch entstammte; zum anderen ist es eine biologische Unmöglichkeit, daß das sehr kleine, im todesmutigen Kampf mit den römischen Eroberern nahezu aufgeriebene Volk, dessen Überlebende in die Sklaverei weggeführt wurden, so zahlreiche, auch nur halbwegs reinblütige Nachkommen in Deutschland hätte hervorbringen können. Zwar stammte der jüdische Glaube aus Kleinasien, doch das trifft auch auf das Christentum zu, ohne daß jemand auf den absurden Gedanken käme, deshalb alle Christen des frühen Mittelalters für Nachkommen kleinasiatischer Völkerschaften zu halten.

Nein, Juden wie Christen der Zeit vor der Völkerwanderung entstammten demselben Gemisch aus allen Völkern des römischen Reiches, in das dann – bei den Christen in weit stärkerem Maße als bei den keine Zwangs-»Bekehrungen« betreibenden Juden – die keltischen, germanischen und westslawischen Stämme aufgingen. Trotzdem traten nicht eben wenige heidnische Germanen oder solche, die schon Christen geworden waren, ja sogar hohe Geistliche, zum Judentum über, so zum Beispiel der Alemanne Bodo, Diakon am Hofe Ludwigs des Frommen, und Wezzelin, der Beichtvater Kaiser Heinrichs II., im Jahre 1006.

Unter den Pionieren der ersten deutschen Siedlungen an Elbe und Saale befanden sich zahlreiche Juden. Auch an der Erhebung von Worms zugunsten Heinrichs IV., dem ersten selbständigen Eingreifen einer deutschen Stadt in die politischen Geschicke der Nation, hatten die Wormser Juden entscheidenden Anteil. So kommt es, daß das Privileg, das der Kaiser im Jahre 1074 der Stadt Worms erteilte, mit den Worten beginnt: »Den Juden und den übrigen Bewohnern von Worms ...«

Es ließen sich noch viele Beweise dafür anführen, daß es sich bei den deutschen Juden des Mittelalters nicht um »Fremde« aus Kleinasien handelte und daß sie sich von den meisten deutschen Christen im wesentlichen nur dadurch unterschieden, daß sie eine höhere Bildung hatten und es verschmähten, Abbilder Gottes oder von Heiligen zu verehren und den jüdischen Propheten und Sozialrevolutionär Jesus aus Nazareth als den Messias anzuerkennen.

Dennoch standen die deutschen Juden noch zur Zeit des ersten Kreuzzugs mit den christlichen Bischöfen der Rheinstädte meist auf recht gutem Fuß, weil sie den geistlichen Herren gute Einkünfte verschafften und oft auch die besseren Ärzte und Juristen waren. So nahmen denn auch die Bischöfe zunächst für die Juden Partei und versuchten, ihnen Schutz zu bieten, als das erste Kreuzfahrerheer aus Frankreich an den Rhein kam, erfüllt von religiösem Fanatismus, von Habgier und Mordlust und im Besitz päpstlicher Voraus-Absolution für alle Sünden, die sie »im Namen Gottes« an Nicht-Christen begingen. Die Bischöfe und die Städte waren diesem Ansturm jedoch nicht gewachsen, und so kam es, daß die Kreuzfahrer und ihr marodierender Anhang binnen weniger Tage fast alle

In mehr als 350 Orten Deutschlands wurden sämtliche Juden getötet, meist »durch Verbrennen, weil sie sich nicht taufen ließen«. (Holzschnitt von Wohlgemuth aus der Schedelschen Weltchronik, *1493)*

jüdischen Gemeinden Westdeutschlands vernichteten. Nur ein kleiner Teil der deutschen Juden überlebte dieses Massaker.

Damit war nicht nur den Opfern selbst, sondern der ganzen deutschen Gesellschaft ein schwerer Schlag versetzt worden, der sich noch lange auswirken sollte. Denn die gerade erst aufblühenden oder wiedererwachenden Städte, die wie Inseln bescheidenen Fortschritts und allmählicher politischer Bewußtseinsbildung aus dem Meer des feudalistischen Terrors und der Apathie der geknechteten Landbevölkerung ragten, waren nun eines bedeutenden Teils ihrer Bürgerschaft beraubt. Die kaiserliche Zentralgewalt, die in erstarkenden Städten eine wichtige Stütze gegen die Herzöge zu finden hoffte, wurde erheblich und möglicherweise sogar entscheidend geschwächt.

Auch die anderen großen Ereignisse des deutschen Mittelalters wirkten sich für die deutschen Juden verheerend aus, vor allem die Pest, die um die Mitte des 14. Jahrhunderts ganz Europa heimsuchte und in Deutschland binnen weniger Jahre so viele Menschen hinraffte, daß die Gesamteinwohnerzahl von etwa 17 Millionen auf knapp 9 Millionen, also um fast die Hälfte, zurückging.

Der »Schwarze Tod« hatte noch andere wichtige Folgen für die Gesamtheit der Deutschen des späten Mittelalters, und es wird davon noch die Rede sein. Für die deutschen Juden bedeutete die Pest von 1348 jedoch das Ende der meisten Gemeinden. Die von einer sich auflösenden Ordnung bedrohten Feudalherren benutzten nämlich vielerorts die Juden als »Blitzableiter«, indem sie ihnen die Schuld an der Seuche gaben und das zügellos gewordene Volk auf sie hetzten. Die unmittelbare Folge waren wüste Pogrome mit Massenmorden und Plünderungen. Die weitere Konsequenz war, daß die überlebenden Juden größtenteils aus Deutschland wegzogen, zumeist nach Polen, wo sie nach anfänglich bevorzugter Behandlung jedoch ebenfalls schwersten Verfolgungen und jahrhundertelanger Unterdrückung ausgesetzt waren, die zur Massen-Verelendung führte. Dabei blieben die Juden Polens und der Ukraine aber nicht nur ihrem Glauben treu, sondern auch der Sprache und den Gebräuchen der Städter des deutschen Mittelalters. Ihr mittelhochdeutsches, nur schwach mit hebräischen Wörtern durchsetztes Jiddisch und sogar den Kaftan, den Bürgerrock deutscher Kaufleute des 13. und 14. Jahrhunderts, bewahrten sie in den Gettos Osteuropas, bis dann mehr als ein halbes Jahrtausend später wieder ein »Kreuzzug«, diesmal unter dem Zeichen des Hakenkreuzes und von Deutschland ausgehend, sie bis auf winzige Reste vernichtete, wobei die Parole nicht mehr »Gott will es!«, sondern »Der Führer will es!« lautete.

Die Barbarei der Judenvernichtung unter Hitler mit allen ihren entsetzlichen Begleiterscheinungen würde allein genügen, sich darüber Gedanken zu machen, wann denn das deutsche Mittelalter nun wirklich zu Ende ging: In den frühen vierziger Jahren unseres Jahrhunderts, fast ein Jahrtausend nach den Greueln, die die Kreuzfahrer begingen, erst an den deutschen Juden, dann an den Christen dalmatinischer Hafenstädte und schließlich an allen Bewohnern Kleinasiens, Moslems, Juden und Christen, von Konstantinopel über Jerusalem bis Ägypten; sieben Jahrhunderte nach den Scheußlichkeiten, mit deren Hilfe der Stauferkaiser Friedrich II. sein Reich in Furcht und Schrecken hielt, und mehr als vierhundert Jahre nach dem angeblichen Ende des deutschen Mittelalters in der traditionellen Geschichtsschreibung – da wiederholte sich alles noch einmal, bis zur Übereinstimmung in den sadistischen Details! Kaiser Friedrich II. hatte die Bürger ihm mißliebiger Städte von seiner sarazenischen Polizeitruppe mit brutalstem Terror unterwerfen, alle überlebenden arbeitsfähigen Männer blenden und zu lebenslänglicher Zwangsarbeit in die Bergwerke und Steinbrüche schaffen lassen; die jungen Frauen und Mädchen steckte er in die unterirdischen Verliese von Palermo, damit sich sein Hofstaat und die Soldaten seiner afrikanischen Verfügungstruppe nach Belieben an ihnen vergehen konnten; Säuglinge ließ er an den Mauern zerschmettern, »nutzlose« Greise und Greisinnen bei lebendigem Leibe verbrennen ...

Hitlers »Einsatzgruppen« verrichteten die Ausrottung der Juden zwar mit mehr Technik und »Ordnung«, aber um keine Spur weniger barbarisch; die deutschen Schergen des 20. Jahrhunderts verzichteten auch nicht darauf, sich die hübschesten Frauen und Männer aufzusparen, nachdem sie ihnen, ordentlicher als die Afrikaner Friedrichs II., eine Nummer und den

Verwendungszweck – »Feldhure« – auf die Schenkel tätowiert hatten.

Genauso absurd wie die um 1350 von den Feudalherren ausgestreute Behauptung, die deutschen Juden hätten die Brunnen vergiftet und dadurch die Pest hervorgerufen, war die Propagandathese der Nationalsozialisten, die Juden hätten, im Bunde mit westlichen Großkapitalisten, den »Bolschewismus« geschaffen, mit dessen Hilfe sie Deutschland verderben und eine jüdische Weltherrschaft errichten wollten.

Und die noch heute gern als bloße »Kristallnacht« verharmlosten Massenpogrome vom November 1938 wurden, wie man weiß, keineswegs vom »Mann auf der Straße« erdacht und »spontan« durchgeführt, sondern genauso von den deutschen »Landesherren« geplant und organisiert wie die Judenverfolgungen des deutschen Mittelalters.

Doch es waren, wie wir sehen werden, wahrlich nicht die Juden allein, die von den in Deutschland Herrschenden brutal unterdrückt, systematisch ausgeplündert und bei passender Gelegenheit den Henkern oder einer aufgehetzten Masse preisgegeben wurden. Und es gibt auch eine Fülle von Indizien dafür, daß alles, was wir gelernt haben, mit leisem Schauder als »mittelalterlich« abzutun, keineswegs vorüber war, als das deutsche Mittelalter angeblich längst zu Ende war.

Greifen wir ein besonders finsteres Kapitel mittelalterlicher Roheit, Dummheit und Fanatisierung heraus: die Hexenverfolgung. Sie begann erst in wirklich großem Umfang, als das deutsche Mittelalter schon fast vorüber gewesen sein soll, nämlich gegen Ende des 15. Jahrhunderts. Ihr größtes Ausmaß erreichte diese überaus grausame Verfolgung unschuldiger Frauen und Mädchen, aber auch vieler Männer, sogenannter »Hexenmeister«, erst in einer Epoche, die von der traditionellen Geschichtsschreibung schon stolz als die Neuzeit bezeichnet wird, und zwar im Verlauf des 16. und 17. Jahrhunderts. Damals wurden in Deutschland nicht, wie man meinen könnte, einige hundert oder auch tausend unglückliche alte Weiblein, sondern mehrere hunderttausend Männer, Frauen und Kinder jeden Alters auf den Scheiterhaufen verbrannt und ganze Gegenden entvölkert.

Die Prozedur war fast immer die gleiche, diktiert von religiösem Wahn, mühsam unterdrückter Lüsternheit, zügelloser Habgier und perverser Roheit: Eine junge hübsche, möglichst auch begüterte Frau wurde von einer Nachbarin der Hexerei bezichtigt, kam vor ein geistliches Gericht, wurde zunächst »im Guten« befragt, ob sie geschlechtlichen Verkehr mit dem bocksbeinigen Satan gehabt hätte, auf ihr Leugnen hin erst ein wenig, dann mit zunehmender Grausamkeit gefoltert, bis die Unglückliche nicht nur alles gestand, was man von ihr forderte, sondern nun auch andere »Hexen« und »Hexenmeister« beschuldigte, mit denen man alsdann genauso verfuhr. Fast alle Verfahren, mit ganz wenigen Ausnahmen, endeten mit dem Verbrennen der »Schuldigen« bei lebendigem Leibe, häufig nach viehischer Notzüchtigung durch ihre Henker, sowie mit dem Einzug des gesamten Vermögens der Hingerichteten, das größtenteils den Landesherren und der Kirche, im übrigen den Richtern, Henkern und den Denunzianten zufiel.

Diese Massenmorde endeten zwar um die Mitte des 17. Jahrhunderts, doch in den folgenden Jahrzehnten kam es noch zu vielen weiteren Hexenprozessen und -verbrennungen. In einem Protokoll vom 9. Juni 1676 – es ist nur eins von vielen tausend möglichen Beispielen – lesen wir, wie mittelalterlich es noch zu einer Zeit zuging, die wir das fröhliche deutsche Barock zu nennen gelernt haben und wo Gottfried Wilhelm Leibniz, geboren 1646, bereits den elektrischen Funken entdeckt, die Differential- und Integralrechnung entwickelt und unsere Welt als Summe unendlich vieler, unendlich kleiner in sich geschlossener Kraftzentren zu deuten versucht hatte:

»Bin also die Nacht um 11 Uhr mit Richter und Schöppen auf des Landsknechts Stube gegangen und habe zuförderst in Beyseyn derer Scharffrichter ... sie nochmals gütlich befraget, 1. ob sie eine Hexe sey ... Weil sie aber in der Güte gantz nichts hat bekennen wollen ... wurde sie an die Letter (Leiter) geführet, ausgezogen und mit den Daum-Schrauben der Anfang gemacht ... Nach ausgestandenen Daum-Schrauben wurde mit den Schnüren verfahren ... Nach den ausgestandenen Schnüren sind ihr die Beinschrauben angelegt worden ... Nach den ausgestandenen Beinschrauben ist sie auf die Letter gezogen

Mittelalterliche Strafen: Stäupen, Enthaupten, Rädern, Abschlagen der Hand, Blenden, Hängen, Verbrennen, Ertränken und Ausdärmen (Holzschnitt aus dem Laienspiegel, *1509)*

worden... Hierauff sagte der Scharfrichter, daß sie eine Hexe sey, wäre gantz richtig... aber vorjetzo wüste er nichts mehr zu tun; er wolte zwar ein wenig mit dem Haarseil sie fiedeln lassen, aber sie würde nichts bekennen. Als sie nun anfiengen, zwischen den Beinen zu fiedeln, schrie sie.«

Erst um die Mitte des 18. Jahrhunderts verebbte der Terror. Doch noch 1749 wurde eine siebzigjährige Frau zu Würzburg als Hexe gefoltert und hingerichtet; 1785 starb eine Frau im schweizerischen Glarus, des Umgangs mit dem Satan »überführt«, auf dem Scheiterhaufen, und die letzte bekannte Hexenverbrennung in Mitteleuropa fand 1793 in Posen statt, kurz bevor diese Stadt durch die zweite polnische Teilung unter preußische Herrschaft kam.

Es waren letzte Versuche der Kirche, mittels Terror ihre Macht zu erhalten, die sie rund ein Jahrtausend lang in Deutschland nahezu unangefochten hatte ausüben können, weil sie damit zugleich die Autorität aller weltlichen Unterdrükker und Ausbeuter gestärkt hatte. Indessen gab es für die geistliche Hexenverfolgung noch weitere Motive, neben religiösem Fanatismus, Habgier, Lüsternheit und Befriedigung sadistischer Neigungen, vor allen den Willen der Kirche, das überlieferte Wissen »weiser Frauen«, zumal auf dem Gebiet der Heilkräuter, der Hygiene, der Gynäkologie und besonders der Geburtenkontrolle, auszurotten. Das weibliche Geschlecht sollte dadurch noch verstärkt in Unwissenheit, Rechtlosigkeit und Demut gehalten werden.

An der Frauenfeindlichkeit änderte auch die Reformation wenig. Auch in den vom römisch-katholischen Glauben abgefallenen Ländern galt die Frau bis ins 18. Jahrhundert hinein als »Gefäß der Sünde«, hatte in der Gemeinde zu schweigen, durfte nicht am Gesang teilnehmen und stand zeitlebens unter der Vormundschaft des Vaters, des Gatten oder eines männlichen Verwandten; nur Fürstinnen und städtische Kauffrauen waren geschäftsfähig. Protestantische Geistliche setzten vielerorts die Hexenverfolgung fort, und selbst ein als sehr aufgeklärt geltender, protestantischer Fürst wie Herzog Johann Kasimir von Sachsen-Coburg ordnete noch 1628 an, »so viel wie möglich« an Hexen aufzuspüren, sie zu foltern und zu verbrennen, vor allem aber ihr Vermögen zu konfiszieren.

Wenn aber sogar die wüstesten Exzesse mittelalterlichen Aberglaubens gar nicht im Mittelalter, sondern in der Neuzeit stattfanden und erst endeten, als die weltliche Macht der Kirche unter den Auswirkungen der großen französischen Revolution zusammengebrochen war, so müssen zumindest auch Zweifel daran aufkommen, ob das Ausbeutungs- und Unterdrückungssystem des deutschen Mittelalters, der Feudalismus, denn wirklich, wie man uns beizubringen bemüht war, schon seit Jahrhunderten beseitigt ist; ob sich nicht vielleicht auch diese Grundlage der Herrschaft einiger Bevorrechtigter über die Masse eines in Armut, Unbildung, Aberglauben und Hörigkeit gehaltenen Volkes erheblich länger erhalten hat oder gar noch immer nicht völlig beseitigt ist.

3. Die gescheiterte Revolution

Mit der Entdeckung Amerikas durch Christoph Kolumbus im Jahre 1492 und des Seewegs nach Ostindien durch Vasco da Gama um 1498 lassen viele der traditionellen Geschichtsbücher das Mittelalter enden und die europäische (also auch die deutsche) Neuzeit beginnen. Doch für die Masse des deutschen Volkes brachte die blutige Eroberung und Ausplünderung der »beiden Indien«, vor allem die der »Neuen Welt«, nur dreierlei: die Syphilis, das Tabakrauchen und die Kartoffel. Während sich die Geschlechtskrankheit und der Tabakkonsum bereits um die Mitte des 16. Jahrhunderts in Deutschland auszubreiten begannen, wurde die Kartoffel erst um 1765 von König Friedrich II. zwangsweise in Preußen eingeführt und erst um 1850 zu jenem Volksnahrungsmittel, mit dem die chronische Hungersnot der unteren Schichten endlich überwunden und ein sprunghafter Anstieg der Einwohnerzahl Deutschlands erreicht werden konnte.

Einigen wenigen Deutschen brachten die Entdeckungen neuer Erdteile und Seewege aber schon frühzeitig unerhörten Gewinn. Zu ihnen gehörte die Augsburger Patrizierfamilie Welser, die nicht nur am Massenexport afrikanischer Sklaven in die amerikanischen Kolonien und an den Einfuhren der Kolonialprodukte nach Europa glänzend verdiente, sondern um 1530 mit einem gutbewaffneten Söldnerheer sogar ein eigenes Kolonialreich erwarb, das sich in der Breite der Küste des heutigen Venezuelas über ganz Südamerika erstreckte und ein Vierteljahrhundert lang Eigentum der Welser blieb.

Auch andere Patrizierfamilien wurden etwa um die Zeit der Entdeckung Amerikas außerordentlich reich, am allerreichsten die ebenfalls in Augsburg beheimateten Fugger, die als Bankiers der Päpste und Kaiser auch eine maßgebliche politische Macht darstellten.

Es wäre aber völlig verfehlt, aus dem enormen Reichtum und Einfluß einzelner deutscher Bürgerfamilien nun zu folgern, daß das Bürgertum der deutschen Städte schon die Herrschaft des Adels abgelöst und womöglich den Feudalismus beseitigt hätte; daß mit dem Reichtum auch Kultur und Bildung in die Städte eingezogen und allen Schichten gleichermaßen zuteil geworden wären oder daß durch den Aufstieg Bürgerlicher eine demokratische Entwicklung begonnen hätte. In Wirklichkeit kam es in den Jahrzehnten um 1500 lediglich zu Machtverschiebungen innerhalb der herrschenden Klassen, begleitet von Versuchen der Volksmassen, sich endlich von der Unterdrückung und Ausbeutung zu befreien. Da diese Versuche samt und sonders scheiterten, änderte sich an der Lage der großen Mehrheit so gut wie nichts.

Deutschland, dessen Einwohnerzahl seit dem Nachlassen der großen Seuchen erst um 1500 wieder den ungefähren Stand von 1380, nämlich knapp vierzehn Millionen, erreicht hatte, war noch zu 85 Prozent ein Agrarland. Die Bauern und ländlichen Handwerker lebten, mit geringfügigen Ausnahmen, nach wie vor in einem Zustand der Unfreiheit, Unbildung, Kulturlosigkeit und harter Ausbeutung durch adlige und geistliche Feudalherren. Mehr als ein Drittel des gesamten Bodens gehörte kirchlichen Einrichtungen.

Den städtischen Arbeitern, Handwerksgesellen, Dienstboten und der Mehrzahl der im Bergbau Beschäftigten ging es um 1500 kaum besser als den hörigen Bauern und oft sogar schlechter.

Auch einem großen Teil des niederen Adels, besonders der Ritterschaft, fehlte die wirtschaftliche Unabhängigkeit. Doch die Ritter, deren Aufgabe es einst gewesen war, als schwerbewaffnete Reiter, die sich selbst ausrüsteten, für den Kaiser eine schlagkräftige, jederzeit mobilisierbare Verfügungstruppe zu bilden, fanden sich schwerer mit ihrem Schicksal ab, Untertanen der weltlichen und geistlichen Landesfürsten zu werden. Sie waren die ersten, die revoltierten.

Doch ehe wir uns diesen und anderen Aufständen zuwenden, wollen wir noch die übrigen Teile der deutschen Gesellschaft jener Zeit um 1500 kurz betrachten:

Da waren zunächst und als Mächtigste die deutschen Fürsten sowie die Grafen, Bischöfe, Äbte reicher Klöster und sonstigen Landesherren, die sich von der kaiserlichen Zentralgewalt bereits weitgehend unabhängig gemacht hatten und nach völliger Selbständigkeit und Machtzuwachs auf Kosten des Kaisers, der Städte, der Ritterschaft sowie benachbarter Standesgenossen strebten.

Da waren unter den Fürsten als eine besondere Klasse die Kurfürsten, damals sieben, nämlich die Erzbischöfe von Köln, Mainz und Trier, der Pfalzgraf bei Rhein, der Herzog von Sachsen, der Markgraf von Brandenburg und der König von Böhmen. Sie hatten das Vorrecht, wenn eine Vakanz auf dem Thron des Reiches eintrat, mit einfacher Mehrheit ein neues Reichsoberhaupt zu wählen. Dieses Privileg, verbunden mit einem unantastbaren und unteilbaren, stets nur dem Nachfolger als Ganzes vererbten Besitzstand an Ländern, in denen sie Souveräne waren, gab den Kurfürsten die Möglichkeit, sich immens zu bereichern. Denn sie verkauften ihre Stimme stets der Partei, die ihnen am meisten bot, und ließen sich zudem vom künftigen Kaiser mit immer neuen Rechten und Einkünften versehen, wodurch die Zentralgewalt weiter geschwächt wurde.

Korrupter als die Kurfürsten waren nur noch die römischen Kardinäle jener Zeit, und entsprechend waren auch die Päpste, die sie wählten: geldgierige, genußsüchtige, absolut skrupel- und schamlose Gestalten, die vor keinem Verbrechen zurückschreckten. Sie glichen mehr den Mafia-Bossen unserer Tage als einem Oberhaupt der abendländischen Christenheit mit dem Anspruch, Stellvertreter Gottes auf Erden zu sein.

Bei solcher Führung ist es kaum verwunderlich, daß auch die kirchlichen Einrichtungen in Deutschland völlig verkommen waren. Sie ähnelten, um bei dem Beispiel der Mafia zu bleiben, in vieler Hinsicht deren Organisation, zumal wenn sie mit immer neuen Tricks und Einschüchterungsmethoden pfennigweise Millionen aus dem Volk preßten, nicht etwa zu gutem Zweck, sondern nahezu ausschließlich zur Finanzierung des luxuriösen und lasterhaften Lebens der Bandenchefs sowie deren Verwandtschaft, Leibgarde, Gangsterliebchen und juristischen Ratgebern, sprich: Kirchenfürsten, deren Neffen,

Nichten, unehelichen Kindern, Prälaten, Offizieren, Mätressen und Räten. Und wie die Mafia heute, so scheute damals die Kurie, wenn es um fette Pfründen, Erbschaften oder politischen Einfluß ging, vor absolut nichts zurück: nicht vor Verrat und Meuchelmord, nicht vor der Ausrottung ganzer Sippen durch Gift oder Dolch und auch nicht vor Wucher, Zuhälterei großen Stils, Hehlerei, Mädchenhandel oder anderen unchristlichen, aber einträglichen Verbrechen.

Bei alledem war die niedere Geistlichkeit, das Heer der Kapläne, einfachen Mönche und Laienbrüder, nur das Fußvolk, das mit den Krumen zufrieden sein mußte, die von der Herren Tisch fielen. Doch diese »ausführenden Organe« waren zugleich eine Landplage, denn ihnen oblag es ja, das Geld einzutreiben, das ihre Oberen verpraßten. Es waren ihrer so viele, daß sie in manchen deutschen Großstädten den achten Teil der Einwohnerschaft ausmachten, und sie stammten meist aus dem handwerklichen Mittelstand oder vom Land, während die höhere und hohe Geistlichkeit als Versorgungsanstalt für die nachgeborenen Söhne der Feudalherren und Patrizier angesehen wurde.

In den deutschen Städten, soweit sie nicht unbedeutende Nester wie die meisten, sondern mächtige Stadtstaaten waren, hatte sich um 1500 nur insofern etwas verändert, als sich der gesellschaftliche Abstand zwischen den reichen Großkaufleuten und Bankiers, die die eigentlichen Herrscher waren, und den Meistern der Handwerkerzünfte beträchtlich vergrößert hatte. Und nur in der obersten städtischen Schicht, dem Patriziat, und in dessen Gunst entwickelte sich – ähnlich wie an den großen Fürstenhöfen – die Kultur der Renaissance. Die breite städtische Unterschicht und der ganze Mittelstand blieben von Kunst und Wissenschaft, vom Humanismus, von den großen naturwissenschaftlichen Entdeckungen und von den Produkten der aufblühenden Buchdruckerkunst ebenso ausgeschlossen wie die gesamte Landbevölkerung und die meisten Angehörigen des niederen Adels.

Die Fülle großer Talente aus dem Volk – wie etwa, um nur drei Beispiele zu nennen, der Goldschmiedsohn Albrecht Dürer, der Holzschnitzer Tilman Riemenschneider oder der

Nürnberger Erzgießer Peter Vischer – brauchten nur deshalb nicht, wie in den Jahrhunderten zuvor, in der Mehrzahl zu verkümmern, weil sie im Patriziat sowie an den geistlichen und weltlichen Fürstenhöfen Auftraggeber fanden, die unerhörten Luxus treiben konnten.

Aber sie blieben samt und sonders von der Gnade der großen Herren abhängig. Und als Riemenschneider bei den revolutionären Kämpfen die Partei der Unterdrückten gegen ihrer aller Ausbeuter ergriff, da wurde er nicht bloß fallengelassen, sondern man ließ ihn auch von den Henkersknechten fürchterlich zurichten und ihm jedes Finger- und Handgelenk einzeln brechen, damit er nie wieder ein Kunstwerk schaffen könne.

Damit sind wir bei den großen und sehr blutigen gesellschaftlichen Auseinandersetzungen der Zeit um 1500, vor allem den Bauernkriegen, von denen man allein – hätten sie zu einem Erfolg geführt – die Berechtigung ableiten könnte, vom Ende des deutschen Mittelalters und vom Beginn der Neuzeit zu sprechen. Doch sie scheiterten sämtlich.

Da war zunächst der Aufstand der Reichsritter, ein letzter Versuch des Kleinadels, die Macht der sie bedrängenden geistlichen und weltlichen Fürsten sowie der reichen Stadtstaaten zu brechen, um einer sich auf die Ritterschaft stützenden kaiserlichen Zentralgewalt die alleinige Herrschaft in Deutschland zu verschaffen und damit zugleich ihr eigenes Feudalherrentum zu erhalten.

Der Aufstand der »armen Ritter«, die an den Schätzen aus den neuen Kolonien in Amerika und aus dem Fernhandel höchstens durch Raub, Plünderung und Erpressung beteiligt waren, beschränkte sich auf den Süden, und dort vor allem auf den Südwesten. In Norddeutschland waren die Reichsritter zumeist schon den Landesfürsten untertan und nur noch deren zu striktem Gehorsam verpflichtete Organe.

Im Südwesten Deutschlands dagegen, zumal in Schwaben, waren die Reichsritter noch weitgehend unabhängig, doch sie erkannten bereits den drohenden Untergang ihrer Herrlichkeit. Gerade dieses Empfinden machte sie, die ohnehin habgierigsten und gewalttätigsten Angehörigen des Adels, doppelt aufsässig und erbarmungslos. Sie wurden so etwas wie die Rocker des Deutschen Reiches der Zeit um 1500, und ihr Haß richtete sich besonders gegen die geistlichen Fürstentümer und Herrschaften.

In lockeren, disziplinlosen Haufen, furchteinflößend gepanzert und bis an die Zähne bewaffnet, plünderten sie ziemlich planlos die nähere Umgebung, liefen auseinander und fanden sich wieder zusammen zu allerlei Greueltaten und Verwüstungen. Auch in der Zeit der Glaubenskämpfe, die bald begannen, waren diese Reichsritter - wie Erasmus von Rotterdam es beklagte - weit mehr »mit Wein, Würfelspiel und Dirnen beschäftigt als mit dem Evangelium«, fielen vorzugsweise über Wehr-

Überfallene Bauern im Kampf mit Landsknechten (Holzschnitt von H. S. Beham, 1500–1550)

lose her, terrorisierten die kleinen Städte, raubten Dörfer aus, schändeten die Frauen und Mädchen, steckten Klöster in Brand und drangen sengend und mordend, wenn sie sich stark genug fühlten, auch in das Gebiet der Landesfürsten ein, etwa ins Kurerzbistum Mainz, was ihnen seltsamerweise den Beifall des Volkes eintrug. Der Haß auf die römische Kirche und ihre Statthalter in Deutschland waren eben größer als die Vernunft, die den Bauern und Handwerksgesellen hätte sagen müssen, daß die Ritter eher noch grausamere Unterdrücker und Ausbeuter waren als die Bischöfe und Klöster, auch daß die Mehrzahl ihrer unmittelbaren Opfer nicht die Feudalherren selbst, sondern deren Abhängige waren. Es war so, wie wenn heute großstädtische Rocker das Geschäftslokal eines Kreditvermittlers »umbauen« und dessen Angestellte drangsalieren, während die von ihnen selbst brutal zur Prostitution angehaltenen und ausgebeuteten Mädchen darüber jubeln, daß dem alten Wucherer (der in seiner Villa in Sicherheit sitzt und den Verlust verschmerzen kann) recht geschehe.

Nur von ganz wenigen Rittern dieser Zeit läßt sich sagen, daß sie mehr waren als marodierende Angehörige einer zum Untergang verurteilten Klasse: Da war zum Beispiel Franz von Sickingen, der seinen selbstgewählten Auftrag, ein »Schützer der Schwachen und Hüter des Rechts« zu sein, in Privatfehden gegen die Städte Worms, Metz und Frankfurt, ja gegen ganz Lothringen und Hessen zu erfüllen trachtete. Später trat er erst in französischen, dann in kaiserlichen Dienst. 1522 begann er als Hauptmann der schwäbischen und rheinischen Ritterschaft den Kampf gegen den Trierer Kurerzbischof, wohl um selber Fürst zu werden. Er wurde jedoch von den Söldnertruppen der mit dem Trierer Bischof verbündeten Fürsten von Hessen und der Pfalz in Landstuhl eingeschlossen und erlag am Tag der Kapitulation im April 1523 seinen schweren Verwundungen.

Ein weiterer Ritter von höherem Format war Ulrich von Hutten, ein entflohener Klosterschüler, der zunächst als fahrender Student weit herumgekommen war, von der Berührung mit dem Humanismus viel profitiert und sein dichterisches und rednerisches Talent entdeckt hatte.

Nachdem Huttens Vetter Hans vom Herzog Ulrich von Württemberg kurzerhand ermordet worden war, weil er der Liebschaft im Wege gestanden hatte, die seine Frau mit dem Herzog eingegangen war, beteiligte sich Ulrich von Hutten an der - nur vorübergehenden - Vertreibung des Württembergers. Im Verein mit Sickingen und zunächst auch Luther wollte Hutten das Reich gründlich reformieren, alle Fürsten beseitigen, die Kirche von Rom lösen und die Macht des Kaisers allein auf die Ritterschaft stellen. Nachdem sowohl der Kaiser als auch der Reformator von Huttens Plänen wieder abgerückt waren und das Projekt schon in den Ansätzen scheiterte, sank auch Ulrich von Hutten auf das Niveau der übrigen deutschen Ritter ab. Sein letztes Unternehmen, der sogenannte Pfaffenkrieg am Mittelrhein, war der planlose Raub- und Rachezug eines Einzelgängers. Danach flüchtete er in die Schweiz und starb dort früh an der Syphilis, die damals in Deutschland grassierte.

Daß die aufständischen Reichsritter der Macht der Fürsten und Städte nicht gewachsen waren, vielmehr in allen entscheidenden Treffen geschlagen wurden - dies nun wiederum zur hellen Schadenfreude der ihnen hörigen Bauern und Handwerker -, lag an Entwicklungen auf militärischem Gebiet, mit denen die Ritter nicht hatten Schritt halten können, weil es ihnen an Geld und wohl auch an Einsicht fehlte. Denn sie waren nicht nur vergleichsweise arm und ungebildet, sondern auch hochmütige und adelsstolze Prahlhänse. Und so übersahen sie, daß die von ihnen verachteten Söldnerhaufen, mit deren Hilfe die Fürsten und Städte ihre Kriege führten, besser bewaffnet und geführt, vor allem aber zunehmend mit Handfeuerwaffen und Geschützen ausgerüstet waren.

Diese Söldner oder Landknechte rekrutierten sich aus allen Volksschichten: Es waren Handwerksgesellen darunter, die das Betteln um Arbeit und die Ausbeutung durch die Meister leid waren; Bauern, die durch Überfälle Hof und Familie verloren hatten; entlaufene Mönche, verbummelte Studenten, ganze Räuberbanden aus Leuten, die der Fron entflohen waren; abenteuerlustige Söhne reicher Bürger, die sich eine Offiziersstelle zu kaufen trachteten und reiche Beute machen wollten; auch jüngere Söhne aus dem Adel, die als Landsknechtsführer ihr Glück versuchten, weil ihnen kein väterliches Erbe zustand, und alle jene, die kein Dach über dem Kopf und nichts im Magen hatten, aber doch leben wollten, und das waren um diese Zeit weit mehr Menschen, als man sich heute vorzustellen vermag.

Auch die deutschen Landsknechte leisteten ihren Beitrag zu den revolutionären Geschehnissen der Zeit um 1500. Obwohl sie es waren, die gegen Bezahlung für die Feudalherren in Deutschland wieder »Ordnung schafften« und die erste deutsche Revolution in einem Meer von Blut und Tränen erstickten, ohne zu merken, daß sie damit auch sich selber der Chance beraubten, die Unterdrücker und Ausbeuter loszuwerden, können die deutschen Landsknechte für sich in Anspruch nehmen, diejenigen gewesen zu sein, die an der seit einem Jahrtausend herrschenden, angeblich gottgewollten Ordnung am kräftigsten rüttelten. Sie taten es zwar nicht in Deutschland selbst, dafür aber in der Zentrale des Feudalismus, am Sitz der obersten Leitung der damals abgrundtief gehaßten und zugleich so gefürchteten »Mafia«, in der Residenz des Papstes, der Stadt Rom, und auf eine fürchterliche Weise, eben auf deutsche Landsknechtsart. Die Ironie der Geschichte will es, daß just der Papst, den ihr Strafgericht traf, Clemens VII., es von allen Päpsten der Renaissance am wenigsten verdient hatte, denn im Gegensatz zu seinen Vorgängern war er persönlich untadelig, ein Schwächling zwar, aber kein skrupelloser Verbrecher.

Die Erstürmung und Plünderung Roms im Jahre 1527, das *Sacco di Roma,* wird von der traditionellen deutschen Geschichtsschreibung meist mit wenigen nichtssagenden Zeilen abgetan. Es ist, als wollte man soviel Respektlosigkeit vor allerhöchster, noch dazu kirchlicher Obrigkeit am liebsten mit Schweigen übergehen. Deshalb sei das Ereignis, dem für die deutsche Geschichte erhebliche Bedeutung zukommt, hier etwas ausführlicher geschildert: In Deutschland, aber auch in Spanien, regierte Karl V., der mit Hilfe der reichen Fugger die Kurfürsten bestochen hatte und 1519 Kaiser geworden war. Sein Mitbewerber, Franz I. von Frankreich, hatte so hoch nicht mitbieten können. Nun fühlte sich Franz I. noch stärker bedroht, denn Frankreich war vom Herrschaftsbereich Karls umklammert: den spanischen Niederlanden im Norden, Deutschland im Westen, Norditalien und Spanien im Süden, und die spanische Flotte beherrschte das Meer im Westen. Im Krieg, der nun zwischen den Rivalen ausbrach, während gleichzeitig in Deutschland die Reformation begann, nahm der Papst Partei für den Franzosenkönig, nachdem er zunächst für Karl eingetreten war. Franz I. wurde 1525 in der Schlacht bei Pavia von den Kaiserlichen geschlagen und gefangengenommen, und damit war der Krieg eigentlich zu Ende.

Das Landsknechtsheer zog jedoch weiter, nun ohne Sold und ohne kaiserlichen Befehl. Es wälzte sich auf Rom zu, gierig und voller Erwartung eines heiligen Strafgerichts, das die Soldaten abzuhalten entschlossen waren. Die meisten waren Anhänger der Reformation oder gar Wiedertäufer, Mitglieder einer revolutionären Sekte, von der noch zu reden sein wird. Viele waren von einem religiösen Wahn besessen, andere von bloßer Beutegier, aber alle von wildem Haß auf das Papsttum und die Stadt, die die weltliche Herrschaft der Kirche symbolisierte.

Die römische Oberschicht, völlig korrupt und seit Jahrzehnten ein Lotterleben führend, erwies sich als absolut unfähig, den Ansturm abzuwehren oder auch nur entschlossenen Widerstand zu organisieren. Und so fiel die Stadt den heranstürmenden Landsknechten zu wie eine überreife Frucht.

Was sich dann abspielte, ist ohne Beispiel in der neueren Geschichte. Wochenlang wütete die von Mord- und Habgier, Geilheit und religiöser Inbrunst gleichermaßen erfüllte Soldateska, die es als größte Wollust empfand, die Heilige Stadt zu entweihen und die höchsten Würdenträger am tiefsten zu demütigen. Es war, als wollten die Soldaten binnen weniger Wochen für alles Rache nehmen, was dreißig Generationen in der Fron der Klöster und Bischöfe erlitten hatten.

Alle Kirchen Roms wurden in Pferdeställe, Bordelle oder öffentliche Aborte umgewandelt. Die Mätressen, aber auch die Nichten der Kirchenfürsten, die Frauen und Töchter der Fürsten und Herzöge sowie jede Nonne, die sie fingen, vergewaltigten sie, und sie taten es am liebsten unter dem Hochaltar einer Kirche oder sie notzüchtigten die Damen des Adels im

Beisein ihrer Ehemänner, Väter und Brüder. Sie folterten die Häupter der ältesten und reichsten römischen Feudalherrengeschlechter viele Wochen lang, bis sie auch das letzte Versteck verrieten, in dem sie ihre Frauen oder ihr Gold verborgen hatten. Sie zwangen die Kardinäle und Herzöge, Bischöfe und Fürsten unter Schlägen und Fußtritten zu den schmutzigsten und entwürdigendsten Arbeiten, und als sie einige Monate lang so gehaust hatten, da war ihnen noch die Genugtuung zuteil, daß sich die gefolterten und geschändeten Herren und Damen von selbst anboten. »Sie dienten dem rohen Kriegsvolk als Köche, Stallknechte, Wasserträger in ihren eigenen ausgeraubten Palästen«, berichtet Gregorovius, der Geschichtsschreiber Roms, und die Prinzessinnen aus den vornehmsten Adelsgeschlechtern krochen freiwillig zu den Soldaten aufs Lager, wenn sie nur ihr Essen mit ihnen teilten.

Diese Besetzung Roms durch die entlassenen Landsknechte Karls V. dauerte vom 6. Mai 1527 bis zum 17. Februar 1528, also beinahe zehn Monate lang, und sie tat mehr zur Dämpfung des Übermuts und zur Selbstbestimmung der Kirchenführung als die ganze deutsche Reformation.

Im Jahre 1517 hatte ein deutscher Mönch, Martin Luther, von Wittenberg aus diese Reformation der Kirche eingeleitet. Den Anlaß gab ihm das wüste Treiben der geistlichen »Mafia«, die mit einem neuen Trick, dem - an Bankiers verpachteten - sehr einträglichen Verkauf einer nachträglichen Vergebung der Sünden Verstorbener und deren Begnadigung von allen Höllenstrafen, gutgläubigen Hinterbliebenen die letzten Groschen aus den Taschen lockte.

Luthers Auftreten gegen diese und andere dreiste Machenschaften der geldgierigen Kirche war eine revolutionäre Tat, um so mehr, als er bis dahin selbst zur Organisation dieser »Mafia« gehört hatte. Als Doktor der Theologie und Hochschullehrer zählte er durchaus schon zum oberen Mittelstand der Kirche und hätte selbst einmal Abt und damit ein kleiner Feudalherr werden können, obwohl er von einfacher Herkunft, nämlich Sohn eines Bergmanns, war.

Die öffentliche Verwerfung nicht nur des schändlichen Ablaßhandels, sondern auch einiger katholischer Glaubensgrundsätze, trug Luther den Bann des Papstes und – nach seiner Anhörung durch den Reichstag zu Worms unter freiem Geleit – die Ächtung durch den Kaiser ein. Aber weder diese äußersten Maßnahmen noch das Verbot der Reformation durch den Reichstag konnten den Siegeszug aufhalten, den Luthers Lehren nun in ganz Deutschland antraten. Wie ein Lauffeuer verbreiteten sich die Nachrichten bis in die letzten Winkel des Reiches und setzten Dinge in Bewegung, die tausend Jahre lang keiner Veränderung ausgesetzt gewesen waren und deren Gottgegebenheit bis dahin niemand ernstlich in Frage gestellt hatte.

Schon in den letzten Jahrzehnten des 15. Jahrhunderts waren in Deutschland hie und da kleinere Bauernerhebungen zu verzeichnen gewesen. So hatte 1476 ein Dorfmusikant, der Pfeifer Hans Böheim von Niklashausen, den fränkischen Bauern gepredigt, daß die Armen von allen Abgaben und Frondiensten befreit werden müßten. Auch sollte jeder jagen, fischen und sich Holz holen dürfen, wo er wollte. Diese damals unerhört kühnen und »ketzerischen« Gedanken ließen die Menschen aufhorchen; sie strömten in Scharen herbei und bereiteten einen Aufstand vor. Doch noch ehe sie zu den Waffen gegriffen hatten, schlugen die Feudalherren zu, erstickten die Revolte und ließen das Pfeiferhänslein« öffentlich foltern und hinrichten.

Doch die einmal erweckten Träume von verminderter Unterdrückung und Ausbeutung wirkten weiter. Von 1493 an organisierten sich die Bauern am Oberrhein in einer geheimen Vereinigung, die sie den »Bundschuh« nannten, weil die Landbevölkerung, im Gegensatz zum gestiefelten und gespornten Adel, Schuhe trug, die mit Lederriemen zusammengebunden wurden. Die »Bundschuh«-Forderungen gingen noch über die des »Pfeiferhänsleins« hinaus: Kein Pfaffe sollte mehr als eine Pfründe besitzen; Zins- und Preiswucher wollte man abschaffen, die Gesetze gerechter machen und die Richter selbst wählen.

Die »Bundschuh«-Verschwörungen wurden immer wieder aufgedeckt, und zwar stets auf die gleiche Weise: Geistliche, die den Bauern die Beichte abnahmen und sie gründlich ausfragten, erfuhren davon und meldeten, unter Verletzung des

Erhebung der Bauern gegen das Mönchtum (Holzschnitt, 1522)

Beichtgeheimnisses, der Obrigkeit das soeben Erfahrene. Dann wurde der Betreffende verhaftet und so lange gefoltert, bis er alles, was er wußte, preisgab. Das – zumindest vorläufige – Ende waren Massenverhaftungen und -hinrichtungen.

Nur ein »Bundschuh«-Führer, Joß Fritz aus Untergrombach bei Bruchsal, zeigte sich den unerhörten Schwierigkeiten gewachsen, die entstanden, wenn man abergläubische Analphabeten ohne mehr als regionales Zusammengehörigkeitsgefühl und ohne Kontakt zu den Stadtbewohnern in gleicher, erbärmlicher Lage zum Umsturz einer festgefügten Ordnung bewegen wollte, die von Adel, Patriziat, Geistlichkeit, den Fürsten und dem Kaiser mit allen ihnen zur Verfügung stehenden Mitteln verteidigt wurde. Joß Fritz organisierte zwischen 1501 und 1517 eine ganze Reihe von Aufständen, die zwar sämtlich scheiterten und jedesmal ein blutiges Strafgericht zur Folge hatten; aber Joß Fritz gelang es stets, sich selbst und einen Teil der Organisation zu retten und so den revolutionären Funken nicht verlöschen zu lassen. Er entwickelte auch ein politisches Konzept: Alle Fürsten und Adligen sollten entmachtet und enteignet werden; im Bündnis mit den Armen der Städte sollte ein »Reich der Gerechtigkeit« mit einem Volkskaiser an der Spitze geschaffen und darin in die wahre Lehre Christi verwirklicht werden.

Joß Fritzens Gedanke, daß Bauern und Städter gemeinsam gegen ihre Ausbeuter kämpfen müßten, setzte sich unabhängig von ihm in Württemberg durch, wo sich 1514 die Bevölkerung gegen den Herzog erhob. Dieser Aufstand des »Armen Konrad«, wie er genannt wurde, war eine kaum organisierte Revolte der Armen in Stadt und Land, die zwar auch bald niedergeschlagen wurde, aber die revolutionäre Stimmung in Württemberg wachhielt.

Auch in zahlreichen Städten außerhalb jener Südwest-Ecke Deutschlands, in der die Bauernrevolten auf die städtischen Unterschichten übergriffen, kam es um 1500 zu Erhebungen gegen die Herrschenden, so zwischen 1481 und 1491 in Köln, Hamburg, Regensburg, Zittau, Braunschweig, Osnabrück und Rostock, 1509 in Erfurt, zwischen 1512 und 1514 in Duisburg, Aachen, Neuß, Lüttich, Worms, Speyer, Andernach, Göttingen, Höxter, Nordhausen, Pirna, Schwäbisch Hall, Ulm und Regensburg. Meist handelte es sich um reine Kommunalpolitik, Unzufriedenheit der kleinen Handwerker mit dem Ratsregiment der reichen Patrizier und Gerangel um Ratssitze und Steuergerechtigkeit. Häufig siegten die Herrschenden und ließen dann – wie 1483 der Rat von Hamburg den oppositionellen Anführer Henrik von Lohe – die gefährlichsten Aufrührer köpfen. In einigen Fällen waren die Revolten erfolgreich, wie 1513 in Köln – wo der »Bundschuh«-Führer Joß Fritz seine Hand mit im Spiel gehabt haben soll – sowie in Aachen und Neuß. In

Köln wurden damals einige Ratsherren und Bürgermeister aus dem Patriziat zum Tode verurteilt und hingerichtet, Reformen zugunsten der ärmeren Handwerker durchgesetzt und die Stadtverfassung geringfügig demokratisiert. Häufig schlossen bei diesen Revolten der städtischen Mittelschichten Zünfte und Gilden eilige Kompromisse mit dem alten Rat, sobald sich die Unterschicht am Aufstand zu beteiligen begann und alle Besitzenden gleichermaßen bedrohte. Außerdem nutzten die Landesfürsten und geistlichen Feudalherren die städtischen Revolten nicht selten dazu aus, der einen oder anderen Seite zu Hilfe zu kommen und dabei selbst die Herrschaft über die aufrührerische Stadt zu übernehmen.

Im ganzen gesehen, waren alle diese Aufstände in Stadt und Land jeweils nur von örtlicher Bedeutung, ohne rechten Zusammenhang und ohne klare Ziele. Es fehlte ihnen die beflügelnde Idee, die gemeinsame Führung und jener mächtige Schwung, der nötig ist, um eine in vielen Jahrhunderten gewachsene und mit der Herrschaft vertraute Macht zu brechen.

Ein paar Jahre lang - etwa in der Zeit zwischen dem Sieg der Handwerker in Köln von 1513 und dem badischen Bauernaufstand von 1517 - sah es ganz so aus, als ob alles Aufbegehren vergeblich wäre, weil niemand recht wußte, was man eigentlich wollte. Doch dann bekamen die örtlich verstreuten Revolten in den Augen der Unzufriedenen ganz plötzlich einen Sinn, denn zu Wittenberg hatte jemand, den alle verstanden, der Frechheit der Ablaßprediger Einhalt geboten und von diesem Detail her die Notwendigkeit einer Reform, zunächst der Kirche, an Haupt und Gliedern proklamiert.

Der Einfluß Luthers war ungeheuer groß und von bis dahin noch nie erlebter Wirkung. Seine in den folgenden Jahren herausgegebenen Schriften, *An den christlichen Adel deutscher Nation, Von der babylonischen Gefangenschaft der Kirche* und *Von der Freiheit eines Christenmenschen,* wurden auch vom Volk, das nicht lesen konnte, mit ungeahntem Jubel aufgenommen. Entlaufene Mönche, Studenten, mitunter selbst Ritter, vor allem aber die Dorfkapläne und armen Pfarrer, lasen den Menschen vor, was da ein mutiger Mann zu schreiben gewagt hatte, und erklärten es ihnen.

Und als Luther 1521 vor dem Reichstag zu Worms standhaft geblieben war; als deutlich wurde, daß er mächtige Freunde hatte, die ihm Rückhalt gaben; als der Kaiser sein »Wormser Edikt« erließ – »Wir gebieten allen bei Strafe, daß ihr den Martin Luther nicht hauset, hofet, atzet oder tränket, sondern ihn, wo ihr könnt, gefangen nehmet und an die kaiserliche Majestät sendet. Seine Anhänger soll jedermann niederwerfen und fangen und ihre Güter und Besitz nehmen und für sich behalten. Seine bösen und verführerischen Schriften soll niemand kaufen, verkaufen, lesen, abschreiben und drucken oder drucken lassen, sondern sie vertilgen« – und dieses nur die gegenteilige Wirkung zeigte, nämlich Luther und seine Schriften noch populärer machte, da war die revolutionäre Stimmung im Lande allgemein. Luther hätte der Führer einer ganzen Nation, die sich ihrer Zusammengehörigkeit erst bewußt zu werden begann, der Befreier der Menschen vom geistlichen und vom weltlichen Feudalismus werden können.

Denn die Bauern und Handwerker, Bergleute und Schiffer, Tagelöhner, Dienstboten, Bettler, entlaufenen Mönche, Studenten, verarmten Ritter, abgemusterten Landsknechte und in den Wäldern versteckt lebenden Flüchtlinge – von Flandern bis zu den in Abhängigkeit von den Ordensrittern gehaltenen Kolonisten in Polen und im Baltikum, von den nordfriesischen Bauern und Fischern bis zu den Hirten der Alpentäler –, sie alle warteten nur auf den erlösenden Aufruf, sich von der Unterdrückung und Ausbeutung zu befreien, ihre geistlichen und adligen Feudalherren zu erschlagen und einen Staat der Gerechtigkeit zu schaffen.

Schon verließen Mönche und Nonnen in Massen die Klöster, Priester heirateten, Städte enteigneten kirchliche Ländereien und nahmen sie in ihren Besitz, und in Zwickau, wo er auf Empfehlung Luthers eine Predigerstelle erhalten hatte, erklärte ein Einunddreißigjähriger, Thomas Müntzer, Sohn eines begüterten Handwerkers aus Stolberg im Harz, ein Mann, der studiert und dessen große Gelehrsamkeit Luther beeindruckt hatte, den kleinstädtischen Tuchmachergesellen, Bergleuten und Dienstboten, daß die Armen auch schon auf Erden ein Recht auf ein besseres Leben hätten und daß sie von den reichen Kaufleuten ausgebeutet würden.

Es tat der Popularität und politischen Wirksamkeit dieses revolutionären Agitators keinen Abbruch, daß ihn die Zwikkauer Ratsherren sogleich davonjagten. Im Gegenteil, Müntzers Anhang wuchs, zumal die Leute wußten, daß er ein Freund Martin Luthers war. Als Wanderprediger zog er durch Thüringen und das Vogtland, und wo er hinkam, verkündete er, jetzt wäre die Zeit gekommen, wo die Bösen untergehen und die wahren Christen siegen würden. Die Bösen, erläuterte er, wären die Fürsten, Grafen, Bischöfe, Bürgermeister, kurz, die Reichen und bislang Mächtigen, die Christen hingegen die Armen und Unterdrückten, Ausgebeuteten und Entrechteten.

Man vermag sich kaum vorzustellen, welchen völlig anderen Verlauf die deutsche Geschichte genommen hätte, wären sich Luther und Müntzer damals einig gewesen. Die Reformation hätte nicht allein der Kirche, sondern der ganzen Gesellschaft eine neue Struktur geben können. Doch es ist müßig, sich das auszumalen, denn Luther war mit Müntzers sozialrevolutionären Thesen durchaus nicht einverstanden. Schon 1521, als das Volk in Wittenberg die Kirchen gestürmt, die Heiligenbilder zerstört und die Schätze des Klerus beschlagnahmt hatte, war er eilig angereist gekommen und hatte acht Tage lang den »Bilderstürmern« die Leviten gelesen: Ein wahrer Christ, so erklärte damals schon der Anführer der deutschen Reformation, müsse sich vor Aufruhr und Empörung hüten. Luther, der bei einem der mächtigen, mit einer sanften Kirchenreformation (und Einziehung der Klostergüter durch den Landesherrn) einverstandenen Feudalherren, dem Herzog Friedrich von Sachsen, einen sicheren Unterschlupf gefunden hatte, beobachtete in den folgenden Jahren mit Sorge jede Radikalisierung der unteren Volksschichten. Er ließ den Bürgermeistern der Städte, in denen Thomas Müntzer seine Lehren verkünden wollte, heimliche Warnungen zukommen, und als dann auch noch im Sommer 1524 die Bauern Süddeutschlands einen Aufstand begannen und sich dabei auf Luther beriefen, der doch erklärt hatte: »Ein Christenmensch ist ein freier Herr über alle Ding und niemandem untertan«, da war der Reformator außer sich. Doch zunächst wetterte er nur gegen Müntzer, die gleichfalls urchristlich-sozialrevolutionäre Sekte der Täufer und andere »himmlische Propheten«, die sich gegen die gottgewollte Ordnung auflehnten.

Thomas Müntzer antwortete mit der Schrift *Hochverursachte Schutzrede,* worin es hieß: »... die Grundsuppe des Wuchers, der Dieberei und Räuberei sind unsere Herren. Sie nehmen alle Kreaturen zum Eigentum ... Darüber lassen sie dann Gottes Gebot ausgehen unter die Armen und sprechen: Gott hat geboten, du sollst nicht stehlen ... Die Herren machen das selber, daß ihnen der arme Mann feind wird. Die Ursache des Aufruhrs wollen sie nicht wegtun. Wie kann es auf die Länge gut werden? So ich das sage, muß ich aufrührerisch sein!« Müntzers Agitation fiel auf äußerst fruchtbaren, schon aufgebrochenen Boden.

Die Bauern Südwestdeutschlands, deren Aufstände in den Jahren zuvor gescheitert waren, weil ihnen ein größerer Zusammenhang und die zündende Idee gefehlt hatten, erhoben sich gerade in Massen. Sie forderten, daß nicht nur die Klöster aufgelöst, der Gottesdienst in deutscher Sprache abgehalten und andere kirchliche Reformen eingeführt werden sollten, sondern auch die Abschaffung der harten Fron und der übermäßigen Abgaben, die Beseitigung der Adelsburgen, die Rückgabe der von den Feudalherren widerrechtlich in Besitz genommenen Allmende – das heißt: des zur freien Benutzung für alle Gemeindemitglieder gedachten, im Gemeineigentum der Dorfgenossen befindlichen Weide-, Wald- und Ödlands – sowie freies Jagd-, Fischerei- und Holzungsrecht für alle.

Der Aufstand begann im Südschwarzwald mit der Verweigerung aller Fron und Abgaben. Sodann griffen die Bauern zu den Waffen: Sensen, Sicheln, Armbrüsten, Keulen, Äxten, Schmiedehämmern, Spießen und Morgensternen (mit spitzen Stacheln sternförmig besetzte Eisenkugeln, die an der Spitze einer Stange befestigt waren). Sie bildeten militärische Formationen, zunächst den (Boden-)Seehaufen, den Allgäuer Haufen und den Baltringer Haufen, zusammen etwa dreißigtausend Mann stark. Jeder Haufen hatte einen gewählten Feldhauptmann und einen Feldschreiber, war in Fähnlein zu je fünfhundert Kämpfern gegliedert, darunter kriegserprobte ehemalige Landsknechte, die die Bauern lehrten, auch mit richtigen Waf-

Aufständischer Bauer (Holzschnitt aus Thomas Murner Satire »Von dem großen lutherischen Narren«, 1522)

fen umzugehen, die man schon bald erbeutete. In den rasch eroberten Adelsburgen und Kleinstädten fielen auch Handfeuerwaffen und Geschütze nebst Munition in die Hände der Aufständischen. Und da die Bedienung der Geschütze noch eine schwierige Kunst war, wurden von den Bauernführern Geschützmeister angeworben, die gegen hohen Sold, Gefahrenzulagen und Trefferprämien zu Artilleristen der Revolution wurden. Das dafür nötige Geld entnahm man den Schatzkammern der eroberten Klöster und Adelssitze.

Die Bauernheere fanden zunächst wenig Widerstand. Die südwestdeutschen Feudalherren, denen der Kaiser keine Hilfstruppen schicken konnte, weil er selbst Krieg gegen Frankreich führte, versuchten durch scheinbares Eingehen auf alle Forderungen der Aufständischen das Schlimmste zu verhüten und vor allem Zeit zu gewinnen. Die Bauern faßten indessen dieses Nachgeben bereits als endgültigen Sieg auf, doch liefen sie im Winter 1524/25 noch nicht auseinander, stellten vielmehr nach langer Diskussion ihre sämtlichen Forderungen in »Zwölf Artikeln« zusammen, die dann gedruckt und im Frühjahr durch Boten in ganz Süddeutschland verbreitet wurden. Die Folge war, daß sich weitere Haufen von Aufständischen bildeten: der Taubertaler, der Bildhäuser und der »helle lichte Haufen« der Neckartaler und Odenwälder, letzter angeführt von Jäcklein Rohrbach, einem Leibeigenen aus Böckingen, und Georg Metzler, einem Gastwirt aus Ballenberg. Zum »lichten Haufen« gehörte auch der Ritter Florian Geyer, der markanteste unter den wenigen Adligen, die sich aus echter Sympathie den Aufständischen anschlossen und deren Ziele ehrlich verfochten.

Der »lichte Haufen«, mit erbeutetem Geschütz und Handfeuerwaffen gut versehen, etwa achttausend Mann stark und glänzend geführt, eroberte rasch einen Adelssitz nach dem andern, zwang die Grafen zur Anerkennung der »Zwölf Artikel« und steckte zahlreiche Klöster in Brand.

Anfang April 1525 erschien der »lichte Haufen« vor der Stadt Weinsberg. Auf der Burg über dieser Stadt hatte Graf Ludwig von Helfenstein, der württembergische Landvogt, der mit einer »natürlichen« (das heißt: unehelichen) Tochter des 1519 verstorbenen Kaisers Maximilian I., »des letzten Ritters«, verheiratet war, mit einer Gruppe von Adligen Quartier bezogen. Er hatte bis dahin mit seiner kleinen, aber schlagkräftigen Schar, einer Art von Bereitschaftspolizei, die Bauern der Umgebung in Schach gehalten, jeden niederstechen lassen, der einem aufständischen Haufen zuziehen wollte, und diejenigen, die ihm entschlüpft waren, mit der Drohung, sonst ihre Frauen und Kinder umbringen zu lassen, zur Rückkehr auf die Fronhöfe gezwungen. Schlimmer noch als diese Drohungen selbst empfanden die Bauern den überaus arroganten Ton, in dem sie gehalten waren. Er wirkte vor allem einschüchternd auf die Bürger der Städte, die sich unter dem Druck der Bauernhaufen dem Aufstand nicht immer freiwillig angeschlossen hatten.

Die Bauern hatten deshalb ein starkes Interesse daran, Weinsberg und die Burg einzunehmen, um diese Bastion des Feindes nicht bei ihren weiteren Aktionen im Rücken zu haben. Am Ostermorgen, dem 6. April, forderten zwei Herolde des »hellen, christlichen Haufens« Stadt und Schloß Weinsberg zur Übergabe auf, »wo nit, so bitten wir um Gottes Willen, tut Weib und Kind aus ihr: denn beede, Schloß und Stadt, werden den freyen Knechten zum Stürmen gegeben!« Die Antwort waren Flüche und Schüsse auf die – nach damaligem Kriegsbrauch unverletzlichen – Herolde, worauf die Bauern den Angriff begannen und die ganze Besatzung der Burg, etwa achtzig Ritter mit ihren Knechten, entweder im Kampf töteten oder gefangennahmen, die Stadt Weinsberg besetzten und entwaffneten.

Danach beratschlagten sie, was mit den Gefangenen geschehen sollte. Man beschloß, die etwa fünfzehn Adligen, die mit Graf Helfenstein den Kampf überlebt hatten, aus Sicherheitsgründen unverzüglich zu töten, denn der Haufen mußte weiterziehen, und es gab keinen sicheren Gewahrsam, aus dem die Gefangenen, immerhin die höchsten Führer der gegnerischen Truppe, nicht hätten entfliehen oder befreit werden können. Darüber hinaus, so beschlossen die Bauern, galt es ein Exempel zu statuieren, das seine Wirkung nicht verfehlen und ihnen viele Anstrengungen und Kämpfe ersparen würde: Der Graf und seine Ritter sollten auf schimpfliche Weise hingerichtet, nämlich durch die Spieße gejagt werden.

Die Gräfin Helfenstein fuhr man mit ihren Kindern auf einem Mistwagen nach Heilbronn, der nächsten, noch nicht mit den Bauern verbündeten Stadt.

Diese Geschehnisse in Weinsberg zu Ostern 1525 hatten sehr erhebliche, für den Verlauf der beginnenden ersten deutschen Revolution entscheidende Auswirkungen (weshalb sie auch so ausführlich geschildert wurden; außerdem, so werden wir noch feststellen müssen, finden sich in der späteren deutschen Geschichte bemerkenswerte Parallelen, sowohl zum Vorgang selbst wie zu seinen Folgen. Zusammen bilden Weinsberg und was sich in ganz ähnlicher Weise Jahrhunderte nachher ereignet hat, einen der Schlüssel zum Verständnis der deutschen Geschichte).

Zunächst erreichten die Bauern mit ihren wohlüberlegten, nicht nur augenblicklichen Rachegelüsten entsprungenen revolutionären Maßnahmen genau das, was sie beabsichtigt hatten: Erschrocken nahm der ganze Adel vom Odenwald bis an die Grenze Schwabens die »Zwölf Artikel« an. Heilbronn und eine ganze Reihe weiterer Städte ergaben sich kampflos.

Dies geschah unter dem Eindruck dessen, was man die »Schreckenstat von Weinsberg« nannte. Deren Schrecklichkeit sahen die Herrschenden und das Besitzbürgertum jedoch nicht etwa in der Tötung des Grafen und seiner adligen Kumpane; sie wären auch nicht auf den Gedanken gekommen, die Mißhandlung des Grafen Helfenstein mit den barbarischen Foltern und Hinrichtungen zu vergleichen, die er und seinesgleichen bis-

Plünderung des Klosters Weißenau bei Ravensburg durch aufständische Bauern (Federzeichnung aus Jakob Murers »Chronik des Bauernkrieges«, 1525)

lang an den Bauern hatte vollziehen lassen. Was die Herrschenden und Besitzenden bis hinab zum Kleinbürgertum und der etwas begüterten Bauernschaft an den Vorkommnissen von Weinsberg so erschreckte, war nur der Schimpf und die das ganze Gesellschaftssystem infragestellende Respektlosigkeit, die »nichtswürdiges Bauerngesindel«, bloße Knechte und eben erst der Peitsche entlaufene Leibeigene einem Grafen von »edelstem Geblüt«, der zugleich die höchste Polizeigewalt im Land verkörperte, einer »hochedelachtbaren« (wenn auch nicht legitimen) Kaisertochter und anderthalb Dutzend hohen Herren von altem Adel dreist bezeigt hatten.

Und dieser Schrecken, der allen »ordentlichen« Leuten die Knie zittern ließ und fast den Atem raubte, vergrößerte sich noch, als in zahlreichen Städten das »Lumpenpack« und »die Gosse«, aber auch viele bis dahin »recht brave« Leute, ihre Sympathie mit den Aufständischen bekundeten, vom Klerus Verzicht auf dessen Steuer- und Gerichtsprivilegien, vom Rat eine Demokratisierung des städtischen Rgiments und die Verteilung des von Geistlichkeit und Patriziat zusammengerafften Reichtums verlangten.

Anderswo, beispielsweise in Trier, stellte sich der Rat der Stadt selbst an die Spitze der Bewegung. In Mainz forderte die gesamte Bürgerschaft ihre reichsstädtischen Rechte vom Erzbischof zurück. Vor allem aber breitete sich die Revolution jetzt immer weiter aus: Von Franken über den Thüringer Wald bis zum Harz hin gerieten die Massen - nicht zuletzt unter dem Einfluß von Thomas Müntzer - in Bewegung.

Das aber war nur die eine, vom revolutionären Standpunkt aus positive Folge der »Schreckenstat von Weinsberg«; die andere wirkte sich in genau entgegengesetzter Richtung aus: Unter dem Eindruck, daß die Aufständischen nicht mehr bloß eine Verbesserung ihrer Lage forderten, sondern die ganze Gesellschaftsordnung infragestellten, vergaßen die papsttreuen Feudalherren und die adligen Anhänger der Reformation zunächst ihre konfessionellen Gegensätze, denn nun ging es ja um gemeinsame Interessen, nämlich die Aufrechterhaltung des Systems und die Rettung nicht nur der eigenen Vorrechte, sondern auch des nackten Lebens.

Luther, der doch selbst die Bauern zunächst ermuntert und ihrer Aufstandsbewegung erst den rechten Schwung gegeben hatte, wandelte sich nun zu einem entschiedenen Gegner der Revolution. Nachdem er – wenige Tage nach der »Weinsberger Schreckenstat« – im Harz vergeblich versucht hatte, einen Haufen aufständischer Bauern, der schon zahlreiche Klöster niedergebrannt hatte, zur Ordnung zu rufen, dabei aber kräftig verhöhnt und sogar tätlich bedroht worden war, wandte er sich nun eilig und mit der ihm eigenen Vehemenz »wider die räuberischen und mörderischen Rotten der Bauern«. Die so betitelte Schrift Martin Luthers vom Mai 1525 gipfelte in der Forderung, die rechtmäßige Obrigkeit solle nun »mit gutem Gewissen dreinschlagen« und die »treulosen, meineidigen, ungehorsamen, aufrührerischen Mörder, Räuber und Gotteslästerer« hart und erbarmungslos strafen. Ja, es wäre hohe Zeit, daß die aufständischen Bauern »erwürget werden wie die tollen Hunde«.

Dieser Wandel des Reformators vom sanften Befürworter zum blindwütigen Gegner der Bauernerhebung, die zu diesem Zeitpunkt noch alle Aussicht hatte, sich zu einer ganz Deutschland verändernden Revolution auszuweiten, kostete Luther zwar viele Sympathien bei den unteren Volksschichten auf dem Lande, aber auch in den Städten und bei den revolutionär gesinnten Studenten und Professoren. Aber sein energisches Auftreten gegen die Aufständischen trug andererseits erheblich dazu bei, daß sich die Revolution nicht weiter nach Nord- und Ostdeutschland hin ausbreiten konnte. Jetzt gingen auch, von Luther ermuntert, diejenigen Fürsten, die sich bislang vorsichtig zurückgehalten hatten, zu scharfen Sicherheitsmaßnahmen in ihren Herrschaftsbereichen und bald auch zum Kampf gegen die Bauern Südwestdeutschlands und Thüringens über.

War dies der evangelische Beitrag zur Konterrevolution, so löste die »Schreckenstat von Weinsberg« auch im katholischen Lager heftige Reaktionen aus. Die Feudalherren Süddeutschlands, die steinreichen Patrizier der Großstädte und der hohe Klerus stellten alle internen Zwistigkeiten und sogar die Auseinandersetzung mit der Reformation für eine Weile zurück und konzentrierten ihre Kräfte auf die Niederschlagung der radikalen Haufen.

Zum Kriegführen ist vor allem Geld nötig, und dieses stellten die Reichsten ihrer Zeit, die Augsburger Fugger, zur Verfügung. Das Heer des Schwäbischen Bundes, die einzige verfügbare Truppe unter dem Befehl des Truchseß Georg von Waldburg wurde eilig aus dem Südschwarzwaldgebiet abgezogen und gegen die Urheber der »Weinsberger Schreckenstat« in Marsch gesetzt. Damit war das Schicksal der Revolution, obwohl sie zu dieser Zeit noch überall siegreich war, bereits besiegelt.

Der Truchseß von Waldburg, den man bald den »Bauernjörg« nannte, zeichnete sich nicht allein durch militärisches Führertalent aus, sondern auch durch Geschmeidigkeit im Verhandeln, durch Beherrschung von Hinhaltetaktiken, durch die Fähigkeit zu skrupellosem Verrat, Geschicklichkeit im Einsatz von Spitzeln, kalte Grausamkeit und zügellose Habgier. Und er hatte den Ehrgeiz, selbst ein Feudalherr großen Stils zu werden.

In den folgenden Monaten und Jahren schlug der »Bauernjörg« einen Bauernhaufen nach dem anderen, die ersten durch eine einfache List, indem er das Vertrauen der Aufständischen in sein »Edelmannswort« mißbrauchte: Er versprach den Bauernhaufen des Allgäus und Bodenseegebiets, ihre Forderungen zu erfüllen, wenn sie die Waffen ablegten und wieder in ihre Dörfer zurückgingen. Danach überfiel er mit seiner Truppe ein Dörfchen nach dem anderen und ließ die wehrlosen Bewohner niedermetzeln. Anschließend zog der Truchseß von Waldburg mit seinen Reisigen nach Franken und stellte auch dort »Ruhe und Ordnung« wieder her; die Stadt Weinsberg wurde geplündert und niedergebrannt; den radikalen Bauernführer Jäcklein Rohrbach ließ der »Bauernjörg« lebendig verbrennen.

Inzwischen hatten der Landgraf Philipp von Hessen und der Herzog Georg von Sachsen mit ihren Truppen das thüringische Aufstandsgebiet »befriedet«. Der Kurfürst von Sachsen, von Luther heftig dazu gedrängt, war mit seinen »Polizeieinheiten« dazugestoßen, und gemeinsam hatte das Heer der Feudalherren, während die Führung mit den Aufständischen noch Scheinverhandlungen führte, deren Hauptquartier, das Städtchen Frankenhausen, völlig umzingelt, auf die überraschte Bauernschaft und Bürgerschaft ein heftiges Artilleriefeuer eröffnet und die Stadt im Sturm genommen. Fast alle Menschen in Frankenhausen, ob am Aufstand beteiligt oder nicht, wurden niedergemetzelt. Thomas Müntzer, das geistige Oberhaupt der ganzen mitteldeutschen Aufstandsbewegung, wurde lebend gefangengenommen, auf das Schloß des Grafen Mansfeld gebracht, dort noch zwölf Tage lang überaus grausam gefoltert und dann bei Mühlhausen öffentlich hingerichtet.

Nach diesen furchtbaren Niederlagen und dem Verlust aller bedeutenden Führer, brach der große Bauernaufstand, dem sich auch viele Stadtbewohner angeschlossen hatten, bald völlig zusammen. Aber das »Strafgericht«, das der »Bauernjörg« und die übrigen Feudalherren nun abhielten, dauerte noch jahrelang, und es flossen Ströme von Blut.

Es kam den Herrschenden darauf an, das Volk so einzuschüchtern, daß es sich niemals wieder gegen sie erheben würde. Und es waren – neben dem Truchseß von Waldburg, der zum Lohn für die Rettung des Herrschaftssystems in den Grafenstand erhoben und dessen Grundbesitz durch eingezogenes Bauernland gewaltig vergrößert wurde – vor allem diejenigen Adligen, die sich anfangs am meisten vor den Bauern und Stadtarmen gedemütigt hatten, um möglichst viel von ihrer Herrlichkeit zu retten, welche nun durch äußerste Härte ihre frühere Haltung vergessen machen wollten: Zu ihnen gehörten die Grafen von Löwenstein, von Oettingen und von Hohenlohe, die Herren von Guttenberg sowie der Schenk von Erbach, der für sein wackeres »Strafen« der Bauern bald auch Graf wurde. Dem Augsburger Bankier Fugger – er wurde wenig später ebenfalls in den Grafenstand erhoben – war das mit seinem Kredit durchgeführte Massaker an den nun wehrlosen Bauern noch nicht genug. Als er hörte, daß man »erst« fünfzigtausend Bauern abgeschlachtet hätte, meinte er, »wa oder wölche ort man nit haufen erschlagen hat, da sind sy noch nicht gar gutt cristen«.

Der zeitgenössische Berner Chronist Valerius Anshelm schätzte die Gesamtzahl der Toten unter den Aufständischen Südwestdeutschlands auf 130 000, und damit dürfte er der

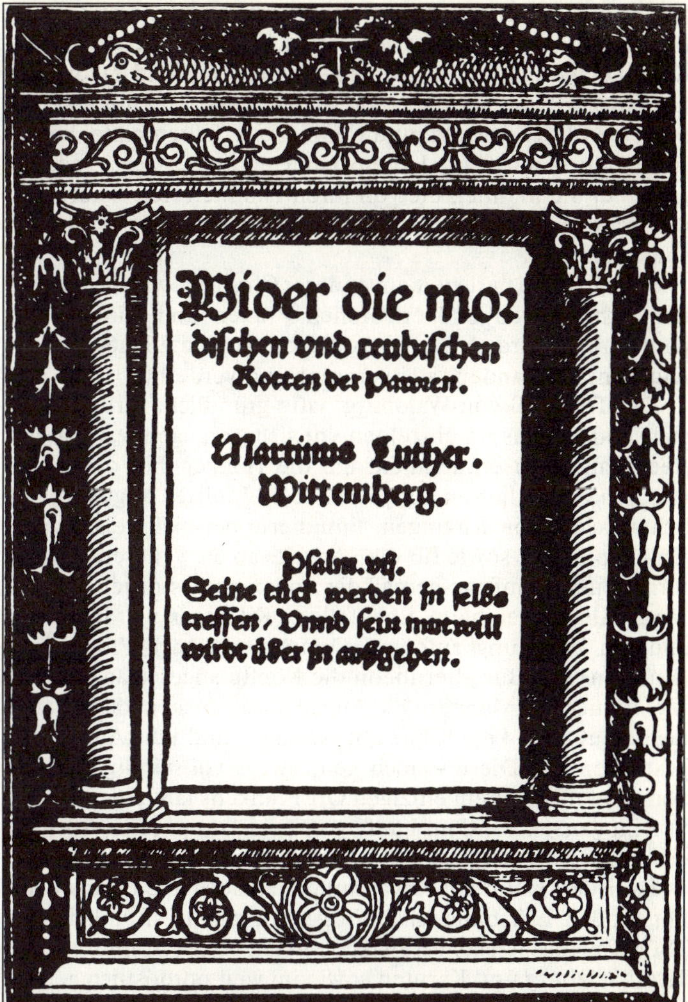
Wider die mor
dischen vnd reubischen
Rotten der Pawren.

Martinus Luther.
Wittemberg.

Psalm. vij.
Seine tück werden jn selbs
treffen / Vnnd sein mutwill
wirdt über jn außgehen.

Titelseite von Luthers Schrift gegen die aufständischen Bauern im Jahre 1525.

Wahrheit ziemlich nahe gekommen sein. Die meisten Bauern und Bürger wurden erst abgeschlachtet, nachdem sie den Kampf eingestellt und sich ergeben hatten. Hie und da forderte der Truchseß von Waldburg für die Gefangenen zunächst einmal ein hohes Lösegeld, und wenn er es erhalten hatte, ließ er sie dennoch nicht am Leben. Oder er zeigte sich »gnädig«, indem er die Männer, die von ihren Familien freigekauft worden waren, nicht töten, wohl aber auf barbarische Weise verstümmeln ließ.

Sehr groß, so berichtet ein anderer Chronist, war die Anzahl der verhungerten und erfrorenen Frauen und Kinder, was damit erklärt wird, daß » . . . an etlichen orten in ful meylen kain hauss mer gestanden, alls verprent und verderbt«.

Der Truchseß von Waldburg hatte gründliche Arbeit geleistet, und wie das im einzelnen vor sich gegangen war, ist den Rechnungen zu entnehmen, die die Henker ihm oder auch anderen Feudalherren zugehen ließen. Meister Augustin, der Scharfrichter von Kitzingen, liquidierte beispielsweise für 80 Enthauptungen sowie für die »Arbeit« an 69 weiteren Aufrührern, denen er auftragsgemäß die Augen ausgestochen und die Finger abgehauen hatte. Ebenfalls zu Kitzingen wurden, einer anderen Rechnung zufolge, »Donnerstags nach Pfingsten 5 (Bürgern) von Burg-Bernheim die Köpffe abgeschlagen, Freytags hernach 62 Männern die Augen ausgestochen, dann Samstag darauf noch 4 die Köpfe abgeschlagen und 1 die Augen ausgestochen . . . « Diese - noch keineswegs vollständige - Liste von Strafen an einem einzigen Ort Frankens läßt einen ahnen, was im ganzen Land im Laufe von zwei Jahren unerbittlichen »Strafens« vor sich ging.

Es bedarf kaum der Erwähnung, daß auch alle übrigen von der großen Erhebung in Südwestdeutschland, Franken und Thüringen ausgelösten Aufstände in der Schweiz, im Elsaß, in Tirol, Salzburg und Kärnten sowie im weit nordöstlich gelegenen Land des Deutschen Ritterordens samt und sonders den gleichen Verlauf nahmen wie die gescheiterte Revolution im Südwesten. Und auch der Versuch der »Wiedertäufer«, im westfälischen Münster eine religiös-kommunistische Republik zu errichten, endete mit dem vollständigen Sieg des bischöflichen

Feudalherrn, eines Grafen von Waldeck, der an den Besiegten ähnlich grausame Rache nahm wie der »Bauernjörg« von Waldburg in Franken und Schwaben. Kurz, der Feudalismus siegte auf der ganzen Linie, und er erreichte auch sein Ziel: Von da an gab es in Deutschland drei Jahrhunderte lang so gut wie keinen größeren Aufstand mehr; die Rebellionen hatten fortan nur noch lokale Bedeutung.

Und noch ein ganz anderes Ergebnis der gescheiterten Revolution des frühen 16. Jahrhunderts sei hier kurz erwähnt: Die Erben des »Bauernjörg«, die Fürsten von Waldburg zu Zeil und Trauchburg sowie die Fürsten von Waldburg zu Wolfegg und Waldsee sind bis auf den heutigen Tag die reichsten Großgrundbesitzer jener Gegend, in der die erste deutsche Revolution begann und wo die gepanzerten Reiter des Truchseß von Waldburg einst Dorf um Dorf niederbrannten, die Bewohner erschlugen, ihr Land raubten und die noch arbeitsfähigen Männer als blinde, vor der Peitsche ihrer Antreiber zitternde Arbeitssklaven auf die Fronhöfe ihres Chefs trieben, der sich mit Buß- und Lösegeldern überreichlich die Taschen gefüllt hatte. Natürlich sind die Waldburger nicht die einzigen Feudalherren aus der Zeit der gescheiterten deutschen Revolution, deren unermeßlicher, von ihren Untertanen erarbeiteter Reichtum sich bis in die bundesdeutsche Gegenwart hinein erhalten hat. Allein die heutigen Erben der im Zusammenhang mit dem Bauernaufstand und seiner Niederschlagung namentlich erwähnten aristokratischen Familien Löwenstein, Oettingen, Erbach, Waldeck und Waldburg – um fünf von mehreren hundert möglichen Beispielen herauszugreifen – verfügen gegenwärtig über zusammen rund 800 Millionen Quadratmeter bundesdeutschen Bodens, von ihren sonstigen Reichtümern – Schlössern, Kunstschätzen, Industrie- und Bankbeteiligungen sowie Auslandsbesitz – ganz zu schweigen.

Allein dieser Umstand sollte uns nachdenklich stimmen und zumindest eine Teilantwort auf die Frage ermöglichen, ob und wann der mittelalterliche Feudalismus bei uns zu Ende gegangen ist.

4. Funken in der Asche

Nach der Niederschlagung der großen Volkserhebungen war das Hauptaugenmerk der Feudalherren darauf gerichtet, ihr Herrschaftssystem besser zu schützen, als es vor den Aufständen offenbar der Fall gewesen war. Sie bauten den Unterdrükkungsapparat aus und ließen sich dazu allerlei einfallen.

Von nun an ritten »streifende Rotten« von schwerbewaffneten Reisigen, jeweils fünfzig bis hundert Mann stark, ständig von Dorf zu Dorf, von Städtchen zu Städtchen. Damit wurde ein doppelter Zweck verfolgt: Einmal sollte diese Polizeitruppe die Wege und Straßen kontrollieren, nach entkommenen Aufständischen fahnden und auch jeden sonst Verdächtigen aufgreifen; zum anderen aber war damit beabsichtigt, Macht zu demonstrieren, die Bevölkerung einzuschüchtern und sie durch Einquartierungen zu schikanieren.

Auch in den Städten wurde die Polizei erheblich verstärkt, und zur Unterstützung der fürstlichen, gräflichen oder auch reichsstädtischen Knechte und Büttel, die das Volk mit Waffengewalt in Schach hielten, legte die Obrigkeit noch ein unsichtbares Netz über das Land: In jedem Dorf gab es von nun an mindestens einen Spitzel, der jede verdächtige Regung, Unruhe oder heimliche Zusammenkunft der Einheimischen sowie jedes Auftauchen eines Fremden sofort zu melden hatte.

Ein weiteres Mittel der Unterdrückung war die Zensur, die 1529 zum Reichsgesetz erhoben wurde. Von 1548 an gab es sogar eine besondere Bücherpolizei; sie hatte jährlich etwa sieben- bis achthundert Neuerscheinungen in deutscher, lateinischer, griechischer oder hebräischer Sprache zu überwachen. Und von 1570 an mußte sich jeder Buchdrucker im Reich den Behörden gegenüber durch einen besonderen Eid verpflichten, nichts Unzensiertes zu drucken.

Auch die Nachrichtenübermittlung und das Reisen wurden nun einer scharfen obrigkeitlichen Kontrolle unterworfen. Die kaiserlichen Erb-Postmeister, die Herren von Taxis – aus denen später Grafen, dann sogar Fürsten von Thurn und Taxis wurden –, erhielten das alleinige Recht zur Beförderung von Briefen, Paketen, Drucksachen sowie von Personen, die ohne Pferd und Wagen waren, aber auch nicht zu Fuß gehen mochten. Dieses bald sehr einträgliche Postmonopol hat der Familie von Thurn und Taxis jenen Reichtum verschafft, dessen sie sich noch heute erfreut. (Die Thurn und Taxis sind DM-Multimilliardäre und zählen mit rund 340 Millionen Quadratmetern Grundeigentum, allein in der Bundesrepublik, zu den größten privaten Latifundienbesitzern Mitteleuropas.) Postmonopol und den daraus erwachsenden Reichtum erkauften sich die Herren von Thurn und Taxis dadurch, daß sie die gesamte Post des Reiches überwachten: Jeder Brief ging durch sogenannte »schwarze Kabinette«, wo er geöffnet, gelesen, erforderlichenfalls kopiert, wieder sorgfältig verschlossen und erst dann dem Empfänger zugeleitet wurde.

Nun gab es zwar, auch noch im späten 16. Jahrhundert, nur verhältnismäßig wenige Menschen in Deutschland, die schreiben und lesen konnten; von den etwa 22 Millionen Einwohnern der Zeit um 1580, von denen rund 18 Millionen zur abhängigen Landbevölkerung, weitere zweieinhalb Millionen zur untersten sozialen Schicht der Städte gehörten, waren nur höchstens zehn Prozent, wahrscheinlich kaum mehr als sechs Prozent, keine völligen Analphabeten. Aber seit der Verbreitung der Buchdruckerkunst und vor allem, seit Martin Luther die Bibel ins Deutsche übersetzt und damit den verschiedenen Stämmen eine gemeinsame oder doch allen einigermaßen verständliche Schriftsprache geschaffen hatte, entwickelten sich erste Ansätze von Bildung außerhalb von Oberschicht und Geistlichkeit, vor allem in der des Lateinischen unkundigen Mittelschicht der selbständigen Handwerker, Kleingewerbetreibenden und wohlhabenderen Bauern. Daß dies sehr langsam vonstatten ging, lag vor allem daran, daß für den Erwerb von Bildung etwas unerläßlich ist, das den meisten Deutschen damals fehlte, nämlich Muße, frei verfügbare und nicht nur zum Ausruhen von übermäßiger körperlicher Arbeit verwendbare Zeit.

Für mehr als neun Zehntel der Bevölkerung Deutschlands um 1550 hatte der Arbeitstag im Jahresdurchschnitt vierzehn Stunden; rechnet man dazu nur zwei Stunden für das An- und Auskleiden, die Körperpflege, alle Mahlzeiten und Wege sowie sieben Stunden Schlaf, so blieb allenfalls täglich eine Stunde für alles übrige wie Besorgungen, häusliche Ausbesserungen, Meinungsaustausch und Erholung. Auch wenn dies nur grobe Durchschnittswerte sind, von denen der Alltag des einzelnen, je nach Beruf und Jahreszeit, erheblich abweichen konnte, so ist dennoch klar, daß die Menschen damals, wenn sie mehr als die Hälfte eines Vierundzwanzigstundentags körperlich schwer arbeiten mußten, kaum Gelegenheit hatten, etwa erlerntes Lesen und Schreiben zum Erwerb von etwas Bildung zu benutzen. Nur im Kleinbürgertum, in der mittleren Beamtenschaft sowie unter den Söhnen wohlhabenderer Landbewohner – Gastwirten, Metzgern, Bauern mit eigenen Höfen und Gesinde – konnte sich die bis dahin allein der dünnen Oberschicht vorbehaltene Bildung allmählich ausbreiten, und das war immerhin ein Anfang.

Gegen Ende des 16. Jahrhunderts war ganz Deutschland, mit Ausnahme einiger linksrheinischer Gegenden sowie Teilen des Oberrheintals und des südschwäbischen Raums, protestantisch geworden. Die neue gemeinsame Schriftsprache, zusammen mit dem neuen, gemeinsamen Glauben, hätte damals bei zielbewußter politischer Führung die Entwicklung eines einheitlichen und zentral gelenkten deutschen Staates im Gebiet zwischen Dänemark und den Alpen, der Rhein- und Scheldemündung und den Grenzen Polens bewirken können.

Doch die Kaiser, seit 1438 sämtlich Habsburger, waren im späten 16. Jahrhundert mit anderem beschäftigt: Teils betrieben sie eifrig die Gegenreformation, also die Rückeroberung der von Rom abgefallenen Gebiete durch den Katholizismus, teils hatten sie ihre außerhalb Deutschlands gelegenen Kronländer, vor allem Ungarn, gegen die Türken zu schützen. Deren Angriff auf Mitteleuropa war zwar 1529 vor Wien zum Stehen gekommen und dann zurückgeschlagen worden, aber 1593 rückten die Türken von neuem an.

Was Deutschland betraf, so sorgte diese Politik der ohnehin schwachen Kaiser und die langsam vordringende Gegenreformation für das Gegenteil einer nationalen Einigung, nämlich für einen tiefen konfessionellen Riß quer durch die ganze Nation: hie Evangelische, da Katholische.

Luther, der 1546 gestorben war, hatte seine ursprünglich große Autorität nicht dazu benutzt, politisch einigend zu wirken. Die von Rom abgefallene Geistlichkeit, unter sich heftig zerstritten und geteilt in verschiedene, sich bekämpfende protestantische Glaubensrichtungen, verstand sich nach seinem Tode in den nicht mehr katholischen deutschen Gebieten nur noch als geistliches Instrument des jeweiligen Landesherrn, der für sie die Funktion eines obersten Bischofs hatte und dessen Untertanen sie, ganz im Sinne Luthers, zu striktem Gehorsam gegenüber der weltlichen Obrigkeit anhielt.

Die Landesherren selbst, gleich welcher Konfession, hatten überhaupt kein Interesse an nationaler Einigung oder gar einer Stärkung der Zentralgewalt. Soweit sie sich für die Beibehaltung der Reformation einsetzten, geschah dies nicht zuletzt deshalb, weil sie durch den Einzug von Kloster- und Kirchengut erheblich reicher und durch die Übernahme der gesamten Geistlichkeit in den Landesdienst um vieles mächtiger geworden waren. Ein allein dem Landesherrn unterstehender Klerus bildete eine gute Ergänzung zur Polizei; er half mit, die Unterdrückung und Ausbeutung des Volks aufrechtzuerhalten und womöglich noch zu verstärken. Vor allem konnten die Geistlichen selbst einer strengen Kontrolle durch landesfürstliche Superintendenten unterworfen werden.

Superintendenten waren die ständigen Aufseher der Geistlichkeit und Lehrerschaft eines Amtsbezirks; die Visitatoren reisten durch das Land, von Amt zu Amt, von Pfarre zu Pfarre. Sie hatten das gesamte bewegliche und unbewegliche Kirchengut listenmäßig zu erfassen, das Gemeindeleben zu überwachen, Predigt und Unterricht daraufhin zu prüfen, ob auch ja genügend Demut, Gehorsam, Fleiß, Respekt und pflichtschuldige Treue gegenüber dem Landesherrn und seinen Beauftragten gelehrt würden, sowie die Gesinnung und »sittliche« Haltung der Geistlichen, Küster und Lehrer auszuforschen. Interessanterweise finden sich in vielen erhaltenen Berichten über die Ergebnisse solcher Überprüfungen heftige Klagen. Sie betrafen: »Gleichgültigkeit des gemeinen Mannes« in Fragen, die nicht die Religion als solche, sondern ihre Auslegung im Sinne des Obrigkeitsstaates angingen; versteckte Feindseligkeit gegenüber den »von Gott eingesetzten« Polizei- und sonstigen Behörden; mangelhafte Bildung und nachlässige Amtsführung der Geistlichen und Lehrer, ferner die »Stumpfheit der gemeinen Leute«. Die Berichte lassen erkennen, daß zwar das Feuer des offenen Aufruhrs überall gelöscht und die Glut zertreten war. Aber unter der Asche glimmte es weiter.

Deutschland, das - wie damals schon England oder Frankreich - ein geeinter Nationalstaat mit zentraler Führung hätte sein können, was für das Volk in vieler Hinsicht vorteilhafter gewesen wäre, war in viele hundert Klein- und Kleinststaaten aufgesplittert. Seine politische Landkarte glich einem bunten Flickenteppich, dessen Muster sich zudem ständig veränderte und dabei immer bunter und komplizierter wurde.

Wie die in diesen Zwergstaaten von Jahr zu Jahr selbstherrlicher regierenden großen und kleinen Feudalherren ihre Macht handhabten und wie sie die Gefühle ihrer Untertanen mißachteten, zeigt die im sogenannten Augsburger Religionsfrieden von 1555 - der aber beileibe keinen wirklichen Frieden brachte! - den Landesherren ausdrücklich zugesprochene Befugnis, allein darüber zu bestimmen, welche Konfession ihre »Landeskinder« anzunehmen hätten. »Wessen das Land, dessen die Religion«, lautete die entsprechende Bestimmung in deutscher Übersetzung (denn wichtige Verträge, die das niedere Volk als bloßes Objekt ja nichts angingen, wurden noch in der lateinischen Herrensprache abgefaßt). Und da durch Erbteilungen, Eroberungen, Käufe und Verkäufe sowie noch aus vielen anderen Gründen die Landesherren häufig wechselten - mancherorts rascher, als dem niederen Volk das Hemd zu wechseln vergönnt war -, mußten die mit-erbgeteilten, -eroberten oder -verkauften Untertanen, mitunter mehrmals in ihrem Leben, dem eben noch rechtmäßigen Glauben abschwören und unverzüglich einen anderen annehmen. Damals, als die Religiosität noch groß und die Anhänglichkeit an die anerzogene Glaubenslehre der stärkste Halt im Leben jeder Familie war, bedeutete diese Willkür einen weit grausameren Akt der Nötigung, als man sich dies heute vorzustellen vermag.

Es war, als wenn heute ein Großunternehmen wie die Daimler-Benz AG, infolge Verkaufs der Aktienmehrheit seitens der Großaktionärsfamilien Flick und Quandt an Seine Hoheit Scheik Sabah as-Salem as-Sabah von Kuweit, durch alle Abteilungsleiter und Obermeister ihren sämtlichen 145 000 Beschäftigten mitteilen ließe: »Von heute an sind alle Angestellten und Arbeiter Mohammedaner. Auf Genuß von Alkohol oder Schweinefleisch steht ab sofort die Todesstrafe. Wer dagegen aufmuckt, wird ebenfalls erschossen. Angehörigen der lieben Betriebsfamilie, die – vom Unterabteilungsleiter oder Meister aufwärts – Entscheidungsbefugnisse haben, wird gestattet, innerhalb einer Frist von sieben Tagen zu kündigen und, unter Verzicht auf Gehalts- und sonstige Ansprüche sowie unter Zurücklassung ihrer nicht beweglichen Habe, in die Schweiz auszureisen. Bis zur Fertigstellung werkseigener Moscheen für alle Betriebsangehörigen und deren Familienmitglieder wird fünfmal täglich in allen Kantinen und Kasinos ein zehnminütiges Gebet verrichtet. Teilnahme ist Pflicht; der Zeitverlust wird nicht vergütet.«

So grotesk sich dergleichen heute anhört, so schrecklich war es damals für die einfachen Leute. Doch sie wagten nicht, dagegen aufzubegehren, denn die Angst vor dem Terror der Feudalherren-Polizei saß ihnen im Nacken.

Da es nun nicht mehr um die umständliche und ohne Anwendung von Zwang auch sehr langwierige, vielleicht sogar unmögliche »Bekehrung« aller Landesbewohner ging, sondern nur noch um die des jeweiligen Landesherrn sowie von dessen Familie und engsten Ratgebern, konzentrierte sich die Gegenreformation zunächst auf diese wenigen Personen. Erst wenn ein Glaubenswechsel an der Spitze auf die eine oder andere Weise bewirkt worden war, sorgte sich die Geistlichkeit auch um die nun ja befohlene und mit polizeilichen Zwangsmaßnahmen durchzuführende Rückkehr des Volks zum alten Glauben.

Umgekehrt waren auch die Protestanten, wenngleich weit weniger energisch, um eine Ausbreitung der evangelischen

Lehre bemüht. Und zudem wurden die deutschen Landesherren, zumal die Protestanten unter ihnen, von all den auswärtigen Mächten umworben, die an einer Schwächung des Kaisertums der katholischen Habsburger interessiert waren: etwa von dem zeitweise reformierten Frankreich, dem protestantischen Schweden und nicht zuletzt von den Türken.

Auf katholischer Seite entstanden damals neue geistliche Orden. Der wichtigste war der Jesuitenorden, der seit Mitte des 16. Jahrhunderts auch und besonders in Deutschland tätig wurde. Dieser straff und nach militärischen Regeln organisierte, zutiefst antidemokratische Kampfverband, der von seinen Mitgliedern bedingungslosen Gehorsam gegenüber allen Vorgesetzten forderte, widmete sich vor allem der Jugenderziehung. Er tat dies natürlich weniger, um die Begabungen der Kinder des Volkes zu fördern, obwohl er auch diese – schon zur Ergänzung der eigenen Reihen – keineswegs völlig vernachlässigte, sondern um Einfluß auf die Nachkommen der Feudalherren zu gewinnen, sie für die Gegenreformation geistig vorzubereiten und sie später, wenn sie selbst eines der vielen Ländchen regierten, politisch zu beraten.

Die Jesuiten wurden zur Kerntruppe der Gegenreformation. Ohne sie wäre die Rückeroberung großer Teile Deutschlands durch den Katholizismus kaum möglich gewesen. Und da sie sich zugleich um eine Stärkung der Macht der katholischen Feudalherren und die völlige Entmündigung der Untertanen bemühten, bewirkten sie neben der Gegenreformation auch die vermehrte, weil ausgeklügeltere Unterdrückung des Volks.

Diese wurde den Feudalherren wesentlich erleichtert durch die Winzigkeit der meisten deutschen Ländchen, die für ihre Beamten und Büttel bis in den letzten Winkel überschaubar waren. Wie klein ein durchschnittliches deutsches Land des späten 16. Jahrhunderts war, das sei an einem einzigen Beispiel veranschaulicht:

Die Grafen von Oettingen regierten in einem Gebiet, das etwa fünfzehn Prozent der Fläche des heutigen bayerischen Regierungsbezirks Schwaben ausmachte und um 1590 etwa fünfundzwanzigtausend Einwohner zählte. Die Grafen von Oettingen hatten sich bereits zur Zeit der Reformation in eine protestantische und eine katholische Linie gespalten, und die katholischen Grafen teilten ihre Besitzungen um 1590 auf drei fortan voneinander unabhängige Zweige auf, so daß sich gegen Ende des 16. Jahrhunderts das Oettinger Land unter der Herrschaft von vier völlig selbständigen, miteinander verfeindeten Landesherren befand, von denen einer evangelisch und drei katholisch waren. Und mitten im Herrschaftsgebiet der vier Grafen lag die Reichsstadt Nördlingen, ein kleiner Staat für sich, während das Land ringsum im Norden ansbachisch war, zum Teil aber auch der Reichsstadt Dinkelsbühl gehörte, im Süden teils zum bayerischen Fürstentum Neuburg, teils zur Reichsstadt Donauwörth und zu den schwäbischen Besitzungen der Habsburger zählte. Im Westen grenzten das Herzogtum Württemberg und die Propstei Ellwangen an die Oettinger Lande, im Osten das Kurfürstentum Bayern.

Ein Graf von Oettingen hatte etwa 6 500 Untertanen, darunter rund 1 200 erwachsene Männer, die er mit sechzig bis siebzig schwerbewaffneten Kriegsknechten und einem Dutzend tüchtiger Spitzel, ein paar Beamten, gräflichen Jägern, Dorfschulzen, Lehrern, Geistlichen sowie nicht zuletzt mit dem Henker und seinen Gehilfen ohne große Mühe in Schach halten und fleißig für sich arbeiten lassen konnte. Dabei wurde der Feudalherr, wenn er nicht das Unglück hatte, von einem Stärkeren überfallen und ausgeplündert zu werden, rasch sehr reich – wie reich, das ist im Falle der Grafen (seit 1774 Fürsten) zu Oettingen-Wallerstein dahingehend zu beantworten, daß ihnen, obwohl sie vor mehr als hundertsechzig Jahren ihre Souveränität verloren haben, heute noch über rund 60 Millionen Quadratmeter Grundbesitz sowie eine starke Beteiligung an der Bayerischen Vereinsbank-Staatsbank-Gruppe gehören, von ihren Schlössern, kostbaren Sammlungen und sonstigen Vermögenswerten ganz zu schweigen.

Wie stark diese Kleinstaat-Tyrannei den Fortschritt in Deutschland behinderte, zeigt ein Vergleich mit der Entwicklung in England. Während in Deutschland ein Graf von Oettingen-Wallerstein (und jeder andere kleine und große Feudalherr) mit seinen Untertanen nach Gutdünken verfahren konnte und es für sein von Gott gegebenes Recht hielt, jeden

Bestrafung ungetreuer Knechte (Holzschnitt aus Petrarca, »Trostspiegel«, 1572)

ihm mißliebigen kleinen Mann einsperren, auspeitschen oder auch foltern zu lassen, ja, ihn eigenhändig zu töten, wenn ihn die Wut packte; jedes junge Ding, das ihm gefiel, in sein Bett zu befehlen, und es, je nach Laune, dafür zu belohnen oder einfach wieder fortzuschicken, seine Untertanen den Glauben wechseln zu lassen wie die Strümpfe und sein Volk so hart zu besteuern, wie es eben ging, setzte in England das Parlament Schritt für Schritt die Bürgerrechte durch. Und 1628 wurde mit der *Petition of Rights* schließlich die Sicherung gegen willkürliche Verhaftung für jedermann sowie das ausschließliche Steuerbewilligungsrecht für das Parlament erreicht. Es soll damit nicht gesagt werden, daß in England schon damals jenes Maß an Bürgerfreiheit, Rechtssicherheit und Demokratie erreicht worden wäre, daß man dort heute für selbstverständlich hält, sondern nur, daß die Entwicklung anderswo schon eingeleitet werden konnte, während in Deutschland noch immer mittelalterliche Verhältnisse herrschten.

Die gesellschaftlichen und politischen Strukturen, nicht zuletzt die Kleinstaaterei, erlaubten allenfalls dem Bürgertum der deutschen Städte, seine Emanzipation in der Theorie zu betreiben, die Verwirklichung jedoch den Bürgern anderer Länder zu überlassen. Und für die breite Unterschicht, auf dem Lande wie in den Städten, bestand, seit die Revolution von 1524/25 mit einer furchtbaren Niederlage geendet und die Reformation nur die Feudalherrschaft gestärkt hatte, auch zu Beginn des 17. Jahrhunderts nicht die geringste Hoffnung, der Unterdrückung und Ausbeutung zu entrinnen. Im Gegenteil: Zu den Feudalherren gesellten sich in zunehmendem Maße Ausbeuter einer neuen Art, deren System in mancherlei Hinsicht noch unmenschlicher war als der Feudalismus.

Während zwischen dem Gutsherrn und den ihm hörigen Bauern, zwischen dem Zunftmeister und seinen Gesellen und selbst zwischen dem kleinen Territorialherrn und seinen wenigen Untertanen direkte menschliche Beziehungen bestanden, die es ausschlossen, daß etwa ein Greis, der sein Leben lang gehorsam und fleißig für seinen Herrn gearbeitet hatte, bei völliger Erschöpfung seiner Kraft einfach weggejagt wurde, begann sich nun - neben dem alten feudalistischen - ein neues Ausbeutungssystem zu entwickeln, bei dem ein »Gnadenbrot« des Herrn für den arbeitsunfähig und hilflos gewordenen Knecht schon deshalb nicht in Betracht kam, weil sich Herr und Knecht gar nicht kannten.

Diese Ausbeuter neuer Art kamen vornehmlich aus dem Patriziat der Städte und waren zunächst Händler gewesen. Sie verkauften beispielsweise die von den Webern über den städtischen Bedarf hinaus hergestellten Tuche in anderen Gegenden und kauften mit dem Erlös die Rohstoffe ein, die das Handwerk ihrer Heimatstadt brauchte. Schon im 15. Jahrhundert entwickelte sich aus diesem einfachen, aber auf doppelte Weise Gewinn bringenden Handel das sogenannte »Verlagssystem«, bei dem der Handwerker seine Produkte nicht mehr selbst verkaufte, sondern von dem zum »Verleger« gewordenen Händler alle erforderlichen Rohstoffe erhielt und alle hergestellten Fertigwaren an ihn ablieferte. Dabei verloren die Handwerksmeister allmählich ihre Selbständigkeit, während die »Verleger« reich wurden. Einige, wie die Augsburger Fugger, von denen bereits die Rede war, weil sie mit großen Krediten die Bezahlung der Söldner ermöglichten, die unter dem Befehl des »Bauernjörg« die erste deutsche Revolution niederschlugen, wurden durch geschickte Anlage ihrer Gewinne sogar ganz außerordentlich reich. Sie borgten etwa dem Kaiser, dem Papst oder anderen großen Feudalherren zu hohen Zinsen die Beträge, die diese zur Führung von Kriegen benötigten, rüsteten dann selbst die Truppen aus, wobei es kaum zu vermeiden war, daß sie abermals verdienten. Und sie ließen sich zur Absicherung ihrer Kredite Vermögenswerte ihrer Gläubiger verpfänden, zum Beispiel von Kaiser Maximilian I. im Jahre 1496 die kaiserlichen Silberbergwerke bei Schwaz in Tirol. Mit dem reichen Gewinn, den sie aus dem Verkauf der dortigen Silberausbeute zogen, erwarben sie weitere Silber-, Blei- und Kupferminen im In- und Ausland. Wie groß der dabei erzielte Gewinn war, zeigt eine einfache Rechnung: Sie borgten dem Kaiser zusammen mit anderen Bankiers die Summe von 60 000 Gulden; der Gewinn aus der Produktion der verpfändeten Silberbergwerke erreichte in nur drei Jahren die stolze Stumme von fast einer Million Gulden!

Mit diesen gewaltigen Profiten kaufte sich die Familie Fugger nach und nach so viele Bergwerke zusammen, daß sie für einige Metalle, speziell für Kupfer, das Monopol besaß und die Preise nach Gutdünken festsetzen konnte. Außerdem kannten die Fugger, um an den Ausgangspunkt unserer Betrachtung zurückzukehren, natürlich längst nicht mehr die Menschen, die für sie arbeiteten.

Infolgedessen brauchte es sie nicht zu bekümmern, wenn – was unter den primitiven Arbeitsbedingungen häufig geschah – ein Arbeiter verunglückte, wegen Krankheit ausscheiden mußte oder einfach zu alt und schwach geworden war; es interessierte sie auch nicht, wer für sie arbeitete; daß es in großer Zahl kleine Kinder waren, weil sich diese in den allerschmalsten Stollen bewegen konnten und es natürlich profitabler war, sich nicht mit dem Bau breiter Stollen aufzuhalten, sondern so rasch wie möglich große Mengen des kostbaren Metalls zu fördern und dabei möglichst billige Arbeitskräfte zu verwenden.

Die Kinderarbeit, eines der düstersten Kapitel des Feudalismus und in noch stärkerem Maße des frühen Kapitalismus, wird in den traditionellen Geschichtsbüchern in der Regel verschwiegen. Und deshalb sei sie hier zumindest in Umrissen behandelt:

In der germanischen Urgesellschaft war es selbstverständlich, daß die Kinder zur Hilfe im Haus, auf dem Feld und im Wald herangezogen wurden, etwa beim Brennholz- oder Beerensammeln. Doch aus Gründen der natürlichen Vernunft hielt sich diese Kinderarbeit in einem Rahmen, der der Gesundheit nicht schadete und der Erziehung dienlich war. Das änderte sich in der römischen Sklavenhaltergesellschaft. Ein Sklave war ja nur eine rechtlose Sache, und das galt »natürlich« auch für dessen Kinder. Sie arbeiten zu lassen, sobald es nur möglich war, hatte, so fanden die Sklavenhalter, den zusätzlichen Vorteil, daß auf diese Weise Schwächlinge frühzeitig starben und man dadurch zur Züchtung einer kräftigen »Rasse« von Arbeitssklaven kam, die das Brot wert waren, das man ihnen zukommen ließ. (In Nordamerikas Südstaaten war es noch im vorigen Jahrhundert üblich, besonders kräftige Neger wie Gemeindebullen gegen Zahlung einer Gebühr auszuleihen und sie eine Anzahl von Sklavenmädchen von anderen Plantagen »decken« zu lassen; und natürlich hatten auch dort die Sklavenkinder zu arbeiten, sobald sie dies konnten, während sie zuvor den kleinen weißen »Herren« und »Damen« als Spielgefährten und oftmals als Spielzeug dienten.)

In der Sklavenhaltergesellschaft ist umgekehrt den Herrenkindern jede Beteiligung an »erniedrigender« Arbeit streng untersagt. Sie sollen sich von Jugend auf daran gewöhnen, von Knechten und Mägden bedient zu werden und sich umgekehrt des Gesindes zu bedienen. Sie müssen lernen, daß sie die Herren sind und die anderen die Sklaven, die man treten und schlagen kann, ohne daß sie sich wehren dürfen. Ein Sklave, der gegen seinen Herren die Hand erhebt, muß sterben.

Im deutschen Feudalismus ging es ganz ähnlich zu, nur daß sich infolge der patriarchalischen Verhältnisse und bei dem engen Zusammenleben auf einem Gutshof meist menschlichere Beziehungen zwischen Herrschaft und Hörigen entwickelten.

Kinderarbeit im Bergwerk

Aber es war selbstverständlich, daß sich die Herrschaftskinder jeder Arbeit zu enthalten hatten und daß ihnen später auch ein gewisses Maß an Bildung zuteil wurde, während die Kinder der

Untertanen frühzeitig arbeiten und vor allem »parieren« lernen mußten, das heißt: ohne Widerspruch und eigenes Denken zu gehorchen. Von jeglicher Bildung, die vom Herrenstandpunkt aus nur schädlich war, weil sie zum Nachdenken über ihre eigene Lage führen konnte, blieben sie dagegen ausgeschlossen. Und was immer die Herrschaft ihrer entmündigten Dienerschaft zukommen ließ, war eine »Gnade«; was aber dem hörigen Bauern - ursprünglich nur als Entgelt für dessen ständigen militärischen Schutz - an Fron und Sachleistungen abgefordert wurde, war ein »Recht«. Die Gans an St. Martini, den Korb mit Eiern, der zu Ostern ins Herrenhaus gebracht wurde, mußte die Bäuerin sich und ihren Kindern, wie vieles andere, vom Munde absparen, während die Freude über die Ostereier und die Martinsgans einseitig bei der Familie des hochherrschaftlichen Empfängers lag. Dennoch konnte es sein, daß die Dame des Schlosses dem Bauernkind, das den Korb mit Eiern brachte, dafür ein schon gefärbtes Osterei schenkte, denn das gehörte sich für eine »gnädige Frau«, sofern sie in gnädiger Laune war.

Wer aber hätte, selbst in noch so gnädiger Laune, den Kindern, die Hunderte von Kilometern von Augsburg entfernt für die Fugger tagaus, tagein Silbererz aus dem Berg klopften, Geschenke machen sollen? Die Fugger aber beruhigten ihr Gewissen, indem sie ihre fleißigen Arbeiter in ihr Gebet einschlossen, denn das war ja das Beste, was sie für sie tun konnten und kostete auch wenig. Ihren Wunsch, durch Wohltätigkeit Prestige zu erwerben, stillten sie lieber in ihrer Heimatstadt, wo sie 53 winzige Häuschen für 106 Familien bauen ließen, die bestimmte Mindestanforderungen in bezug auf Armut, Frömmigkeit und Arbeitsleistung erfüllen mußten. Die Zugehörigkeit zu der mehr als hunderttausend Köpfe zählenden »Betriebsfamilie« der Fuggerschen Unternehmen war dabei nicht unbedingt Voraussetzung. (Diese wohltätige Stiftung, die Augsburger Fuggerei, besteht noch heute. Wie in alten Zeiten beträgt die Jahresmiete je Familie nur 1,76 DM. Und, ganz nebenbei bemerkt, es gibt auch noch den Reichtum der Fugger, der sich in gräflich und fürstlich Fuggerschen Schlössern, aber auch in einem gewaltigen Grund- und Aktienbesitz manifestiert. Daß die heutigen Fugger nicht mehr zu den *Aller*reichsten gehören – wie die Thurn und Taxis, die Nachkommen des »Bauernjörg« von Waldburg oder einige Dutzend andere Hocharistokraten, sondern nur noch zu den schlichten hundertfachen DM-Millionären, geht auf den Totalverlust der Riesenkredite zurück, die sie den spanischen und österreichischen Habsburgern gewährten.)

Noch einmal zur Kinderarbeit, wobei der Sprung vom Fugger-Reichtum zur skrupellosen Ausbeutung auch der Kleinsten und Schwächsten nicht gar so weit ist: Sie steigerte sich im Zeitalter des beginnenden Kapitalismus und Absolutismus und erreichte ihr größtes und schrecklichstes Ausmaß mit Beginn des industriellen Zeitalters. Daß sie dann in der Industrie, nicht dagegen in der Landwirtschaft und in der handwerklichen Heimarbeit, allmählich eingeschränkt wurde, ist nicht etwa auf plötzlich erwachende Skrupel der davon kräftig profitierenden Ausbeuter zurückzuführen, sondern auf gänzlich andere Ursachen: Als man im frühen 19. Jahrhundert, anstelle der alten Söldnerheere, die allgemeine Wehrpflicht in den deutschen Städten einführte, stellten die das »Rekrutenmaterial« musternden Militärärzte erschrocken fest, daß ein erheblicher Teil davon, nämlich die meisten Industriearbeiter-Söhne, aus gesundheitlichen Gründen »ausgemustert« werden mußte. Man grübelte lange über die möglichen Ursachen und kam schließlich darauf, daß die Schwächlichkeit und Krankheit so vieler Arbeiterkinder, neben Mangel an ausreichender Nahrung und gesunden Wohnungen, auch an viel zu schwerer Arbeit in noch zu zartem Alter liegen könnte. Nun wollte man deshalb nicht den Arbeitern höhere Löhne zahlen und sonnige Behausungen bauen; aber immerhin erließen die Regierungen Verbote für die Beschäftigung von Kindern in der Industrie, die bei der Unternehmerschaft auf heftigsten Widerspruch stießen und häufig nicht beachtet oder umgangen wurden. In Preußen wurde 1839 die industrielle Beschäftigung von Kindern durch ein Gesetz verboten, das die Altersgrenze – man höre und schaudere – auf acht Jahre hinaufsetzte.

Die Sorge um den Rekrutennachwuchs fehlte im späten 16. und frühen 17. Jahrhundert. Berufssoldaten und solche, die es werden wollten, gab es damals genug. Ein Heer aufzustellen, war nur eine Frage des Geldes. Es gab in Deutschland noch keine stehenden, das heißt: ständig unterhaltenen Heere, sondern nur soviel bewaffnete Polizei, wie zur Aufrechterhaltung von Ruhe und Ordnung nötig war.

Wollten ein kleiner oder mittlerer Landesherr, eine Reichsstadt oder auch eines der geistlichen Ländchen Krieg führen oder befürchtete man, angegriffen zu werden, so machte man es im Kleinen wie die Habsburger-Kaiser im Großen: Man ernannte einen Feldhauptmann, das heißt: man schloß einen Liefervertrag mit einem geschäftskundigen Unternehmer, der binnen einer bestimmten Zeit ein Regiment Soldaten von zehn bis sechzehn Fähnlein, jedes bis zu vierhundert Mann stark, einsatzbereit zu liefern hatte.

Der Feldhauptmann oder Oberst hatte meist schon einen Juniorpartner oder Prokuristen als seinen Stellvertreter (Oberstleutnant) zur Hand, auch ein paar bewährte Hauptleute, meist heruntergekommene Adlige, die ihrerseits ein paar verwegene junge Leute aus »besseren« Kreisen sowie ein paar alte Haudegen um sich hatten, die ihre Leutnante und Feldweibel wurden. Die Truppe kam schnell zusammen, denn es wurde fortwährend irgendwo in Deutschland oder in der Nachbarschaft Krieg geführt, und wo gerade eine solche Auseinandersetzung zu Ende gegangen war, ließen sich die Überlebenden beider Seiten sofort wieder anwerben. Sein Handwerkszeug - Waffen, Blechhaube und Harnisch - hatte jeder Landsknecht mitzubringen; wer besonders gut ausgerüstet und mit einer Hakenbüchse bewaffnet war, konnte doppelten Sold beanspruchen. Uniformen gab es noch nicht; zur Kennzeichnung der kämpfenden Parteien genügten farbige Bänder. Zu jedem Regiment gehörte ein Troß aus Händlern, Kneipwirten, Kellnerinnen, Soldatenfrauen und -kindern, Köchen, Proviantmeistern und allerlei Gelichter, die mit ihren Wagen mit ins Feld zogen. Die Aufsicht führte dort ein »Rumormeister« oder »Hurenweibel«. Und natürlich hatte jedes Regiment seine »Stockmeister« genannten Polizisten sowie seinen »freien Mann«, den Henker.

Was die Männer in hellen Scharen zum Landsknechtsdienst anlockte, war die Aussicht, regelmäßig gut verpflegt zu werden, nicht arbeiten zu müssen, dafür auch noch Geld zu erhalten, es sorglos für Wein und Mädchen ausgeben zu können und eines Tages womöglich reiche Beute zu machen. Dafür waren sie bereit, die Landsknechte der gegnerischen Partei im Kampf zu töten oder sich von ihnen töten zu lassen, obwohl es beiden völlig gleichgültig war, weshalb sich ihre Herren bekriegten.

Kein kleiner Landesherr hätte es sich damals einfallen lassen, die eigenen Untertanen, ausgenommen zuverlässige Adlige sowie seine kleine Polizeitruppe, mit Waffen auszurüsten. Im Gegenteil, seit der Niederschlagung der großen Aufstände war die Bevölkerung systematisch entwaffnet worden, und das Aufspüren von Waffenverstecken des »gemeinen Volks« gehörte zu den Hauptobliegenheiten der »streifenden Rotten«, Spitzel, Untersuchungsrichter, Folterknechte sowie der »sanften Gewalt«, wie man die Geistlichkeit nannte.

Umgekehrt war für die Masse des Volks jeder Bewaffnete ein Feind, gleich ob es sich um die Polizeitruppe des eigenen Landesherrn oder um fremde Landsknechte handelte. Denn beide lebten nicht nur, direkt oder indirekt, auf Kosten des arbeitenden Volks, sondern bedrohten auch ständig dessen Habe, Gesundheit und Leben, ließen oftmals ihrer Zerstörungswut, Geilheit und Grausamkeit freien Lauf und waren, selbst wenn sie von den Offizieren einigermaßen in Zaum gehalten wurden, im wahren Sinne des Wortes eine Landplage.

Auch den Feudalherren waren die Landsknechte ein Greuel, zumal wenn sie, was manchmal nicht zu vermeiden war, sich auf dem eigenen Herrschaftsgebiet versammelten und durch Raub und Diebstahl die Steuerkraft der Untertanen schwächten und dafür auch noch Sold kassierten. Aber ohne Landsknechte war im späten 16. und erst recht im frühen 17. Jahrhundert keine »Machtpolitik« zu betreiben.

Jeder kleine Landesherr in Deutschland hatte das Bestreben, seinen Machtbereich auszudehnen und abzurunden. Die kaiserliche Zentralgewalt, die für Frieden und Ordnung hätte sorgen müssen, war anderweitig beschäftigt, zudem schon recht schwach, und sie sollte im Verlauf des 17. Jahrhunderts noch weit schwächer werden.

Die innere Zerrissenheit Deutschlands, durch Glaubenskämpfe, vor allem aber durch die Streitigkeiten zwischen den vielen kleinen und mittleren Landesherren sowie eine Reihe von äußeren Einflüssen hervorgerufen, von denen noch zu sprechen sein wird, führten auch zu einer ständigen Verschlechterung der Wirtschaftslage des Volkes. In der zweiten Hälfte des 16. Jahrhunderts begannen die Preise, vor allem die für Lebensmittel, rapide zu steigen. Die Ursache war, daß einerseits die landwirtschaftliche Produktion nur unwesentlich vermehrt worden war, während die Nachfrage, vor allem in den großen Städten, ständig zugenommen hatte. Die ungeheueren Mengen an Silber, die die Spanier aus ihren amerikanischen Kolonien nach Europa brachten, strömten zum nicht geringen Teil auch in die Kassen deutscher Handelsherren und Bankiers. Und der nun wachsende private Wohlstand und Aufwand des Großbürgertums sowie die großen Kredite, mit denen Familien wie die Fugger die Gegenreformation und die Aufstellung immer neuer Landsknechtshaufen finanzierten, die nichts produzierten, aber erhebliche Mengen an Lebensmitteln verzehrten, ließen die Preise für Nahrung immer weiter steigen.

Auf die einzelnen gesellschaftlichen Schichten des deutschen Volks wirkte sich die Inflation des späten 16. Jahrhunderts sehr unterschiedlich aus: Am wenigsten hatten die darunter zu leiden, die mit Geld handelten oder Ware anzubieten hatten, also die ohnehin sehr wohlhabenden Patrizier der Städte, zumeist Bankiers oder Großkaufleute. Am meisten betroffen waren die untersten sozialen Schichten der Stadtbevölkerung, die Lohnarbeiterschaft. Da sie unorganisiert war, konnte sie keine Forderungen nach Lohnerhöhung wirksam durchsetzen und war auf die Gnade der »Brotherren« angewiesen. Bauern, die ihre Arbeitskraft größtenteils in Fron für den Feudalherrn zu verausgaben hatten und zudem von der eigenen Erzeugung unentgeltliche Abgaben leisten mußten, waren ebenfalls sehr benachteiligt. Zwar standen sie als Selbstversorger hinsichtlich der eigenen Nahrung nicht schlechter da als zuvor, aber da auch die Preise für handwerkliche Erzeugnisse, Kleidung und was die Bauern sonst noch zum Leben brauchten, kräftig anzogen, konnten sie sich mit ihrem geringen Einkommen weniger leisten als früher.

Die großen Nutznießer der Inflation und der steigenden Nachfrage nach landwirtschaftlichen Erzeugnissen waren die Großgrundbesitzer, den häufig identisch waren mit den Landesherren. Sie benutzten den zusätzlichen Reichtum, um weitere Ländereien aufzukaufen. Dabei wurden, vor allem im Deutschland östlich der Elbe, die großen Gutsherrschaften noch größer, während die Anzahl der kleinen Güter und Bauernstellen stark zurückging.

Am Rande sei vermerkt, daß in dieser Zeit auch der deutsche Erzbergbau zugrunde ging. Der Abbau von Silber lohnte kaum noch, seit die Spanier Europa mit dem von billigen Negersklaven gewonnenen Edelmetall überschwemmten, und vor allem war die Beschäftigung wohlausgebildeter Knappen nun zu teuer. Deshalb beschränkten sich die Handelsherren und Bankiers, speziell die Fugger, jetzt auf Raubbau an den ergiebigsten Adern mit Hilfe von ungelernten Tagelöhnern und Kindern. Die meisten Stollen wurden in dieser Zeit geschlossen.

Zur weiteren Verelendung der kleinen Handwerker und Lohnarbeiter trugen auch neue Produktionsverfahren bei. So brachte beispielsweise ein Holländer leistungsfähigere Spinnräder und Zwirnmühlen nach Sachsen, richtete eine Zeugmanufaktur mit Wirkerhaus, Walkmühle und Färberei ein, holte dann auch noch »Fachkräfte«, holländische Frauen und Kinder, heran und richtete alsbald durch rationalisierte Massenproduktion das alteingesessene Handwerk zugrunde. Seine Zwirnmühle, schrieb er stolz an den sächsischen Kurfürsten im Jahre 1593, sei so konstruiert, daß damit »ein Weib oder ein grober Bauernjunge soviel an einem Tag zwirnen als vier Weiber eine ganze Woche, so geschickt sie auch sein möchten«.

Im ganzen gesehen war Deutschland um die Wende vom 16. zum 17. Jahrhundert ein rückständiges, in sich zerrissenes und durch Glaubensgegensätze gespaltenes Land, in dem es der breiten Masse immer schlechter, einigen wenigen Reichen und Mächtigen immer besser ging. Nur die städtische Mittelschicht war gebildeter als früher. Im Volk herrschte viel Hunger; die Unterdrückung hatte noch zugenommen, und die kleinen Fürsten und Grafen, die an der Inflation kräftig verdient hatten, warteten gespannt auf die große europäische Auseinandersetzung, die bevorstand: den Entscheidungskampf zwischen Reformation und Gegenreformation, zwischen Habsburg, Frankreich und eventuell noch anderen Mächten, zwischen dem katholischen Kaisertum und den protestantischen Reichsfürsten und -städten. Sie warteten sehnsüchtig, gleich auf welcher Seite sie gerade standen, auf den Verfall der ohnehin nicht mehr sehr starken kaiserlichen Macht, auf fette Brocken aus der dann verfügbaren Konkursmasse des Habsburger-Reiches. Und jedes Mittel war ihnen recht, wenn es nur den Niedergang von Kaisertum und Reich beschleunigen half.

Denn das zu Anfang des 16. Jahrhunderts aufgeflackerte Nationalgefühl erst der Ritter, dann auch der Bauern, das mit der Erstarrung der Reformation im bloßen Obrigkeitsdenken und mit der blutigen Unterdrückung der ersten sozialen Revolution einer wachsenden Resignation und allmählichen Gleichgültigkeit gewichen war, hatten die Feudalherren zu keiner Zeit geteilt. Jeder dachte nur an seine eigene »Firma«. Wenn sich das lästige Kaisertum, das für die Landesherren damals etwa das war, was heute für selbständige Unternehmer die Gewerbeaufsicht, das Kartellamt, die Gerichte, die Steuer- und ein Dutzend weitere Behörden des Staates sind, mit Hilfe ausländischer Mächte beseitigen ließ, so war ihnen dies nur recht.

Überhaupt muß man sich die Landesherren des beginnenden Absolutismus als Unternehmer vorstellen, ihre Länder als Konzerne, ihre Räte als Direktoren und Prokuristen, ihre Polizei als den »Werkschutz« und die Masse der Untertanen als Angestellte und Arbeiter sowie deren Familienangehörige, dann wird sofort alles begreiflicher: Da es sich um ein reines Familienunternehmen handelt, erbt beim Tode des Chefs entweder der älteste Sohn, gleich wie unfähig oder tüchtig er ist, den ganzen Konzern oder dieser geht an den Schwiegersohn, den Ehemann der einzigen Tochter. Es kann aber auch sein, daß mehrere Erben da sind; dann teilen sie den Konzern in mehrere selbständige Unternehmen auf.

»Gute« Fürsten, die angeblich nur an das Wohl ihres Volkes und Staates denken, sind wie »gute« Konzern-Chefs: Sie verprassen nicht den ganzen, von ihren Untertanen erwirtschafteten Gewinn, sondern investieren, indem sie Straßen und Brücken bauen, neue Siedlungen entstehen lassen, Sümpfe trockenlegen, neue Arbeitskräfte ins Land holen, die Verwaltung straffen und verbilligen. Aber sie tun das natürlich nicht, um damit ihren Belegschaften (sprich: Untertanen) eine Freude zu machen - abgesehen davon, daß ja nicht Fürsten, sondern Fronarbeiter die Steine brechen, den Sumpf trockenlegen und alle sonstigen »niederen« Arbeiten verrichten; vielmehr steigern sie damit den Wert ihres Unternehmens sowie die Einkünfte, die allein sie daraus ziehen.

Für »die Belegschaft« eines solchen Feudal-Konzerns kann es angenehmer sein, einen »guten« Fürsten-Chef an der Spitze zu haben - es muß aber nicht so sein -, und in der Regel wird es von denen, die die »niedere« Arbeit tun, als besser empfunden, wenn der Chef von den im Jahr erwirtschafteten zwei Millionen Gewinn nicht anderthalb Millionen für Brillanten, üppigste Mahlzeiten, kostspieliges Feuerwerk und die Seidenwäsche seiner Matressen ausgibt, sondern dafür lieber die Straßen pflastern läßt, so daß man bei Regen nicht bis zu den Knien im Morast versinkt und von der flott vorbeifahrenden achtspännigen Kutsche des hohen Chefs von oben bis unten beschmutzt und durchnäßt wird.

Aber daß die neuen Straßen und alles übrige im Staatskonzern nicht das Eigentum der Untertanen-Belegschaft sind, sondern das des Throninhabers, wird spätestens in dem Augenblick klar, wo der hohe Herr sein ganzes Unternehmen samt allem Inventar und den - damals »Seelen« genannten - Beschäftigten an den Meistbietenden verkauft, aus welchen Gründen auch immer. Er braucht dazu niemanden um Erlaubnis zu fragen. Einen »Betriebsrat« aus gewählten Vertretern der Untertanen oder gar »Mitbestimmung« gibt es nicht. Es ist schlicht so, wie es Unternehmer bis in die neueste Zeit hinein auszudrücken belieben: Der Firmeninhaber ist alleiniger »Herr im Hause«: die »Leute« haben das Maul zu halten und ihre Arbeit »pflichtgemäß« zu verrichten, sonst »fliegen« sie - damals ins Gefängnis.

Bleibt noch die Frage, woher die adligen Landesherren ihre unumschränkten Eigentumsrechte und die daraus abgeleitete Befehlsgewalt eigentlich hatten. Sie selbst erklärten schlicht (oder ließen durch Juristen und Geistliche erklären): von Gott. Ähnlich erklärten später die Fabrikherren, daß sie Anspruch auf allen Gewinn sowie das Eigentum am und die Befehlsgewalt im Betrieb hätten, weil sie das Kapital zur Verfügung gestellt hätten, dessen erwirtschafteter Mehrwert gerade ihrem Wagnis entspreche: daß sie ja den Armen gütigerweise Arbeit gäben und für diese Freundlichkeit belohnt sein wollten, und zwar schon auf Erden.

Nun, das Gottesgnadentum der Landesfürsten war nicht durch ein himmlisches Wunder zustande gekommen, sondern auf unterschiedlichste, jedoch durchaus irdische Weise.

Da war zunächst der Uradel des frühen Mittelalters, der oft auf eine Weise entstanden ist, die die dafür Verantwortlichen später sicherlich tief bedauert haben, während ihre fronenden Urenkel keine Gelegenheit mehr hatten, darüber nachzudenken: Stellen wir uns vor, in einen Urwald dringen Kolonisten ein, roden ein Tal, legen eine Siedlung an, machen Land urbar – so, wie es etwa in den heutigen Vereinigten Staaten vor noch nicht langer Zeit geschah und wie vor mehr als einem Jahrtausend in manchen Gegenden des heutigen Deutschlands. Solche Siedlungen brauchen Schutz: gegen wilde Tiere, gegen Überfälle von Räuberbanden, die sich aus den Überlebenden gescheiterter Kolonisationsversuche gebildet haben mögen, und vielleicht gegen Eingeborene, die die Eindringlinge aus ihrem Land vertreiben wollen. Die amerikanischen Kolonisten des 19. Jahrhunderts wählten sich dazu einen im Umgang mit Waffen erfahrenen, ehrlichen Mann aus ihrer Mitte, der seinerseits ein paar Männer aussuchte, die ihn bei der Aufrechterhaltung der Ordnung notfalls unterstützen sollten. Aber die Kolonisten waren nicht so töricht, auf eigene Bewaffnung zu verzichten, solange die Gegend nicht einigermaßen sicher war, und auch dann noch lange Zeit nicht. Bei den deutschen Siedlern der Frühzeit herrschte entweder mehr Vertrauen oder ein Mangel an Waffen oder beides. Jedenfalls kamen sie mit den Schutzbeauftragten aus ihrer Mitte überein, daß die Mehrheit waffenlos arbeiten und das Land bestellen sollte, während der eine Beschützer samt seinen Söhnen und Gehilfen sowie deren Frauen und Kindern mitversorgt werden mußte: Ein Stück

Land sollte ihm gehören, das von den anderen bestellt und für ihn geerntet werden sollte; er übte mit seinem Anhang allein die Jagd aus und erhielt seinen Bedarf an Milch, Eiern, Gemüse, Obst und, soweit nötig, Geflügel und Fleisch umsonst von der Gemeinschaft, von jedem ein wenig.

Wie eigentlich vorauszusehen war, fühlten sich die bewaffneten Beschützer, die sich nicht durch Arbeit zu »erniedrigen« brauchten und viel Vergnügen an der Jagd hatten, ihren Schutzbefohlenen bald turmhoch überlegen. Sie forderten ein größeres, schöneres, festeres Haus mit einem Turm, damit sie nach Feinden Ausschau halten könnten; sie forderten noch manches andere und begannen mit ihren Waffen zu drohen, falls man es ihnen nicht freiwillig gäbe. Sie kommandierten die anderen herum, bis die Gemeinschaft aufzumucken begann. Das war der entscheidende Augenblick, denn nun demonstrierten die »Beschützer« ihre Macht, schlugen den Anführer der »Aufrührer« nieder oder warfen ihn in ihr Gefängnis, das eigentlich der Verwahrung von Kriegsgefangenen oder gefährlichen Übeltätern dienen sollte. Kurz, wir brauchen uns den weiteren Verlauf nicht auszumalen, da wir das Ergebnis bereits kennen: die Tyrannei »von Gottes Gnaden« der dazu auserwählten Feudalherren.

Mitunter war der Weg nach oben noch viel leichter, zumal nachdem die fränkischen Ritter die römischen Sklavenhalter-Traditionen zum Feudalismus umgewandelt und diesen in den von ihnen eroberten Gebieten installiert hatten. Ein Beispiel mag genügen, um zu zeigen, wie jemand, der eben noch zum Volk gehört hatte, über Nacht zum »gnädigen« (oder auch ungnädigen) Herrn aufrücken konnte. Je fester das Feudalsystem Wurzeln geschlagen hatte, desto leichter ging das.

Im 15. Jahrhundert war Friedrich I., von seinen zahlreichen Gegnern »der böse Fritz« genannt, Kurfürst von der Pfalz. Er warf 1454 die aufrührerischen Städte des Landes nieder, besiegte auch die Lützelsteiner Grafen, demütigte den Grafen von Veldenz und war überhaupt ein sehr rauf- und streitlustiger Herr, der sein Ländchen kräftig vergrößerte. Um 1463 zeugte er mit einem Mädchen aus dem Volk, der Augsburgerin Klara Dett oder Tött, zwei Söhne. Der jüngere Sprößling, Ludwig geheißen, war schon neun Jahre alt, da heirateten seine Eltern, nachdem der Kurfürst zuvor – soweit reichten seine Befugnisse – die Dame seiner Wahl geadelt hatte. Fünf Jahre später bekam der inzwischen vierzehnjährige Ludwig von seinem Vater eine Grafschaft geschenkt, und weitere zweiundzwanzig Jahre später erteilte ein Kaiser dem zum Mann gereiften Sohn des Kurfürsten und der Augsburgerin gegen hohe Gebühren die Erhebung in den Reichsgrafenstand, womit er endlich ein vollwertiger Feudal- und Landesherr wurde. Seine Grafschaft führte den Namen Löwenstein, und diesen nahm Ludwig als den seinen an. Übrigens hatte das Ländchen zuvor den Nachkommen eines jungen Mannes gehört, der es auf ganz ähnliche Weise erhalten hatte: von Kaiser Rudolf von Habsburg, seinem »natürlichen«, aber anderweitig verheirateten Vater. Dessen Erben hatten die Grafschaft dem »bösen Fritz« aber lieber verkauft, da die Gefahr bestand, daß er sie ihnen rauben würde.

So also kam der Reichsgraf Ludwig von Löwenstein zu seinen ihm »von Gott gegebenen« Landesherrn-Privilegien. Anzumerken ist nur noch, daß die Reichsgrafen von Löwenstein, deren Rolle zu Beginn und Ende der ersten deutschen Revolution, dem sogenannen Bauernkrieg, schon kurz gestreift wurde, sich im 16. Jahrhundert in eine protestantische und eine katholische Linie spalteten; daß beide Linien im frühen 19. Jahrhundert in den Fürstenstand erhoben wurden, wenn auch nur zum Trost dafür, daß sie ihre Landeshoheit an Mächtigere verloren hatten. Sie behielten indessen ihr privates Grundeigentum an ihren ehemals selbständigen, durch günstige Heiraten kräftig erweiterten Grafschaften und »natürlich« auch ihr sonstiges, im Laufe von rund dreihundert Jahren aus den Steuern und Abgaben ihrer Untertanen gebildetes Vermögen.

Und heute sind die Fürsten zu Löwenstein noch immer bundesdeutsche Großgrundbesitzer und mehrhundertfache Millionäre, unter anderem auch maßgeblich beteiligt an der Held & Francke Bau AG, München, einem Unternehmen mit knapp fünftausend Beschäftigten.

Um das Jahr 1600 waren es höchstens zwölftausend Familien, die als große, mittlere und kleine Feudalherren oder reichsstädtische Patrizier von großem Reichtum rund vierundzwanzig Millionen Deutsche unterdrückten und ausbeuteten. Beide Zahlen sollten sich bald außerordentlich verringern, bei den Ausbeutern vornehmlich deshalb, weil die Landesherren den kleinen, von der Inflation hart getroffenen Adel von seinen Gütern drängten und damit den eigenen Besitz vergrößerten; weil zahlreiche große Handelshäuser in Konkurs gingen und ihre Inhaber nach dem Verlust ihres Vermögens sozial abstiegen. Die drastische Verminderung der Ausgebeuteten aber hatte einen ganz anderen Grund: Deutschland stand zu Beginn des 17. Jahrhunderts etwas bevor, das sich in unserer Generation in Südostasien wiederholt hat: ein dreißigjähriger Krieg, in den fremde Großmächte eingriffen und das Land rücksichtslos verwüsteten.

5. Als man die Herren vom Hinz-Konzern aus dem Fenster warf...

Es gibt viele Darstellungen jenes Dreißigjährigen Krieges, der von 1618 bis 1648 Mitteleuropa und vor allem Deutschland in einem Maße verwüstete, das sich auch diejenigen nicht vorstellen können, die die rauchenden Trümmer deutscher Städte in der letzten Phase des Zweiten Weltkriegs noch deutlich vor Augen haben. In fast allen diesen Darstellungen wird zu erklären und begreiflich zu machen versucht, welche Absichten und Ziele die einzelnen Parteien verfolgten, welche Maßnahmen sie trafen und welche bedauerlichen Begleiterscheinungen diese hatten. Es gibt Hunderte von durchaus lesenswerten und Tausende von sonstigen Büchern, die sich mit dem Charakter und Schicksal einzelner Anführer der einander bekämpfenden Heere befassen. Und vom Verlauf dieser oder jener Schlacht handelt eine ganze Literatur. Auch über die schrecklichen Auswirkungen des Dreißigjährigen Krieges, der Deutschland für die nächsten zweihundert Jahre seinen Stempel aufdrückte und es zum Gespött aller Regierungskanzleien Europas machte, ist unendlich viel geschrieben worden.

Es hat sogar eine ganze Historikerschule gegeben - und es gibt ihre Reste noch immer -, die emsig bemüht waren, dem Dreißigjährigen Krieg möglichst nichts als »gute« Seiten (oder was diese Geschichtsschreiber darunter verstanden) abzugewinnen: Er habe die deutsche Rüstungsindustrie und damit die ganze Wirtschaft belebt, die Wehrertüchtigung des Volkes gefördert und dieses von schädlichen und lebensuntauglichen Elementen gereinigt sowie viele militärisch nützliche Erfindungen und Erfahrungen gebracht. Vor allem aber habe er zur Stärkung des kriegerischen Geistes im allgemeinen und Brandenburg-Preußens im besonderen beigetragen, ja, das endliche Entstehen »soldatischer Ideale« bewirkt.

Gewiß, so meint diese Art von Geschichtsschreibung, habe der Dreißigjährige Krieg - wie jeder andere - auch manches, nun einmal unvermeidliche Elend im Gefolge gehabt, und dieses sei »durch die Irregulären und Partisanen« aus der um Haus und Hof gekommenen Bauernschaft mancherorts »heillos verschlimmert« worden, weil »eine Menge dieser brotlos gewordenen Menschen in ihrem tiefen Zorn zu Räubern und Mördern geworden« seien.

Hier muß man einen Augenblick innehalten, um die ganze - offenbar noch gutgemeinte - Perfidie zu erkennen, die in solchen Schulbuchtexten steckt: Der friedliche Bauer, wehrloses Objekt der Ausbeutung eines Herrn, der ihn schützen soll, es aber vorzieht, auf seiner Burg zu bleiben, wird zum Gesetzesbrecher, zum Räuber und Mörder, erklärt. »Der Krieg« - nicht die Landsknechte und ihr wüstes Treiben - soll die Menschen »zornig« gemacht haben. Wenn die Bauern bis aufs Hemd ausgeplündert wurden; wenn man sie folterte, damit sie das Versteck ihrer letzten Habe, meist des Saatgetreides, verrieten; wenn man ihre Frauen und Töchter vergewaltigte, ihnen das Haus anzündete und sie schutzlos dem Hunger und der Kälte preisgab, so waren nicht die ehrgeizigen Feudalherrn und machtgierigen Kirchenfürsten daran schuld, obwohl sie doch die Landsknechte gemietet, in den Krieg geschickt und dann ohne Löhnung und Essen gelassen hatten, sondern »das Schicksal«. Und wenn das Volk seine Leiden nicht mehr ertragen konnte, sich zusammenschloß und die Soldateska erschlug, wo immer sich Gelegenheit bot, dann verletzte es »die Ordnung« und »das Gesetz«.

Man wagt es, den Bauern einen »Mörder« zu nennen, weil er den Kerl mit der Mistgabel niedergestochen hat, der seine kleine Tochter vergewaltigen wollte, denn dieser war ja ein ausführendes Organ der gottgegebenen Obrigkeit. Die »Untat« des Bauern ist zwar menschlich verständlich, aber nicht verzeihlich. Und so werden er und andere, die Widerstand leisteten, von den Geschichtsschreibern nachträglich als »Irreguläre« und »Partisanen« angesehen und deshalb nach Kriegsrecht zum Tode verurteilt und hingerichtet...

Nein, diese Art von Geschichtsschreibung vom Hauptquartier eines Feldherrn aus kann nur dazu dienen, die Greuel zu verniedlichen, den Krieg - selbst wenn dies gar nicht beabsichtigt sein sollte - zu verherrlichen, das Obrigkeitsdenken zu lehren oder Personenkult da zu treiben, wo er weniger angebracht ist als irgendwo sonst.

(Dies gilt selbst für ein so hervorragendes, so glänzend geschriebenes und von ganz außerordentlicher Kenntnis der Einzelheiten zeugendes Werk wie Golo Manns *Wallenstein,* das uns zwar auf über elfhundert engbedruckten Seiten diesen einen Feldherrn lebendig macht, wie kaum eine zweite Gestalt der Weltgeschichte je lebendig gemacht wurde. Doch wem, so müssen wir uns fragen, muß unser Interesse gelten? Diesem einen oder seinen nach Zehntausenden zählenden, entsetzlich mißbrauchten Werkzeugen, seinen nach Hunderttausenden zählenden Opfern?)

Und deshalb wollen wir darauf verzichten, den Krieg und seine Helden zu verstehen, so, wie die Menschen in Deutschland zur Zeit jenes Massenmords diesen und seine Veranstalter nicht verstanden, sondern ihnen entweder mit ohnmächtigem Entsetzen begegneten oder in letzter Verzweiflung und äußerster Notwehr Widerstand leisteten. Der Dreißigjährige Krieg, der übrigens in Wahrheit länger dauerte, nämlich früher als 1618 begann, weil solche Kriege stets ihre Vorspiele und »Kostümproben« haben, bei denen neue Waffen und Schliche erst einmal ausprobiert und die Kräfteverhältnisse abgeschätzt werden, verdient wahrlich anders betrachtet zu werden, als es die traditionelle deutsche Geschichtsschreibung tut.

In den Schulbüchern, auch in solchen, die heute noch an bundesdeutschen Gymnasien verwendet werden, liest sich die Geschichte des Dreißigjährigen Krieges etwa so:

»Um 1570 begann der Angriff der Gegenreformation unter der geistigen Führung der Jesuiten. Die Wahl Kaiser Rudolfs II. (1576-1612), des Schülers spanischer Jesuiten, war ein Sieg der katholischen Partei. Der Gedanke der Selbsthilfe erwachte nun in beiden Lagern. Süddeutsche protestantische Fürsten schlossen die Union (1608), der dann auch Reichsstädte beitraten, unter Führung des Kurfürsten von der Pfalz. Der katholische Gegenbund, die Liga (1609), stand unter bayerischer Führung. Beide Bünde stützten sich auf ausländische Hilfe, auf Frank-

Soldatenwerbung, Brandschatzung eines Dorfes und gehenkte Marodeure (Radierung von Jacques Callot in »Les Misères de la Guerre«, 1633)

reich beziehungsweise Spanien, doch bannte die Ermordung Heinrichs IV. von Frankreich 1610 die Gefahr, daß sich der Erbfolgestreit um Jülich-Kleve zu einem allgemeinen Krieg ausweitete.«

Der allgemeine Krieg kam aber doch, nach nur kurzem, scheinbar friedlichem Zwischenspiel; und so heißt es dann in den gängigen Geschichtsbüchern* weiter:

»Der Versuch der Habsburger, die einzelnen Teile ihrer Erblande zu verschmelzen, stieß auf den Widerstand der Stände. Dieser Gegensatz verschärfte sich durch die unter Rudolf II. einsetzende gewaltsame Rekatholisierung. Unter der Regierung seines Bruders Matthias, der ihm als Kaiser folgte (1612–1619), kam es zum Aufstand der böhmischen Protestanten (1618 Prager Fenstersturz).

Die böhmischen Stände verweigerten seinem Nachfolger Ferdinand II. (1619–1637) die Huldigung und wählten Kurfürst Friedrich V. von der Pfalz, das Haupt der protestantischen Union, zum König. Der Kaiser fand Waffenhilfe bei Spanien und der katholischen Liga, finanzielle Unterstützung durch

---

* Hier zitiert nach Fernis/Haverkamp, *Grundzüge der Geschichte von der Urzeit bis zur Gegenwart,* Verlag M. Diesterweg, Frankfurt/Berlin/Bonn, 11. Auflage 1964.

den Papst und italienische Staaten. Von seinen Bundesgenossen im Stich gelassen, verlor Kurfürst Friedrich am Weißen Berg bei Prag 1620 Sieg und Krone. In den habsburgischen Erblanden wurden die Protestanten zur alten Kirche zurückgezwungen ... Spanisch-ligistische Truppen entrissen dem geächteten Friedrich sein pfälzisches Erbland; seine Kurwürde wurde an Maximilian von Bayern gegeben. 1623 standen Liga-Truppen unter Tilly drohend an der Grenze des protestantischen Niedersachsen. Die Union löste sich auf. Gleichzeitig nahm Philipp IV. von Spanien den Krieg gegen Holland wieder auf. Nachdem er Ansprüche auf das Elsaß und Tirol erworben hatte, drangen spanische Truppen nach Graubünden vor... Frankreich, das sich bedroht fühlen mußte, hielt sich noch zurück. Dagegen traten, unterstützt von England und Holland, der König von Dänemark und der Niedersächsische Kreis in den Krieg mit dem Kaiser. So folgte dem böhmisch-pfälzischen Krieg der niedersächsisch-dänische; er endete ebenfalls mit einem Sieg des Kaisers. In diesem Krieg erschien erstmals neben dem ligistischen Heer ein eigenes kaiserliches, die Schöpfung des böhmischen Edelmanns Albrecht von Wallenstein. Zwar scheiterte der Plan, an der Ostsee Fuß zu fassen ..., vorläufig an dem Widerstand der von Schweden unterstützten Stadt Stralsund. Doch zwang die Eroberung weiter Gebiete Norddeutschlands den Dänenkönig 1629 zum Frieden von Lübeck, in dem dieser jeder Einmischung in die Reichsangelegenheiten entsagte.

Das Erscheinen der habsburgischen Großmacht an der Ostsee rief Gustav Adolf von Schweden (1611–1632) auf den Plan... Schweden war... die führende Ostseemacht. Dem Eingreifen einer neuen Großmacht an diesem Meer wollte Gustav Adolf zuvorkommen. Daneben wirkte das Verantwortungsgefühl des überzeugten Protestanten für sein bedrohtes Bekenntnis. Gustav Adolf ist ein Musterbeispiel für den Grad der Verschmelzung, die damals politische Motive und religiöse Überzeugung eingehen konnten. 1630 landete er, von Frankreich finanziell unterstützt, mit einem Heer an der pommerschen Küste. Der Fall Magdeburgs und die Zerstörung der Stadt durch Heerhaufen Tillys (1631) trieben die zögernden Häupter des Protestantismus, die Kurfürsten von Brandenburg und Sachsen, auf die Seite Gustav Adolfs. Seinem Sieg über das kaiserliche Heer bei Breitenfeld 1631 folgte sein Siegeszug bis nach Bayern und an die Grenze der habsburgischen Erblande.

Die Seele der antihabsburgischen Politik in Frankreich wurde der Kardinal Richelieu, seit 1624 unter Ludwig XIII. Leiter der französischen Politik. Seine Ziele waren: Sturz der habsburgischen Weltmacht, Verdrängung Spaniens aus den Niederlanden, Gewinnung der Rheingrenze ... Gegen Habsburg trieb er zunächst eine Politik des verdeckten Krieges, indem er Gustav Adolfs Unternehmen finanzierte. Dabei verstärkte er seine Rheinpolitik ... Inzwischen hatte der Kaiser (den zuvor von ihm abgesetzten Feldherrn) Wallenstein zurückgerufen, der in kurzer Zeit ein Heer aus dem Boden stampfte. Bei Lützen bezahlten 1632 die Schweden ihren Sieg teuer mit dem Tod ihres Königs. Dessen Kanzler Oxenstjerna vermochte zunächst die diplomatische und militärische Stellung Schwedens zu halten. Ihm kam das zweideutige Verhalten Wallensteins zugute, der, eine abermalige Absetzung befürchtend, sich auf geheime Verhandlungen mit den Feinden des Kaisers einließ. Wallensteins Ermordung in Eger 1634 gab dem Kaiser die Verfügung über sein Heer zurück. Die Schweden mußten Oberdeutschland räumen und verloren einen Teil ihrer deutschen Bundesgenossen ... Mit dem Prager Frieden 1635 zwischen Kaiser und Kursachsen, dem die meisten protestantischen Stände beitraten, hörte der Krieg ... auf, ein Religionskrieg zu sein, da die deutschen Protestanten sich mit dem Kaiser gegen die Schweden zusammenschlossen. Richelieu mußte, wenn er nicht seinen schwedischen Bundesgenossen dem Zusammenbruch preisgeben und damit Frankreichs rheinische Eroberungen gefährden wollte, jetzt offen in den Krieg eintreten. 1635 erklärte er Spanien den Krieg ... Damit weitete sich der Dreißigjährige Krieg aus zur Fortsetzung des über hundert Jahre alten europäischen Kampfes um Habsburgs Weltmacht ... Seit 1640 wandte sich die Lage auf allen Kriegsschauplätzen zuungunsten Habsburgs. 1648 standen die vereinigten Schweden und Franzosen in Bayern, ein schwedisches Korps vor Prag, als die Nachricht vom Abschluß der langwierigen, in Münster und

Osnabrück geführten Friedensverhandlungen eintraf. Der Westfälische Friede 1648 beendigte alle Kriegszustände, außer zwischen Frankreich und Spanien. Die Gewinner waren Schweden und Frankreich, der Verlierer das Reich. Mit 1648 schloß für Deutschland das Zeitalter der konfessionellen Kämpfe. Der Umfang der wirtschaftlichen Schäden und der Bevölkerungsverluste war in den einzelnen Gebieten verschieden, überall groß, in manchen Landschaften katastrophal.«

Soweit die häufig noch heute übliche Schulbuch-Fassung, die eine dürre Aufzählung der politischen und militärischen Ereignisse ist, ohne daß man sich dabei vorstellen kann, was denn der Dreißigjährige Krieg für die Menschen, die ihn erleben mußten, bedeutet hat, und das war wahrlich mehr, als sich nach dem Schulbuchtext vermuten läßt.

Für die überwältigende Mehrzahl, sicherlich mindestens 9990 unter jeweils zehntausend Bewohnern Deutschlands in der ersten Hälfte des 17. Jahrhunderts, waren die politischen Ziele der verschiedenen am Kriege beteiligten Parteien gänzlich unverständlich, und selbst wenn sie ihnen begreiflich gemacht worden wären, hätten sie sie völlig kalt gelassen. Denn die Menschen in Deutschland *erlebten* den Krieg. Und wenn man verstehen will, was das bedeutete, muß man - in ungefährer Kenntnis der politisch-militärischen Ausgangslage - den Dreißigjährigen Krieg ganz anders sehen.

Man muß ihn sich als einen mörderischen Kampf zwischen Gangster-Syndikaten vorstellen, der von korrupten Politikern und miteinander um ein unerhört einträgliches Monopol ringenden multinationalen Großkonzernen geschürt, mitgelenkt und nach Kräften ausgenutzt wird. Im Vordergrund aber stehen die nackten Machtinteressen der sich befehdenden Gangsterbosse, die ihre Mordspezialisten und Revolvermänner aus der Unterwelt eines ganzen Kontinents rekrutieren.

In wechselnden Bündnissen, mal mit-, mal gegeneinander, mal mit der Rückendeckung des einen, mal des anderen multinationalen Konzerns, machen sie sich gegenseitig ihre Domänen streitig. Die Bosse selbst dirigieren von munteren, großstadtnahen Badeorten aus, wo sie ganze Luxushotels in Beschlag genommen und zu ihren Hauptquartieren erkoren haben, die Überfälle, Straßenschlachten, Belagerungen und Besetzungen strategisch wichtiger Punkte. Und der Schauplatz des wilden, rücksichtslosen Kampfes ist, sagen wir: eine Weltstadt, in der viele Millionen Menschen leben, sowie deren Industriegürtel, Trabantenstädte, landwirtschaftliches Randgebiet und ihr von ehemals stillen Wäldern, Wiesen und Seen gebildeter Erholungsraum. (Tatsächlich lebten zu Beginn des Dreißigjährigen Krieges die damals rund 26 Millionen Einwohner Deutschlands nur zu etwa einem Viertel in den großen und kleinen Städten, zu drei Vierteln auf dem Land. Aber zur besseren Veranschaulichung sei das Stadt-Land-Verhältnis in unserem, ja in der Gegenwart handelnden Beispiel genau umgekehrt. Das entspricht unserer Wirklichkeit besser und gestattet uns, die Dinge begreiflich zu machen, ohne am Kern etwas zu ändern.)

Stellen wir uns also diese heutige deutsche Großstadt samt ihrer weiteren Umgebung vor, wie sie zunächst - es ist ja noch nicht viel passiert - ihr Alltagsleben in gewohnter Weise fortsetzt. Man ist an gelegentliche kleinere Schießereien gewöhnt und nimmt, wenn man davon nicht direkt betroffen oder ihr unfreiwilliger Zeuge geworden ist, nicht sonderlich Notiz davon. In den Zeitungen steht, in einem Bürohaus im Osten der Stadt seien zwei Direktoren des mächtigen Hinz-Konzerns, wahrscheinlich von Agenten der Kunz-Gruppe, aus einem Fenster im dritten Stock geworfen worden, aber glücklicherweise kaum verletzt. Auch habe es wilde Streiks in den Hinz-Betrieben gegeben.

Am nächsten Tag heißt es bereits, daß Scharen von Unterweltlern aus der halben Welt in der Stadt eingetroffen seien; man befürchtet Bandenkämpfe, denn die Gangster gehörten verschiedenen, miteinander verfeindeten Organisationen an und hätten mit den Ganoven der Stadt, aber auch mit der Handelskammer und der Polizei über Mittelsmänner Kontakt aufgenommen. Nun beginnt sich Angst in der Stadt auszubreiten, wenn auch noch keine Panik. Es ist eine nicht genau erklärbare Furcht, die die Menschen erfaßt. Sie sind zwar an fast tägliche Banküberfälle, Beraubungen kleiner Geschäftsleute und andere Gewaltverbrechen gewöhnt. Auch ist ihre Polizei durch und durch korrupt und von rivalisierenden Verbrecherbanden bestochen. Aber bislang konnte sich jeder kleine Ladeninhaber, Gastwirt oder Handwerker vor Ungemach dadurch bewahren, daß er regelmäßig an alle, die ihn bedrohten, gerade noch erträgliche Summen Geldes abführte: mal einen Fünfzigmarkschein für die Weihnachtsfeier der Polizeibeamten seines Reviers, mal einen Hunderter, angeblich für die Polizistenwitwen und -waisen; jeden Freitag zwanzig Mark an den Besitzer der Eisdiele, auf dessen Wink hin die Rocker des Viertels ein Geschäft kurz und klein schlugen oder auch nicht; jeden Monat zweihundert Mark an den Fensterputzer, der in Wirklichkeit der »Schutzgeld-Kassierer« des berüchtigten »Syndikats« ist, einer präzise arbeitenden Verbrecherorganisation, deren Chefs maßgeschneiderte Anzüge und Hemden tragen, von einem Haufen bulliger Leibwächter in schlechtsitzenden Smokings umgeben sind, ihre Freundinnen mit Pelzen und Schmuck behängen und den Polizeichef ins Theater schicken können, damit er ihnen, mitten in der Vorstellung, die beste Loge freimacht, denn sie haben ihn und auch den Oberbürgermeister fest in der Hand.

Kurz, das alles sind Dinge, mit denen sich die Stadt abgefunden hat. Aber der plötzliche Zustrom von Berufskillern aus aller Welt, der in Gewalttätigkeiten ausgeartete, ohnehin brutale Konkurrenzkampf zwischen der Hinz- und der Kunz-Unternehmensgruppe sowie die jetzt allnächtlichen Schießereien mit zahlreichen Toten, zum Glück nur Bandenmitglieder, flößt den Menschen Furcht ein. Ein paar reiche Leute haben vorsichtshalber ihre Koffer gepackt und sind eilig an die Riviera oder ins Tessin abgereist. Man hat ihnen, so wird gemunkelt, »von befreundeter Seite« einen Wink gegeben, daß es besser sei, zu verschwinden. Und bald darauf hören die Menschen, zunächst noch staunend, eher ein wenig hoffnungsvoll als erschrocken, Hundertschaften von Stadt- und Bereitschaftspolizei hätten die ganze Stadt abgeriegelt; auch alle Bahnhöfe und Flugplätze seien vorübergehend gesperrt, eine Säuberungsaktion stehe unmittelbar bevor.

Ja, und dann geht es los. Plötzlich stürmen vierzig bis fünfzig schwerbewaffnete Ganoven – man spricht von einer Wiener Zuhälterbande und ihren gemieteten Schlägern – in das hochfeudale Inter-Plaza-Hotel, dringen zunächst in den riesigen Speisesaal ein und verbarrikadieren, ohne Rücksicht auf die dort dinierenden Damen und Herren, mit umgestürzten Tischen, Sesseln und Sofas alle Fenster des Erdgeschosses. Einen alten Herrn, der nicht schnell genug die Hände erhoben hat, als die Gangster dies von allen mit entsicherten Maschinenpistolen fordern, schlagen zwei Kerle mit Kolbenhieben tot. Dann sammeln sie von den zitternden Gästen und Kellnern alles Geld und alle Wertsachen ein, erschießen dabei einen Mann, der einen wertvollen Ring zu verstecken suchte, tauchen einen anderen mit dem Kopf in eine dampfende Suppenterrine, als er verhindern will, daß seiner auffallend hübschen Frau Kleid und Wäsche vom Leibe gerissen werden. Während drei Ganoven die Gäste und das Personal mit Schnellfeuerwaffen in Schach halten, wird die Frau gefesselt und, nackt wie sie ist und entsetzlich schreiend, von einem halben Dutzend Kerlen auf ein Sofa in der Halle geschleppt; später findet man ihre fürchterlich zugerichtete Leiche.

Inzwischen ist draußen vor dem Hotel eine halbe Hundertschaft Polizei zum Sturm angetreten, verstärkt durch Werkschutzmänner des Hinz-Konzerns und merkwürdigerweise auch durch ein Dutzend stadtbekannter und gefürchteter Schlägertypen, darunter auch Rausschmeißer der Nachtlokale am Hafen in goldbetreßten Portieruniformen.

Der Angriff dieser Ordnungskräfte wird von den Gangstern nach heftigem Kampf zurückgeschlagen. Draußen, aber auch drinnen, gibt es zahlreiche Tote, darunter ein altes Ehepaar, zwei junge Frauen und drei der Kellner. Nachdem sich die Polizei samt ihren Helfern aus der Schußweite der Hotelbesatzung zurückgezogen hat, lassen sich die Gangster Essen und Getränke servieren. Sie trinken sehr viel und vergewaltigen anschließend weitere Frauen und Mädchen. Dann schleppen zwei der Kerle den Hotelgeschäftsführer an, der ihnen einen Tresor öffnen soll. Sie drängen ihn in eine Ecke des Speisesaals, schlagen ihn zu Boden und rösten ihm mit glühendheißen Wärmplatten die Füße. Die Schreie des Gefolterten werden den wenigen Überlebenden dieser Nacht bis an ihr Lebensende unvergeßlich bleiben.

Dann greifen die Polizisten und ihre Helfer von neuem an, diesmal von allen Seiten und auch über die Dächer der Nebengebäude. Bei dem zweistündigen wilden Gefecht wird das ganze Hotel verwüstet. Und als endlich die Gangster sämtlich vertrieben, getötet oder gefangengenommen sind, da kommt ein Rausch über die Sieger, denen die befreiten Gäste und Angestellten im ersten Glücksgefühl ihrer Rettung viel Wein und Sekt spendiert haben. Die Polizisten, Werkschutzleute und Schläger plündern Bar und Weinkeller, vergewaltigen auch ihrerseits mehr als ein Dutzend Frauen und zwingen die ausgeraubten Gäste mit vorgehaltener Pistole, ihnen hohe Schecks auszuschreiben - zur Belohnung für die Rettung.

Aber dieses »Massaker vom Inter-Plaza«, wie man es nennt, ist nur der Anfang. Von nun an kommt es beinahe täglich zu wilden Bandenkämpfen, immer dreisteren Überfällen und Großeinsätzen der mit dem Verbrechertum der Stadt verbündeten Polizei - mal in der City, mal am Hafen, mal im Industriegürtel, in den Arbeitervorstädten, in den Villenkolonien oder auch in den Wäldern der Umgebung.

Beim Überfall auf die Hauptverwaltung der Kunz-Werke, bei der Plünderung des Warenhauses »Central«, bei der zweistündigen Schießerei im Fußballstadion und dem Bombenanschlag auf das vollbesetzte Gloria-Theater kommen zusammen mehr als zweitausend Menschen ums Leben. Die meisten Toten gibt es bei der Belagerung der Hedwigstadt, einer mittelständischen Gegend, in der sich zwei verbündete Banden aus Wien und aus Südamerika verschanzt haben und der anrückenden Polizei ein drei Tage dauerndes Feuergefecht liefern, so daß sich die »Ordnungskräfte« schließlich gezwungen sehen, die Häuser anzustecken und das ganze dichtbevölkerte Stadtviertel niederzubrennen.

Trotz dieser schrecklichen Vorkommnisse, die von Plünderungen und immer neuen Vergewaltigungen begleitet sind, bleiben die Bürger der so hart geplagten Stadt bemüht, weiter ihren Geschäften nachzugehen, die Versorgung in Gang zu halten und den Terror so gut es geht zu ertragen. Aber nachdem mehr als ein Jahr vergangen ist, ohne daß sich, von kurzen Pausen abgesehen, etwas ändert, beginnen sie sich zu fragen, welchen Sinn es habe, für etwas zu arbeiten, was vielleicht schon morgen von Verbrechern oder Polizisten mutwillig zerstört wird. Von jetzt an schließen immer mehr Geschäfte und Betriebe; das Heer der Arbeitslosen wächst, und die öffentlichen Verkehrsmittel fallen immer häufiger aus. Man macht sich nicht mehr die Mühe, zerschlagene Scheiben gleich zu ersetzen, sondern nagelt nur ein paar Bretter auf die leeren Rahmen. Trümmer, Müll und Abfall türmen sich in den Straßen. Die Rattenplage nimmt zu, und Strom gibt es nur noch stundenweise. Dabei geht das Leben in der Stadt weiter. Es wird Geld verdient und mit leichter Hand ausgegeben. Gangster und Polizei versuchen auch, sich zu verständigen, mindestens aber Teile des jeweils gegnerischen Lagers auf ihre Seite zu ziehen, was mal den einen, mal den anderen gelingt. Die neuen Freunde werden dann dadurch belohnt, daß man ihnen ein Stadtviertel zum Geschenk macht; dort können sie sich einnisten, Schutzgebühren erheben, Verstärkung anwerben und, wenn sie wollen, auch »Ordnung« schaffen.

Man gewöhnt sich auch daran, aber dann kommt ein neuer Schrecken über die Stadt: Die gesamte Polizei des im Norden angrenzenden Bundeslandes, ursprünglich von vielen heiß herbeigesehnt und da, wo sie in die Arbeitervorstädte eindringen kann, stürmisch begrüßt, erweist sich bald als beinahe noch schlimmere Plage als die, die sie beseitigen soll. Die Nordpolizei, wie sie genannt wird, erringt zwar Erfolge gegen die Stadtpolizei und die Gangster; sie kann bis tief in die City vordringen und einen beträchtlichen Teil des Stadtgebiets freikämpfen. Aber erstens werden dabei ganze Viertel in Schutt und Asche gelegt, Zehntausende kommen mitunter an einem Tag ums Leben, und zweitens sind auch die Nordpolizisten, wie man bald merkt, mit großen Teilen der Unterwelt sowie mit den Direktoren des Kunz-Konzerns im Bunde, machen mit einigen der gefährlichsten Gangsterbosse gemeinsame Sache und ernennen sie zu »Beschützern« noch intakter Wohn- und Geschäftsgegenden. Ja, auch die Nordpolizisten scheuen vor Plünderungen und Vergewaltigungen nicht zurück. Im Arbeiterviertel Neukunzstadt hausen sie so, daß das »Massaker im Inter-Plaza« dagegen rückblickend fast harmlos wirkt.

Monat um Monat, Jahr um Jahr vergeht, ohne daß sich, von kurzen Pausen abgesehen, für die Menschen der Stadt ein Hoffnungsschimmer zeigt. Im Gegenteil, es wird immer schlimmer: Lebensmittel sind nur noch auf dem Schwarzen Markt zu haben - gegen Gold, ausländische Devisen oder Wertsachen. Wer davon nichts hat, muß stehlen oder hungern.

Mit wachsender Unterernährung nimmt auch die Anzahl derer zu, die bettelnd und, wenn sich Gelegenheit dazu bietet, auch raubend durch die besseren Gegenden ziehen. Viele junge Leute aus dem Heer der Arbeitslosen schließen sich den Gangsterbanden an oder lassen sich von der Nordpolizei anwerben. Immer mehr Frauen und Mädchen, darunter Töchter aus gutbürgerlichen Familien, sogar noch Schulpflichtige, laufen von zu Hause fort und leben fortan bei den Gangsterbanden oder in den Polizeiunterkünften, denn dort gibt es immer etwas zu essen. Aus der wachsenden Schar der Waisenkinder, die in den Kellern ausgebrannter Häuser leben, gehen viele zur Nordpolizei und werden »Troßbuben« genannte Strichjungen oder suchen sich als Mädchen einen »Beschützer« unter den Polizisten, wo sie zum beliebten, weil billigen Einsatz beim Würfel- und Kartenspiel werden.

Zu dem Hunger, dem zunehmenden sittlichen Verfall, den für die Einwohnerschaft so verlustreichen Kämpfen und ihrer ständigen Drangsalierung durch Gangster und Polizei kommen bald auch Seuchen: die Pest, die Cholera, der Typhus und die Syphilis grassieren in der Stadt, und es sterben so viele, daß man aufhört, die Leichen zu bestatten. Man läßt sie auf den Straßen liegen. Und nur, wenn ein Bandenführer oder Polizeichef gerade einen Sieg errungen hat und triumphierend Einzug in das eroberte Stadtviertel hält, dessen Bewohner ihm jetzt »Schutzgeld« zahlen und Essen, Alkohol und Mädchen liefern müssen, räumt man eilig die Toten zusammen und verbrennt den Leichenhaufen.

Der Gestank, das Ungeziefer und die Verwahrlosung nehmen immer mehr zu, aber gleichzeitig strömen immer neue Gangsterbanden und Polizeiverbände in die Stadt. Die ganze Unterwelt Europas und die »Ordnungshüter« aller Nachbarstaaten geben sich hier ein Stelldichein. Die Nordpolizei muß unter dem Druck der vereinigten Stadtpolizisten und Gangster den größten Teil ihrer Eroberungen räumen und hinterläßt ihn als Trümmerfeld; gleichzeitig rückt jetzt Westpolizei ein, aber die Menschen in der Stadt haben längst aufgehört, sich Hoffnungen zu machen. Sie wissen, daß nicht »Reinigungsaktionen« und »konzentrische Angriffe« ihnen ein Ende des Schreckens bringen können, sondern nur ein Abzug aller Unterweltler und Polizisten. Aber der ist noch längst nicht in Sicht.

Zwar sind sich alle Parteien und Gruppen inzwischen darüber im klaren, daß keiner alleiniger Sieger und Besitzer der Stadt werden kann; daß weder der Hinz- noch der Kunz-Konzern das ersehnte Monopol bekommen wird. Aber noch hoffen alle, ihre eigenen Positionen auf Kosten der Gegenseite (oder auch der eigenen Verbündeten) noch etwas verbessern zu können. Die Großeinsätze lassen jetzt nach; statt dessen kommt es nur noch ein-, zweimal im Monat zu Einzelaktionen, aber es dauert weitere zehn furchtbare Jahre, bis endlich die West-, die Nord- und die Stadtpolizei, die Hinz-Gruppe und der Kunz-Konzern sowie sämtliche Anführer der Gangster-Syndikate, Banden und Ringvereine zu einem Kompromiß kommen, der natürlich zu Lasten der Stadt und ihrer Einwohnerschaft geht.

Bis es endlich soweit ist, müssen noch Hunderttausende sterben, nimmt die Roheit der Gangster und Polizisten ein Ausmaß an, das »bestialisch« zu nennen eine Verniedlichung wäre. Denn keine Bestie unter den Tieren hat je so unbeschreibliche Grausamkeiten begangen wie die Herren von den Syndikaten und Konzernen, ihre diversen Polizeichefs und deren Leute. Auch die Einwohnerschaft ist – wie könnte es anders sein? – nicht nur verelendet, verlaust, verseucht und sittlich verkommen, sondern auch verroht. Hie und da haben sich Selbstschutzorganisationen gebildet, die jeden Polizisten oder Gangster, gleich welcher Seite, wie einen tollwütigen Hund erschießen oder erschlagen, wenn sich eine Gelegenheit dazu bietet. Der Hinz-Konzern läßt daraufhin rasch noch eine »Strafaktion« gegen die »Arbeiterwehr« durchführen; das für die Hinz-Gruppe arbeitende Syndikat lockt dazu erst zwei Männer dieser Selbsthilfeorganisation in eine Falle und röstet sie auf dem Grill eines Restaurants, bis sie die Namen der Anführer verraten. Dann werden diese Männer gefangen, und vor den Augen der entsetzten Einwohnerschaft schneidet man ihnen aus lebendigem Leib erst Riemen, dann haut man ihnen jedes Glied einzeln ab. Damit bricht jeder Widerstand in diesem Stadtviertel zusammen, und in den anderen Gegenden der Weltstadt nehmen die Versuche, einen Einwohner-Selbstschutz zu bilden, einen ähnlich grausigen Verlauf.

Übrigens, auch unter den obersten Bossen kommt es häufig zu blutigen Streitereien. Der Chef des Kunz-Konzerns ist bei einer Schießerei umgekommen; den Generaldirektor der Hinz-Gruppe haben die eigenen Unterführer im heimlichen Einvernehmen mit dem Aufsichtsrat bei einer Vorstandssitzung am Stadtrand kurzerhand ermordet. Aber niemand weint diesen Anführern eine Träne nach. Und auch wir verzichten darauf, auch nur ihre Namen zu nennen.

Als der schrecklichste Krieg der deutschen Geschichte nach mehr als dreißig Jahren 1648 endlich zu Ende ging, war die Gesamtbevölkerung Deutschlands um mehr als die Hälfte zurückgegangen - von knapp 26 auf weniger als 13 Millionen - und war damit wieder auf dem Stand, den sie ziemlich genau drei Jahrhunderte zuvor hatte, ehe die großen Seuchen, vor allem der Schwarze Tod von 1351, die Bevölkerung dezimierten. Das heißt: Es starben in Deutschland während des Dreißigjährigen Krieges prozentual etwa fünfmal mehr Menschen als im Zweiten Weltkrieg, fünfzehnmal mehr als 1914-1918 und fündhundertmal soviel wie 1870/71.

Die Überlebenden, soweit sie nicht als Bettler und Huren verkamen, erlebten eine Stunde Null, gegen die jene von 1945 noch paradiesisch genannt werden kann. Auf dem Lande lag jedes zweite Dorf in Schutt und Asche; es gab kaum noch Pferde und Vieh; halbverhungerte Männer, Frauen und Kinder mußten sich selbst vor den Pflug spannen, um die seit Jahren brachliegenden Böden wieder zu bestellen. Zahlreiche große und kleine Städte waren fast völlig zerstört; manche von ihnen, etwa Magdeburg, vor dem Krieg einer der bedeutendsten

Plätze des Reiches, erholten sich nie wieder richtig von den Verwüstungen des Krieges. Die Armut der städtischen Mittel- und Unterschichten war katastrophal. Doch was das Schlimmste war: An der weiteren Unterdrückung und Ausbeutung des Volks durch die Feudalherren hatte sich gegenüber der Vorkriegszeit so gut wie nichts geändert, außer daß das Volk sie in seinem Elend noch härter empfand als zuvor.

Die Landesherren hatten ihr Ziel insofern erreicht, als es mit der Macht des Kaisertums in Deutschland endgültig vorbei war und die kleinen Fürsten sich als absolute Herren in ihren Ländchen fühlen konnten. Zwar gab es das Reich noch, aber erheblich verkleinert, im Norden um Vorpommern mit Greifswald, Wolgast, Stettin, Usedom, Wollin, Rügen und Wismar, das an Schweden fiel, sowie um die Bistümer Bremen und Verden an der Aller, die Dänemark bekam. Die Niederlande und die Schweiz schieden endgültig aus dem Reichsverband aus. Der Kaiser verzichtete für sich und das Reich zugunsten Frankreichs auf das Ober- und Niederelsaß, den Sundgau und das rechtsrheinische Breisach, und Frankreich wie auch Schweden erhielten das Recht, die deutsche Innenpolitik mitzubestimmen und jederzeit Truppen einmarschieren zu lassen, wenn sie es in ihrem Interesse für geboten hielten.

Die konfessionelle Spaltung blieb erhalten, die Macht der Kurfürsten ebenfalls. Aber die Kaiser, die sie fortan wählten, und das »Heilige Römische Reich Deutscher Nation«, das erst im Jahre 1806 sein Leben aushauchte, hatten fortan für die deutsche Politik kaum noch Bedeutung – so, wie umgekehrt Deutschland seine Bedeutung für die Weltpolitik fast gänzlich eingebüßt hatte. Die Großmächte benutzten die deutschen Kleinstaaten lediglich als Puffer zwischen ihren Interessensphären oder spielten sie gegen ihre Rivalen aus, wenn ihnen dies praktisch erschien.

Trotz dieser äußeren Ohnmacht und inneren Verelendung erholte sich Deutschland weit schneller als erwartet von den furchtbaren Schlägen des Dreißigjährigen Krieges. Der Fleiß seiner Bauern und Handwerker bewirkte Wunder, doch am stärksten profitierten die deutschen Länder und Ländchen vom starken Zustrom von Einwanderern aus allen Teilen Europas, der bald nach Kriegsende einsetzte und die ohnehin ihrer Abstammung nach bunt gemischte Bevölkerung abermals vielerorts, wie bereits zur Römerzeit, zu einer multikulturellen Gesellschaft machte. Da ließen viele der kleinen und mittleren deutschen Territorialherren durch ausgesandte Herolde in ganz Europa Siedler anwerben, die ihre dem Krieg und den Seuchen zum Opfer gefallenen Untertanen ersetzen, die niedergebrannten Dörfer wiederaufbauen, die brachliegenden Äcker neu bestellen sollten und denen sie, damit sie ins ferne Deutschland kamen, verlockende Angebote machen ließen: zinsfreie Darlehen, mehrjährige Befreiung von allen Steuern und Abgaben, auch Befreiung vom Zunftzwang, wenn es sich um geschickte Handwerker handelte. Des weiteren nahmen die meisten protestantischen Landesherren nun gern alle Glaubensflüchtlinge auf, die im katholischen Ausland härtester Verfolgung ausgesetzt waren. Dies betraf nicht nur die Hungenotten aus allen Teilen Frankreichs, sondern auch die Waldenser Oberitaliens, die Protestanten und Juden der habsburgischen Stammlande, die böhmischen Brüder, die portugiesischen, vor der Inquisition flüchtenden jüdischen Scheinchristen und noch etliche andere Gruppen. Schließlich blieben auch viele Offiziere und Soldaten der sich auflösenden fremden Armeen in Deutschland zurück, heirateten Kriegerwitwen und übernahmen deren Bauernhof, Handwerksbetrieb, Gasthaus oder Kleinhandel und brachten Erfahrungen aus ihren Heimatländern - Spanien oder Schweden, Ungarn, Schottland, Korsika, Kroatien oder Polen - nach Deutschland.*

Der starke Zustrom der Einwanderer, die, zumal von Westeuropa her, fortschrittliche Technik, neue Produkte und Anbau- oder Fertigungsmethoden ins Land brachten, zwang ihre einheimische Konkurrenz zur Modernisierung ihrer veralteten Betriebe und Methoden. Der Wettkampf zwischen Eingesessenen und Neubürgern führte zu einem unerwartet raschen Aufschwung der vom Krieg ruinierten Wirtschaft. Aber die

---

* Ausführliche Beschreibungen der Einwanderungswellen und ihrer Auswirkungen in: Bernt Engelmann, *Du deutsch? Geschichte der Ausländer in unserem Land,* Steidl Verlag, Göttingen 1991

Nutznießer dieser enormen Anstrengungen waren nur zum geringsten Teil diejenigen, die sie vollbrachten, sondern ihre Feudal- und Landesherren. Die letzteren, die ihren Besitzstand auf Kosten der Ritter, Städte, Bischöfe und Abteien stark vergrößert hatten, spielten sich auf wie Könige. Ihr Vorbild war der Hof des Königs von Frankreich, dessen unerhört aufwendigen Stil sie nachzuahmen versuchten, natürlich auf Kosten ihrer Untertanen. Und der kleine Adel fühlte sich von den immer luxuriöseren Residenzen der deutschen Landesherren magnetisch angezogen, zumal es dort viel Geld zu »verdienen« gab. Denn die Landesherren, die den Glanz ihres Hofstaats dadurch zu vermehren trachteten, daß sie möglichst viele Damen und Herren mit Hofschranzenstellen, Titeln und Orden um sich versammelten, setzten dafür hohe Jahresgehälter aus.

Den Fürsten stieg ihre scheinbare Macht - in Wahrheit hatten sie noch für längere Zeit auszuführen, was die Großmächte von ihnen verlangten - so zu Kopf, daß sie zu der Überzeugung kamen, absolute Alleinherrscher in ihren Ländern zu sein, über jedem Gesetz und jeder Moral zu stehen und niemandem verantwortlich zu sein als Gott, der ihnen aber so viel Macht nur gegeben hatte, damit sie sie noch vermehrten und so anwendeten, wie es ihnen beliebte.

So begann jenes Zeitalter des deutschen Absolutismus, das gekennzeichnet ist von straffer, zentraler Lenkung, nicht des Reichs, aber der vielen Dutzend kleinen Reiche; von erheblichen Fortschritten in der Kultur und Zivilisation der einzelnen Ländchen, denn da die Fürsten ihr Herrschaftsgebiet samt den Menschen darin als persönliches Eigentum betrachteten, suchten sie es durch geschickte Investitionen noch rentabler zu machen. Kennzeichen dieser Zeit waren auch die Aufstellung eines stehenden Heeres in fast jedem der mittleren und kleinen Staaten sowie nicht zuletzt die rücksichtslose Unterdrükkung jeder freien Regung der Untertanen und die wüstesten Ausschweifungen und Machtmißbräuche der Alleinherrscher.

6. Die Nacht der 1001 Tyrannen

Das verwüstete, völlig ausgeplünderte und stark verstümmelte »Heilige Römische Reich Deutscher Nation«, das der Dreißigjährige Krieg übriggelassen hatte, zählte nach der großen Bestandsaufnahme des Jahres 1648 zu Münster und Osnabrück, dem sogenannten Westfälischen Frieden, weit über siebzehnhundert souveräne Länder und Ländchen, von denen manche nicht größer und bedeutender waren als ein mittleres Dorf.

Nur etwa jeder achte dieser knapp achtzehnhundert Zwergstaaten war groß genug, um auf einem zeitgenössischen Landkartenblatt von Mitteleuropa eingezeichnet und mit einer Abkürzung markiert werden zu können. Von diesen »wichtigsten«, insgesamt 221 deutschen Staaten waren rund fünf Dutzend sogenannte Reichsstädte und -dörfer, darunter so unbedeutende wie Buchhorn, Isny, Giengen oder Wimpfen, und anderthalb Dutzend »Herrschaften«. Ferner gab es neunhundertfünfzig Mark-, Land- und sonstige Grafschaften, dreizehn Fürsten- und vierundzwanzig Herzogtümer, fünf weltliche Kurfürstentümer, nämlich das Herzogtum Bayern, das habsburgische Königreich Böhmen, die Markgrafschaft Brandenburg, die Pfalzgrafschaft, das Herzogtum Sachsen der Albertinischen Linie, ferner die drei geistlichen Kurerzbistümer Köln, Mainz und Trier sowie weitere dreiundvierzig selbständige Bistümer, Abteien und Propsteien.

Jeder dieser Staaten hatte eigene Gesetze, Zölle, Steuern und Abgaberegelungen. Es gab die unterschiedlichsten Maße, Gewichte und Währungen, häufig mit denselben Bezeichnungen, wodurch die Verwirrung noch größer wurde. Drei verschiedene christliche Glaubensrichtungen – eine römisch-katholische und zwei reformierte, die der Lutheraner und die der Calvinisten – bestanden gleichberechtigt nebeneinander, und man hatte sogar zwei voneinander abweichende Kalenderrechnungen, hie die Julianische, da die Gregorianische.

Kompliziert wurde dieser Wirrwarr noch dadurch, daß einige der Zwergstaaten zwar eigene Verwaltung und Gesetze hatten, aber mit anderen Ländchen einen gemeinsamen Herrn; wobei diese Landesherren durch Geburt, Tod, Heiraten und Erbschaften, aber auch durch Tausch, Kauf, Verkauf und Eroberung ständig wechselten, hier ein kleines Staatsgebilde sich zusammenschloß, dort ein anderes auseinanderfiel.

Wie solche Miniaturstaaten entstehen konnten und wie es dort bis ins 19. Jahrhundert hinein zuging, sei am Beispiel eines Staates von mehr als durchschnittlicher Bedeutung erläutert, der zwar nicht zu den innerdeutschen »Großmächten« gehörte, aber doch erheblich mehr Gewicht hatte als die Masse der freien Städtchen, Dörfer und Herrschaften.

Die badischen Lande, denn um sie handelt es sich bei unserem Beispiel*, waren zu Beginn des 16. Jahrhunderts, noch vor der großen Erhebung der Bauern und Bürger, unter dem – später wegen weit fortgeschrittener Geisteskrankheit entmündigten – Markgrafen Christian durch Erbschaft, Heirat und Eroberungen unter seiner Alleinherrschaft zusammengeschlossen worden. Christians Söhne teilten aber 1527 die Markgrafschaft zwischen sich in Baden-Baden und Baden-Durlach.

Die miteinander verfeindeten Brüder verfolgten grundverschiedene Interessen. Infolgedessen wurde Baden-Baden schon bald nach der Reformation, die von der Bevölkerung lebhaft begrüßt worden war, wieder zwangsweise römisch-katholisch, und der Landesherr und seine Nachfolger orientierten sich politisch an den Habsburgern. Baden-Durlach blieb zunächst reformiert und unterstützte die Sache der Protestanten. Nachdem Baden-Baden 1588 an die Nebenlinie Rodemachern gefallen war, herrschte dort zwölf Jahre lang der »tolle Markgraf« Eduard Fortunatus – ein Mann, wie geschaffen für die Rolle eines der Gangsterführer kleineren Formats unserer Beispiele in den

---

* Eine ausführliche Darstellung dieses und anderer Beispiele hocharistokratischer Vermögensbildung in Bernt Engelmann *Das Reich zerfiel, die Reichen blieben,* Hamburg 1972.

früheren Kapiteln. Er war bei seinem Regierungsantritt so verschuldet, daß er versuchte, sein Ländchen samt den Einwohnern an die reichen Augsburger Fugger zu verkaufen.

Als der Handel dann nicht zustande kam, verlegte sich Eduard Fortunatus auf Raubüberfälle, bei denen er selbst mit einigen seiner Leute aus dem Hinterhalt Warentransporte und Postkutschen überfiel. Später betrieb er vor allem Falschmünzerei, indem er ausländisches Geld aus minderwertigem Metall anfertigen ließ und in Umlauf setzte.

Seinen über Baden-Durlach herrschenden (reformierten) Vetter versuchte er, allerdings vergeblich, ermorden zu lassen, weil dieser sich geweigert hatte, den Söhnen des »tollen (und katholischen) Markgrafen« Erbfolgerechte zuzubilligen. Diese Söhne stammten aus einer Verbindung des Baden-Badeners mit einem Dienstmädchen namens Marie, das ihm ein durchreisender Engländer überlassen hatte. Und als sich Markgraf Eduard Fortunatus dann im Vollrausch beim Sturz von einer steilen Wirtshaustreppe das Genick brach, übernahmen die Durlacher die ihrer Meinung nach verwaisten Baden-Badener Lande und führten dort die Reformation ein.

Im Jahre 1622, kurz nach Beginn des Dreißigjährigen Krieges, erhielt der Älteste des Mädchens Marie vom Kaiser die Anerkennung als Markgraf von Baden-Baden, nachdem er zuvor versprochen hatte, seine Untertanen sofort wieder zum katholischen Glauben zurückzuführen und die Kaiserlichen im Krieg gegen die Protestanten zu unterstützen. Mit Hilfe spanischer Söldner der Habsburger übernahm er die Herrschaft in Baden-Baden, holte Jesuiten ins Land und ließ sie dort die konfessionelle »Ordnung« wiederherstellen. Für viele seiner neuen Untertanen war dies bereits der dritte Glaubenswechsel in ihrem Leben.

Während des Dreißigjährigen Krieges mußten die Badener noch mehrfach die Konfession wechseln, je nachdem, wer gerade die Oberhand hatte. Beide Markgrafschaften erduldeten viel Ungemach, aber erst nach dem Westfälischen Frieden, durch den Maries Sohn Markgraf im katholischen Baden-Baden blieb und die Durlacher ihr katholisch gewordenes, nun wieder zu reformierendes Ländchen zurückerhielten, begann die eigentliche Schreckenszeit: Bis 1697 fielen die Heere Ludwigs XIV. von Frankreich immer wieder plündernd, mordend und sengend in Baden ein. Die Markgrafen flohen während dieser Einfälle mit ihrem kleinen Hofstaat, ihren Mätressen und ihren Schatztruhen ins Ausland, überließen das Land seinem Schicksal und machten sich in Basel oder anderswo fröhliche Tage.

Ja, und dann begann mit Markgraf Karl III. Wilhelm im Jahre 1709 die badische Spielart des deutschen Absolutismus. Hatte sein mächtiger Nachbar, Frankreichs Ludwig XIV., als man ihm das Staatsinteresse zu bedenken gab, großspurig erklärt, daß er selbst der Staat sei, so richtete sich Markgraf Karl eine Art Privatbordell in einer bis dahin unbewohnten Gegend seines Ländchens ein und erklärte dieses zum Mittelpunkt einer neuen Hauptstadt: Karlsruhe. Unter der Kuppel des achteckigen Turms seines Schlosses und damit genau im Mittelpunkt der Residenz, hielt er sich einhundertsechzig junge Mädchen als seine »Leibgarde«, und am Bett des Markgrafen gab es einhundertsechzig Klingelzüge, für jedes der in Husarenuniformen gekleideten Mädchen einen.

»Ich habe von dem riduculen Serail* gehört, so der Markgraf von Durlach hält«, meine dazu Liselotte von der Pfalz, die in Paris lebende Schwägerin Ludwigs XIV. »Wie ich jetzt von unseren Deutschen, es seien Fürsten oder andere Herren, höre, so sind sie alle so närrisch, als wenn sie aus dem Tollhaus kämen.«

Und in der Tat, zwar nicht alle, aber doch die meisten Herren der deutschen Miniatur-Staaten des späten 17. und frühen 18. Jahrhunderts trieben einen Luxus, einen Kult der eigenen Person und ihrer Laster sowie eine grenzenlose Verschwendung, die sämtlich im ungekehrten Verhältnis standen zu der Rückständigkeit und Bedeutungslosigkeit ihrer winzigen Staaten und zu der drückenden Armut ihrer ausgebeuteten, halbverhungerten Untertanen.

In dem Baden benachbarten Herzogtum Württemberg hatte gegen Ende des 17. Jahrhunderts ein neuer Landesherr, Herzog

---

* ridiculer Serail = lächerlicher Harem

Eberhard Ludwig, im Alter von nur sechzehn Jahren die Regierung übernommen. Unter ihm begann bald eine auch für damalige Verhältnisse skandalöse, äußerst kostspielige und den kleinen Staat an den Rand des totalen Zusammenbruchs führende Mätressenwirtschaft.

Ein mecklenburgisches Fräulein von Graevenitz, vom Volk »die Landverderberin« genannt, führte das Regiment. Ihr Bruder, dessen Sohn und zwei von ihr ausgesuchte, völlig korrupte Räte bildeten unter dem Vorsitz des Fräuleins das Geheime Kabinett, dem Heer, Polizei, Justiz, Verwaltung und vor allem die Finanzen unterstanden. Alle Beamten- und Offiziersstellen wurden von der Graevenitz-Clique an den Meistbietenden verkauft, und die neuen »Staatsdiener« waren danach bemüht, ihre hohen Ausgaben wieder hereinzubekommen, indem sie sich auf Kosten des Volkes die Taschen füllten. Das Fräulein von Graevenitz und ihr Anhang trieben es im Großen nicht anders, sie erfanden immer neue Steuern und Abgaben, wurden dafür vom Herzog überreich beschenkt und ließen jeden ihnen Mißliebigen verhaften und für beliebige Zeit ins Gefängnis werfen oder auch umbringen.

Zwanzig Jahre lang herrschte das Fräulein von Graevenitz – aus dem dann, gegen Zahlung einer gewaltigen Summe an den stets geldbedürftigen Kaiser, eine Gräfin von Graevenitz wurde – über das sie und den Herzog verfluchende Land Württemberg. Ihretwegen wurde außerhalb Stuttgarts die neue Residenz Ludwigsburg erbaut und dort eine unerhörte Pracht entfaltet, während das Land immer ärmer wurde und die Schwaben zu Tausenden ihr Bündel schnürten und sich heimlich davonmachten, zumeist nach Nordamerika. Denn auch als »die Landverderberin« schließlich einer jüngeren Mätresse Platz machen mußte und sich mit ihrem Millionenvermögen auf ihre vom Herzog erhaltenen Güter zurückzog, wurde es für das geplagte Volk um keine Spur besser.

In Bayern, in Hessen-Kassel, in Braunschweig-Lüneburg, im Kurfürstentum Sachsen – wo um diese Zeit August »der Starke« einen Rekord an Prachtentfaltung und Mätressenwirtschaft aufzustellen bemüht war –, aber auch in den geistlichen Kurfürstentümern, wo es genauso liederlich und verschwende-

Bauernklage (Nürnberger Flugblatt, 17. Jahrhundert)

risch zuging wie an den weltlichen Höfen, kurz, überall in Deutschland, Brandenburg-Preußen nicht ausgenommen, suchten die Landesherren aus ihrem Volk das Äußerste an Steuern, Abgaben und unentgeltlichen Dienstleistungen herauszupressen, Millionenschulden auf Kosten ihres Ländchens zu machen und alles Geld, das einging, sogleich mit vollen Händen auszugeben für Schlösser und Lustpavillons, üppigste Feste, übertriebensten Luxus und einen Haufen absolut nutzloser, ein träges Schmarotzerdasein führender Höflinge und für immer neue, immer habgierigere Mätressen.

Brandenburg-Preußen, das die traditionelle deutsche Geschichtsschreibung stets als ein vorbildlich sparsam, korrekt und sittenstreng regiertes Land hinzustellen bemüht ist, machte dabei keine Ausnahme. Zwar hatte der bis 1688 über Brandenburg-Preußen herrschende Hohenzoller, Friedrich Wilhelm, genannt »der Große Kurfürst«, den größten Teil seiner Steuer- und sonstigen Einnahmen für militärische Zwecke ausgegeben, um seine völlig verwilderten Söldnerhaufen durch ein ständiges Heer zu ersetzen, und er hatte dieses immer mehr verstärkt. Aber nur die äußerst gefährdete Lage seiner, teils von Schweden, teils von Frankreich bedrohten, weit verstreuten, nach Unabhängigkeit strebenden und von Adelsrevolten erschütterten Länder hatte ihn dazu gezwungen, denn auch er liebte die Prachtentfaltung zur Demonstration seines Gottesgnadentums.

Sein Sohn und Nachfolger, Kurfürst Friedrich III., holte alles nach, was sein Vater in bezug auf Prunk, Luxus und Mätressenwirtschaft versäumt hatte. Er war das Gegenteil dessen, was man sich, von der traditionellen deutschen Geschichtsschreibung beeinflußt, unter einem brandenburgisch-preußischen Herrscher vorzustellen pflegt: kränklich, schwächlich, an einer Rückgratverkrümmung leidend, von beschränktem Verstand, dabei mißtrauisch, tückisch, feige und intrigant, vor allem aber noch prunk- und geltungssüchtiger als die übrigen deutschen Fürsten dieser Zeit.

Anfangs stand ihm in der Person seines langjährigen Erziehers Danckelmann ein Mann als Minister zur Seite, der den überaus großen Ehrgeiz des neuen Kurfürsten in einigermaßen vernünftige Bahnen zu lenken verstand. Aber dann wurde Danckelmann bei Friedrich verleumdet, und dieser ließ ihn sofort fallen, verurteilte ihn, obwohl sich alle Anschuldigungen als falsch erwiesen, zu lebenslanger Kettenhaft und ließ auch das Vermögen des gestürzten Ministers beschlagnahmen, so daß dessen Familie nun mittellos und damit außerstande war, für den Verhafteten etwas zu tun.

Danckelmanns Sturz war im wesentlichen das Werk eines Höflings, des Stallmeisters Kasimir von Kolbe gewesen, der sich mit Hilfe eines jungen, hübschen und sehr einfältigen Mädchens, Katharina Rickmers, am kurfürstlichen Hof zu Berlin großen Einfluß verschafft hatte. Er vermittelte die sechzehnjährige Katharina an die Herren der nächsten Umgebung des Kurfürsten, dann an diesen selbst, der das junge Ding zu seiner offiziellen Mätresse machte und sie mit Schmuck, Geld- und anderen Geschenken überhäufte. Als Mangel empfand es der Kurfürst nur, daß Katharina keine »Dame von Stand« war, weshalb sich der Stallmeister von Kolbe erbot, das Mädchen zu heiraten. Der dankbare Friedrich verschaffte dem 1696 vermählten Paar vom Kaiser den Reichsfreiherrenstand und ernannte den Ehemann seiner nunmehr »standesgemäßen« Mätresse zum Minister und Präsidenten der Landesverwaltung, so daß Herr von Kolbe fortan die Politik Brandenburg-Preußens bestimmen und auf nur noch zwei Ziele ausrichten konnte: den Kurfürsten mit reinen Prestige-Angelegenheiten zu beschäftigen und derweilen das Land systematisch auszuplündern.

Weil Friedrich unbedingt ein König werden wollte, wurde nahezu die gesamte, rund 35 000 Mann starke brandenburgische Armee über ein Jahrzehnt lang den Habsburgern für ihre Kriege zur Verfügung gestellt; ungeheuere Summen flossen als Bestechungsgelder an den Wiener Kaiserhof (und in die Taschen des Vermittlers Kolbe*). Im Bund mit den Jesuiten, die sich von einer Entmachtung Brandenburg-Preußens Vorteile für ihre gegenreformatorische Politik versprachen, wurde der Kaiser dazu bewogen, dem ehrgeizigen Kurfürsten Hoffnungen auf eine Königskrone zu machen und sich dafür von Friedrich immer neue brandenburgische Truppen und die bedingungslose Unterstützung der Interessen Habsburgs und

* Ausführliche Darstellung der Karriere und Vermögensbildung des Kasimir von Kolbe und seiner Erben, der heutigen Fürsten und Grafen von Erbach, in: Bernt Engelmann, *Das Reich zerfiel, die Reichen blieben,* Hamburg, 1972.

Roms einzuhandeln. Doch am Ende gab der Kaiser nicht mehr als sein stillschweigendes Einverständnis dazu, daß Friedrich sich selbst, und zwar nur in Preußen – einem polnischen Herzogtum unter brandenburgischer Herrschaft, das nicht zum Reich gehörte –, zum König krönte.

Und so geschah es im Januar 1701 zu Königsberg – mit tagelangen Feiern, unerhörter Prachtentfaltung und einem Aufwand, der den Spott aller Höfe Europas herausforderte, denn das zum Königreich erhobene Herzogtum Preußen hatte etwa so viele Einwohner wie heute der Landkreis Düsseldorf-Mettmann, und die meisten davon waren verlauste, wie Sklaven gehaltene Leibeigene adliger Gutsherren.

Kurfürst Friedrich dagegen, erster König *in* Preußen, wie er sich fortan nennen durfte, war überglücklich, und er beförderte den Ehemann seiner Mätresse sogleich zum Kanzler und Marschall seines neuen Königreichs, verschaffte Herrn von Kolbe sogar eine Reichsgrafschaft, wo dieser nun auch selbst den Landesherrn spielen konnte, und setzte ihm ein Jahresgehalt von hunderttausend Talern aus, eine für die damalige Zeit geradezu märchenhaft hohe Summe.

Dennoch plünderte Reichsgraf Kolbe von Wartenberg, wie er sich nun nannte, den brandenburgisch-preußischen Staat jetzt noch gründlicher aus als zuvor. Dabei halfen ihm seine Frau und zwei ihrer Liebhaber, der Oberhofmarschall Graf Wittgenstein und der Generalfeldmarschall Graf Wartensleben.

Wartensleben, Wittgenstein und das Ehepaar Wartenberg, das war das »dreifache Weh«, wie der Volksmund das Räuber-Quartett mit bitterem Spott nannte, und die Habgierigste von allen war die nunmehrige Gräfin Katharina, 1701 gerade fünfundzwanzig Jahre alt, die sich von ihrem Friedrich, der doch nun König war, Unmengen von Schmuck und Bargeld, dazu Schlösser, Güter, kostbare Gemälde, Teppiche und Möbel zum Geschenk dafür machen ließ, daß sie sich an der Seite des kleinen, verwachsenen Mannes, den das Volk den »schiefen Fritz« nannte, täglich eine Stunde lang dem Hof und den auswärtigen Gästen zeigte.

Die Kassen, Vorratslager und Kasernen Brandenburg-Preußens waren bereits so gut wie leer, als das gräfliche Paar auf das

Drängen des Kronprinzen hin endlich bei dem alt und gebrechlich gewordenen König »in Ungade« fiel und Berlin verlassen mußte. Da die Kolbes alles mitnehmen durften, was sie sich auf die eine oder andere Weise zusammengerafft hatten, blieben sie und ihre Erben Multimillionäre – bis auf den heutigen Tag. Brandenburg-Preußen aber war so arm und durch die Truppenlieferungen an den Kaiser auch militärisch so schwach geworden, daß König Friedrich I. nicht einmal mehr imstande war, gegen russische, polnische und sächsische Heeresverbände vorzugehen, die während eines Kriegs mit Schweden unbekümmert durch das neutrale Brandenburg zogen und sich nahmen, was ihnen gefiel.

Es gab, wie der Kronprinz – der spätere »Soldatenkönig« Friedrich Wilhelm I. – 1710 wütend feststellte, in ganz Brandenburg-Preußen »keine Regimenter, kein Pulver als 1200 Zentner und kein Geld« mehr. Der schon auf den Tod darniederliegende König Friedrich I. aber, der »seine« schöne Katharina mehr vermißte als das fehlende Geld in den Staatskassen und die Soldaten, die man den Habsburgern verkauft hatte, setzte der verbannten Ex-Mätresse noch eine »Leibrente« von jährlich vierundzwanzigtausend Talern aus...

Das Verschachern von »Landeskindern« an kriegführende fremde Mächte, denen sie als Kanonenfutter dienten, war keine Erfindung des »dreifachen Wehs« oder des Ehepaars Kolbe. Der erste deutsche Landesfürst, der auf den Gedanken gekommen war, seine Soldaten an ausländische Feldherren gewinnbringend zu vermieten, war der Fürstbischof von Münster, Bernhard von Galen. Er ließ seine etwa achttausend Mann starke Armee, die aus zum Kriegsdienst gepreßten Söhnen höriger Bauern bestand, von 1665 bis 1676 nacheinander für England, Frankreich, Spanien und Dänemark kämpfen, während er dafür Miete kassierte, zudem Ausfallhonorar für jeden Gefallenen oder Verwundeten, wobei drei Krüppel soviel einbrachten wie ein Toter.

Bald folgten andere deutsche Landesherren dem Beispiel des steinreich gewordenen Bischofs von Münster (dessen Erben, die Grafen von Galen, sich des durch den Verkauf von

Soldaten erworbenen und in gewaltigem Grundbesitz angelegten Familienvermögens noch heute erfreuen). Die Landgrafen von Hessen-Kassel waren besonders eifrige Nachahmer: Zwischen 1677 und 1815 schlossen sie insgesamt dreißig umfangreiche Lieferverträge, vor allem mit England, das für seine überseeischen Kolonien und zur Bewachung der zum Dienst in der britischen Kriegsmarine gepreßten Schiffsbesatzungen ständig viele Soldaten benötigte. Von 1701 bis 1714 kauften auch die Niederlande dem Kasseler Landgrafen rund zwölftausend ausgesucht kräftige und gesunde Männer ab, Braunschweig und Brandenburg verkauften den Holländern ebenfalls Soldaten, und Dutzende von deutschen Fürsten, Bischöfen und Grafen bereicherten sich bei anderen Gelegenheiten auf die gleiche Weise.

Den größten Aufschwung nahm dieser Handel mit den ihren Familien entrissenen Männern während des Unabhängigkeitskriegs der nordamerikanischen Kolonien gegen ihr britisches »Mutterland«. Die Engländer benötigten zwischen 1775 und 1783 nahezu dreißigtausend Soldaten für den - dann doch vergeblichen - Kampf gegen die Aufständischen. Englands Hauptlieferant war wieder Hessen-Kassel, dessen Landgraf etwa die Hälfte der angeforderten Männer zur Verfügung stellte und dafür, genau abgerechnet nach Dienstjahren, Toten und Verwundeten, mehr als vier Millionen Pfund Sterling in Gold kassierte. Die restlichen Lieferungen teilten sich der Herzog von Braunschweig, der Markgraf von Ansbach und die Grafen von Waldeck und von Anhalt-Zerbst.

Um diese Zeit hatte auch der damals als Graf von Hessen-Hanau regierende, kaum zwanzigjährige Erbprinz von Hessen-Kassel Geschmack am Soldatenhandel gefunden. Aber er wollte es besser machen als sein Vater und die anderen Fürsten. Anstatt einfach die benötigte Anzahl von Männern einzufangen und sie dann, notdürftig ausgerüstet und gänzlich unausgebildet, den Engländern zu überstellen, befahl er, dreitausend gesunde »Kerls« - das war fast die Hälfte aller Männer im wehrfähigen Alter, die sein winziges Ländchen aufzuweisen hatte! - erst einmal so lange zu drillen und einzuexerzieren, bis aus ihnen das geworden war, was man »brauchbare Soldaten«

nannte. Dann steckte er die Unglücklichen in prächtige Parade-uniformen und verkaufte sie als sein Elite-»Regiment Hanau« zu einem Preis, der weit über dem sonst Üblichen lag.

Nach Abzug aller Unkosten blieben dem jungen Grafen rund 1,2 Millionen Taler Reingewinn, die er teils zu Wucherzinsen an Geldbedürftige jedweden Standes durch Mittelsmänner ausleihen ließ, teils mit seinen zahlreichen Mätressen verpraßte.

Aber warum gaben die Engländer soviel Geld für Soldaten aus Deutschland aus? Hätten sie nicht im eigenen Land die gleichen Methoden anwenden können wie die deutschen Fürsten in ihren kleinen Staaten? Und wie war es möglich, Tausende von kräftigen jungen Männern gegen ihren Willen zu Soldaten zu machen und sie, zur Verzweiflung ihrer Angehörigen wie ihrer selbst, in fremde Länder zu schicken, wo sie für eine ihnen meist völlig gleichgültige Sache tapfer kämpfen und mit hoher Wahrscheinlichkeit auch sterben sollten? Warum wehrten sich diese Männer nicht? Sie hatten doch kaum etwas zu verlieren und viel zu gewinnen, waren zudem bewaffnet und hätten ihre Vorgesetzten samt dem Herrn Grafen erschießen oder erschlagen können. Warum taten sie es eigentlich nicht?

Die Antwort auf die erste dieser Fragen, warum die Engländer deutsche Zwangsrekrutierte für sich kämpfen ließen, wird von der traditionellen deutschen Geschichtsschreibung mit Vorliebe dahingehend beantwortet, daß den Briten ihr eigenes Blut zu kostbar gewesen sei. Dies ist jedoch eine Behauptung, die sich leicht widerlegen läßt.

Die britischen Herrscher jener Zeit, die den deutschen Fürsten regimenterweise die Soldaten abkauften und für die Interessen Großbritanniens kämpfen ließen, waren nämlich gar keine Engländer, sondern Deutsche. Seit 1714 regierten die Kurfürsten von Hannover neben ihrem eigenen Ländchen auch das britische Reich, das sie von entfernten Verwandten geerbt hatten. Und im übrigen hielten alle Könige, Fürsten, Grafen und sonstigen großen Herren nur eine Sorte Blut für edel und der Schonung wert, nämlich ihr eigenes.

Daß die Könige von Hannover und Großbritannien ihre britischen Untertanen genauso als ihnen gehörende, beliebig zu verwendende Ausbeutungsobjekte betrachteten wie die gekauften hessischen Soldaten, beweist schon die Tatsache, daß die Kriegsschiffe ihrer großen Flotte, der stärksten jener Zeit, fast ausschließlich mit Seeleuten bemannt waren, die man in den Häfen des Inselreichs von Fangkommandos hatte überwältigen und an Bord schleppen lassen.

Diese gegen ihren Willen zum Dienst in der Kriegsmarine gepreßten »Matrosen« - die bis dahin Tischler- oder Schlossergesellen, Schneider, Schuster oder Werftarbeiter gewesen waren - wurden, sobald man auf hoher See war, zwangsweise vereidigt, von Berufsseeleuten im Rang von Unteroffizieren mit den brutalsten Mitteln ausgebildet und mit der Peitsche zu den erforderlichen Arbeiten angetrieben. Zur Verhütung von Meutereien waren an Bord eines jeden Kriegsschiffes einige Seesoldaten, die man so gedrillt und erzogen hatte, daß zwischen ihnen und der Mannschaft Todfeindschaft entstand. Damit die Seesoldaten, die man ja ebenfalls zum Dienst gepreßt hatte, sich mit den Matrosen nicht verständigen konnten, verwendete man zur Bewachung der englischen Handwerker, irischen Landarbeiter und schottischen Fischer mit Vorliebe deutsche Bauern aus Braunschweig oder Hessen.

Und auch zur Bekämpfung der Revolution in Nordamerika eigneten sich deutsche Regimenter besser als englische. Die aufständischen Kolonisten stammten ja überwiegend aus Großbritannien, und es hätte leicht zu einer Verbrüderung zwischen den Aufrührern und den gegen sie eingesetzten Truppen kommen können, wären beide gleicher Herkunft gewesen.

Wie aber zwang man Männer, die doch gegenüber ihren Vorgesetzten in großer Überzahl und zudem bewaffnet waren, zu einem Gehorsam, der so weit ging, daß sie sich in das ihnen aufgezwungene Schicksal, die meist endgültige Trennung von Elternhaus, Frau und Kindern, willenlos fügten und einen ihnen im Grunde gleichgültigen »Feind«, der sie aber jeden Augenblick tot- oder zum Krüppel schießen konnte, weniger fürchteten, als ihre eigenen Vorgesetzten?

Dieses Rätsel zu lösen, heißt zugleich das Unterdrückungssystem des Absolutismus verstehen, doch wir müssen uns dazu erst einige Grundvoraussetzungen klarmachen. Stellen wir uns deshalb ein kleines, abgelegenes Dorf des Jahres 1991 vor, irgendwo in der Eifel oder in der bayerischen Oberpfalz, wohin bislang weder die Industrie noch der Fremdenverkehr vorgedrungen ist.

Nehmen wir weiter an, die Bauern dieses Dorfes seien sämtlich die Pächter eines adligen Großgrundbesitzers, den sie »ihren« Herrn Baron nennen. Ihm gehört nicht nur alles Land ringsum, sondern auch die Brauerei, deren Pächter der Dorfgastwirt ist, desgleichen die Kreditkasse, bei der die meisten verschuldet sind, sowie das Kreisblatt, die einzige Zeitung der Gegend. Damit nicht genug, ist der Herr Baron auch gewählter Landrat und damit oberste Behörde im Landkreis. Er ist auch Patronatsherr der Dorfkirche und bestimmt, wer dort Pfarrer wird, und natürlich unterstehen dem Herrn Baron nicht nur die Förster, die seine Angestellten sind, sondern auch die Polizeiposten der Gegend, denn er ist ja der Landrat. Kurz, der Baron ist im Dorf und ringsum der fast absolute Herr. (Dergleichen gibt es, so unwahrscheinlich es klingen mag, auch heute noch in der Bundesrepublik, und wir werden darauf noch zurückkommen.) Stellen wir uns nun vor, der Herr Baron hat den Einfall, am Rande des Dorfes eine Konservenfabrik zu errichten. Sie soll das in der Gegend angebaute Gemüse und Obst billig aufkaufen, konservieren und in Dosen unter einem wohlklingenden Markennamen mit erheblichem Gewinn verkaufen.

Anstelle von teuren Maschinen sollen in der Fabrik ungelernte Arbeiterinnen verwendet werden, fleißige junge Mädchen und Frauen, die bereit sind, in der Saison viele unbezahlte Überstunden zu machen, dann wieder entlassen zu werden, auf Urlaub und sonstigen »Firlefanz« zu verzichten, sich niemals gewerkschaftlich zu organisieren und für »ihren« Herrn Baron jederzeit durchs Feuer zu gehen.

Zwar könnten die Frauen, wenn es eine Busverbindung gäbe, in einer etwas weiter entfernten Fabrik unter weit besseren Arbeitsbedingungen fast das Doppelte sehr viel leichter und vor allem regelmäßig verdienen. Aber sie werden darauf verzichten, lieber für den Herrn Baron arbeiten und auch das Angebot der anderen Fabrik ausschlagen, sie täglich mit einem

Kleinbus abzuholen und nachmittags wieder nach Hause zu fahren.

Warum?

Weil die Autorität des Barons, seiner Lokalzeitung und des von ihm abhängigen Pfarrers ausreichen, ihnen die Arbeit in der anderen Fabrik - zusammen mit Männern, die gewerkschaftlich organisiert sind - als »Sünde« erscheinen zu lassen; weil ihr irdisches Glück und ewiges Seelenheil vornehmlich davon abhängen sollen, daß sie sich ihrer von Gott eingesetzten Obrigkeit fügen, und weil zudem alle im Dorf - und dies nun auf sehr reale Weise - von dem Herrn Baron abhängig sind. Er hat, so weiß man, einen langen Arm und ein vorzügliches Gedächtnis, entscheidet über Anträge, Gesuche, Pachtverlängerungen, Beförderungen und Versetzungen, Kredite, Stipendien und auch die Frage, ob ein intelligenter Junge zeitlebens Landarbeiter bleiben oder studieren wird. Kurz, es bedürfte gar keines erkennbaren äußeren Zwanges oder gar brutaler Gewalt, die erforderliche Anzahl von Frauen und Mädchen für die Konservenfabrik des Barons zusammenzubringen und sie dort für Hungerlöhne schuften zu lassen, obwohl sie es viel besser und leichter haben könnten.

Wenn es aber unter den geschilderten Umständen auch heute noch möglich ist, Menschen zu vielem zu zwingen, was sie eigentlich nicht wollen, um wieviel leichter war es damals! Zu jener Zeit gab es keine Einflüsse von außen wie Radio oder Fernsehen; die meisten konnten nicht einmal lesen oder schreiben, und die kleinen Leute hörten von der Kanzel und in der Schule noch weit mehr strenge Ermahnungen, sich zu fügen und alle Anordnungen der gottgegebenen Obrigkeit ohne Murren zu befolgen. Vor allem aber war der Druck, dem die Menschen ausgesetzt waren, noch um vieles direkter und brutaler.

Wenn die Gendarmen ins Dorf kamen und die Bauernjungen, die der Herzog oder Graf als Soldaten verwenden wollte, aus den Häusern holten, gab es für die ihren einzigen Sohn festhaltende Witwe keine heuchlerischen Trostworte, sondern einen Fußtritt, daß sie in die Ecke flog, und für den verzweifelten jungen Ehemann, der Frau und Kinder nicht verlassen wollte, keine bloßen Ermahnungen, sich ins nun einmal Unabänderliche zu fügen, sondern Handschellen, die ins Fleisch schnitten, und einen Strick um den Leib, der am Sattelknauf des berittenen Ordnungshüters befestigt wurde, damit der Unglückliche auf dem Weg zur nächsten Sammelstelle nicht davonlaufen konnte.

Wer den Gendarmen und damit dem Soldatenleben entgehen wollte, hatte – vom recht häufigen Selbstmord abgesehen – nur einen Ausweg: Er konnte in die Wälder flüchten und das werden, was die Verbrecher, die die deutschen Kleinstaaten regierten, »gesetzlos« nannten. Solche »Gesetzlosen«, die sich meist zu bewaffneten Banden zusammenschlossen, gab es viele in Deutschland. Die Reichen und Mächtigen nannten sie »Räuber«, ließen Jagd auf sie machen und jeden, der erwischt wurde, foltern und hinrichten. Doch in Wahrheit waren diese »Räuber« eher Partisanen, denen es meist nur an politischer Aufklärung und Zielsetzung mangelte.

Doch zurück zu denen, die nicht den Mut oder die Gelegenheit hatten, in die Wälder zu fliehen, sondern sich wie geduldiges Schlachtvieh abführen ließen. Sie erwartete Fürchterliches, denn ihnen wurde durch eine besondere, von mitleidlosen Sadisten erdachte Behandlung auch der letzte Funken von eigenem Willen genommen. Man lehrte sie jenen »Kadavergehorsam«, der dann als Disziplin gepriesen wurde und der bezweckte, sie ihre eigenen Vorgesetzten mehr fürchten zu lassen als den Tod auf dem Schlachtfeld.

Wer aufmuckte, wurde »krummgeschlossen«, das heißt: mit den Handgelenken an die Fußgelenke gefesselt und in ein dunkles, stinkendes Verlies eingesperrt, bis sein Widerstand für immer gebrochen war; wer zu desertieren versuchte, mußte – wie wir bereits wissen – »Spießruten laufen«, bis er elend verreckte. Natürlich bekamen die Soldaten keine Munition für ihre Gewehre, außer unmittelbar vor einem Gefecht. Auf den Märschen vermieden die Offiziere jeden Wald und jedes unübersichtliche Gelände, und ging es in die Schlacht, so mußten die Soldaten in geschlossenen Blöcken gegen den Feind marschieren, links und rechts flankiert von ihren Unteroffizieren, hinterdrein mit schußbereiter Pistole die Herren Fähnriche und Leutnants, deren ganze Aufmerksamkeit etwaigen Fluchtversuchen der eigenen Leute galt.

Verschiedene Hinrichtungsarten des militärischen Strafvollzugs (Kupferstich aus v. Fleming, »Der vollkommene teutsche Soldat«, 18. Jh.)

Da man die Soldaten nur aus den alleruntersten und am wenigsten gebildeten Volksschichten holte – ausgenommen die Offiziere, die grundsätzlich Adlige waren – und da man ihnen beibrachte, auf Befehl auch auf die eigenen Landsleute zu schießen, betrachtete die Bevölkerung die Soldaten stets mit Argwohn, fürchtete und verachtete sie gleichermaßen. Auf diese Weise konnte der Landesherr seine Untertanen unterdrücken und ausbeuten, gestützt auf eine Armee, die in ihrer Masse auch nur aus brutal Unterdrückten und Ausgebeuteten bestand. Hätten sich Volk und Soldaten verbündet, wäre die Tyrannei der rund achtzehnhundert deutschen Landesherren sofort zusammengebrochen. Daß dies nicht geschah, verhinderten in erster Linie Geistlichkeit und Lehrerschaft, die unermüdlich Gehorsam und »Pflichterfüllung« predigten und dem Volke wirkliche Bildung vorenthielten, so daß es seine Lage gar nicht zu erkennen vermochte; hinzu kam ein Heer von Beamten und Spitzeln, das jede freiheitliche Regung unterdrückte.

Auf Armee, Geistlichkeit und Beamtenschaft gründete sich der Absolutismus, und jede dieser drei Säulen flößte dem Volk auf andere Weise Furcht ein; in jeder waren alle höheren Stellen dem Adel vorbehalten, und an der Spitze aller Säulen stand der Landesherr, Oberbefehlshaber, Landesbischof, Verwaltungschef, höchster Richter und Gesetzgeber in einer Person, zudem »von Gottes Gnaden« und daher geheiligt.

Der Landesherr stand über allen geschriebenen und ungeschriebenen Gesetzen. Sein Tun oder Lassen auch nur beurteilen zu wollen, überstieg nicht nur - wie Pfarrer, Lehrer, Dorfschulzen und Korporale den Leuten beibrachten - die Fähigkeit eines »beschränkten Untertanenverstandes«, sondern war auch eine schwere Sünde und ein mit aller Härte zu bestrafendes Verbrechen.

Doch zu diesem geistigen und recht häufig auch physischen Terror kam noch ein weiterer Umstand, der wirksam verhinderte, daß in den Volksmassen Kritik an der menschenunwürdigen Unterdrückung und Ausbeutung oder auch nur an dem Lotterleben und dem verschwenderischen Luxus der Landesherren aufkommen konnte: Für mehr als 99 Prozent der Untertanen, nämlich für alle, die nicht von Adel und somit Nutznießer des Systems waren, blieb der Landesherr unsichtbar. Er war für sie fast allmächtig, aber nicht allwissend. Die schreiende Ungerechtigkeit, unter der sie litten, schien dem Volk das Werk der Kreaturen des selbst als gütig und gerecht gerühmten Herrschers zu sein. Wenn er erführe, so glaubten die Leute, was Beamte und Richter, Offiziere und Büttel in seinem Namen zu tun oder zu unterlassen wagten, so träfe sie gewiß sein Zorn, seine allerhöchste Ungnade. »Wenn das unser Herzog wüßte ... !«, war eine ständige Redensart (so wie man in Deutschland noch in den vierziger Jahren dieses Jahrhunderts mehr oder weniger einfältige Leute angesichts obrigkeitlicher Missetaten sagen hören konnte: »Wenn das unser ›Führer‹ wüßte ... !«). Den angeblich so gütigen und gerechten Landesherrn samt seinen Mätressen und Höflingen aber schützten die Entfernung der Residenz von der Hauptstadt, ummauerte und streng bewachte Parkanlagen, ein Heer von Polizisten, Garden und Lakaien, ein höfisches Zeremoniell, das selbst hohen Beamten und Generalen verbot, ungerufen zum Landesherrn zu kommen oder, wenn sie zur Audienz befohlen waren, ungefragt das Wort an ihn zu richten, sowie eine ihn stets umgebende, schwer bewaffnete, immer mißtrauische Leibgarde, die bezeichnenderweise meist nicht aus Männern des eigenen Landes bestand, sondern aus hochbezahlten ausländischen Spezialisten.

Hatte schon der Staufer-Kaiser Friedrich II., obwohl er doch die »Ungläubigen« mit Feuer und Schwert auszurotten versuchte, eine Garde von »heidnischen« Sarazenen, so nahmen sich die Herrscher des 18. Jahrhunderts - wie heute noch der Papst - mit Vorliebe Schweizer als Leibwächter oder Mamelukken, Panduren, Schotten, Heiducken und sogar »Mohren«.

So abgeschirmt von ihrem Volk, dessen Schicksal sie kaum kannten und das ihnen auch gleichgültig war, sofern nur genug Geld hereinkam, gingen die Landesherren ihren immer ausschweifenderen Vergnügungen nach, spannen Intrigen gegen ihre Nachbarn oder den Kaiser, befriedigten ihre Geltungssucht auf die eine oder andere Weise und ließen ihre Feldherren bei günstiger Gelegenheit Eroberungskriege führen, während die Masse des Volkes in einem Elend lebte, dessen Ausmaß wir uns heute gar nicht mehr vorzustellen vermögen.

Die arbeitende Bevölkerung, gleich ob hörige Bauern oder Tagelöhner, Bergleute, Handwerksgesellen, Dienstboten, Heim- oder Manufakturarbeiter, lebte von der Hand in den Mund. Wurde einer krank, arbeitsunfähig oder altersschwach, mußten er und seine Angehörigen betteln gehen. Aber auch bei regelmäßiger Arbeit reichte der Lohn selten aus, eine Familie zu ernähren, und dabei schufteten die Menschen täglich zwischen vierzehn und siebzehn Stunden. Bei guter Konjunktur und steigenden Preisen blieben die Löhne gleich, wodurch das Realeinkommen weiter sank. Absprachen oder gar Bündnisse der Arbeiter mit dem Ziel, durch gemeinsames Vorgehen eine Erhöhung ihres Lohns zu erreichen, waren streng verboten und wurden hart bestraft. Um die Mitte des 18. Jahrhunderts gingen auch immer mehr deutsche Kleinstaaten dazu über, alle Almosenempfänger, Bettler, Waisenkinder, Krüppel und Greise in Anstalten unterzubringen, doch nicht zu ihrer Pflege, sondern zu »nützlicher Verwendung«, wobei der Lohn für die Zwangsarbeit nur in kärglichster Verpflegung und menschenunwürdiger Unterbringung bestand.

Und je mehr Insassen von Armen-, Spinn-, Zucht-, Arbeits- und Waisenhäusern, Blinden- und Altersheimen an Manufakturen, Bergwerke, Tuchfabriken, Handwerksbetriebe oder zur Feldarbeit »vermietet« wurden, desto weniger Arbeitsplätze für Lohnarbeiter gab es. Das drückte auf die Löhne und vermehrte die Schar der Bettler, damit aber auch – auf dem Umweg über die Anstalten, in die sie eingewiesen wurden – das Heer der wie Sklaven gehaltenen Zwangsarbeiter.

Sklavenarbeit war es auch, die es den Fürsten ermöglichte, nach französischem Vorbild jene höfische Kultur zu schaffen, die ihrem Geltungsbedürfnis entsprach und deren Zeugnisse wir heute als »die deutsche Kunst« des späten Barock und frühen Rokoko bewundern.

Wenn sich ein Markgraf von Baden mitten in der Wildnis seine neue Haupt- und Residenzstadt Karlsruhe mit jenem lächerlichen Harem als Mittelpunkt anlegte; wenn ein Kurerzbischof von Köln, Clemens August, weil er sich ganz der Jagd und seinen Mätressen widmete, das herrliche Schloß Brühl nebst dem Jagdschloß Falkenlust erbauen ließ und wenn der Markgraf Friedrich von Bayreuth für das Hauptstädtchen seines Zwergstaates ein neues Schloß, ein prachtvolles Opernhaus sowie das Lustschloß Eremitage zu benötigen meinte, so ging das im Falle des Bayreuthers etwa so vor sich:

Steine und Holz kosteten den Markgrafen gar nichts, denn sie stammten aus »seinen« Bergen und Wäldern, und die Arbeit verrichteten dort Zwangsarbeiter. Den Transport hatten spanndienstpflichtige Bauern gratis durchzuführen. Die eigentlichen Bauarbeiten wurden von Handwerkern für Hungerlöhne ausgeführt; der ausländische Architekt bekam ein paar Jahre lang freie Kost und Unterkunft, einen schönen Titel, einen Orden und einen Beutel mit Dukaten. Und für die mühseligen Feinarbeiten, zum Beispiel das Blattgoldwalzen und -hämmern für die reichen Vergoldungen, verwendete man geschickte Waisenkinder, die noch dankbar sein mußten, wenn sie für täglich zehn Stunden Arbeit einen Teller Suppe und einen Kanten Brot erhielten. Ja und selbst das Gold, sowohl für die Dukaten wie für die Innenausstattung, kam teils aus dem Ländchen selbst, mußte vom Volk in Form von Steuern und Abgaben aller Art erarbeitet werden oder wurde aus den markgräflichen Bergwerken in Goldkronach gewonnen, teils stammte es aus den Soldatenverkäufen des Markgrafen an den König von Hannover und Großbritannien und wurde von den in Nordamerika gezwungenermaßen für die Kolonialherren kämpfenden oberfränkischen Untertanen mit ihrem Blut teuer bezahlt.

Wer aber kam in den Genuß der so geschaffenen Kultur? Daß die zahlreichen Schlösser, Parkanlagen und Lustpavillons, die Gemäldegalerien und Bibliotheken allein dem Landesherrn und seinem Hofstaat vorbehalten blieben, versteht sich unter den damals herrschenden Verhältnissen fast von selbst. Aus dem Volk wurden höchstens ein paar hübsche Mädchen des Glücks teilhaftig, die Pracht eines Rokoko-Schlößchens von innen bewundern zu dürfen. Denn selbst die Mätressen der Fürsten waren in aller Regel von ihren Eltern, Brüdern oder Ehemännern zu deren eigenem Vorteil an den Landesherrn verkuppelte Adlige.

Aber auch die Theater, Opernhäuser und andere, wie man meinen könnte, öffentliche Bauten waren keineswegs für das Volk, sondern zunächst ausschließlich für den Landesherrn und seinen Hof bestimmt. »Der Pöbel«, wie man bei Hof die Masse der Bevölkerung verächtlich nannte, durfte lediglich draußen, aus gebührender Entfernung, artig die Hüte schwenken, hurra schreien und staunend zusehen, wenn sich an bestimmten Tagen die eleganten, mit Juwelen geschmückten Damen und Herren vom Hofe durch ein Spalier von Fackeln haltenden Lakaien und das Gewehr präsentierenden Wachen zur abendlichen Unterhaltung und Zerstreuung ins Hoftheater oder in die Oper begaben.

Immerhin hatte die Zersplitterung Deutschlands in fast achtzehnhundert selbständige Staaten auf dem Gebiet der Kultur einen nicht unerheblichen Vorteil: Jeder kleine Zwergstaaten-Potentat wetteiferte mit seinen Nachbarn, es dem mächtigen König von Frankreich gleichzutun. Und wenn dies schon nicht auf politischem und militärischem Gebiet möglich war, so wollte man zumindest da nicht zurückstehen, wo sich durch hemmungslose Prachtentfaltung der Beweis kultureller Ebenbürtigkeit erbringen ließ.

Also förderte man nun überall die Künste und Wissenschaften, so wie man Windspiele züchtete oder die Hirsche fütterte.

Und weil es am Hof von Versailles königliche Hofdichter, -komponisten und -musiker gab, die mit Opern, Theaterstücken und Schäferspielen die Damen und Herren zu amüsieren verstanden, dazu Hofmaler und -bildhauer, ja in Paris sogar eine königliche Akademie zur Förderung der Wissenschaft, so mußten nun auch einige hundert deutsche Fürsten ähnliches haben, wenn schon nicht überall als ständige Einrichtungen, so doch das meiste davon gelegentlich und manches auch dauernd. Die wohlhabende bürgerliche Oberschicht der größeren Städte Deutschlands, das alte Patriziat und die neureichen Besitzer von Manufakturen, die Steuerpächter und Bankiers, die Kriegslieferanten und Händler mit Luxuswaren – sie alle eiferten wiederum ihren heimischen oder benachbarten Landesherren nach, die solche »Anmaßung« zwar häufig mißbilligten, aber sie meist hinnahmen, weil ja der bürgerliche Kunstsinn dem Ansehen ihrer Ländchen und damit ihnen selbst nützlich war.

So verdankt Deutschland der Kleinstaaterei des 18. Jahrhunderts gewiß die Förderung einer Vielzahl sonst in Armut und Elend verkümmerter Talente und Begabungen aus dem Volk. Doch zugleich mußten sich die meisten deutschen Künstler und Wissenschaftler den herrschenden Gewalten und ihrem durch Müßiggang und immer übermütigere Verletzung aller Sitten verkommenen Geschmack anpassen. Nur wenige Große des Geistes und der Kunst bewahrten sich ihre Unabhängigkeit.

Dennoch bewirkten die zahlreichen philosophischen, naturwissenschaftlichen, dichterischen und musikalischen Impulse jener Epoche, daß in den bürgerlichen Schichten und in Teilen des nicht an den Höfen lebenden Adels ein stärkeres Selbstbewußtsein entstand, welches die Gedanken der Aufklärung, von Immanuel Kant definiert als »der Menschen Ausgang aus der selbstverschuldeten Unmündigkeit«, immer stärker Fuß fassen ließ.

»Die Lebensgeschichte des Immanuel Kant ist schwer zu beschreiben. Denn er hatte weder Leben noch Geschichte«, heißt es in Heinrich Heines Essay »Zur Geschichte der Religion und Philosophie in Deutschland« über diesen großen Königsberger Philosophen. »Er lebte ein mechanisch geordnetes, fast abstraktes Hagestolzenleben in einem stillen, abgelegenen Gäßchen ... Aufstehen, Kaffeetrinken, Schreiben, Kollegienlesen, Essen, Spaziergehn, alles hatte seine bestimmte Zeit, und die Nachbarn wußten genau, daß die Glocke halb vier sei, wenn Immanuel Kant in seinem grauen Leibrock, das spanische Röhrchen in der Hand, aus seiner Haustüre trat und nach der kleinen Lindenallee wandelte ... Sonderbarer Kontrast zwischen dem äußeren Leben des Mannes und seinen zerstörerischen, weltzermalmenden Gedanken! Wahrlich, hätten die Bürger von Königsberg die ganze Bedeutung dieses Gedankens geahnt, sie würden vor jenem Manne eine weit grauenhaftere Scheu empfunden haben, als vor einem Scharfrichter ..., der nur Menschen hinrichtet - aber die guten Leute sahen in ihm nichts anderes als einen Professor der Philosophie, und wenn er zur bestimmten Stunde vorbeiwandelte, grüßten sie freundlich und richteten etwa nach ihm ihre Taschenuhr ...«

»Doch«, so heißt es ein paar Seiten weiter in Heines 1834 erschienener Schrift, »er hat den Himmel gestürmt, er hat die ganze Besatzung über die Klinge springen lassen, der Oberherr der Welt schwimmt unbewiesen in seinem Blute, es gibt jetzt keine Allbarmherzigkeit mehr, keine jenseitige Belohnung für diesseitige Enthaltsamkeit ...«, kurz, er hatte mit den geistlichen Unterdrückungsinstrumenten gründlich aufgeräumt und die Menschen auf ihre Vernunft verwiesen, auf ihre Verpflichtung, sich ihres eigenen Verstandes zu bedienen, in Selbstverantwortung zu handeln, und auf das moralische Gesetz, das sie in sich trugen.

Später schrieb Kant in seinem Essay, »Der Streit der Fakultäten«, vom »*Recht,* daß ein Volk von anderen Mächten nicht gehindert werden müsse, sich eine bürgerliche Verfassung zu geben, wie sie ihm selbst gut zu sein dünkt«, und daß »diejenige Verfassung eines Volkes allein an sich *rechtlich* und moralisch gut sei, welche ihrer Natur nach so beschaffen ist, den Angriffskrieg nach Grundsätzen zu meiden, welche keine andere als die republikanische Verfassung, wenigstens der Idee nach, sein kann ...«

Das waren wahrhaft kühne Gedanken im Zeitalter des Absolutismus, auch wenn dieser an manchen deutschen Höfen schon so »aufgeklärt« war, daß er sich zumindest theoretisch mit solchen revolutionären Ideen auseinanderzusetzen begann.

Es gab jedoch unter der Vielzahl von Höfen deutscher Landesherren einen sehr wichtigen, der für Kunst und Wissenschaft überhaupt nichts übrig hatte, weil der dort herrschende Fürst von allen stumpfsinnigen Gamaschenknöpfen, Grobianen und Despoten, die damals auf deutschen Thronen und Thrönchen saßen, der Stumpfsinnigste, Gröbste, Despotischste und Unkultivierteste war: der Preußenkönig Friedrich Wilhelm I., Sohn und seit 1713 Nachfolger des »schiefen Fritz«, wie die Berliner den schwächlichen und einfältigen Verehrer der schönen Katharina von Kolbe wegen seiner Rückgratverkrümmung genannt hatten.

Friedrich Wilhelm I., der zweite Hohenzollern-Kurfürst von Brandenburg, der sich König nannte, war nur von einem Ehrgeiz besessen: Er wollte die stärkste Armee Mitteleuropas haben. Deshalb verkaufte er auch keine eigenen Untertanen an fremde, kriegführende Mächte, sondern rekrutierte jeden, der sich nur halbwegs dazu eignete, für seine brandenburgisch-preußischen Streitkräfte. Dabei war ihm so gut wie jedes Mittel recht, und obwohl er sich für fromm und gottesfürchtig hielt, fand er doch nichts dabei, wenn seine »Werber« – wie man solche Menschenräuber verharmlosend nannte – während des sonntäglichen Gottesdienstes in die Kirchen eindrangen und die Beter samt dem Pfarrer zu den Rekruten-Sammelstellen schleppten.

Seine besondere Vorliebe galt »langen Kerls«, die er in ganz Europa, gegen heftigen Protest der in ihren »eigenen Rechten« sich verletzt fühlenden Landesherren, einfangen und nach Preußen entführen ließ. Er scheute dabei weder rohe Gewalt noch hohe Ausgaben (für einen Iren von 2,16 Meter Größe zahlte er einmal den »Werbern« 9000 Taler, das dreifache Jahresgehalt eines preußischen Ministers!), und es störte ihn auch nicht, wenn unter den zum Dienst in seiner Armee gepreßten Ausländern auch reiche Bürgersöhne, Gelehrte und sogar Herren aus adligem Hause waren, die sonst für die Soldatenfänger als unantastbar galten.

Friedrich Wilhelm I., ansonsten überaus knauserig, gab fast neunzig Prozent seiner gesamten Einnahmen für den Aufbau seiner Armee aus. Das war im Verhältnis zur Einwohnerzahl Brandenburg-Preußens weit mehr als das Doppelte dessen, was die bestgerüsteten deutschen Kleinstaaten für militärische Zwecke aufzuwenden vermochten, und sogar noch um ein Drittel mehr als der Anteil der Heereskosten in Frankreich, der damals stärksten Militärmacht des Kontinents. Dabei war Brandenburg-Preußen zu dieser Zeit von niemandem bedroht – weder von Schweden, dessen Einfluß stark zurückgegangen war, noch von Österreich, das sich mit den Türken herumschlug und wo seit dem Tode des Prinzen Eugen ein Verfall der Streitkräfte eingesetzt hatte, noch von Frankreich oder gar von Polen.

In ähnlich übertriebener Weise, wie er das Geld für sein Militär vergeudete, suchte er es anderswo einzusparen, vor allem auf kulturellem Gebiet. Im selben Jahr 1734, als er – nur beispielsweise – fünfzehntausend Taler für drei von seinen »Werbern« verschleppte, baumlange Holländer zahlte, kürzte er die Haushaltsmittel der Berliner Staatsbibliothek auf ganze vier Taler und strich den Bibliothekaren kurzerhand das Gehalt. Den bedeutendsten Gelehrten jener Zeit, nicht nur Preußens, sondern ganz Europas, Gottfried Wilhelm Leibniz, nannte er einen »närrischen Kerl«, der »nicht mal zum Wachestehen« tauge, und entzog ihm den Ehrensold. Als Leibniz bald darauf starb, wurde zu seinem Nachfolger im Amt des Präsidenten der preußischen Akademie der Wissenschaften (einer Gründung des von den Kolbes gestürzten Ministers Danckelmann, den Friedrich Wilhelm zwar aus der unschuldig erlittenen Haft entließ, dessen eingezogenes Vermögen er aber behielt) des Königs unfreiwilliger Hofnarr, Jakob Gundling, ernannt. Dies geschah allen Gelehrten zum Hohn und zum grölenden Gelächter der im sogenannten »Tabakskollegium« vereinten Kumpane Friedrich Wilhelms. Denn in diesem Kreis war Gundling stets das Objekt der gröbsten »Späße« und rohesten Mißhandlungen:

Gundling mußte beispielsweise einen roten Rock mit goldenen Knopflöchern, dazu eine Perücke aus Ziegenhaaren und einen riesigen Hut mit Straußenfedern tragen; dann holte man einen Affen, der genauso gekleidet war und von dem der König behauptete, er wäre Gundlings Sohn – worauf der Präsident der preußischen Akademie den Affen in die Arme zu schließen und zu küssen hatte.

Abend für Abend machte der König den schwächlichen und magenkranken Gundling mit Unmengen von Starkbier betrunken, um den Wehrlosen dann noch weiter zu quälen: Mal wurde Gundling von Lakaien, die ihn an Stricken hielten, ins eisige Wasser des Schloßgrabens eingetaucht, mal schaffte man ihn heim in sein Bett, in das aber zuvor auf des Königs Befehl zwei junge Bären gelegt worden waren, die Gundling dann schrecklich zurichteten.

Als es ihm endlich gelang, zu seinem Bruder zu fliehen, ließ der König ihn entführen und zurückbringen, drohte ihm mit Hinrichtung wegen »Fahnenflucht« und ernannte dann den um Gnade Flehenden zum Freiherrn mit sechzehn – natürlich frei erfundenen – adligen Ahnen väter- und mütterlicherseits. Denn – wie der König sich auszudrücken beliebte – das »Barone machen« war ihm »eine lumpige Bagatelle« (die er sich allerdings in den meisten Fällen sehr teuer bezahlen ließ). Später wurde der Freiherr von Gundling, als der er noch durch die deutschen Geschichtsbücher geistert, die die Schandtaten des zweiten Preußenkönigs verschweigen oder zu verklären suchen, mit glühenden Pfannen mißhandelt, die man ihm auf den entblößten Hintern hieb. Nachdem der so gequälte Akademie-Präsident gestorben war, ließ der König die Leiche in ein Weinfaß stecken und, nach geistlicher Einsegnung dieser Verhöhnung eines Toten, so auf dem Bornstädter Friedhof feierlich beisetzen. Es ließe sich noch viel über die brutalen Geschmacklosigkeiten König Friedrich Wilhelms I. berichten, der selbst seine Frau, seine erwachsenen Kinder und seine Minister ständig mit dem Stock zu traktieren pflegte und von dessen Tischmanieren der österreichische Gesandte am Berliner Hof nach Wien schrieb: »Seine Majestät war gestern mein Gast. Er dinierte, soupierte und kotzte wie ein Wolf.« Aber das Beispiel seiner Behandlung des armen Gundling – und der preußischen Wissenschaft – möge genügen.

Zwar rühmen die traditionellen deutschen Geschichtsbücher des »Soldatenkönigs« vorbildliche Sparsamkeit, seinen angeblichen Pflichteifer und die zielstrebige Energie, mit der er »die Grundlagen zu Preußens Waffenruhm« gelegt hätte. Doch das einzige, was daran wahr ist, die Schaffung einer übergroßen Armee, hat sich für Preußen, dann für Deutschland und schließlich für die ganze zivilisierte Welt nur nachteilig ausgewirkt.

7. Feuer am Horizont

»Die preußische Monarchie bleibt immer: nicht ein Land, das eine Armee, sondern eine Armee, die ein Land hat, in welchem sie gleichsam nur einquartiert steht.«

Diese treffende Beschreibung Brandenburg-Preußens um die Mitte des 18. Jahrhunderts stammt von einem ausgezeichneten Kenner der Verhältnisse, nämlich von dem Major Georg Heinrich von Berenhorst, einem »natürlichen« Sohn jenes Fürsten Lepold von Anhalt-Dessau, der als Freund und Feldmarschall des »Soldatenkönigs« den Gleichschritt eingeführt haben soll. Jedenfalls war »der alte Dessauer« der eigentliche Erfinder der sadistischen Methoden, mit denen widerstrebenden Rekruten »Kadavergehorsam« und allerstrengste Disziplin beigebracht wurden. Sein Sohn war jahrelang der Adjutant Friedrichs II., den die traditionellen Geschichtsbücher »Friedrich den Großen« nennen und der 1740 den preußischen Thron bestieg.

Friedrich, vom Vater, dem »Soldatenkönig«, während seiner ganzen Jugend nur unterdrückt, mißhandelt, gedemütigt, einmal sogar mit Erschießung bedroht, hatte als Kronprinz am eigenen Leibe die Richtigkeit einer anderen zeitgenössischen Beschreibung Brandenburg-Preußens erfahren. Sie stammt aus einem Brief des Grafen Manteuffel an den von Friedrich Wilhelm I. »bei Strafe des Stranges« aus Preußen verjagten Philosophen Christian Wolff, und sie lautete: »Jeder Untertan in diesem Land wird als geborener Sklave betrachtet.«

Als Friedrich II. mit achtundzwanzig Jahren Herr über Brandenburg-Preußen wurde, zählte das Land 2,2 Millionen solcher als Sklaven geborene Untertanen Seiner Majestät, und die Armee, die »gleichsam nur einquartiert« Preußen beherrschte und das Volk in Schach hielt, war knapp achtzigtausend Mann stark, darunter mindestens ein Drittel Ausländer.

Auch die Einwohnerschaft Brandenburg-Preußens bestand nicht nur aus Deutschen; im Lande lebten mehrere hunderttausend Polen, Sorben oder Wenden, Masuren und Kassuben, ferner zahlreiche französische Protestanten, sogenannte Hugenotten, die der »große Kurfürst«, zusammen mit ein paar Dutzend wohlhabenden jüdischen Familien aus Wien, in Berlin aufgenommen hatte, wo sie Handwerk, Handel und Gewerbe beleben sollten.

Weder die Bevölkerung Preußens noch seine Armee empfand sich selbst als deutsch, etwa in dem Sinne, daß sie sich allen anderen deutschsprachigen Mitteleuropäern national verbunden gefühlt hätte; dergleichen beschränkte sich auf eine Handvoll Intellektuelle. Und am allerwenigsten fühlte sich jener als Deutscher oder gar als Vollstrecker eines - gar nicht vorhandenen - Volkswillens zur nationalen Einigung, dem die traditionellen deutschen Geschichtsschreiber solches immer wieder anzudichten versucht haben: König Friedrich II.

Nichts hat ihm ferner gelegen, als »mit Preußens Waffen Deutschland neu zu gestalten«, und schon gar nicht »arbeitete« er - wie der Historiker Leopold von Ranke feststellen zu können meinte - »an der Befreiung der Nation«. Wovon hätte er denn die deutsche Nation befreien wollen? Vom Absolutismus der Zwergstaaten-Despoten, wo er doch selbst diesen Absolutismus in übersteigerter Form praktizierte?

Der Staat Friedrichs II., das durch und durch militaristische Preußen, war auch ganz gewiß nicht, wie der Historiker Heinrich von Treitschke behauptet hat, »der geborene Gegner der alten, auf Deutschlands Ohnmacht ruhenden Ordnung Europas«, vielmehr - so hat es erst Rudolf Augstein richtig erkannt und in seiner großen Studie, *Preußens Friedrich und die Deutschen,* treffend formuliert - selbst »der rücksichtslose Ausbeuter der aus der Ordnung des Westfälischen Friedens resultierenden Ohnmacht Deutschlands«.

Nicht der nebensächliche Umstand, daß Friedrich II. vorzugsweise Französisch sprach und schrieb, machte ihn untauglich für die Rolle eines »Vorreiters der deutschen Einheit«. Nein, diese Rolle gab es noch gar nicht, und vor allem hätte sie Friedrich überhaupt nicht interessiert. Was seine Vorliebe für das Französische angeht, so entsprach sie ganz dem höfischen Stil seiner Zeit, in der nicht mehr Latein, sondern die Sprache des für alle vorbildlichen Hofes von Versailles die Herrenkaste vom gewöhnlichen Volk unterschied. Dagegen ist es für alle deutschnationalen Geschichtsschreiber höchst blamabel, daß das politische Testament dieses angeblichen »Vorreiters der deutschen Einheit« und Wiedererrichtung eines starken Reiches seinen Nachfolgern empfahl, das Interesse Brandenburg-Preußens allein im Bündnis mit Frankreich und »allen Feinden des Hauses Österreich«, also der Kaiser, zu sehen. Preußen, so heißt es darin weiter, dürfe nicht zulassen, daß Frankreich das Elsaß oder Lothringen verliert. Und als lohnendstes Ziel preußischer Politik bezeichnet dieses Testament, das übrigens bis 1918 als Staatsgeheimnis behandelt und unter strengem Verschluß gehalten wurde, keineswegs die Einigung Deutschlands, sondern die Eroberung Böhmens und anderer nichtdeutscher Gebiete.

Überhaupt richteten sich Friedrichs Gelüste nicht auf die deutsche Kaiserkrone, und die Vergrößerungen Preußens im Laufe seiner Regierungszeit brachten ihm zwar 3,2 Millionen neue Untertanen - mehr als das Anderthalbfache dessen, was Preußen 1740 an Einwohnern gehabt hatte -, aber mehr als die Hälfte dieser »Muß-Preußen« waren Nichtdeutsche, und zwar wiederum vornehmlich Polen.

Gewiß, Friedrich II. war im Verhältnis zu den übrigen deutschen Landesherren seiner Zeit sehr gebildet; er besaß auch sicher mehr Verstand als alle Hohenzollern, die vor oder nach ihm Brandenburg-Preußen regiert haben, und er war in bezug auf seine eigene Person sehr aufgeklärt. Aber der preußische Staat, den er seinen unbedeutenden Nachfolgern hinterließ, war - vielleicht von Mecklenburg abgesehen - der kulturell rückständigste, politisch am wenigsten freie, seine Volksmassen am härtesten unterdrückende Staat in Deutschland.

Friedrichs Preußen war auch ein verhältnismäßig armes und wirtschaftlich wenig entwickeltes Land, dessen Kräfte nicht ausreichten, die ehrgeizigen Machtansprüche seines Herrschers zu erfüllen. Das verlockte Friedrich II. und viele seiner Nachfolger zu einer Politik, die alle inneren Schwierigkeiten auf Kosten anderer, reicherer Länder zu »lösen« trachtete, das heißt: Raubkriege gegenüber eigenem Aufbau bevorzugte. Preußen war den Hohenzollern, die Land und Leute als ihr persönliches Eigentum ansahen, immer zu klein.

»Ich wünschte, daß wir genug Provinzen besäßen, um 180 000 Mann (Soldaten), also 44 000 mehr als jetzt, zu unterhalten«, schrieb Friedrich II. zwölf Jahre nach seinem Regierungsantritt, und er begründete diese Forderung nach noch mehr Land und noch mehr Soldaten damit, daß Preußen einen unversöhnlichen Feind hätte, nämlich die österreichischen Habsburger, von denen ständig Krieg drohe. Daraus folge, »daß das Militär im Königreich (Preußen) die erste Stelle einnehmen muß«. Was der König nicht erwähnte, waren die Gründe für die Unversöhnlichkeit der Habsburger, und um diese voll zu verstehen, muß man sich die Beteiligten einmal ohne den Heiligenschein ihres angeblichen Gottesgnadentums vorstellen, am besten wieder als Mafia-Bosse, denn nur in der Unterwelt gelten heute noch so offen jene Regeln, die das Verhalten der absoluten Fürsten des 18. Jahrhunderts bestimmten:

Da war also der langjährige Chef der Organisation, den man scherzhaft »den Kaiser« und vertraulich »Karl« nannte. Der alte Herr hatte nicht mehr viel Einfluß auf das einst mächtige Reich, in dem jeder Unterführer in seinem Bezirk selbst als kleiner König auftrat, aber seine Hausmacht war noch intakt. Sie sollte, das war so abgemacht und auch von den rivalisierenden Organisationen ausdrücklich bestätigt worden, nach »Kaiser« Karls Tod allein dessen Tochter Maria Theresia gehören, und »die Resi«, wie man sie nannte, sollte dann auch dem Namen nach Chefin der losen Dachorganisation werden, die man als »das Reich« bezeichnete.

Aber kaum war »der Kaiser« gestorben, da verbündeten sich einige der Unterführer mit der schärfsten Konkurrenz ihrer Organisation, dem West-Syndikat, einer mächtigen Gruppe französischer Gangster. Gemeinsam mit den Franzosen begannen sie damit, der zweiundzwanzigjährigen Resi eine reiche Einnahmequelle nach der anderen abzunehmen.

Resis Leute kamen in arge Bedrängnis, und diese Notlage nutzte ein bis dahin neutraler, von Resis Vater bislang mit

Taschengeld versehener junger Mann, der Sohn des »Schläger-Königs«, brutal aus. »Kanonen-Fritz«, wie man ihn bald nannte, war in der Unterwelt bis dahin als ein von seinem Vater schlecht behandelter Playboy betrachtet worden, der studiert und dabei allerlei »rote« Ansichten erworben hatte, außerdem bereit war, für Geld seinen Vater, den »Schläger-König«, und dessen Bande zu bespitzeln. Er hatte im selben Jahr wie die Resi die Führung in seinem Bezirk übernehmen müssen, und niemand war auf den Gedanken gekommen, daß »der Kleine« Ärger machen würde. Aber kaum war er an der Macht, fiel er der Resi in den Rücken und nahm ihr das »schlesische Viertel« ab, dessen reiche Geschäftsleute bislang nur an den »Kaiser« »Schutzgelder« bezahlt hatten. Nun machten sich dort die Schlägertrupps des »Kanonen-Fritz« breit, und dieser schloß mit Resis Anwälten heimlich einen Vergleich: Er sollte das »schlesische Viertel« vorerst behalten und sich dafür verpflichten, künftig Ruhe zu geben. »Kanonen-Fritz« versprach dies feierlich, und die Resi konnte sich nun darauf konzentrieren, die anderen Unterführer und die Leute vom französischen Syndikat zu bekämpfen, die ihr beträchtliche Teile ihrer ererbten Hausmacht abgenommen hatten und sogar so weit gegangen waren, einen aus ihrer Mitte, den »Bayern-Karl«, zum neuen Chef der Dachorganisation zu wählen.

Resis Leute machten diesem Spuk jedoch ein Ende, und sie hätten sogar die französischen Gangster aus den früher vom »Kaiser« kontrollierten, dann an das »Syndikat« abgetretenen Bezirken vertrieben, wäre ihnen nicht der »Kanonen-Fritz« abermals in den Rücken gefallen und, unter Bruch der Abmachungen, tief in die Gegend um den Prager Platz eingedrungen, wo Resis Haupteinnahmequellen waren.

So ging es noch lange hin und her. Am Ende behielt der wortbrüchige »Kanonen-Fritz« das »schlesische Viertel« endgültig für sich und vergrößerte damit seine Einnahmen sehr beträchtlich. Ja, und in seinem Testament warnte er alle künftigen Führer seiner Schlägerbande vor der Resi und deren Familie; man müsse sich vor denen hüten und immer die Schlagringe bereit halten, um einen Angriff dieses »unversöhnlichen Gegners« zurückzuschlagen...

Dies nur zur Erläuterung der »hohen Moral« Friedrichs II., der in seiner Jugend den »Antimachiavell« geschrieben und darin die Forderung aufgestellt hatte, daß auch die Politik moralisch sein müsse.

Ohne Zweifel hat Friedrich II. sein Land - erst auf Kosten Österreichs, dann zu Lasten Polens, dem er Westpreußen und den Netzedistrikt abnahm - mächtig vergrößert. Preußen, das bei seinem Regierungsantritt im Jahre 1740 etwa halb so groß gewesen war wie die Bundesrepublik vor dem 3. Oktober 1990, aber nur 2,2 Millionen Einwohner - soviel wie West-Berlin 1993 - gezählt hatte, war um eine Fläche von der Größe des Freistaats Bayern gewachsen, hatte seine Einwohnerschaft auf 5,4 Millionen vermehrt und seine Armee von knapp 80 000 auf fast 200 000 Mann verstärkt. Preußen war während eines Menschenalters zu einer kontinentalen Großmacht aufgestiegen. Aber wie lebten die Volksmassen in diesem hochdünn besiedelten, durch und durch militaristischen Staat?

Die Bauern, immer noch etwa drei Viertel der Bevölkerung, waren durch die fortwährenden Kriege, die sie am härtesten getroffen hatten, noch ärmer geworden. Die Mittel für den Wiederaufbau des Landes, ohnehin sehr bescheiden im Vergleich zu den laufenden Kosten für den Unterhalt des riesigen Heeres und zu den Aufwendungen für überflüssige Repräsentation, etwa den Bau des Neuen Palais in Potsdam, kamen vor allem dem Landadel, den Junkern, zugute. Die teilweise Einführung der Erbpacht anstelle der Leibeigenschaft, wovon man sich eine Steigerung der darniederliegenden landwirtschaftlichen Produktion versprach, änderte an dem Los der von den Feudalherren abhängigen Bauern so gut wie nichts. Die adligen Gutsherren wurden dagegen kräftig gefördert und behielten ihre führende Stellung im preußischen Staate.

Umgekehrt wurde das Vordringen Bürgerlicher gebremst. Wo Nichtadlige während des Krieges in Offiziersstellen aufgerückt waren, wurden sie entlassen. Nahezu sämtliche höheren Beamten waren Adlige, und wo wohlhabende Bürgerliche Landgüter erworben hatten, durften sie weder das Jagdrecht ausüben noch die allein den Junkern vorbehaltene Polizeigewalt, Gerichtsbarkeit und Patronatsherrlichkeit über Kirche und Schule. Der weitere Erwerb von Adelsgütern durch Nichtadlige wurde verboten, ausgenommen dort, wo es um die Verdrängung von Polen durch Deutsche ging.

In den Städten Preußens, wo nach wie vor strenge Zunft- und Gesindeordnungen bestanden, die den wirtschaftlichen und sozialen Fortschritt gleichermaßen hemmten, gaben adlige Beamte, wenige wohlhabende Bürger und vor allem die Offiziere der Garnison den Ton an. Die vom Zunftzwang durch königliches Privileg ausgenommenen Manufakturen, Vorläufer der späteren Fabriken, arbeiteten fast ausschließlich für die Ausrüstung der Armee und den Luxusbedarf der hauchdünnen Oberschicht. Zur Förderung der Manufakturen gab der König, der von ihnen die höchsten Produktionsleistungen forderte, nur einen Bruchteil dessen aus, was er für sein Heer aufwandte. So hielten sich die Unternehmer mit des Königs Einverständnis dadurch schadlos, daß sie entweder Zwangsarbeiter - Waisenkinder, Insassen von Zucht-, Arbeits- und Armenhäusern und so weiter - verwendeten oder ihre »freien« Arbeiter den gleichen barbarischen Bedingungen unterwarfen. Sie ließen die Menschen bis zu siebzehn Stunden täglich schuften, gaben ihnen gerade so viel dafür, daß sie sich am Leben erhalten konnten und schlossen sie nicht selten nachts an ihre Webstühle oder sonstigen Arbeitsgeräte mit Ketten an, damit sie nicht »vertragsbrüchig« werden, das heißt: davonlaufen konnten.

Zu diesem Herrschaftssystem gehörte auch die mitleidlose Behandlung der Arbeitsunfähigen. Selbst die Mehrzahl der Kriegskrüppel, von denen es im Königreich Preußen nach dem Siebenjährigen Krieg an die zweihunderttausend gab, mußte sich mit Bettelerlaubnisscheinen anstelle einer Rente begnügen. Nur ein paar tausend schwerkriegsbeschädigte Unteroffiziere wurden mit Dorflehrerstellen versorgt und erzogen nun die Bauernkinder, wie zuvor die Rekruten, mit brutaler Strenge zu kriecherischer Unterwürfigkeit und bedingungslosem Gehorsam.

Mehr als das dürftigste Wissen - »ein bisgen lesen und schreiben«, wie der König selbst es formulierte - konnten diese Korporale der Landjugend ohnehin nicht vermitteln, denn sie mußten meist selbst erst das ABC und das kleine Einmaleins erlernen. Doch gerade der Mangel an Bildung war für das Funktionieren des preußischen Systems eine Notwendigkeit. Friedrich hätte zwar, wie es ihm traditionelle deutsche Geschichtsschreiber nachrühmen, »alle Macht und Organisation des Staates in den Dienst großartiger geistiger und materieller Kulturpflege« stellen können, aber er dachte gar nicht daran. Für eine seiner vielen hundert kostbaren Schnupftabaksdosen wandte er im Durchschnitt mehr auf, als fünf Dutzend Schullehrer jährlich an Gehalt bekamen...

Was die Menschen in Preußen jedoch am meisten bedrückte, war nicht die Armut, auch nicht die Last der vielen Kriege, vielmehr die schreiende Ungerechtigkeit, die einigen Bevorrechtigten so gut wie nichts abforderte, der Masse des Volks dagegen alles. Die Herren Junker konnten soviel Wein und Kaffee, Tabak, Branntwein und andere hochbesteuerte Luxusgüter abgabefrei beziehen, wie sie zu benötigen meinten, während für die Bürger diese Waren unerschwinglich teuer gemacht wurden; der Adel durfte Schulden machen, die dann der Staat übernahm, wogegen jeder Bürger, der unverschuldet in Not geriet, von der Zwangsarbeit im Armenhaus bedroht war; die Junker brauchten weder Vermögensabgaben noch Verbrauchssteuern zu zahlen, aber die Steuerlast, die das Volk zu tragen hatte, wurde ständig größer.

Trotzdem entwickelte sich auch in Preußen ein zunehmend gebildeteres Großbürgertum, das zwar durch das absolutistische System in Schranken gehalten wurde, dieses auch gar nicht in Frage zu stellen wagte, aber doch ein neues Element darstellte, das sich in die sorgsam gehütete feudalistische Ordnung nur mühsam einfügen ließ. In dieses gebildete Bürgertum fanden in wachsendem Maße auch unterdrückte Minderheiten Eingang, wenn sie nur Geist und Kultur vorzuweisen hatten, so in Berlin die Juden. Vom König verachtet und rigoros ausgebeutet, von den Junkern gedemütigt und mißhandelt, waren sie in den Jahrhunderten zuvor von allen »ehrbaren« Berufen ausgeschlossen gewesen und rangierten in der sozialen Wertung noch unter dem Vieh. Als 1743 ein kleiner, verwachsener vierzehnjähriger jüdischer Junge von Dessau aus zu Fuß nach Berlin kam und durch das Rosenthaler Tor eingelassen wurde, notierte sich der Wachtposten zunächst die genaue Anzahl Rindvieh und Schweine, die an diesem Tag in die Stadt getrieben worden waren, und fügte dann noch hinzu: »1 Jude.« Dieser Eintrag galt dem jungen Moses Mendelssohn, der in den folgenden Jahrzehnten, zusammen mit seinen Freunden, dem Dichter Gotthold Ephraim Lessing, Markus Herz und dem Buchhändler Friedrich Nicolai, mehr dafür getan hat, daß Berlin ein geistiges Zentrum von europäischem Rang wurde, als alle Hohenzollern, Friedrich II. nicht ausgenommen.

Wir werden darauf noch näher eingehen, doch zunächst sei, um keine Mißverständisse über Berlin und sein Bürgertum aufkommen zu lassen, darauf hingewiesen, daß im Todesjahr Friedrichs II., 1786, die preußische Hauptstadt zwar etwa 148 000 Einwohner zählte, aber von diesen hatten weniger als 11 000 – also nicht einmal jeder Zwölfte! – jene bescheidenen Bürgerrechte, die sie von Hörigen und Leibeigenen unterschieden.

Alle übrigen Berliner, mehr als 90 Prozent der Bevölkerung, waren – vom Standpunkt der Beamten, Offiziere, sonstigen Obrigkeiten und adligen Nichtstuer aus gesehen – bloßes Gesindel. Aber auch das Prügeln angesehener Bürger mußte den preußischen Offizieren erst allmählich durch königliche »Ermahnungen« abgewöhnt werden.

Und so wie die Hauptstadt, nur noch um einiges rückständiger, war der ganze preußische Staat: Mehr als 95 Prozent seiner 5,4 Millionen Einwohner waren unterdrückt, ausgebeutet und nahezu rechtlos; trotz der Anfänge des Volksschulwesens waren mehr als 70 Prozent der Untertanen Analphabeten; zweihunderttausend durch barbarische Strafen in »Kadavergehorsam« gehaltene Soldaten sorgten nach innen und außen für die Aufrechterhaltung des absolutistischen Systems, das dem König und dem Adel alles erlaubte, dem Volke nichts. Es war ein System des Terrors und der Zwangsarbeit, und jeder Versuch, sich dagegen aufzulehnen – wie der der schlesischen Weber in den Jahren 1785/86, der Bauern im Kreis Beuthen, die fast ausnahmslos, neben schwerer Landarbeit, zur Fron in den Hütten und Bergwerken herangezogen wurden, oder der böhmischen Kolonisten von Nowawes bei Berlin –, wurde durch Einsatz von Militär blutig niedergeschlagen.

Aber auch in allen anderen Kleinstaaten des Reiches feierte der Absolutismus noch Triumphe. Die Mätressenwirtschaft an den Höfen – die im Preußen Friedrichs II. nur deshalb fehlte, weil der König andere sexuelle Neigungen hatte – und die ungehemmte Verschwendungssucht der kleinen Fürsten ließen die Zustände in den meisten deutschen Ländern kaum besser werden, als sie vor dem Dreißigjährigen Krieg gewesen waren. Während in den Vereinigten Staaten von Nordamerika die Republik ausgerufen und die unveräußerbaren Menschenrechte verkündet wurden und in Frankreich Jean-Jacques Rousseau das Privateigentum als die Ursache von Krieg, Elend und Verbrechen verdammte, den Staat als einen freiwilligen Zusammenschluß freier und gleicher Menschen definierte und die Selbstregierung des Volkes forderte, schikanierten die Landesherren der deutschen Zwergstaaten ihre geduldigen und frommen Untertanen schlimmer als im Mittelalter. Ihr Übermut und ihre Habgier kannten keine Grenzen.

Wie es so ein kleiner Landesfürst trieb, hat der Baron von Wimpfen, ein Höfling des Herzogs Karl Eugen von Württemberg, in seinen Memoiren beschrieben:

»Im Jahre 1763 kam ich nach Stuttgart zurück und drehte mich nun an diesem Hofe zehn Jahre lang in einem Kreis von Vergnügen und Feten herum, deren Genuß keine Unruhe unterbrach. Der Herzog hielt 15 000 Mann der besten, schönsten und diszipliniertesten Truppen, die es je gab. Gegen 200 Edelleute, darunter gegen zwanzig Prinzen und Reichsgrafen, waren in seinen Diensten. Er hielt für seine Person gegen 800 Pferde. Ludwigsburg, seine gewöhnliche Sommerresidenz, wurde von ihm immer mehr vergrößert und verschönert. Man fand am württembergischen Hofe die erste Oper von ganz Europa, das erste Orchester, die schönsten Ballette, die beste französische Komödie nach der zu Paris. Und bei so vielen fast täglichen Spektakeln ... gab es noch viele außerordentliche Feten ... Nichts aber war doch angenehmer, als die Sommerreisen des Herzogs auf seine Lustschlösser ... Was je nur Natur und Talente vermochten, um Freude und Genuß hervorzubringen, war da – und alles war auch für den Genuß recht bestimmt. Unter Freuden schlief man ein, unter Freuden wachte man auf.

Zwei verschiedene Musikchöre gaben das Signal zum Erwachen. Man genoß in Gesellschaft das Frühstück ..., da fingen denn auch schon bei einer ländlichen Musik die Ronden und Quadrillen an. Dann disponierte sich alles zum Abendballe. Die Zwischenzeit ward bei der Toilette verbracht, beim Spiel, bei der Tafel, bei Spektakulen aller Art. Bald gabs eine Fischerpartie, bald eine Jagd, bald einen Spaziergang im Walde, wo es nie an Gesellschaft der Floren und Heben (Ballettmädchen) fehlte ... Es sind nicht die schönen Mädchen allein, welche die Freuden dieses Aufenthaltes so sehr erhöhten. Alles kam zusammen: die gute Tafel, der herrliche Appetit, den nur die Morgentänze und unsere nachmittägigen Jagdpartien brachten ...«

Was eine einzige solche Jagd bedeuten konnte, wird hinreichend klar, wenn man aus den Memoiren des Barons von Wimpfen weiter erfährt, daß einmal aus dem ganzen, knapp 600 000 Einwohner zählenden Herzogtum die Bauern nicht weniger als sechstausend Hirsche zum Jagdschloß Solitüde zusammentreiben mußten. Genau 21 584 Männer und Knaben mit zusammen 3 237 Pferden waren damit wochenlang beschäftigt. Sie erhielten keinen Lohn, mußten sich sogar selbst beköstigen und, was das schlimmste war, mit der Bewachung des zusammengetriebenen Wildes ihre Zeit vertun, während sie daheim bei der Ernte gebraucht wurden.

Zu welchem Zweck man damals das Wild zusammentrieb, das wollen wir noch einmal den Baron von Wimpfen beschreiben lassen: »Es werden in einem Behälter (gemeint ist: ein Gatter) einige tausend Stück Wildpret zusammengetrieben, das man hernach einzeln durch eine Tür wieder herausläßt. Der Herzog, die vornehmsten Gäste und die Jäger standen alsdann schon mit ihren Flinten in Bereitschaft ... Der Paß zu der Tür, wo die Tiere hinaus mußten, endigt in einem Teich, der also ausgegraben ist, daß er verschiedene Abgründe und hervorragende Spitzen hat. Wenn nun die Tiere geängstigt wurden, stürzten sie sich in diese Tiefen, wo sie statt eines Todes zwei ausstehen mußten. Und darin bestand das Vergnügen ...«

Der Teich, so beschreibt der Baron von Wimpfen diese abscheuliche Art der Jagd weiter, war mitten im strengsten Winter von einigen fünfhundert Bauern nach genauen Anweisungen des Herzogs angelegt worden, und damit er nicht zufrieren konnte, wurde er mit vierzig Öfen und komplizierten Rohrleitungen ständig geheizt.

Es wäre indessen verfehlt, wollte man annehmen, daß die Fronarbeiten im Zusammenhang mit solchen Jagdveranstaltungen von der bäuerlichen Bevölkerung als die härteste Plage empfunden wurden. Schlimmer noch war die Tyrannei der adligen Jäger, die die Bauern durch grausamste Strafen dazu zwangen, sich ihre Felder verwüsten und die Ernte vernichten zu lassen, sei es von zusammengetriebenen Hirschen, sei es von Wildschweinrudeln, sei es von rücksichtslos durch die Felder galoppierenden Jagdgesellschaften, die einen Fuchs verfolgten. Das Waidwerk und das Wild galten als »edel«, und kein Bauer durfte es wagen, etwas dagegen zu unternehmen oder auch nur durch Lärm die Sauen daran zu hindern, in seine Kartoffelmieten einzubrechen. Dergleichen pflegten die adligen Jagdherren nicht nur mit hohen Geldbußen zu bestrafen, sondern mit Auspeitschung der »Übeltäter«, ja, auch mit Ohrenabschneiden und – wenn es nicht um Niederwild ging, sondern um Jagdvergehen an besonders »edlen« Hirschen – nicht selten mit dem Tod. Es sind Fälle bekannt, wo man Bauern wegen Mißachtung des herrschaftlichen Jagdprivilegs einem mächtigen Hirsch ans Geweih fesseln und von dem verängstigten Tier zu Tode schleifen ließ oder – wie es der Fürsterzbischof von Salzburg einmal anordnete – in ein blutiges Fell gewickelt, den Jagdhunden zum Fraß vorwarf.

Unter diesen Umständen wurde jeder Wilddieb vom Volk als Held gefeiert und in Liedern besungen, und auch die Räuberbanden, die im späten 18. Jahrhundert überall in Deutschland, vor allem in Süddeutschland sowie in den Mittelgebirgen zwischen Hunsrück und Thüringer Wald, oftmals bis zu tausend Mann stark, in den Wäldern hausten und den herrschaftlichen Förstern, Jagdaufsehern und Gendarmen regelrechte Gefechte lieferten, genossen – sofern sie die Bauern schonten und sich an die Reichen und Mächtigen sowie an das »edle« Wild hielten – die volle Sympathie und oft auch die tatkräftige Unterstützung des Volkes.

Nun waren der Wildschütz und der Räuber zwar Symbolfiguren für die Auflehnung gegen die landesherrlichen Despoten; sie mochten auch von individuellem Freiheitsdrang beseelt sein. Aber es fehlte ihnen fast ausnahmslos ein politisches Ziel. Alles, was sie suchten, war die momentane Ungebundenheit, allenfalls ein Ventil für ihren aufgestauten, dumpfen Haß gegen die Unterdrücker.

Das gebildete Bürgertum, das als einzige Schicht des Volkes gewisse, mehr oder weniger verschwommene Vorstellungen von einem idealen Staat und von der Freiheit und Gleichheit aller Menschen zu entwickeln begonnen hatte, war - von wenigen Ausnahmen abgesehen - durchweg viel zu feige, als daß es gewagt hätte, aus der Theorie der Aufklärung nun auch praktische Schlußfolgerungen zu ziehen. Und ganz undenkbar erschien es den meisten aufgeklärten, von den Menschenrechten schwärmenden Bürgern, sich mit »dummen«, ungebildeten Bauern, Tagelöhnern, Dienstboten, Armenhäuslern oder gar mit »Räubergesindel« zu solidarisieren. Nur ganz wenige bedeutende Köpfe und große Talente, wie der Dichter und Dramatiker Friedrich Schiller, sahen in dem Freiheitsdrang aufrührerischer Bauern und »gesetzloser« Räuber ein berechtigtes Aufbegehren der mit Füßen getretenen Menschenwürde.

Nein, selbst das Bürgertum außerhalb des besonders obrigkeitsfrommen Preußens seufzte beglückt, wenn ein Landesherr, nachdem er es jahrelang allzu toll getrieben hatte und das Land am Rande des Ruins war, in momentaner Zerknirschung seinen Untertanen Besserung gelobte. Als Herzog Karl Eugen von Württemberg, nachdem er sein Ländchen ausgepowert und bis aufs Blut geschunden hatte, treuherzig versicherte, daß »alle die Jahre, die Gott Uns noch zu leben fristen wird, zum wahren Wohl Unserer getreuen Untertanen angewendet werden sollen ... Württembergs Glückseligkeit soll also von nun an und auf immer auf der Beobachtung der ächtesten Pflichten des getreuen Landesvaters gegen seine getreuen Untertanen und auf dem zärtlichen Zutrauen und Gehorsam der Diener und Untertanen gegen ihre Gesalbten beruhen ...« - da waren die Bürger so gerührt, daß sie sogleich ihrem »Gesalbten« ein Geschenk von fünfhundert Goldstücken machten. Das war etwa soviel, wie der Herzog für ein abendliches Feuerwerk anläßlich der fünftausendsten, allerhöchstselbst vorgenommenen Entjungferung eines Bauernmädchens oder der »waidgerechten« Erlegung des zehntausendsten Stücks Hochwild zu verplempern pflegte.

Auch erlaubte »die Beobachtung der ächtesten Pflichten des getreuen Landesvaters« diesem schon sehr bald, in sein altes Lotterleben zurückzufallen. Seine neue Mätresse, Franziska von Hohenheim, die er ihrem Ehemann kurzerhand abgenommen hatte und die durch Zahlung einer entsprechenden Summe an den Kaiser Gräfin geworden war, wurde zwar von den Bürgern Württembergs zur »gütigsten Landesmutter« verklärt, weil sie weniger habgierig war als ihre Vorgängerinnen. Aber bei genauerem Hinsehen konnte niemand ernstlich behaupten, daß sich unter ihrem Regime die Verhältnisse wesentlich gebessert hätten. Noch 1787 verkaufte Herzog Karl Eugen beispielsweise ein ganzes Regiment – dessen Offiziere größtenteils seine »natürlichen« Söhne waren – an die Niederländisch-Ostindische Companie. Nur wenige Überlebende dieses als »Kap-Regiment« bezeichneten Kanonenfutters sahen die Heimat wieder. Von dem Erlös baute der Herzog seinem »Franzele« mehrere Lustschlösser, darunter das Palais Hohenheim.

Inzwischen war in dem von den Bourbonen absolutistisch regierten Frankreich die Revolution ausgebrochen. Nachdem am 14. Juli 1789 die mit ihren dreißig Meter hohen Mauern als uneinnehmbar geltende Zwingburg von Paris, die Bastille, vom Volk und mit ihm sich verbündenden Soldaten eingenommen worden war und man dort die Staatsgefangenen befreit, den Kommandanten getötet und das verhaßte Bauwerk dem Erdboden gleichgemacht hatte; nachdem der König von Frankreich gezwungen worden war, seinen Hof von Versailles mitten in das aufrührerische Paris zu verlegen und nachdem unter dem Jubel Frankreichs und der halben Welt von den Revolutionären die Menschenrechte verkündet worden waren, begann man auch in Deutschland aufzuhorchen.

Gewiß, schon zehn Jahre vor dem Ausbruch der Französischen Revolution hatten deutsche Intellektuelle bereits solche

Der Sturm auf die Bastille (Stich von Pierre Gabriel Berthault)

»jakobinischen« Forderungen öffentlich erhoben. Der Bemerkenswerteste unter diesen ersten Verkündern revolutionärer Ideen in Deutschland war ein Pfarrerssohn aus der sächsischen Oberlausitz, Karl Friedrich Bahrdt, der schon mit neunzehn Jahren an der Universität Leipzig, später in Gießen und Erfurt, später in Halle Vorlesungen hielt. 1779 hatte ihm der Reichshofrat Schreib- und Lehrverbot erteilt, und er war deshalb nach Preußen geflüchtet, wo man bis 1787 zumindest in Fragen der Religion tolerant war. Aber dann schrieb Bahrdt »Über Pressefreiheit« und erklärte: »Die Freiheit, seine Einsichten und Urteile mitzuteilen – es sei mündlich oder schriftlich – ist, eben wie die Freiheit zu denken, ein heiliges und unverletzliches Recht des Menschen«; es gebe nur eine Schranke: die Wahrheit. Das waren im damaligen Deutschland, zumal in Preußen, bis dahin unerhörte, bei den Bürgern teils heimliche Begeisterung, teils Staunen und Kopfschütteln auslösende Worte. Und als Bahrdt dann auch noch aus der Naturrechtslehre die revolutionäre Folgerung zog, daß *»Menschenrecht vor Fürstenrecht«* und damit, zwei Jahre vor dem Sturm auf die Bastille in Paris, die Volkssouveränität postulierte, da hätte er damit auch in Deutschland die Revolution einleiten können, nur fehlte es hier an einem geistigen, wirtschaftlichen und politischen Zentrum. Die Zerrissenheit des Landes, die unterschiedliche Situation in den einzelnen Kleinstaaten und der mangelnde Zusammenhang zwischen den vorhandenen revolutionären Strömungen verhinderte in Deutschland eine solche Entwicklung, und Bahrdt kam ins Gefängnis und starb 1792 im Alter von erst fünfzig Jahren an den Folgen dieser Haft. Kurz vor seinem Tod veröffentlichte er noch eine Schrift mit dem für seine Zeit erstaunlichen Titel »Welche Aussichten eröffnet die Französische Revolution für Deutschlands Töchter?«, worin sich Gedanken finden, die erst ein Jahrhundert später von den Vorkämpferinnen der Frauenemanzipation wieder aufgegriffen wurden, und er konnte auch noch sein publizistisches Werk mit einer 1792 erschienenen Staatstheorie krönen, die ihn als ungebrochenen Kämpfer für die Menschenrechte und zum tiefen politischen Denker gereiften Vorkämpfer der freiheitlichen Demokratie ausweist.

Insofern war Karl Friedrich Bahrdt den deutschen Intellektuellen, die die Französische Revolution bejubelten – zu diesen gehörten beispielsweise Friedrich Gottlieb Klopstock, Friedrich Schiller, Johann Heinrich Voß, Christoph Martin Wieland, Adolph Freiherr Knigge, Georg Friedrich Wilhelm Hegel, Friedrich Hölderlin, Georg Forster und, wenngleich um einiges gedämpfter, auch Johann Wolfgang Goethe weit voraus. Und wie dachten die anderen Deutschen?

Die Bauern und Arbeiter, die von den Vorgängen in Frankreich hörten, nahmen die Nachrichten mit ungläubigem Staunen auf. Die Bürgerschaft, zumal die im Westen Deutschlands, wurde von plötzlicher Hoffnung erfüllt, daß auch sie vielleicht bald ihre Gleichberechtigung erlangen würde und dann nicht mehr von dem verhaßten Adel und Klerus zu katzbuckeln brauchte. Die großen und kleinen Landesfürsten und ihre Höflinge, Mätressen, Minister und Generale aber taten so, als wäre nichts geschehen; sie feierten weiter ihre Feste, ritten zur Jagd, vertaten das dem Volke abgepreßte Geld auf alle mögliche Weise und ließen weiterhin jeden ohne Gerichtsurteil einsperren oder hinrichten, der ihnen lästig war. Aber insgeheim begannen sich die Herrschaften doch Sorgen zu machen, zumal als immer mehr Aristokraten aus Frankreich in die deutschen Kleinstaaten flüchteten und die Schreckensnachrichten aus Paris sich zu häufen begannen.

Die Reaktionen der einzelnen deutschen Landesherren waren sehr unterschiedlich. Der für seine Zeit als ungemein fortschrittlich und tolerant geltende Markgraf Karl Friedrich von Baden, damals Herr über ein unmittelbar an das revolutionäre Frankreich grenzendes Ländchen mit hundertsechzigtausend Einwohnern, wurde sehr nervös. Er ließ beispielsweise seinen eigenen Leibarzt Leuchsenring, einen würdigen älteren Herrn und Familienvater, der seine Sympathie für jene erklärt hatte, von denen die Menschenrechte verkündet worden waren, »zum abschreckenden Exempel« mit fünfundzwanzig Stockschlägen züchtigen. Auch befahl er für seine »Armee« – bestehend aus 35 Mann Leibwache, 41 Husaren, 810 Mann regulären Truppen und einer 138 Mann starken Invaliden-Kompanie – erhöhte Bereitschaft.

Herzog Karl Eugen von Württemberg begab sich 1791 selbst nach Paris. Er wollte das Ungeheuerliche, das da vor sich ging, persönlich in Augenschein nehmen, dazu steckte er sich vorsichtshalber eine republikanische Kokarde an seinen Dreispitz. Nachdem er einige einflußreiche Politiker mit hohen Summen bestochen hatte, versuchte er sein französisches Besitztum Mömpelgard (Montbélier) an die Revolutionsregierung zu verkaufen. Seine Bemühungen kamen jedoch um zwei Jahre zu spät; die Nationalversammlung vereinnahmte die württembergische Exklave ohne Entschädigung des darob sehr betrübten und nachdenklichen Herzogs.

In den geistlichen Kurfürstentümern am Rhein, besonders in Koblenz, das zum Herrschaftsbereich des Erzbischofs von Trier gehörte, stellte man den aus Frankreich geflüchteten Adligen, deren Anzahl ständig wuchs und die, unbekümmert um den Ernst der Stunde, ihren gewohnten Müßiggang fortsetzten, großzügig zahlreiche öffentliche Gebäude und große Mengen an Waffen aus den Zeughäusern zur Verfügung.

Aber als dann, im Dezember 1791, den geistlichen Kurfürsten von Trier und Mainz ein geharnischtes Ultimatum aus

Paris zuging, das mit einem Vorgehen französischer Truppen drohte, falls die Ansammlung feindseliger, einen bewaffneten Angriff auf die französische Nation vorbereitender Emigranten in den deutschen Kurerzbistümern nicht unverzüglich aufgelöst werde, da wandten sich die zutiefst erschrockenen geistlichen Landesherren mit verzweifelten Hilferufen an den fernen Kaiser. Und als dieser ihnen antworten ließ, er werde ihnen zwar notfalls jede mögliche Unterstützung zukommen lassen, doch nur unter der Bedingung, daß sie den französischen Revolutionären keinen weiteren Vorwand zum Angriff böten, da wurden die Emigranten-Verbände in Koblenz und Mainz schleunigst wieder entwaffnet und aufgelöst.

Trotzdem war es fast unvermeidlich, daß es binnen kurzem zum Krieg kam zwischen dem revolutionären Frankreich und seinen absolutistischen Nachbarstaaten, vor allem den Fürsten des Deutschen Reiches. Der in Paris unter Hausarrest stehende Bourbonen-König Ludwig XVI. einerseits, der Papst in Rom und einige der Fürsten, vor allem der König von Schweden, andererseits, hetzten zum Krieg gegen das »gesetzlose« Frankreich, das »gotteslästerliche« Freiheit, Gleichheit und Brüderlichkeit eingeführt, des Königs Majestät beleidigt und die Kirche enteignet hatte. Österreich, Rußland, Preußen, Spanien, die deutschen Fürsten mit dem Herzog von Braunschweig an der Spitze, Großbritannien, die italienischen Kleinstaaten, kurz, ganz Europa war sich darin einig, daß in Frankreich wieder die alte Ordnung hergestellt werden müßte. Jede weitere Ausdehnung der Bewegung für die Menschenrechte und die bürgerlichen Freiheiten mußte den herrschenden Systemen der Unterdrückung und Ausbeutung durch weltliche und geistliche Feudalherren gefährlich werden.

Im April 1792 setzte der Preußenkönig Friedrich Wilhelm II., der Neffe und Nachfolger Friedrichs II., seine Truppen gegen Frankreich in Marsch; die Reichsarmee unter Befehl des Herzogs von Braunschweig sowie kaiserliche Truppen aus den habsburgischen Besitzungen in Belgien schlugen nun ebenfalls los, und englische Flotteneinheiten blockierten die wichtigsten französischen Häfen. Nach anfänglichen Rückschlägen der kriegsunerfahrenen Revolutionstruppen und einem Volksaufstand in Paris, bei dem der mit dem Feind konspirierende König Ludwig XVI. abgesetzt und gefangengenommen, die Republik ausgerufen und die Herrschaft des Großbürgertums durch eine echte Volksvertretung ersetzt wurde, mobilisierte der nun das Land regierende Wohlfahrtsausschuß das Volk von Frankreich. Massen von Freiwilligen, vor allem Bauern, Handwerksgesellen, Manufakturarbeiter und ehemalige Soldaten des Königs sammelten sich unter den Fahnen der Republik. Und diese, im Gegensatz zu den Soldaten der Fürsten ohne brutalen Zwang zusammenhaltende, für eine sie begeisternde Idee, die Bewahrung der gerade erst errungenen Freiheit, entschlossen kämpfende Volksarmee zeigte sich bald allen Gegnern überlegen. Auch wuchs nun in den Ländern der Fürsten, die die französische Republik gemeinsam vernichten wollten, vor allem in den unteren Volksschichten, aber auch beim gebildeten Bürgertum, der Widerwille, gegen die Freiheit der Nachbarn und für die Fortdauer der eigenen Unterdrückung zu Felde zu ziehen. Diese Gefühle faßte der in Göttingen lebende Dichter Gottfried August Bürger in die Verse:

»Für wen, du gutes deutsches Volk/behängt man dich mit Waffen?/Für wen läßt du von Weib und Kind/und Herd hinweg dich raffen?/Für Fürsten- und für Adelsbrut/und für's Geschmeiß der Pfaffen!«

Im Kurerzbistum Mainz, das die französischen Revolutionstruppen im Oktober 1792 kampflos besetzen konnten, wurde unter dem unbeschreiblichen Jubel des Volkes die erste deutsche Republik ausgerufen, während sich Adel und Geistlichkeit, allen voran der Kurerzbischof mit seinen Mätressen, Schatztruhen und aus den Kirchen eilig zusammengerafften Kostbarkeiten, heimlich aus dem Staube machten.

In Baden und in der Pfalz, sogar in Sachsen und in Preußisch-Schlesien brachen Volksaufstände aus, doch wurden sie, sofern sie nicht wie am Rhein Unterstützung durch die französischen Revolutionsarmeen fanden, brutal niedergeschlagen. In Breslau bot die preußische Regierung sogar Artillerie gegen die demonstrierenden Handwerksgesellen und Arbeiter auf und kartätschte die Wehrlosen zusammen; mehr als dreißig Tote blieben auf dem Platz.

Auch Mainz, Deutschlands erste Republik, deren Volksvertreter – überwiegend bislang der Geistlichkeit hörige Bauern – sich zu »Stellvertretern des freien, deutschen Volkes« erklärt hatten, mußte fünf Monate nach der Befreiung wieder vor der Übermacht der Feudalherren die Waffen strecken und ein furchtbares Strafgericht über sich ergehen lassen, nachdem die französischen Truppen sich vorübergehend hatten zurückziehen müssen.

Der revolutionäre Geist, der das deutsche Bürgertum zunächst erfaßt hatte, erlahmte angesichts dieser Niederlagen sehr rasch und verwandelte sich gar in Abscheu vor der Revolution, als in Paris der radikale Flügel des mit der Unterschicht verbündeten Bürgertums die Macht an sich riß, die letzten Überreste der alten Feudalherrschaft beseitigte, das Christentum abschaffte, dem König, der Königin und zahlreichen weiteren, mit dem Feind heimlich im Bunde stehenden Hocharistokraten den Prozeß machte und die zum Tode Verurteilten samt und sonders sofort hinrichten ließ. Diese Selbstverteidigung der Revolution wird in den traditionellen deutschen Geschichtsbüchern auch heute noch als »die Schreckensherrschaft« bezeichnet – als ob diese blutige Abrechnung mit den Unterdrükkern schrecklicher gewesen wäre als die jahrhundertelange mitleidlose Ausbeutung des Volks durch die weltlichen und geistlichen Feudalherren; als ob die Guillotine, deren man sich dabei bediente, als ein weniger menschliches Instrument bezeichnet werden könnte als die Folterwerkzeuge der bourbonischen Henker!

Man schätzt, daß während der sogenannten »Schreckensherrschaft« etwa zwölftausend Menschen der Guillotine zum Opfer fielen, darunter sicherlich auch viele Unschuldige, in der großen Mehrzahl aber erklärte Feinde der Volksregierung. Zwar ist diese Zahl beeindruckend, und damals erschrak ganz Europa davor. Aber man vergaß dabei, daß die Bourbonen Jahr für Jahr weit mehr Menschen zu Tode foltern, als Galeerensklaven langsam zugrunde gehen, ohne Gerichtsurteil in den Verliesen ihrer Festungen verfaulen oder durch skrupellose Habgier brotlos werden und an irgendeinem Straßenrand verhungern ließen, als in der ganzen Französischen Revolution ums Leben gekommen sind.

Aber die Bourbonen-Könige und ihr aristokratischer Anhang waren eben - und das saß den Menschen, besonders in Deutschland, noch tief in den Knochen - angeblich die »geheiligte«, auch mit ihren wüstesten Ausschweifungen und widerlichsten Verbrechen über jedes Gesetz erhabene, »von Gott eingesetzte« Obrigkeit. Und die Prälaten und Äbte, die zwei Drittel des französischen Bodens als ihr Eigentum, die das Land bestellenden Bauern als ihre Sklaven betrachtet und ausgeplündert hatten, waren schließlich gesalbte Priester. Deshalb siegte nun bei den meisten deutschen Bürgern und Intellektuellen der anerzogene Respekt über den gesunden Menschenverstand. Zwar träumten sie noch ein wenig von Freiheit, Gleichheit und Brüderlichkeit, und - wenn dies gefahrlos möglich war - redeten und sangen sie auch davon. Aber sie schraken schaudernd zurück vor den unausweichlichen Konsequenzen eines Kampfes für solche Ideale gegen mächtige, skrupellose und zu allem entschlossene Unterdrücker, die nur mit einer ihrer eigenen Brutalität entsprechenden Entschlossenheit dazu zu bringen waren, ihre angemaßten Schmarotzer-»Rechte« Stück für Stück aufzugeben.

Bis zum Sommer 1793 war es nicht sicher, ob die französische Republik dem Ansturm der Heere aller europäischen Fürsten würde standhalten können. Doch im Herbst desselben Jahres trat die große Wende ein. Die Volksheere Frankreichs siegten an allen Fronten: Bei Dünkirchen erlitten die unter britischem Oberbefehl kämpfenden Hannoveraner und Hessen eine vernichtende Niederlage; die Österreicher wurden an der Sambre in die Flucht geschlagen, und die französische Moselarmee konnte tief ins Elsaß vordringen, während an der Mittelmeerküste die von den Engländern besetzte Festung Toulon kapitulieren mußte.

Zu diesen großen militärischen Erfolgen kam ein für die französische Republik äußerst glücklicher, ansonsten tragischer und folgenschwerer Umstand: das Ausscheiden Preußens aus dem Kampf gegen die siegreiche Revolution. Diese Entlastung hatte Frankreich dem russischen Zarenreich zu verdanken, das die Beschäftigung der europäischen Großmächte

Der Sieg des dritten Standes über die Privilegierten (zeitgenössische Karikatur aus der Französischen Revolution)

im Westen des Kontinents dazu benutzt hatte, weite Teile des östlichen Polen und Litauen zu besetzen. Die preußische Regierung fand dadurch das Gleichgewicht an seiner Ostgrenze bedroht – so jedenfalls lautete die amtliche Erklärung. In Wahrheit sah man in Berlin nur eine neue günstige Gelegenheit, die preußischen Grenzen weiter nach Osten hin vorzuschieben – ebenfalls auf Kosten Polens, das schon 1772 erhebliche Gebietsverluste an Rußland, Preußen und Österreich hatte hinnehmen müssen. In Berlin meinte man, ehe sich die Russen alles aneigneten, sollte sich der König von Preußen lieber rasch auch noch ein großes Stück aus dem polnischen Kuchen schneiden, statt am Rhein mitzuhelfen, die reichsfürstlichen und kaiserlichen Interessen zu verteidigen. Und so begann Preußen, seine Truppen aus dem Krieg gegen Frankreich zurückzuziehen, um bei der zweiten Teilung Polens mit dabei zu sein. Und während nun preußische Regimenter am Mittellauf der Weichsel in Stellung gingen, um die mutige Erhebung der Polen gegen die russische und deutsche Fremdherrschaft blutig niederzuwerfen, brach am Rhein die längst vom Angriff zur nur noch schwachen Verteidigung übergegangene Front der deutschen Fürstenheere zusammen. Im Sommer 1794 war der Krieg, soweit er Deutschland betraf, so gut wie entschieden, das ganze linke Rheinufer französisch geworden und der Angriff der Revolutionstruppen auf Belgien und Holland schon im vollen Gange.

Doch in der Zwischenzeit gelang es dem Großbürgertum in Frankreich, das sich nun von außen kaum noch bedroht fühlte, durch einen Staatsstreich die den Interessen der Großhändler und Bankiers gefährlich werdende Herrschaft des revolutionären Wohlfahrtsausschusses zu beenden. Die Kämpfe zwischen den Radikalen aus dem Volk und den bürgerlich-gemäßigten Republikanern dauerten noch bis zum Frühjahr 1795. Dann war die Revolution zu Ende, und das Großbürgertum der Kaufleute, Reeder, Manufakturenbesitzer, reichgewordenen Heereslieferanten, Schwarzmarkt-Schieber, Seidenfabrikanten und Bankiers hatte mit Hilfe des im Krieg verdienten Geldes die Armee fest in der Hand. Ein letzter Volksaufstand wurde ebenso niedergeschlagen wie eine Verschwörung zur Wiederherstellung der Bourbonen-Herrschaft. Nun fehlte nur noch ein »starker Mann«, der bereit war, die Diktatur zu übernehmen, in deren Schutz das Großbürgertum ungestört seinen Geschäften nachgehen konnte.

Dieser Mann fand sich in der Person des während der Revolution vom kleinen Leutnant zum General aufgestiegenen korsischen Bürgersohns Napolione di Buonaparte, der sich bereits, weil das französischer klang, Napoléon Bonaparte zu nennen begann. Dieser ungemein ehrgeizige General, dessen glänzende Siege ihn zum vergötterten Helden der Armee und des Bürgertums machten, sollte von nun an für zwei bewegte Jahrzehnte die Geschicke nicht nur Frankreichs, sondern fast ganz Europas, vor allem aber Deutschlands, bestimmen und dem Zeitalter seinen Stempel aufdrücken.

Im April 1795 schloß der König von Preußen, Friedrich Wilhelm II., ein Schwachkopf, der Wachs in den Händen seiner hübschen Mätresse und der ihm von dieser zugeführten blutjungen Grafentöchter war, hinter dem Rücken seiner Verbündeten mit Frankreich zu Basel einen Sonderfrieden. Zuvor hatte sich Preußen bei der dritten, nunmehr vollständigen Aufteilung Polens nochmals ein großes Stück dieses unglücklichen Landes einschließlich der Hauptstadt Warschau angeeignet.

Damit war jedem endgültig klar, daß alle schönen Worte, mit denen man den Krieg gegen das revolutionäre Frankreich zu einer Art von Kreuzzug gegen die Ketzer und Königsmörder verklärt hatte, nichts anderes waren als die Verbrämung nackter Interessenpolitik: Preußen, das vorgab, das Königtum, die »Legitimität« und die »gottgegebene Ordnung« zu schützen, war selbst zum brutalen Zerstörer des alten polnischen Königtums geworden und hatte - wie ein zeitgenössischer Publizist es formulierte - »Polens Rechte hinweggeschoben wie altes Gerümpel«. Ohne mit der Wimper zu zucken war Preußen nun bereit, das linke Rheinufer mit Aachen, Köln, Koblenz, Mainz und Trier den Franzosen preiszugeben und ihnen ganz Süddeutschland als »Interessen- und Einflußsphäre« zu überlassen. Dafür dehnte der König von Preußen seine Herrschaft bis vor die Tore von Kowno, Grodno und Radom aus, machte Warschau, Bialystok und Ostrolenka zu Garnisonen seiner Regimenter und weitere drei Millionen Polen und Litauer zu preußischen Untertanen.

Der Abfall Preußens von seinen Verbündeten bewirkte zunächst, daß sich diese noch einmal aufrafften und den Franzosen Düsseldorf, Mainz, Mannheim und Heidelberg wieder entrissen. Aber schon im nächsten Frühjahr, 1796, brach die Rheinfront endgültig zusammen. Baden und Württemberg schlossen eilig einen Sonderfrieden nach preußischem Vorbild. Zwei französische Armeen marschierten durch Süddeutschland gegen Wien, während General Napeoléon Bonaparte von Süden her, aus Norditalien, in einer kühnen Zangenbewegung ins Herz des Habsburgerreiches vorstoßen sollte.

Zwar gelang es den Truppen des Kaisers, die durch Bayern nach Österreich vordringenden Franzosen aufzuhalten und vorübergehend bis an den Schwarzwald zurückzuwerfen; aber General Bonaparte drang mit seiner Armee von Süden her unaufhaltsam vor. Er hatte bereits die ganze Lombardei erobert; der Papst und die Könige von Sardinien und Neapel kapitulierten eilig in der Hoffnung, dadurch ihre verrotteten Feudalherrschaften wenigstens teilweise zu retten, als seine Siege bei Arcole und Rivoli ihm 1797 die letzten Schranken zum Vormarsch auf Wien öffneten. Nun war auch der Kaiser bereit, einen Waffenstillstand und bald darauf den Frieden von Campo Formio zu schließen. Er gab darin ganz Oberitalien und die Niederlande preis, verzichtete auf die Rheinlande und brach damit dem Reich, über das er dem Namen nach noch immer herrschte und das formell noch weitere sieben Jahre in totaler Ohnmacht fortbestand, das Rückgrat. Die vielen hundert deutschen Zwergstaaten-Tyrannen, die sich bis dahin hochmütig und mitleidlos in ihr Gottesgnadentum gehüllt hatten, verzichteten jetzt auch auf den äußeren Anschein von Adel und Würde. Es gab keine Erniedrigung, die sie nicht bereitwilligst auf sich nahmen, um nur ja ihre Souveränität und damit das Recht, ihre Untertanen zu unterdrücken und auszubeuten, so lange wie möglich zu retten. Sie feilschten und bettelten, winselten und krochen um die Vertreter Frankreichs, schoben ihre kaum mannbaren Töchter den Revolutionsgeneralen, die sie noch ein paar Tage zuvor als Müllkutscher und Bauernlümmel bezeichnet hatten, katzbuckelnd in die Betten und gierten zugleich nach den fetten Abteien und Bistümern, deren »heilige Rechte« sie eben noch verteidigt hatten und mit denen sie jetzt für ihre Gebietsverluste entschädigt zu werden hofften.

Dies schien nun das höchst verdiente Ende jahrhundertelanger feudaler und absolutistischer Tyrannei, skrupelloser Mißachtung aller Menschenrechte und schamloser Ausbeutung zu sein, die Stunde der Befreiung der Deutschen von landesfürstlicher Unterdrückung, zwar nicht aus eigener Kraft, aber aus der des Nachbarvolkes, das so erfolgreich sein schweres Joch abgeschüttelt hatte und sich im endlichen Besitz der Freiheit wähnte.

Aber nichts dergleichen geschah.

Das französische Volk, das sich seine Rechte blutig erkämpft hatte, behielt davon soviel, wie es sich nicht mehr nehmen ließ, auch nicht von dem Diktator, der nun seine Herrschaft antrat. Das deutsche Volk aber mußte erfahren, daß die Freiheit niemandem je als Geschenk zuteil wird, sondern daß man sie sich selbst entschlossen und gewaltsam nehmen und dann mit Zähnen und Klauen verteidigen muß - wenn man nicht weiter in Knechtschaft leben will.

8. Fehlstart in die Neuzeit und zurück zum Zopf

Deutschland in seiner tiefsten Erniedrigung war der Titel einer Schrift, die der Nürnberger Buchhändler Johann Philipp Palm 1806 herausbrachte und deretwegen er dann auf Befehl Napoléons vor ein französisches Kriegsgericht gestellt, zum Tode verurteilt und standrechtlich erschossen wurde.

In »tiefster Erniedrigung« befand sich indessen damals nicht Deutschland, schon gar nicht das deutsche Volk, sondern allein jene Mafia von kleinen und kleinsten Landesherren und ihr Anführer, der Kaiser des einstigen, schon lange ohnmächtigen und seit geraumer Zeit in völliger Auflösung befindlichen »Heiligen Römischen Reiches Deutscher Nation«. Als im selben Jahr 1806 der letzte Chef dieses in Konkurs gegangenen Konzerns, der Habsburger Franz II., auf Verlangen Napoléons die deutsche Kaiserkrone niederlegte, war dies nur noch, wie wenn der Generaldirektor eines gerade zwangsversteigerten Unternehmens auf Drängen der Konkursverwalter auch noch das Messingschild von der Tür seines ausgeräumten Chefbüros endlich entfernt.

Bis zu diesem Sommer 1896 hatte der zum Militärdiktator und dann sogar zum »Kaiser der Franzosen« aufgestiegene ehemalige Revolutionsgeneral Napoléon Bonaparte Deutschland bereits so gründlich verändert, daß erstmals seit Beginn der deutschen Geschichte eine wirkliche Neuzeit angebrochen zu sein schien, die die Menschen mit kühnen Hoffnungen erfüllte.

Von den etwa siebenundzwanzig Millionen Einwohnern Deutschlands erlebten zunächst knapp zwei Millionen Rheinländer, die französische Bürger geworden waren, dann alle übrigen, ausgenommen die etwa fünf Millionen Deutschen des Königreichs Preußen, den Zusammenbruch der geistlichen und weltlichen Feudalherrschaft. Leibeigenschaft und Fronen wurden beseitigt oder konnten abgelöst werden; Zunftzwang und Hörigkeit fanden ihr verdientes Ende; im Gerichtswesen galt jetzt die Gleichheit aller vor dem Gesetz, unabhängig von Stand oder Religion, und es wurde nun nicht mehr geheim, sondern öffentlich und mündlich verhandelt; die Folter wurde abgeschafft, desgleichen die entwürdigende Prügelstrafe; der Bevormundung durch die Geistlichkeit wurden immer engere Grenzen gezogen, beispielsweise durch die Schaffung der Zivilehe und die Beseitigung der kirchlichen Aufsicht über die Schulen, vor allem wurden nun zahlreiche Bauern freie Eigentümer des von ihnen bestellten Landes.

Zugleich verschwanden die meisten deutschen Zwergstaaten von der Landkarte. Die ersten, die ihre Landesherrlichkeit verloren, waren die zahlreichen Erzbischöfe, Bischöfe, Äbte und Pröpste, auf deren Kosten zunächst all jene Fürsten, Grafen und sonstigen Zwergstaaten-Regenten entschädigt wurden, die dadurch, daß sich Frankreich die Rheinlande einverleibt hatte, nun ohne Untertanen waren, auf deren Kosten sie leben konnten. Damals bekamen die Reichsgrafen Kolbe von Wartenberg, die Erben der habgierigen Mätresse des ersten Preußenkönigs, als Ersatz für ihre verlorengegangenen linksrheinischen Besitzungen die ehemalige schwäbische Reichsabtei Roth; die Fürsten von Thurn und Taxis erhielten für ihr in Belgien gelegenes Fürstentum die Abteien Marchthal und Neresheim sowie das Damenstift Buchau in Württemberg, und ein anderer Zwergstaaten-Souverän, der Herzog von Arenberg, wurde mit der ehedem kurerzbischöflich kölnischen Herrschaft Recklinghausen und der zuvor bischöflich münsterischen Grafschaft Meppen für seine nun französischen, zwischen Jülich und Köln gelegenen Lande entschädigt.

Diese vielen hundert neuen Miniatur-Souveränitäten waren jedoch zumeist nur von kurzer Dauer. Einige Jahre lang tagte die sogenannte »Reichsdeputation«, die »Ordnung« in das Länderchaos bringen sollte. Dabei ging es zu wie bei einem Syndikat von Grundstücksmaklern; es wurde gefeilscht und bestochen; keine Intrige, kein Trick, keine Fälschung war den Herren zu gemein, als daß sie sie nicht zumindest probiert hätten, um für sich selbst oder ihre besten Kunden das eine oder andere schöne Terrain zu ergattern. Dabei war den doch angeblich so frommen und kirchentreuen Aristokraten das Schicksal der zusammen mit ihren Bischöfen, Äbten und Äbtissinnen aus den geistlichen Ländchen vertriebenen Mönche und Nonnen völlig gleichgültig, der Verbleib aller Kirchenschätze, Bibliotheken und Sammlungen dagegen äußerst wichtig.

Die nächsten, denen es an den Kragen ging, waren die Reichsstädte und -dörfer und die kleinsten und daher schwächsten Adelsherrschaften, die kurzerhand denen zugeschlagen wurden, die am zudringlichsten darum bettelten und den französischen »Konkursverwaltern« selbst oder deren Land die größten Vorteile versprachen. Dann kamen die vielen kleinen Fürstentümer, Grafschaften und größeren Herrschaften an die Reihe.

Am Ende dieser ersten Etappe der großen Flurbereinigung, die mit dem sogenannten »Reichsdeputationshaupt(be)schluß« von 1803 endete, blieben von den vielen hundert deutschen Einzelstaaten kaum fünf Dutzend übrig, von den zahlreichen geistlichen Gebieten nur die des Johanniter- und Deutschen Ordens sowie das völlig umgestaltete und an den Main verlegte Kurerzbistum Mainz, von den vielen Reichsstädten nur Hamburg, Bremen, Lübeck, Frankfurt am Main, Nürnberg und Augsburg. Doch auch das war nur der Anfang.

Nachdem sich 1805 Großbritannien, Schweden, Rußland und Österreich zu einem neuen Krieg gegen Frankreich verbündet hatten, erklärte sich das Königreich Preußen – gegen die Zusage Napoléons, es werde dafür das zu England gehörende Kurfürstentum Hannover bekommen – für neutral; Baden und Württemberg, durch zahlreiche Gebietserwerbungen auf Kosten der kleinen geistlichen und weltlichen Feudalherren zu Staaten mittlerer Größe angewachsen, verbündeten sich mit Frankreich, und der bayerische Kurfürst Max Josef gab zwar den Österreichern zunächst sein Ehrenwort, seine Truppen nicht gegen sie kämpfen zu lassen, versprach auch, ihnen nach Kräften beizustehen und bat nur um etwas Geduld, weil sein Kronprinz in Frankreich auf Reisen sei und ein Opfer der Rache Napoléons werden könnte, falls Bayern übereilt an die Seite Österreichs trete. Aber als es dann ernst wurde, befahl auch Bayerns Kurfürst seinen Truppen, für Frankreich und gegen Österreich zu kämpfen.

Es gelang Napoléon, die ganze österreichische Nordarmee bei Ulm einzuschließen und zur Kapitulation zu zwingen, darauf trat die in Norditalien zunächst erfolgreich operierende Südarmee der Österreicher eilig den Rückzug an, um Wien und die Habsburger Stammlande zu schützen, denen inzwischen auch russische Heere zu Hilfe gekommen waren. Trotzdem gelang es den Truppen Napoléons, verstärkt durch badische, württembergische, hessische, rheinische und bayerische Regimenter, Wien zu erobern und im Dezember 1805 in der Schlacht bei Austerlitz die vereinte, zahlenmäßig überlegene österreichisch-russische Streitmacht so vernichtend zu schlagen, daß sich die Reste der Armee des Zaren eilig nach Polen zurückzogen, während Österreich kapitulierte und noch im selben Jahr Frieden mit Frankreich schloß.

Das Ergebnis dieses glänzenden Sieges war, daß die mit Napoléon verbündeten süd- und westdeutschen Staaten ein noch engeres Bündnis mit Frankreich eingingen. Sie schlossen sich zu einem »Rheinbund« zusammen, dessen »Schutzherr« - richtiger: alleiniger Chef und Oberbefehlshaber - Napoléon war. Zur Belohnung durften sich die wichtigsten Rheinbund-Fürsten die restlichen, in ihrer Reichweite liegenden Zwergstaaten und die Reichsstädte aneignen; Bayern und Württemberg wurden zu Königreichen, Baden zum Großherzogtum erhoben, und das neutral gebliebene Königreich Preußen bekam, wie es ihm versprochen worden war, das Kurfürstentum Hannover.

Preußens neuer König seit 1797, Friedrich Wilhelm III., ein unbedeutender, kleinkarierter, nicht nur zur Formulierung eines richtigen deutschen Satzes, sondern auch zu jedem festen Entschluß unfähiger Tropf, sollte aber nicht lange Freude an dieser Gebietserweiterung haben. Er und seine Minister hatten im Vertrauen auf die zahlenmäßig sehr starke und in »Kadavergehorsam« gehaltene preußische Armee sowie auf den Respekt, den dieses willenlose, maschinengleiche Werkzeug seit den großen Siegen Friedrichs II. in ganz Europa genoß, nichts unternommen, um die Rückständigkeit des Landes und die Unterdrückung der in Unmündigkeit gehaltenen preußischen Untertanen auch nur etwas zu mildern. Sie sahen in Napoléon zunächst nur den »starken Mann«, dem es gelungen war, die revolutionäre »Unordnung« in Frankreich zu beenden, und der es sich – dankenswerterweise – hatte angelegen sein lassen, sein Land, zugleich aber auch Preußen, auf Kosten der Habsburger und der Zwergstaaten-Fürsten kräftig zu vergrößern. Sie kamen gar nicht auf den – an sich recht naheliegenden – Gedanken, daß sich Napoléon das Königreich Preußen nur aufgespart haben könnte, um es dann, sozusagen zum Nachtisch, genüßlich zu verspeisen. Und sie sahen vor allem nicht, daß die französischen Armeen etwas ganz anderes waren als die mit Stock und Peitsche, Spießrutenlaufen und »Krummschließen« in strengster Zucht gehaltenen preußischen Regimenter, die keinerlei Begeisterung erfüllte, sondern nur dumpfer Haß gegen ihre Vorgesetzten.

Infolgedessen waren sie völlig unvorbereitet, als Napoléon bereits im Herbst 1806 den Krieg gegen Preußen und dessen Verbündeten, den Kurfürsten von Sachsen, begann. Allerdings: Die preußische Führung glaubte, glänzend vorbereitet zu sein. Ein General meinte sogar, eigentlich brauchte man gar keine Gewehre und Säbel, sondern könnte die Franzosen auch mit Knüppeln in die Flucht schlagen, sofern sie es nicht, wie anzunehmen wäre, bereits vorzügen, beim bloßen Anblick der so fabelhaft gedrillten preußischen Armee einfach davonzulaufen.

Aber bereits wenige Tage nach Kriegsbeginn, am 14. Oktober 1806, kam es bei Jena und Auerstedt zu der vernichtendsten Niederlage in der Geschichte Preußens: Seine beiden Hauptarmeen wurden, jede für sich, binnen weniger Stunden vollständig besiegt. Was von den preußischen Regimentern, deren Mannschaften »bis zum Sergeanten aufwärts« mit den Volksarmeen Napoléons sympathisierten, übriglieb, lief zum Feind über oder stob in regelloser Flucht auseinander. Kursachsen ergab sich eilig und schloß sich bald darauf den Franzosen als neuer Verbündeter an, und die angeblich uneinnehmbaren preußischen Festungen kapitulierten ebenfalls, eine nach der anderen, ohne nennenswerten Widerstand zu leisten.

Magdeburg, zum Beispiel, wo 23 000 preußische Soldaten in Garnison standen und das mit achthundert Geschützen und riesigen Vorräten ausgestattet war, ergab sich bereits kampflos den Franzosen, als diese erst ganze drei Kanonen vor den Wällen aufgefahren hatten. Erfurt, Spandau, Stettin und Küstrin folgten dem Beispiel Magdeburgs, und nur Kolberg, wo eine Bürgerwehr unter Joachim Nettelbeck die Hauptlast der Verteidigung übernommen hatte, hielt bis Kriegsende aus.

Am 27. Oktober 1806, nur dreizehn Tage nach der entscheidenden Doppelschlacht bei Jena und Auerstedt, konnte Napoléon bereits mit seinen siegreichen Truppen in die preußische Hauptstadt Berlin einziehen, während König Friedrich Wilhelm III. mit seinem ganzen Hof in die alleräußerste Nordostecke seines Landes, nach Memel, geflüchtet war.

Der Bevölkerung von Berlin hatte man die vollständige Niederlage der preußischen Armeen bei Jena und Auerstedt zunächst überhaupt nicht mitgeteilt. Was ging, so fand die Regierung, das Volk dergleichen an? Erst drei Tage später, als Massen von Verwundeten in Berlin eintrafen, geruhte der Gouverneur der Hauptstadt, Friedrich Wilhelm Graf von der Schulenburg, den von wilden Gerüchten verängstigten, sich um ihre zum Heeresdienst gepreßten Angehörigen sorgenden Berlinern durch Plakatanschlag mitzuteilen: »Der König hat eine Bataille (=Schlacht) verloren. Jetzt ist Ruhe die erste Bürgerpflicht. Ich fordere die Einwohner Berlins dazu auf. Der König und seine Brüder leben« – als ob sich das Volk von Berlin Sorgen um den geflüchteten König und dessen Brüder gemacht hätte!

Man hoffte vielmehr in Berlin auf das baldige Ende der Hohenzollern-Tyrannei, auf endliche Befreiung von der Herrschaft der verhaßten Offiziere und Junker. Als Napoléon Quartier im königlichen Schloß bezog, jubelte die Bevölkerung ihm zu, und Unter den Linden sang man, auf die feige Flucht des unfähigen Landesherrn anspielend: »Unser Dämel ist in Memel ... !«

Nachdem die Franzosen das ganze Land besetzt und auch die den Hohenzollern zu Hilfe gekommenen Truppen des Zaren von Rußland bei Preußisch-Eylau geschlagen hatten, diktierte Napoléon im Sommer 1807 dem Preußenkönig den Frieden: Alle preußischen Gebiete westlich der Elbe mußten an einen neuen Staat, Westfalen, abgetreten werden, dessen König Napoléons jüngster Bruder, Jérôme, wurde. Frankreich stellte auch die Unabhängigkeit Polens, das sich während des Krieges gegen die preußische Herrschaft erhoben hatte, wieder her. Die den Polen geraubten preußischen Provinzen wurden, in enger Anlehnung an Frankreich, als »Großherzogtum Warschau« wieder polnisch.

Ein weiterer schwerer Schlag für Preußen war es, daß sich nun der Zar von Rußland mit seinen Truppen auf die Seite Napoléons schlug, so daß von der großen europäischen Koalition gegen Frankreich nur noch Großbritannien übrigblieb. Gleichzeitig wurden Belgien, die Niederlande, die norddeutsche Küste, Hamburg und sogar Erfurt französisch. Rest-Preußen blieb besetzt, und damit gab es in Deutschland nur noch einen mächtigen Oberherrn: den Franzosenkaiser Napoléon Bonaparte.

Seine nur wenige Jahre dauernde Herrschaft über nahezu alle Deutschen bewirkte in kurzer Zeit Außerordentliches: Da waren zunächst die grundlegenden gesellschaftlichen Reformen, die überall einsetzten, auf dem Lande wie in den Städten. Die Lage der Bauern verbesserte sich ganz wesentlich, wenn auch - wie wir noch sehen werden - nicht überall gleichmäßig. Die Städte erhielten, sogar in Preußen, eine begrenzte innere Selbstverwaltung, die zwar vorerst nur den wohlhabenden Bürgern einige kommunalpolitische Rechte brachte, aber immerhin ein bedeutsamer Anfang war. Besonders stark wirkte sich die Beseitigung des mittelalterlichen Zunftzwangs und die Verkündung der Gewerbefreiheit, sogar für bislang unterdrückte Minderheiten wie die Juden, auf die Belebung der Wirtschaft und die Stärkung des Bürgertums aus. Dazu kam der mit großer Energie vorangetriebene Bau eines modernen Straßennetzes, das Napoléon für rasche Truppenbewegungen brauchte, das aber natürlich auch dem zivilen Verkehr sehr zugute kam. Die Beseitigung der vielen Zwergstaaten, die volle Gleichstellung aller christlichen und nichtchristlichen Glaubensbekenntnisse und die zunehmende Vereinheitlichung des Rechts wie der Münz- und Maßsysteme bewirkten ein allmähliches Zusammenwachsen, die Anfänge eines staatsbürgerlichen Denkens

Der König hat eine Bataille verlohren. Jetzt ist Ruhe die erste Bürgerpflicht. Ich fordere die Einwohner Berlins dazu auf. Der König und seine Brüder leben!

Berlin, den 17. October 1806.

Graf v. d. Schulenburg.

Proklamation an die Einwohner Berlins nach der Schlacht von Jena und Auerstedt.

sowie, vor allem im Bürgertum, eine Stärkung des Selbstbewußtseins und eine erwachende Vorliebe für liberale Verhältnisse, die dem begüterten einzelnen einen größeren privaten Freiheitsraum gewährten.

Die Napoleonische Herrschaft über Deutschland hatte auch zur Folge, daß nach den vernichtenden Niederlagen, die sich sämtliche deutschen Fürsten mit ihren zusammengeprügelten Armeen geholt hatten, zunächst in allen Volksschichten ein Großteil des Respekts vor dem Militär verlorenging. Es dämmerte den deutschen Untertanen, daß gegen ein einiges, entschlossenes, freiheitsdurstiges und bewaffnetes Volk keine noch so gut gedrillte Armee von Zwangsrekrutierten standzuhalten vermochte. Zugleich kam so etwas wie Scham über die Deutschen, daß sie nicht selbst den Mut gehabt hatten, ihre eigenen Zwingburgen zu stürmen; daß sie von französischen Volksarmeen befreit worden waren. Aber je selbstverständlicher die Vorteile wurden, die die Franzosenherrschaft dem deutschen Volk gebracht hatte, je stärker man die Steuerlast spürte, die Napoléon den Deutschen auferlegte, um damit seine immer neuen Eroberungskriege zu finanzieren, und je mehr Soldaten er dem Rheinbund und den anderen deutschen Vasallen abforderte, desto größer wurde die Abneigung des deutschen Volks gegen die Fremdherrschaft. Und aus diesem gemeinsamen Haß auf die Besatzungsmacht entwickelte sich, erstmals in der deutschen Geschichte in solchem Ausmaß und auch die untersten Volksschichten erfassend, ein stärkeres deutsches Nationalgefühl.

In Preußen herrschte besonders große Unzufriedenheit. In diesem rückständigen, militaristischen Land ließen sich Reformen, wie sie von einigen vernünftigen Männern, insbesondere dem Reichsfreiherrn Karl vom und zum Stein, angestrebt wurden, nur schrittweise und gegen den hinhaltenden Widerstand der Junker durchsetzen. Am 9. Oktober 1807 wurde den »erbuntertängien« (das heißt: praktisch leibeigenen) preußischen Bauern endlich gestattet, ohne Genehmigung ihres Gutsherrn den Wohnbezirk zu wechseln und ihre Kinder ein Handwerk erlernen zu lassen. Aber die Frondienste und Abgaben blieben bestehen, ebenso die Polizeigewalt und Gerichtsbarkeit der Junker, die schon gegen dieses, die Leibeigenschaft lockernde »Oktober-Edikt« mit allen Mitteln Widerstand leisteten. »Lieber drei Niederlagen wie die bei Jena als ein Oktoberedikt«, lautete ihre Parole. Auch in den preußischen Städten, die bislang nur von adligen Beamten regiert worden waren, gab es ein paar zaghafte Reformen. Die Bürger – das heißt: die Wohlhabenden, die das Bürgerrecht hatten, etwa acht bis zehn Prozent der jeweiligen Stadtbewohner – durften sich einen Magistrat wählen, und dieser konnte dem König drei Kandidaten für das Amt des Bürgermeisters vorschlagen. Dazu kamen immerhin noch die Aufhebung des Zunftzwangs und die nahezu uneingeschränkte Gewerbefreiheit.

Auch im preußischen Heer, dessen Reformbedürftigkeit selbst die konservativsten Junker nicht bestreiten konnten, wurden die schlimmsten Züchtigungen abgeschafft oder doch eingeschränkt; zumindest auf dem Papier erkannte man auch Nichtadligen, wenn sie sich ganz besonders tüchtig und hervorragend tapfer gezeigt hatten, das Recht zu, durch die »Gnade« des Königs Offiziere zu werden. Auch wurde endlich, wie in den anderen deutschen Armeen, jener allen Soldaten tief verhaßte lange Zopf, den die Mannschaften bis dahin hatten tragen müssen, auf Drängen der Reformer abgeschafft.

Diese Beseitigung eines bloßen Symbols waren die Junker noch gerade hinzunehmen bereit. Aber als sich fortschrittliche Offiziere wie der (erst 1804 geadelte) Generalstabschef Georg David von Scharnhorst, der sich als Bauernsohn in hannoverschen Diensten zum Offizier hochgekämpft hatte und erst danach in die preußische Armee eingetreten war, für die allgemeine Wehrpflicht einsetzten, wurde der Widerstand der Junker übermächtig. Der Gedanke, die unterdrückten Bauern und Arbeiter zu bewaffnen und ohne ständige Prügel auszubilden, erfüllte die Junker wie auch den König mit begreiflicher Angst. Auch ein anderer hoher Offizier, der bald Napoléons bedeutendster militärischer Gegenspieler werden sollte, scheiterte zunächst bei dem Versuch, Scharnhorst zu unterstützen und aus der »Militärstrafanstalt«, die das preußische Heer damals war, eine Volksarmee zu machen. Dieser Kommandant, Neithardt von Gneisenau, hatte die Überlegenheit einer von Begeisterung erfüllten Bürger- und Bauernarmee gegenüber zusammengeprügelten Zwangsrekrutierten in Nordamerika erfahren, wo er dorthin verkaufte deutsche Truppen in den Kampf hatte führen müssen. Und bei der Verteidigung der Festung Kolberg war ihm vor Augen geführt worden, daß eine Bürgerwehr, die ihre eigene Stadt verteidigte, allen gepreßten Soldaten an Kampfbereitschaft überlegen war.

Doch die weiteren Reformvorschläge Gneisenaus und Scharnhorsts wie auch des Freiherrn vom Stein scheiterten an der Sturheit der preußischen Junker und der Unentschlossenheit des Königs. Der Freiherr vom Stein wurde im November 1808, wie schon einmal zuvor, aus seinem Ministeramt entlassen; daraufhin nahm auch Gneisenau seinen Abschied, und beide gingen ins Ausland, außer Reichweite Napoléons.

Die ungeheueren Geldsummen, die der Franzosenkaiser nach dem Tilsiter Frieden dem besetzten Preußen als Kriegsentschädigung abforderte, ließ König Friedrich Wilhelm III., wie es die deutschen Fürsten seit eh und je getan hatten, allein von den Bauern und Bürgern seines Landes aufbringen. Dadurch wurden alle Fortschritte wieder zunichte gemacht, die die Steinschen Reformen dem Lande zu bringen begonnen hatten. Der von den enormen Sondersteuern, Beschlagnahmungen von Pferden und Einquartierungen am allerwenigsten betroffene, auf seine Vorrechte pochende preußische Adel aber verstand es, den wachsenden Zorn der Bevölkerung von sich selbst auf die französischen Bedrücker abzulenken. Das war recht einfach, denn man brauchte den Bauern nur zu erklären, daß der »gnädige Herr« ihnen ja gerade erst »die Freiheit geschenkt« habe, die Franzosen dagegen jetzt das Doppelte und Dreifache dessen forderten, was das Volk bislang an Steuern, Sachabgaben und Fronleistungen aufzubringen gehabt hätte.

So ging es bis zum Sommer 1812, als Napoléon, um auch dem mit ihm verbündeten, aber seit dem Vorjahr wieder eine zunehmend antifranzösische Politik betreibenden Zaren seinen Willen aufzuzwingen, ohne Kriegserklärung in Rußland einfiel. Der Franzosenkaiser war siegesgewiß, hatte er doch 1809, als Österreich noch einmal den Krieg gegen ihn gewagt hatte, die Armeen der Habsburger nicht nur erneut geschlagen, sondern dabei fast alle deutschen Staaten auf seiner Seite gehabt. Nur ein paar kleinere Aufstände wie der des preußischen Majors von Schill waren aufgeflackert und rasch niedergeschlagen worden.

Allein die Bauern Tirols unter der Führung ihres Hauptmanns Andreas Hofer hatten dem bayerischen Hilfskorps Napoléons, das ihr Land zu besetzen versuchte, erfolgreich Widerstand geleistet und die Eindringlinge wiederholt zum Rückzug gezwungen. Der Friede von Wien, den Österreich mit Napoléon zu schließen gezwungen war, gab Tirol wieder den Bayern preis. Andreas Hofer wurde, nachdem er sich einen Winter lang versteckt gehalten hatte, gefangen nach Mantua auf die Festung gebracht und dort auf Napoléons Befehl standrechtlich erschossen, wie zuvor elf Offiziere Ferdinand von Schills in Wesel.

Die Tatsache, daß die für Frankreich kämpfenden und auch Rebellionen ihrer deutschen Landsleute brutal niederschlagenden Truppen aus dem Rheinland, Baden, Württemberg, Westfalen und vor allem die aus Bayern und Sachsen, vom Standpunkt Napoléons aus gesehen, völlig zuverlässig waren, bewog den Franzosenkaiser dazu, mit ihnen den Zug nach Rußland zu wagen.

Nur etwa zweihundertzehntausend der über sechshunderttausend Mann starken »Großen Armee«, die im Juni 1812 über die russische Grenze nach Osten vorstieß, waren Franzosen. Neben rund 90 000 Polen und etwa 30 000 Spaniern, Portugiesen und Italienern, waren alle übrigen Soldaten Deutsche, unter ihnen 32 000 Bayern, etwa 25 000 Sachsen, 25 000 Preußen, 40 000 Österreicher und mehr als hunderttausend Mann aus den westdeutschen Provinzen und Vasallenstaaten Frankeichs.

Von dieser riesigen Armee, der größten, die bis dahin jemals in Europa in einen Krieg geschickt worden war, kehrten nur klägliche Reste, etwa jeder zwanzigste Soldat, im Winter darauf zerlumpt und halb verhungert wieder heim. Fast jeder hatte Erfrierungen aufzuweisen, denn es war vor allem der russische Winter gewesen, der der »Großen Armee« den Garaus gemacht hatte, wobei die Taktik der zahlenmäßig stark unterlegenen russischen Armee, sich einfach in die Weite des Raumes zurückzuziehen und dem Eindringling nur leere Vorratslager und brennende Städte zurückzulassen, das übrige getan hatte. Napoléon mußte, ohne militärisch entscheidend geschlagen worden zu sein, den Rückzug antreten, und als nun Kosakenschwärme über die geschwächten, auf den einbrechenden strengen Winter überhaupt nicht vorbereiteten Regimenter herfielen, als jedes Bauerndorf, anstatt Proviant zu liefern, bewaffneten Widerstand zu leisten begann und Partisanen die in Wälder und Sümpfe versprengten Truppenteile niedermachten, da war die »Große Armee« endgültig verloren.

Diese ungeheuere Niederlage Napoléons – die ja zugleich den Untergang seiner zahlreichen deutschen Hilfstruppen bedeutete – löste in Preußen, später auch in anderen deutschen Staaten etwas sehr Seltsames aus: Die bis dahin von allen Entscheidungen ausgeschlossenen Befürworter einer großen Reform, wie sie der Freiherr vom Stein, Scharnhorst und Gneisenau eingeleitet hatten, die schwärmerischen deutschen Patrioten und die bürgerlichen Liberalen, sie fanden sich plötzlich verbündet mit ihren ärgsten Gegnern, den fortschrittsfeindlichsten Militärs und Junkern. Denn auch diese, wenngleich aus ganz anderen Gründen, befürworteten jetzt das rasche Einschwenken Preußens in das Bündnis gegen Napoléon und die Bewaffnung von Freiwilligen aus dem Volke.

Schon am 30. Dezember 1812 hatte der Befehlshaber des preußischen Hilfskorps der »Großen Armee«, der General Ludwig von York, einer der entschiedensten Gegner von Heeresreform und Bauernbefreiung, eine heimliche Abmachung mit den Russen getroffen. Yorks Korps war von Napoléon die Dekkung des Rückzugs nach Norden übertragen worden. Dadurch, daß er den Russen freie Hand ließ, über preußisches Gebiet vorzustoßen, ohne daß seine Truppen eingriffen, beschleunigte er den Untergang der »Großen Armee« – die, wie wir uns erinnern müssen, zu etwa vierzig Prozent aus Deutschen bestand; er rettete aber auf diese Weise auch dem König von Preußen dessen letzte Streitkräfte.

Seine Überlegung war etwa folgende: Bleibe ich, wie vertraglich abgemacht, mit meinen Truppen bei Napoléon, so wird mein Korps von den Russen aufgerieben. Dann ist Preußen schutzlos; Ostpreußen und alle ehemals polnischen Provinzen werden vom Zaren dem russischen Reich einverleibt, vor allem aber gibt es dann keine Truppen mehr, die einen allgemeinen Volksaufstand in den preußischen Kernprovinzen und in Schlesien würden verhindern können. Und dieser Volksaufstand, das war bereits vorauszusehen, würde sich nicht allein gegen die französische Fremdherrschaft richten, sondern auch gegen den immer noch mit Napoléon verbündeten König, gegen die bestehende Ordnung und vor allem gegen die Junker. Die nicht von den Russen annektierten Teile Preußens würden Provinzen eines neuen, reformfreudigen, womöglich sogar demokratischen Deutschlands werden. Und das wäre dann der Untergang der mühsam aufrechterhaltenen feudalistischen Ordnung.

Es gab nur noch eine Chance für das preußische Königtum und die bevorrechtigte Kaste der Junker. Sie bestand darin, eilig ein Bündnis mit dem zaristischen Rußland zu schließen, sich selbst mit an die Spitze der Volksbewegung zu stellen und Napoléon vernichtend zu schlagen und zu entmachten. Für diese sicherlich gewaltigen Anstrengungen konnte man dem Volk so viel wie nötig versprechen, um später, wenn keine äußere Gefahr mehr bestand, die alte Ordnung wiederherzustellen.

Und so geschah es. Nach dem heimlichen Bündnis Yorks mit den Russen, der sogenannten »Konvention von Tauroggen«, rief der bis dahin jeder Volksbewaffnung zutiefst abgeneigte General, zusammen mit dem aus Rußland eilig herbeigereisten, ihm höchst verdächtigen Freiherrn vom Stein, die Bürger und Bauern Ostpreußens zum bewaffneten Kampf gegen Napoléon auf. Dann wurde der Freiherr vom Stein damit beauftragt, den von der Gefährlichkeit des Spiels entsetzten König Friedrich Wilhelm III. »vor der Angst fast um den Verstand zu bringen«, wie es ein englischer Geschichtsforscher treffend beschrieben hat. Er malte dem König in grellsten Farben den Untergang Preußens aus, der nicht aufzuhalten wäre, hätte der »Landesvater« nicht den Mut, sich selbst an die Spitze der Bewegung zu stellen. Dennoch dauerte es lange Wochen, bis der buchstäblich vor Angst um seinen Thron schlotternde Preußenkönig Ende Februar 1813, zwei volle Monate nach der »Konvention von Tauroggen«, endlich in das Bündnis mit dem Zaren einwilligte, und weitere siebzehn Tage verstrichen, bis Friedrich Wilhelm III., fast gewaltsam dazu gezwungen, schreckensbleich und zitternd einen Aufruf »An Mein Volk« unterschrieb, den klügere Köpfe für ihn aufgesetzt hatten.

Dieser berühmte Aufruf, ergänzt durch die von Feldmarschall Kutusow, dem neuen gemeinsamen Oberbefehlshaber aller russischen und preußischen Truppen, fast gleichzeitig herausgegebene Proklamation von Kalisch, verklärte den Krieg gegen Napoléon zu einem Freiheitskampf mit nationaldeutschem Ziel. Es war die Rede von einer »Gestaltung des ganzen

Deutschen Reiches nach den Wünschen der deutschen Nation«, von der »Stunde der großen Abrechnung« und von »schimpflicher Absetzung« aller deutschen Fürsten, die immer noch bei Napoléon als dessen Verbündete ausharrten.

Schlesische privilegirte Zeitung

No. 34. Sonnabends den 20. März 1813.

Se. Majestät der König haben mit Sr. Majestät dem Kaiser aller Reußen ein Off- und Defensiv-Bündniß abgeschlossen.

An Mein Volk.

So wenig für Mein treues Volk als für Deutsche, bedarf es einer Rechenschaft, über die Ursachen des Kriegs welcher jetzt beginnt. Klar liegen sie dem unverblendeten Europa vor Augen.

Wir erlagen unter der Uebermacht Frankreichs. Der Frieden, der die Hälfte Meiner Unterthanen Mir entriß, gab uns seine Segnungen nicht; denn er schlug uns tiefere Wunden, als selbst der Krieg. Das Mark des Landes ward ausgesogen, die Hauptfestungen blieben vom Feinde besetzt, der Ackerbau ward gelähmt so wie der sonst so hoch gebrachte Kunstfleiß unserer Städte. Die Freiheit des Handels ward gehemmt, und dadurch die Quelle des Erwerbs und des Wohlstands verstopft. Das Land ward ein Raub der Verarmung.

Durch die strengste Erfüllung eingegangener Verbindlichkeiten hoffte Ich Meinem Volke Erleichterung zu bereiten und den französischen Kaiser endlich zu überzeugen, daß es sein eigener Vortheil sey, Preußen seine Unabhängigkeit zu lassen. Aber Meine reinsten Absichten wurden durch Uebermuth und Treulosigkeit vereitelt, und nur zu deutlich sahen wir, daß des Kaisers Verträge mehr noch wie seine Kriege uns langsam verderben mußten. Jetzt ist der Augenblick gekommen, wo alle Täuschung über unsern Zustand aufhört.

Brandenburger, Preußen, Schlesier, Pommern, Litthauer! Ihr wißt was Ihr seit fast sieben Jahren erduldet habt, Ihr wißt was euer trauriges Loos ist, wenn wir den beginnenden Kampf nicht ehrenvoll enden. Erinnert Euch an die Vorzeit, an den großen Kurfürsten, den großen Friedrich. Bleibt eingedenk der Güter, die unter

Aufruf Friedrich Wilhelms III. »An Mein Volk«.

Diese Proklamationen, die während der nächsten hundertdreißig Jahre als eine patriotische Tat des Preußenkönigs sondergleichen gepriesen wurden und von gläubigen Bürgern zunächst auch als solche empfunden worden waren, hatten nichts anderes zum Ziel, als die schamlose Ausnutzung der Begeisterung und Opferbereitschaft des Volkes. Zumindest der König selbst und seine engsten Ratgeber handelten in durchaus betrügerischer Absicht, und es läßt sich zu ihrer Entschuldigung allenfalls anführen, daß sie sich dies alles nicht selbst ausgedacht hatten, sondern daß sie gegen ihren Willen mitgerissen worden waren und nun zusehen mußten, wie sich ihre wahren Absichten am besten vertuschen ließen.

Zunächst ließ sich der so pathetisch verkündete Befreiungskampf sehr schlecht an. Von allen deutschen Staaten war nur Preußen von Napoléon abgefallen; der das ganze übrige Deutschland umfassende Rheinbund blieb mit dem Franzosenkaiser verbündet, und diesem gelang es mit überraschender Schnelligkeit, ein neues großes Heer aufzustellen und damit im Frühjahr 1813 den Preußen und Russen solche Niederlagen beizubringen, daß schon im Juni beide Mächte erschöpft um Waffenstillstand bitten mußten. Das war für das Volk eine herbe Enttäuschung. Denn bislang hatte sich für die große Masse der überwiegend bäuerlichen Bevölkerung Ostdeutschlands herzlich wenig, um nicht zu sagen: gar nichts, von den großen Hoffnungen erfüllt, die an den Beginn des »großen vaterländischen Befreiungskampfes der deutschen Nation« geknüpft worden waren.

Wenn sich vorher eine kaiserlich französische Einquartierung im Hause breitgemacht hatte, sich bedienen ließ und die Speisekammer plünderte, ein napoléonischer Grenadier aus Köln oder Mainz der Frau zu nahegetreten war, ein anderer aus Hamburg oder Rotterdam die Tochter verführt hatte und der Rappe, das vorletzte Pferd auf dem Hof, von einem bayerischen Sergeanten für die Armee des Kaisers von Frankreich beschlagnahmt und fortgeführt worden war, so hatte man sich immerhin mit diesen Soldaten noch sprachlich verständigen können. Und, was Frau und Tochter betraf, damit getröstet, daß sogar der Habsburger-Kaiser in Wien gezwungen gewesen war, seine Tochter Marie-Louise dem Emporkömmling Bonaparte zu überlassen, der dann - wie alle Welt wußte - seine Siegerrechte noch vor der Hochzeit auf eine für die neunzehnjährige Habsburgerin sehr peinliche Weise, nämlich im Reisewagen, wahrgenommen hatte.

Jetzt waren es Verbündete, kaiserlich russische Kosaken, die sich ohne langes Federlesen nahmen, was ihnen gefiel, die Frauen nicht ausgenommen; man konnte nicht mal mit ihnen reden, und sie waren, zumal wenn sie getrunken hatten, unberechenbar gewalttätig. Was aber das Schlimmste war: Nichts von den Versprechungen, insbesondere einer »Gestaltung des ganzen Deutschen Reiches nach den Wünschen der deutschen Nation«, hatte sich erfüllt!

Man tröstete sich damit, daß erst der endgültige Sieg über Napoléon erfochten werden mußte, und man vertraute dabei auf Österreich, das sich bislang streng neutral verhalten hatte, nun aber gewiß eingreifen und, gemeinsam mit Preußen und Rußland, dem Franzosenkaiser den Garaus machen würde.

Diese Hoffnungen erfüllten sich, wenngleich nur auf militärischem Gebiet, nachdem monatelange Verhandlungen zwischen dem österreichischen Staatskanzler Fürst Metternich mit Napoléon einerseits, dem Zaren und dem Preußenkönig andererseits, keine alle befriedigende Lösung erbracht hatten. Im Oktober 1813 kam es zu einer dreitägigen »Völkerschlacht« bei Leipzig, durch die Napoléons Macht zusammenbrach. Zwar konnte er sich mit den Resten seiner Armee nach Frankreich zurückziehen und unterwegs auch noch die bayerische Armee schlagen, deren König durch raschen Übertritt ins Lager der Feinde Napoléons seinen Thron retten wollte. Aber nun fielen auch die letzten deutschen Verbündeten Frankreichs eilig von jenem Mann ab, den sie bislang umschmeichelt und angebettelt hatten und für den hunderttausend Deutsche von ihnen geopfert worden waren. Nun konnten die vereinigten Russen, Preußen, Österreicher, Briten, Rheinbund-Fürsten, Schweden, Italiener und Spanier den Krieg nach Frankreich hineintragen, die zähe Gegenwehr Napoléons brechen, Paris besetzen, den Franzosenkaiser zur Abdankung zwingen und nach Elba verbannen, während ein dicker Bourbone, Ludwig XVIII., ein Bruder des während der Französischen Revolution hingerichteten Königs, aus dem Exil zurückkehrte, mit der ganzen Überheblichkeit eines »angestammten Herrschers« den Thron von Frankreich einnahm und daranging, die alte Feudalherrschaft von Adel und Geistlichkeit wiederaufzurichten.

Diese »Rückkehr zur Rechtmäßigkeit«, die die Siegermächte dem am Boden liegenden Frankreich bescherten, war ein böses Vorzeichen für Deutschland. Und eigentlich war damit alles, was dann auf dem Wiener Friedenskongreß, der im Juni 1815 endete, von den Staatsmännern ausgehandelt und beschlossen wurde, bereits deutlich vorgezeichnet: Es sollte, soweit wie irgend möglich, alles wieder so werden, wie es vor 1789 gewesen war, ehe »unbotmäßiger Pöbel« die »Alte Ordnung« über den Haufen geworfen hatte.

Allerdings trieb man die »Rückkehr zur Rechtmäßigkeit« nicht so weit, daß man die eben noch samt und sonders mit dem gestürzten Franzosenkaiser verbündeten und verschwägerten Herrscherhäuser nun auch aufgefordert hätte, die enteigneten Kirchengüter, die Schätze ausgeplünderter Abteien oder gar die Landeshoheit über die ehemals geistlichen Gebiete wieder herauszurücken. Man begnügte sich vielmehr damit, daß man versprach, den Kirchen Gelegenheit zu geben, sich wieder kräftig zu bereichern - auf wessen Kosten, das bedurfte keiner Erläuterung. Auch die zahllosen adligen Familien, die bis zum Ende des 18. Jahrhunderts Zwergstaaten-Alleinherrscher »von Gottes Gnaden« gewesen waren, bekamen nur in Ausnahmefällen ihre Landesherrlichkeit zurück, beispielsweise die Oldenburger, weil sie mit dem Zaren von Rußland eng verwandt waren. Anderen beließ man die Souveränität ebenfalls nur aus solchen Gründen.

In Baden beispielsweise, wo - wie wir uns erinnern - zur Zeit des Preußenkönigs Friedrich II. ein Enkel des Haremsbesitzers und Gründers von Karlsruhe, Markgraf Karl Friedrich, regiert hatte, entwickelten sich die Dinge folgendermaßen: Karl Friedrich, der nach dem Ausbruch der Französischen Revolution zunächst noch seinen alten Leibarzt hatte prügeln lassen, weil dieser Sympathien für die Entwicklung in Frankreich erkennen ließ, entdeckte bald darauf selbst sein Herz für den großen Nachbarn, obwohl (oder weil) französische Truppen 1796 das ganze Ländchen binnen weniger Stunden erobert hatten, weshalb der Markgraf samt Familie und Hof zunächst nach Ansbach geflohen war.

Was Karl Friedrichs Familie betraf, so muß am Rande vermerkt werden, daß der Markgraf fast sechzigjährig die um mehr als vierzig Jahre jüngere Tochter Louise seines Kämmerers Geyer von Geyersberg – aus der Nachkommenschaft des in der großen deutschen Revolution von 1524/25 als einer der Anführer der aufständischen Bauern im Kampf gefallenen Ritters Florian Geyer – zunächst zur Mätresse genommen und dann geheiratet hatte. Die Folge davon war ein heftiger Familienstreit mit den Verwandten der ersten Frau des Markgrafen, wobei der jüngste Sohn aus erster Ehe, der damals vierundzwanzigjährige Prinz Ludwig, die Partei des Vaters und der jungen hübschen Stiefmutter ergriff, deren heimlicher Liebhaber er war.

Diese Hof- und Familienstreitigkeiten traten jedoch rasch in den Hintergrund, als durch den Sieg des revolutionären Frankreichs über die deutschen Kleinstaaten die Selbständigkeit des kleinen Landes in höchste Gefahr geriet. Wenn Baden dann doch nicht aufgeteilt, sondern sogar zum Kurfürstentum erhoben und erheblich vergrößert wurde, nämlich um die rechtsrheinischen Besitzungen der Bistümer Konstanz, Basel, Straßburg und Speyer sowie um Teile der Pfalz, so waren Gebietsgewinn wie Rangerhöhung teils der klugen Heiratspolitik Karl Friedrichs zu verdanken, der seine Enkelin 1793 mit dem Großfürsten und späteren Zaren Alexander von Rußland vermählt hatte, teils der rechtzeitigen und großzügigen Bestechung französischer Minister, insbesondere des Fürsten Talleyrand.

Nachdem Napoléon zum Herrn Europas aufgestiegen war, erhielt Baden auch noch den Breisgau mit Freiburg zugesprochen und war nun fünfmal so groß wie ein Jahrzehnt zuvor. 1806 wurde Karl Friedrich, der Napoléon fleißig Truppen zur Verfügung stellte, zum Großherzog befördert und erhielt zugleich die Hoheit über die bis dahin selbständigen Rheinbund-Fürstentümer Leyen, Leiningen und Fürstenberg. Und

1807 vermählte der nunmehrige Großherzog von Baden, dessen zweite Frau noch vor dem Ende des deutschen Kaisertums von Franz II. zur Reichsgräfin von Hochberg ernannt worden war, seinen Enkel, den Erbprinzen Karl, zwangsweise mit Stephanie de Beauharnais, einer Adoptivtochter Napoléons, wodurch nun auch verwandtschaftliche Beziehungen zum Hof von Paris hergestellt waren. Das hatte mehr Bedeutung als die ganze badische Armee, die zu dieser Zeit nur noch aus 35 Mann Leibgarde, einem Leibregiment von 600 Mann und etwa vierhundert weiteren, meist invaliden Soldaten bestand.

Großherzog Karl Friedrich starb 1811, ohne den Untergang Napoléons noch erlebt zu haben, im fünfundsiebzigsten Jahr seiner Regierung. Nachfolger wurde sein fünfundzwanzigjähriger Enkel Karl, von dem der Franzosenkaiser, obwohl er doch der Adoptiv-Schwiegervater dieses jungen Mannes war, kurz und bündig festgestellt hatte: *»Ce prince est indécrotissable!«*, was etwa bedeutete, daß er ihn für unverbesserlich gemein und verkommen hielt. Tatsächlich war der neue Großherzog von Baden ein fauler, absolut nichtsnutziger, lasterhafter und despotischer Landesherr, über den der deutsche Patriot Ernst Moritz Arndt in seiner Schrift *Beherzigungen vor dem Wiener Kongresse* zornig schrieb: »Der Großherzog von Baden zu Carlsruhe hat sich dem Gemeinen ergeben, ist sorglos verschwenderisch und ausschweifend und versteht bei alledem, seine Höflinge und Günstlinge in Kleinigkeiten mit einem rechten Tyrannenkitzel zu peinigen, während er nur tut, was seinen Lüsten beliebt... Ohne Scheu für Anstand und Sitte und ohne einen Gedanken an das Wohl seiner armen Untertanen... überläßt er sich der bodenlosesten Verschwendung und Üppigkeit.«

Mit Freuden hätten die Badener dieses Zerrbild eines »Landesvaters« davongejagt, aber die engen verwandtschaftlichen Beziehungen des großherzoglichen Hauses zum Zaren Alexander von Rußland verhinderten dies. Fürst Metternich, der Wiederhersteller der »rechtmäßigen« Ordnung in Europa, unterstützte den Wunsch des Zaren, und so behielt der Wüstling die Großherzogswürde und den vollen, mit dem Blut seiner Untertanen erkauften Besitzstand.

Im Baden benachbarten Württemberg war 1797 ein Neffe des Herzogs Karl Eugen, des großen Soldatenverkäufers, an die Regierung gekommen, da der Onkel zwar unzählige »natürliche« Söhne, aber keine ehelichen Nachkommen hatte. Dieser Neffe, ein sehr beleibter Herr namens Friedrich, war zuvor Gouverneur der Zarin Katharina II. in Cherson gewesen und hatte dort gelernt, daß sich mit tiefer Verachtung des gemeinen Volkes und ständiger Anwendung der Peitsche am leichtesten regieren läßt. Friedrich hatte den Zaren Paul von Rußland und Kaiser Franz von Österreich zu Schwägern und war mit einer Tochter des geisteskranken Königs Georg III. von Hannover und Großbritannien verheiratet, infolgedessen verpflichtet, der ersten großen Koalition gegen das revolutionäre Frankreich beizutreten. Als seine Minister ihm wegen der sehr gefährdeten Lage Württtembergs und der pro-französischen Stimmung des Volks dringend zu strikter Neutralität rieten, jagte er sie kurzerhand davon und ernannte einen Kreis von jungen Leuten, die seine Liebhaber waren, zum neuen Kabinett. Während er mit seinen Freunden ein Fest nach dem anderen feierte, kämpften die württembergischen Regimenter gegen Frankreich, wurden geschlagen und liefen zu Hunderten zum angeblichen Feind über. Als im Juli 1800 die französische Armee Stuttgart und dann auch Ludwigsburg besetzte, floh Friedrich unter Mitnahme seiner Freunde und des Staatsschatzes nach Erlangen. Von dort aus stritt er sich mit der württembergischen Volksvertretung, wer die dem Lande auferlegte Kriegsentschädigung von sechs Millionen Gulden an dic Franzosen zu zahlen hätte, verhandelte unterdessen mit dem Zaren, dem Kaiser und mit Napoléons Minister Talleyrand, dem er riesige Bestechungssummen zukommen ließ. Er erreichte am Ende, daß er im Mai 1801 nach Ludwigsburg zurückkehren konnte; daß die Kriegsentschädigung nicht aus »seiner« Staatskasse zu zahlen war, sondern von der Bevölkerung aufgebracht werden mußte, und daß Württemberg 1803 auf Kosten der ehedem selbständigen Reichsstädte und Abteien rund 120 000 neue Untertanen erhielt. Er selbst wurde Kurfürst, und seine erste Amtshandlung war, den minderjährigen Sohn seines intimsten Freundes, der kurz zuvor verstorbenen mecklenburgischen Junkers Johann Karl von Zeppelin, zum Grafen und obersten Hofbeamten zu ernennen. 1805, beim dritten Krieg zwischen Frankreich und Österreich, wollte Friedrich gern neutral bleiben, doch Napoléon zwang ihn, auf französischer Seite mitzumachen. Zur Belohnung durfte er sich nach dem Sieg bei Austerlitz, bei dem nicht er und seine Liebhaber, wohl aber zahlreiche württembergische Regimenter mit hohen Verlusten beteiligt waren, König von Württemberg nennen. »Er genoß von da an«, schrieb ein paar Jahre später ein englischer Chronist, »die hohe Auszeichnung, der kleinste König Europas zu sein, und man verstattete ihm, am äußersten Ende der Königsbank niederzukauern ...« Aber für die Württemberger war die Sache nicht so lustig. Ihr unglaublich fettleibiger König – Napoléon äußerte über ihn einmal, offenbar habe die Natur an diesem dicken Fürsten zeigen wollen, wie weit sich die menschliche Haut ausdehnen lasse – schaffte die Stände und den Landtag, die einzigen Vertretungen der Städte, des niederen Adels und der Bürgerschaft, kurzerhand ab, verschärfte die Unterdrückung, schuf ein reines Polizeiregime mit eigener geheimer Gerichtsbarkeit, wobei er alle verhängten Strafen noch selbst willkürlich verschärfte. Er ernannte alle seine Günstlinge zu Grafen und Baronen, während er die alten Adelshäuser, die ehedem selbständige Landesherren gewesen waren – die Fürsten Löwenstein, Hohenlohe, Fürstenberg und Waldburg beispielsweise – nach allen Regeln der Kunst schikanierte und ausplünderte, was von den frommen Württembergern als eine gerechte Strafe des Himmels angesehen wurde, weil »der Herr gerade mit dem straft, womit man selbst gesündigt«.

Der alte Adel hatte indessen nur allerlei Demütigungen und den Verlust von kleinen Teilen seines zusammengeraubten Vermögens hinzunehmen; die Württemberger dagegen, zumal die untersten Schichten, wurden rücksichtslos ausgepreßt und hatten außerdem immer neue Regimenter für die Feldzüge Napoléons zu stellen.

König Friedrich entwickelte sich derweilen zu einem der glühendsten Verehrer des Franzosenkaisers, gab seine Tochter dessen jüngstem Bruder, Jérôme, zur Frau, trat dem Rheinbund bei, paßte die innere Struktur Württembergs ganz dem

Empfang am Stuttgarter Hof (lavierte Zeichnung von Joseph Anton Koch, 1768–1839).

französischen Vorbild an und erweiterte seinen Hofstaat so enorm, daß er beispielsweise 293 Kammerherren ernannte. Mächtigster Mann im Staat wurde ein zum Grafen beförderter Stallbursche namens Dillen, der – obwohl er nie Soldat gewesen war – auch zum Generalleutnant ernannt und mit dem höchsten Militärverdienstorden ausgezeichnet wurde. Wie es am württembergischen Hof zuging, beschrieb General von Wolzogen in seinen Erinnerungen: »Mein Dienst beschränkt sich eigentlich darauf, alle Tage gut zu essen und zu trinken und mittags von 1 bis 3 Uhr sowie abends von $^1/_2$ 7 bis 10 Uhr den Angenehmen zu spielen. Das Leben in Ludwigsburg, wo der Hof den größten Teil des Sommers zubrachte, war fast noch widerwärtiger als das in Stuttgart, weil man ... eigentlich nur auf die Günstlinge des Königs beschränkt war, und diese ihre Roheiten und Gemeinheiten offen zur Schau tragen durften, was namentlich von dem ganz ungebildeten ersten Mignon General von Dillen gilt.« Ein anderer Chronist wußte zu berichten: »Der Hof verschlang jährlich Millionen. Zu diesen kamen nun noch die Millionen, die das Militär schluckte. Denn der

König hielt sich nicht nur eine zahlreiche und höchst kostspielige Leibwache, sondern er trieb auch das Soldatenwesen unnötigerweise aufs höchste. Feldmarschälle waren drei angestellt, die Garden nicht weniger als sechs Regimenter...«

Das Hauptvergnügen des dicken Königs war die Jagd. Das Wild mußte, wie schon bei seinen Vorgängern, für ihn zusammengetrieben werden. Tausende von Männern und Jungen waren damit oft wochenlang Tag und Nacht beschäftigt. »Falls Sie ihre Reise über Stuttgart nehmen«, schrieb damals ein russischer General an den Freiherrn vom Stein, »so werden Sie in einem für dieses deutsche Land interessanten Zeitpunkt eintreffen. Sie würden nämlich selbst sehen können, daß man auf den Feldern..., mitten in der Ernte, durch Hunderte von Bauern alles Wildpret meilenweit zu einem Jagen zusammentreibt, das Seine Majestät im Laufe des künftigen Monats auf einer Lustreise nach dem dem Grafen Dillen geschenkten Gute Däzingen im Vorüberreisen abzuschießen gedenkt...« Der König scheute sich auch nicht, gelegentlich Bauern eigenhändig zu erschlagen, wenn sie durch irgendein Versehen sein Mißfallen erregt hatten. Er meinte dann, es wäre Krieg; da müßten viele sterben.

Nachdem in der »Völkerschlacht« bei Leipzig württembergische Regimenter geschlossen zum »Feind« übergelaufen waren, wandte sich auch König Friedrich eilig von dem besiegten Napoléon ab, schloß sich der Koalition gegen Frankreich an und reiste zum Friedenskongreß nach Wien, wo er recht unfreundlich aufgenommen wurde. »Der König von Württemberg«, schrieb damals der Freiherr vom Stein, »ist von allen Fürsten allein in heftiger Aufregung, krank vor zurückgetretenem Stolz und Aufgeblasenheit, ohne Haltung und Maß. Es ist lächerlich zu hören, wie er... seine Umgebungen plagt, die sich die erhaltenen Ohrfeigen bezahlen lassen... Man muß hoffen, daß endlich der Despotismus dieses kleinen Sultans zerstört wird... oder daß er sich entschließt, vor Ärger zu bersten. Man sollte ihn (wie Napoléon) nach der Insel Elba bringen; diese Tyrannen würden sich Possen zum Totlachen spielen...«

Aber auch König Friedrich von Württemberg entging der Absetzung. Dank seiner engen verwandtschaftlichen Beziehungen zu den Höfen von Wien, London und St. Petersburg behielt er seine Souveränität und sein mit Hilfe Napoléons verdreifachtes Staatsgebiet.

Und so wie in Baden und Württemberg entwickelten sich die Dinge auch im übrigen Deutschland: Das Königreich Hannover wurde wieder britisch, und der in völligen Wahnsinn verfallene König Georg III., vertreten durch seinen Kronprinzen, einen verkommenen und brutalen Wüstling und Falschspieler, übernahm dort die Herrschaft. Auf den Thron des zum Kurfürstentum erhobenen Hessen-Kassel kehrte jener skrupellose Soldatenverkäufer zurück, der in seiner Jugend die Grafschaft Hanau ausgeplündert und die Hälfte aller gesunden Männer in wehrfähigem Alter nach Nordamerika verschachert hatte. Seine ersten Maßnahmen waren die Aufhebung sämtlicher Reformen; Rückgängigmachung aller neuen Gesetze, ausgenommen Steuererhöhungen; Zurückstufung aller Beamten und Offiziere auf den Rang, den sie 1806, am Tage der Flucht ihres »rechtmäßigen« Landesherrn, gehabt hatten; Wiedereinführung des Zopfes und der Prügelstrafe in der Armee; Annullierung der Staatsschuld zum Nachteil der Bürger, die Anleihen gezeichnet hatten; Wiedereinführung der Frondienste und Abgaben, von denen die Bauern sich unter großen Opfern freigekauft hatten, natürlich ohne Rückerstattung der gezahlten Summen, sowie Wiederinbesitznahme aller ehemals kurfürstlichen Ländereien, die während der napoléonischen Zeit aufgeteilt und an Bauern verkauft worden waren, ebenfalls ohne Entschädigung der Käufer.

Gleichzeitig präsentierte der Kurfürst dem Land eine Rechnung über vier Millionen Taler, die er während seines Exils »im Interesse des Kurfürstentums« verausgabt haben wollte, verordnete Sondersteuern zur Tilgung dieser »Schuld« und erklärte, entgegen allen auf dem Wiener Kongreß abgegebenen Versprechen, die kurhessische Staatskasse wieder zu seinem Privateigentum.

Insgesamt einigte sich der Wiener Friedenskongreß auf die Beibehaltung oder Wiederherstellung folgender deutscher Staaten: des (um seine früheren italienischen und illyrischen Provinzen vergrößerten) Kaiserreichs Österreich, der Königreiche

Preußen, Bayern, Sachsen, Hannover und Württemberg, des (noch um das Bistum Fulda vergrößerten) Kurfürstentums Hessen-Kassel, der Großherzogtümer Baden, Hessen-Darmstadt, Mecklenburg-Strelitz, Mecklenburg-Schwerin, Oldenburg, Sachsen-Weimar-Eisenach und Luxemburg, der Herzogtümer Holstein und Lauenburg (die beide zum Königreich Dänemark geschlagen wurden), Nassau, Braunschweig, Sachsen-Coburg, Sachsen-Gotha, Sachsen-Meiningen, Sachsen-Hildburghausen, Sachsen-Altenburg, Anhalt-Dessau, Anhalt-Köthen, Anhalt-Bernburg sowie Limburg (das, wie Luxemburg, zum Königreich Holland gehörte), der Landgrafschaft Hessen-Homburg, der Fürstentümer Waldeck, Lippe-Detmold, Schaumburg-Lippe, Schwarzburg-Rudolstadt, Schwarzburg-Sondershausen, Reuß ältere Linie, Reuß jüngere Linie, Hohenzollern-Hechingen, Hohenzollern-Sigmaringen und Liechtenstein sowie der Freien Städte Frankfurt am Main, Hamburg, Bremen und Lübeck. Diese insgesamt zweiundvierzig deutschen Großmächte, Mittel-, Klein- und Kleinststaaten waren sämtlich völlig souverän und bildeten nur einen losen »Deutschen Bund« mit einer ständigen, »Bundesrat« genannten Botschafterkonferenz in Frankfurt am Main.

Von einem deutschen Reich, einem einheitlichen Nationalstaat nach den Wünschen des Volkes und von allen anderen großen Versprechungen, die man den Deutschen zu Beginn der »Befreiungskriege« gemacht hatte, erst recht von den Hoffnungen einiger Idealisten auf eine freiheitliche, moderne Verfassung für ganz Deutschland, war überhaupt nicht mehr die Rede. Die Parole lautete: Rückkehr zur »guten alten Zeit« des Absolutismus, zur feudalen Unterdrückung und Ausbeutung, zur Unmündigkeit des Volkes und zu dem »von Gott verordneten« Gehorsam gegenüber jedweder Obrigkeit.

Und die Deutschen nahmen es hin, manche ein wenig murrend, andere glücklich darüber, daß die »Unordnung«, die die Französische Revolution verursacht hatte, nun vorüber war, die meisten mit stummer Ergebenheit in das offenbar unabänderliche Schicksal.

Es war, wie wenn man den Deutschen einige Jahre nach 1945, als das Hitlerreich in Schutt und Asche versunken war, von seiten der Siegermächte wieder alle Nazi-»Gauleiter« und SS-Obergruppen- und Gruppenführer angedient hätte, und diese wären in ihre alten »Dienststellen« zurückgekehrt, so als ob sich inzwischen nichts ereignet hätte, und selbst diejenigen, die wegen irgendeiner Neugliederung oder wegen des Fortfalls einiger Herrschaftsbereiche keinen eigenen »Gau« mehr hätten »regieren« können, wären mit einigen »arisierten« Großunternehmen wirtschaftlich saniert und so getröstet worden ... Denn auch die »Mediatisierten«, das heißt: diejenigen Adelshäuser, denen der Wiener Kongreß ihre im Zuge der großen napoléonischen »Flurbereinigungen« abhanden gekommene Souveränität nicht mehr zurückgeben konnte oder wollte, kamen nicht zu kurz. Zwar konnten sie ihre Ländchen nun nicht mehr selbständig regieren, Steuern erheben, Soldaten verkaufen und Unbotmäßige selbst einsperren, foltern und hinrichten lassen. Aber sie behielten das private Grundeigentum an ihren ehemaligen Territorien, zudem enorme Vorrechte gegenüber den übrigen Adligen.

Wie das im Einzelfall aussah und welche – bis in die Gegenwart reichenden – Auswirkungen das hatte, sei an ein paar Beispielen kurz erläutert:

Wir erinnern uns: Die Bauern im Kurfürstentum Hessen-Kassel, die im Vertrauen auf Recht und Gesetz die unter Napoléons Bruder Jérôme aufgeteilten Güter ihres geflüchteten Kurfürsten gekauft hatten, wurden nach dessen Rückkehr entschädigungslos enteignet; sie mußten auch die Frondienste und Abgaben, die sie zuvor teuer abgelöst hatten, ohne Rückzahlung dieser Beiträge von neuem leisten.

Die inzwischen zu Fürsten beförderten Erben jenes »Bauernjörg« von Waldburg, die 1803 ihre Souveränität über ihre vom Ahnherrn während der Niederschlagung der großen deutschen Revolution von 1524/25 zusammengeraubten Ländereien an den König von Württemberg verloren hatten, wurden durch den Wiener Kongreß zwar nicht wieder in ihre alten Landesherren-»Rechte« eingesetzt, aber man ließ ihnen das Privateigentum an einer Fläche, die etwa dem Gebiet von zwei bis drei mittleren Landkreisen entspricht. Alle Bauern, die dort das Land bestellten, waren fortan die zinspflichtigen Pächter der Fürsten von Waldburg – und das sind sie noch heute!

Die Herzöge von Arenberg, die – wie wir uns erinnern – für ihre linksrheinischen Besitzungen, die französisch geworden waren, eine aus ehedem kurkölnischem und bischöflich münsterischem Gebiet gebildetes Herzogtum als Entschädigung erhalten hatten, waren zunächst gezwungen gewesen, ihre Souveränität an den neuen König Jérôme von Westfalen abzutreten. Der Wiener Kongreß stellte das Herzogtum Arenberg als solches nicht wieder her. Aber man ließ den Herzögen die früher geistlichen Ländereien ebenfalls als Privateigentum, gab ihnen zudem als weitere Entschädigung das sogenannte »Bergregal«, das heißt: das Recht, von jeder Förderung von Bodenschätzen innerhalb ihres Grundeigentums hohe Abgabe zu kassieren. Und da die herzoglich Arenbergschen Ländereien von Meppen über Recklinghausen und Düsseldorf bis in die Eifel reichten, hatten die Arenberger bald enorme Einkünfte aus dem aufblühenden Ruhrkohlenbergbau, mit deren Hilfe sie ihren Grundbesitz weiter vermehrten. Heute gehören den derzeitigen Herzögen von Arenberg, allein in der Bundesrepublik, etwa 3 000 Quadratkilometer, davon ein Großteil im rheinisch-westfälischen Industriegebiet.

Andere waren noch glücklicher dran als die Waldburger und die Arenberger: So waren etwa die Fürsten von Waldeck und Pyrmont bis 1918 die Souveräne ihres winzigen Ländchens, kassierten dafür hundert Jahre länger Apanagen und Steuern und behielten dann, nachdem sie abgedankt hatten und für den »Thronverlust« reich entschädigt worden waren, unter Berufung auf die vom Wiener Kongreß völkerrechtlich verbindlich getroffenen Regelungen, das Privateigentum an fürstlichen Domänen mit einer Gesamtfläche von 100 Millionen Quadratmetern. Der 1967 verstorbene Fürst Josias zu Waldeck und Pyrmont – unter Hitler »Höherer SS- und Polizeiführer im Oberabschnitt Werra-Fulda« und »Gerichtsherr« des Konzentrationslagers Buchenwald – konnte seinem Ältesten, dem 1936 geborenen Fürsten Wittekind, diesen Besitz intakt hinterlassen.

Am Rande sei noch bemerkt, daß auch der österreichische Staatskanzler Fürst Metternich, dessen Familiengüter bei

Koblenz durch das Vordringen der französischen Revolutionstruppen verlorengegangen waren, dafür zunächst eine schöne Abtei in Württemberg erhielt, nach dem Sieg über Napoléon ein Schloß mit sehr wertvollen Weinbergen am Rhein aus dem ehemaligen Besitz des Bistums Fulda. Und diese Domäne, Schloß Johannisberg, gehört noch heute den Fürsten Metternich, deren Ahnherr um die Wiederherstellung der »Alten Ordnung« so sehr bemüht gewesen ist.

Metternich war es auch, der einer Erfindung des Zaren Alexander von Rußland praktische Bedeutung gab und damit zugleich dafür sorgte, daß alle Hoffnungen, die durch die Französische Revolution, die Steinschen Reformen und die Versprechungen bei Beginn der »Befreiungskriege« auf einen endlichen Beginn der Neuzeit, auch in Deutschland, wachgerufen worden waren, wieder zu Grabe getragen werden mußten. Diese Erfindung nannte sich die »Heilige Allianz«, und die vertragschließenden Mächte, nämlich der Zar von Rußland, der Kaiser von Österreich und der König von Preußen, also die Monarchen der drei rückständigsten Länder Europas, verpflichteten sich darin, ihre Beziehungen zu gründen »auf die Wahrheiten, die uns die Religion Gottes, unseres Heilandes, lehrt«. Was damit wirklich gemeint war, das sollten die Völker Europas, vor allem die Deutschen, während des nächsten halben Jahrhunderts auf bitterste Weise erfahren.

9. Das Bürgertum beginnt aufzumucken

»Eine Nation ohne Intelligenz und Gewitztheit«, so nannte der Preußenkönig Friedrich Wilhelm III. seine über zehn Millionen Untertanen. Diese waren zwar tatsächlich zu fast zwei Dritteln nicht einmal imstande, ihre Namen zu schreiben, und knapp dreißig Prozent der Einwohnerschaft des Königreichs kannten von der amtlichen Landessprache kaum mehr als zwei Dutzend Wörter - »jawoll«, »zu Befehl«, »rechts um«, »links um« oder marsch!« waren die geläufigsten; dies aber lag, was das Analphabetentum betrifft, vor allem an den kläglichen Schulverhältnissen, und was den erstaunlichen Mangel an Deutschkenntnissen angeht, so war er darauf zurückzuführen, daß fast drei Millionen Preußen gar keine Deutschen waren, sondern Polen, Litauer, Masuren, Sorben oder Kassuben.

Im übrigen: Wenn einer in Preußens Oberschicht kein Recht hatte, sich über mangelnde Bildung, Intelligenz und Gewitztheit des Volkes zu beschweren, dann war es der König selbst. Jeder Berliner Schusterjunge war gescheiter und gewitzter, fast jedes Bürgermädchen erheblich gebildeter als Seine Majestät. Auch erfüllte Friedrich Wilhelm III. keine der schwärmerischen Hoffnungen, die viele Deutsche an den siegreichen Ausgang der »Befreiungskriege« geknüpft hatten. Noch bevor Napoléon, der im März 1815 überraschend von Elba nach Frankreich zurückgekehrt war und sich wieder an die Spitze der Armee gestellt hatte, nach nur hunderttägiger Herrschaft am 18. Juni 1815 bei Waterloo erneut und diesmal endgültig besiegt worden war, hatte der Preußenkönig auf dem Wiener Kongreß seinen Beitritt zu dem - vom Freiherrn vom Stein und anderen Fortschrittlichen heftig umkämpften - »Deutschen Bund« erklärt.

In dessen Gründungsurkunde war vom deutschen Volk und seinen Wünschen so gut wie gar nicht mehr die Rede. Lediglich der Artikel 13 hatte in Aussicht gestellt: »In allen Bundesstaaten wird eine landesständische Verfassung stattfinden.« Friedrich Wilhelm III. meinte dazu, es sei damit dem Volk zwar eine Art Verfassung versprochen, aber nicht gesagt, für wann. Und während des nächsten Vierteljahrhunderts, bis zu des Königs Tod im Jahre 1840, sah Seine Majestät sich nicht veranlaßt, das vage Versprechen zu erfüllen.

Ebenfalls nicht interessiert war Friedrich Wilhelm III. an der nationalen Einigung der Deutschen, und darin stimmte er überein mit allen anderen Fürsten. Infolgedessen war der »Deutsche Bund« alles andere als ein Einigungswerk. Das seltsame Gebilde bestand – wie schon kurz erwähnt – aus sechs Kaiser- und Königreichen, wovon zwei, Preußen und Österreich, nur zum Teil dazugehörten, ferner 31 Kurfürsten-, Großherzog-, Herzog- und Fürstentümern, von denen drei durch auswärtige Souveräne, nämlich die Könige von Großbritannien, den Niederlanden und Dänemark, vertreten waren, sowie einer Landgrafschaft und vier »freien«, das heißt: unter eigener Regierung stehenden Städten. Das bunte Durcheinander von unterschiedlichsten Zoll-, Münz-, Maß-, Post- und Rechtssystemen lähmte Handel und Verkehr der Bundesstaaten untereinander. Von den etwas über 22 Millionen Einwohnern der zum »Deutschen Bund« gehörenden Gebiete waren mehr als ein Viertel keine Deutschen, sondern Tschechen, Slowaken, Kroaten, Italiener, Ladiner, Furlaner, Wallonen, Franzosen und Angehörige kleinerer Minderheiten. Nicht nur jeder der über vierzig selbständigen Bundesstaaten hatte Zollgrenzen und eigene Währung; auch innerhalb der einzelnen Länder und Ländchen gab es für die Provinzen und Städte oft besondere Zollregelungen sowie Dutzende von gesetzlichen Zahlungsmitteln. So wurden allein innerhalb von Mecklenburg an 83 verschiedenen Stellen Zölle erhoben, und zwar nach völlig unterschiedlichen Systemen. In den preußischen Provinzen östlich der Elbe waren 67 stark voneinander abweichende Zolltarife in Kraft, wobei der eine oft verbot, was der andere erlaubte. Zwischen den durch das Königreich Hannover getrennten West- und Ostprovinzen Preußens bestanden nahezu keine wirtschaftlichen Beziehungen. Und in den preußischen Rheinlanden waren 71 fremde

Münzsorten als gültige Zahlungsmittel anerkannt und im Umlauf.

Dieser »Deutsche (Fürsten-)Bund« wurde ergänzt durch die »Heilige Allianz« nahezu aller Fürsten Europas unter Führung der Herrscher von Rußland, Österreich und Preußen. Und die Hauptaufgabe dieser beiden, sich in Deutschland überschneidenden Bündnissysteme war es, alle freiheitlichen und fortschrittlichen Bestrebungen möglichst schon im Keim zu erstikken, alle Neuerungen, die die Französische Revolution und das Napoléonische Zeitalter gebracht hatten, soweit wie irgend möglich rückgängig zu machen und die Völker mit Hilfe der Polizei, des Militärs und der Geistlichkeit in strenger Zucht zu halten.

Österreich führte den Vorsitz im »Deutschen Bund«, und das gab dem Wiener Staatskanzler, Klemens Fürst von Metternich, zusätzlichen Einfluß auf die innerdeutschen Verhältnisse und eine zentrale Stellung bei der Verfolgung aller freiheitlich gesinnten Deutschen, die von den Regierungen damals schlicht als »Demagogen«, will heißen: Volksverführer und -aufwiegler, bezeichnet wurden.

Innerhalb der »Heiligen Allianz« gab der Zar Alexander I. von Rußland den Ton an und gefiel sich in der Rolle des »Gendarmen Europas«. Durch seine zahlreichen Agenten übte er besonders in den deutschen Kleinstaaten eine zusätzliche Kontrolle aus. Gesinnungsschnüffelei und laufend verstärkte Polizeimaßnahmen waren die Folge.

»Heilige Allianz« und »Deutscher Bund« lähmten zusammen jede politische, aber auch jede wirtschaftliche Entwicklung in Deutschland. Während sich andere europäische Länder, vor allem Großbritannien, Frankreich, die Niederlande und Rußland, durch Förderung ihrer Industrie hervortaten und diese durch hohe Zölle gegen die Einfuhr ausländischer Erzeugnisse schützten, gewährte der »Deutsche Bund« für Importe aus Konkurrenzländern nahezu völlige Zollfreiheit. Fremde Waren, besonders englische Fabrikerzeugnisse, überschwemmten daher die deutschen Märkte und ruinierten die heimische Industrie.

Um dem entgegenzuwirken, wurde 1819 von einigen Kaufleuten und Fabrikanten der »Deutsche Handels- und Gewerbeverein« gegründet. Sein führender Kopf war Friedrich List, geboren 1789 als Sohn eines Gerbers, seit 1817 Professor der Staatswirtschaft und -praxis in Tübingen. Er verfaßte 1819 eine Bittschrift, die der ständigen Botschafterkonferenz des »Deutschen Bundes« überreicht wurde und folgendermaßen begann:

»Erhabene Bundesversammlung! Wir unterzeichneten, zur Messe in Frankfurt versammelten Kaufleute und Fabrikanten nahen uns, tiefgebeugt durch den traurigen Zustand des vaterländischen Handels und Gewerbes, diesem höchsten Vorstand deutscher Nation, um die Ursachen unserer Leiden zu enthüllen und Hilfe zu erflehen.

In einem Lande, wo notorisch die Mehrzahl der Fabriken entweder eingegangen ist oder ein sieches Leben kümmerlich dahinschleppt, wo die Messen und Märkte mit Waren fremder Nationen überschwemmt sind, wo die Mehrzahl der Kaufleute fast untätig geworden ist, bedarf es da noch näheren Beweises, daß das Übel den höchsten Grad erreicht habe? Entweder liegt die Ursache dieses schauerlichen Zerfalls deutscher Gewerbe und Handlung in dem einzelnen oder in der gesellschaftlichen Ordnung ...«

Natürlich lag es an der gesellschaftlichen Ordnung, und ebenso selbstverständlich fand sich der »Deutsche Bund« nicht bereit, Abhilfe zu schaffen. Friedrich List verlor seine Professur und wurde 1822 wegen »staatsfeindlicher Aufreizung« zu Festungshaft verurteilt. Nur gegen das Versprechen, nach Nordamerika auszuwandern, ließ man ihn frei. Erst 1830, nachdem er sich in den Vereinigten Staaten als Publizist hohes Ansehen erworben hatte, konnte List als amerikanischer Konsul nach Deutschland zurückkehren, wo er sich – bis zu seinem Freitod im Jahre 1846 – nachdrücklich und in der Sache erfolgreich für den Eisenbahnbau einsetzte.

In noch weit stärkerem Maße als die bürgerlichen Kaufleute und Fabrikanten litten die wirtschaftlich Schwächsten, die Fabrikarbeiter, unter der industriefeindlichen Politik der Staaten des »Deutschen Bundes«. Ihnen kürzte man, in der trügerischen Hoffnung, auf diese Weise mit den Engländern konkurrieren zu können, die ohnehin erbärmlich geringen Löhne;

auch ersetzten die Fabrikanten in wachsendem Maße ihre Facharbeiter durch Kinder, denen sie nur etwa ein Viertel der Erwachsenenlöhne zu zahlen brauchten.

»Auch in dem hiesigen Regierungsdepartement, namentlich in der Umgebung von Neustadt-Eberswalde und in Luckenwalde«, heißt es in einem Bericht des Potsdamer Regierungspräsidenten vom 25. November 1818, »werden schon Kinder von 5 bis 6 Jahren ... in den Fabriken zu ganz mechanischen Arbeiten abgerichtet. In den Fabriken fängt die Arbeit um 6 Uhr früh an und dauert gewöhnlich bis abends um 9 Uhr, die Mittagsstunde allein ausgenommen ... Es ist einleuchtend, daß bei einer solchen Lebensweise die ganze Erziehung sich mehr auf ein mechanisches Abrichten beschränkt ...« Der Regierung schien dies zwar bedenklich, weil dadurch die Fabrikarbeiterkinder so gut wie keinen Schulunterricht erhielten, aber ein Mittel dagegen wußte man nicht. »Will man die Kinder ... anhalten, die Schule ... zu besuchen«, so schloß der Bericht, »müssen 1. die Fabrikherren Erwachsene anstellen, deren Tagelohn vierfach höher ist. Die Folge davon ist, daß sie mit den Auswärtigen nicht Preis halten und folglich nicht bestehen können. 2. Die Lage der Fabrikarbeiter, die ohnehin in der Regel nur in Dürftigkeit leben und mit eintretender Teuerung oder anderen Unglücksfällen mit dem Hunger kämpfen, würde dann noch drückender, wenn sie den Erwerb ihrer Kinder entbehren sollten. Auch ist nicht zu übersehen, daß diese durch eine solche Beschäftigung schon früh an Arbeitsamkeit gewöhnt werden ...«

Diese für die Volksgesundheit und die Volksbildung sowie für die wirtschaftliche Entwicklung, vor allem auf industriellem Gebiet, so überaus schädliche Politik war weniger eine Folge der Unfähigkeit der Regierenden; vielmehr beruhte sie auf der Entschlossenheit des die Verwaltung beherrschenden Adels, der wirtschaftlichen und damit auch gesellschaftlichen Entwicklung, besonders des Bürgertums, so viele Hindernisse wie irgend möglich in den Weg zu legen. Denn der Adel befand sich, seitdem die Auswirkungen der Französischen Revolution auch in Deutschland nachhaltig spürbar geworden waren, in einem erbitterten Abwehrkampf gegen das überall vordringende Bürgertum und verteidigte seine Vorrechte mit allen ihm zu Gebote stehenden Mitteln, ohne Rücksicht auf die katastrophalen Folgen für die Allgemeinheit.

Auf dem Gebiet der Wirtschaft, der Finanzen und der inneren Verwaltung bemühten sich die hohen Beamten, die fast sämtlich von Adel waren, die unter dem Druck der Verhältnisse einige Jahre zuvor gewährte Gewerbefreiheit an allen Ecken und Enden zu beschneiden. In den Kreistagen Preußens, wo über die wirtschaftsstrukturelle Entwicklung im größten Teil Deutschlands entschieden wurde, gaben die adligen Rittergutsbesitzer den Ton an. Sie hatten dort zusammen über zwölftausend Stimmen, zu denen noch die rund 2200 Abgeordneten der von ihnen beherrschten Landgemeinden kamen; die Städte – und damit das an einer Förderung der Industrie interessierte Bürgertum – verfügten nur über insgesamt 1329 Stimmen und waren deshalb dem Adel hoffnungslos unterlegen.

Die preußischen Junker waren vor allem darauf bedacht, ihre besondere Stellung in der Armee und diese als Machtinstrument ihrer Kaste zu erhalten. Sie waren sehr besorgt, weil es – als Folge der Heeresreform unter Scharnhorst – im preußischen Heer im Jahre 1817 schon fast ebenso viele bürgerliche Offiziere gab wie Adlige, wobei sich allerdings alle höheren Kommandostellen noch fest in den Händen der Junker befanden. Friedrich Wilhelm III., der Nicht-Adelige für total unfähig hielt, irgendeine Befehlsgewalt auszuüben, unterstützte alle Bestrebungen seiner Junker, ein weiteres Vordringen der Bürgerlichen zu verhindern. König, Regierung, Generalität und Junkertum waren auch gleichermaßen bemüht, jeden Gedanken an Freiheit und Gleichheit aus dem preußischen Heer zu verbannen. Das *Handbuch des preußischen Militärrechts,* das zur Bibel der Armee wurde, bezeichnete denn auch das Heer als ein auf Gehorsam und Unterordnung aufgebautes »besonderes Militärinstitut« mit der Aufgabe, »durch die Gewalt der Waffen die Rechte der Staatsgewalt gegen äußere und innere Eingriffe und Hindernisse zu schützen oder geltend zu machen und dieselben, soweit sie es für nötig und angemessen findet, bei ihren Bestrebungen für die... Wohlfahrt des Staates zu unterstützen«.

Als Teil dieses »Militärinstituts« durfte sich der zur Ableistung seiner Dienstpflicht eingezogene Soldat nicht mehr als Angehöriger seines Volkes oder gar seines Standes fühlen, sondern nur noch als Werkzeug der Staatsmacht. Er hatte, wenn man ihm dies befahl, auf die eigenen Eltern, Brüder oder Freunde zu schießen. Und es sollte sich bald zeigen, daß dies keineswegs nur theoretisch gemeint war.

Wie auf den Gebieten der Wirtschaft, der Verwaltung und der Armee, so war der Adel erst recht in seiner eigentlichen Domäne, der Landwirtschaft, eifrig bestrebt, alle Reformen rückgängig zu machen oder doch in ihrer Wirkung soweit wie möglich zu beschränken. Unter dem Freiherrn vom Stein war 1811 die »Empfehlung« ergangen, innerhalb von zwei Jahren die Beziehungen zwischen den »erbuntertänigen« Bauern und ihren Gutsherren neu zu regeln und Übereinkommen über den Loskauf vom Frondienst und anderen aus der Zeit des Feudalismus stammenden Verpflichtungen zu treffen. Der Landadel hatte sich von Anfang an gegen solche Regelungen gesträubt und im Herbst 1815, nachdem Napoléon endgültig geschlagen war, vom König erwirkt, daß das Edikt von 1811 »vorläufig«, und zwar auf unbestimmte Zeit, außer Kraft gesetzt wurde.

Dagegen wurde den Gutsherren gestattet, sich die Äcker und Wiesen »ihrer« im Kriege gefallenen Bauern anzueignen, auch wenn dies die Vertreibung der Witwen und Waisen von Haus und Hof bedeutete. 1816 erreichten die Junker eine beträchtliche Einschränkung der Reform von 1811: Die Ablösbarkeit der Fronen sollte nur für große, im Grundsteuerkataster eingetragene Bauernhöfe gelten, nicht dagegen für die große Masse der kleinen Bauernstellen. Auch wurde die Ablösungssumme vom Zwanzigfachen auf das Fünfundzwanzigfache des Werts der jährlichen Leistungen erhöht, und diesen Wert ermittelten fortan Kommissionen, deren Mitglieder mehrheitlich selbst Junker oder von diesen abhängig waren. Schließlich wurde auch noch die Mindesthöhe der Abzahlungen auf 100 Taler festgesetzt.

All dies zusammen bewirkte, daß nur die wohlhabendsten Bauern ihre Befreiung von der Fron betreiben konnten, während die Masse der Kleinbauern davon ausgeschlossen blieb und sogar noch weiter entrechtet wurde. Denn nun begannen die adligen Gutsbesitzer, ihr Grundeigentum auf Kosten der kleinen Bauern zu vergrößern und diese zu besitzlosen Landarbeitern zu machen. Dieser Prozeß vollzog sich in den auf die »Befreiungskriege« folgenden Jahrzehnten nicht nur in den östlichen Landesteilen des Königreichs Preußen und in den noch um eine Spur rückschrittlicheren mecklenburgischen Großherzogtümern, sondern auch in den Provinzen Sachsen und Westfalen. Nur im Rheinland hatten sich die Verhältnisse unter der Herrschaft der Franzosen so grundlegend verändert, daß es dem Adel dort nicht mehr möglich war, die alten Zustände wiederherzustellen; vor allem im Linksrheinischen blieben die aufgeteilten Klöster- und Adelsgüter Eigentum der Bauern. Dagegen wurden in den Königreichen Hannover, Sachsen und Bayern sowie in Hessen und Baden die Leibeigenschaft, die Frondienste und die anderen Feudallasten ebenfalls wiedereingeführt und bestanden bis 1830/31 fort.

Insgesamt bewirkten die verschiedenen Maßnahmen, die zur Beseitigung aller Auswirkungen der Französischen Revolution ergriffen wurden, eine wesentliche Stärkung des Adels, insbesondere der Rittergutsbesitzer im Königreich Preußen.

Nun muß man sich vergegenwärtigen, daß damals die rund 10,5 Millionen Einwohner Preußens noch zu ziemlich genau drei Vierteln auf dem Lande und damit in unmittelbarer Abhängigkeit von diesen Junkern lebten. Man muß weiter berücksichtigen, daß deren jüngere Brüder, Söhne und Vettern die Mehrheit des preußischen Offizierskorps bildeten und daß auch die meisten mittleren und fast alle hohen Beamten und Richter dem Landadel entstammten, der damit das beherrschende Element des preußischen Staates war.

Preußen aber hatte, zusammen mit dem erzreaktionären Österreich der Habsburger und ihres Kanzlers Metternich, die Vormachtstellung im »Deutschen Bund«. Seltsamerweise sahen auch freiheitlich gesinnte und gebildete deutsche Patrioten in allen Teilen Deutschlands damals noch im Königreich Preußen den Wegbereiter der von ihnen heiß ersehnten nationalen Einigung aller Deutschen. Und wirklich spielte in den folgenden Jahrzehnten dieses so rückschrittlich regierte, durch und durch militaristische und von den Junkern beherrschte Preußen die Hauptrolle in der Geschichte Deutschlands.

Deshalb wollen wir den preußischen Junkern, die durch ihren entscheidenden Einfluß in Preußen die Geschicke ganz Deutschlands nach ihrem Willen gestalteten, noch etwas mehr Aufmerksamkeit zuteil werden lassen. Doch um die Rechte, Anschauungen und Praktiken eines preußischen Junkers des frühen 19. Jahrhunderts voll zu begreifen, wollen wir sie auf einen bundesdeutschen Industriellen unserer Tage übertragen, denn erst dann werden sie in ihrem ganzen Ausmaß deutlich. Dabei müssen wir uns allerdings die heutige Bundesrepublik nicht als einen Staat mit parlamentarischer Demokratie und einem hohen Maß an bürgerlichen Freiheiten vorstellen, sondern als eine stramme Diktatur, im Vergleich zu der eine mittelamerikanische, von der Junta diktatorisch regierte Bananenrepublik als sehr liberal und fortschrittlich gelten könnte. In dieser Diktatur haben Unternehmer wie derjenige, den wir als erdachtes Beispiel nehmen und Emil von Krausewitz nennen wollen, etwa folgende Rechte:

Nicht nur der große Betrieb in der Nähe von, sagen wir: Frankfurt am Main, vielmehr die ganze Trabantenstadt, in der die Arbeiter und Angestellten des Unternehmens leben, ist persönliches Eigentum des jeweiligen Familienoberhaupts derer von Krausewitz. Die Läden, Supermärkte, Tankstellen, Werkstätten und kleinen Handwerksbetriebe in dieser von den Krausewitz-Werken beherrschten Trabantenstadt gehören ebenfalls der reichen Unternehmerfamilie, sind aber meist verpachtet, wobei es selbstverständlich ist, daß Angehörige der Familie von Krausewitz nicht nur bevorzugt bedient werden müssen, sondern daß sie Anspruch auf Gratis-Dienstleistungen aller Art haben. Kommt etwa der Krausewitzsche Fahrer lange nach Feierabend in die Reparaturwerkstatt, weil er für die Limousine des Chefs einen Satz neuer Zündkerzen braucht, so muß der Meister aus dem Bett, und er erhält keine Bezahlung für seine Arbeit, auch nicht für die gelieferten Ersatzteile. Solche nicht genau festgelegten Abgaben und Frondienste stehen der

Familie von Krausewitz zu. Der Werkstattpächter muß froh sein, daß ihn der »gnädige Herr« - so nennt man Herrn Emil von Krausewitz in Krausewitzstadt - nicht davonjagt und den kleinen Betrieb samt Wohnhaus und Garten dem Sohn seines Werkschutzleiters, der sich darum sehr bemüht, zur Weiterführung überläßt.

Alles in der Trabantenstadt gehört der Familie von Krausewitz - auch die Schule, der Kindergarten, das Altersheim, das Krankenhaus und die Kirche. Lehrer, Pfarrer, Kindergärtnerin, Ärzte und Krankenschwestern und sogar die Beamten der Stadtverwaltung unterstehen der Dienstaufsicht des Herrn von Krausewitz, denn er ist auch die oberste staatliche Behörde im Landkreis. Deshalb ist in der Kirche, der Schule, dem Kindergarten sowie in den Krausewitz-Werken ein tägliches Gebet vorgeschrieben, worin es heißt: »Gott schütze unsere Diktatur und segne besonders unsere gnädigen Herrschaften, denen wir Treue und Gehorsam geloben ...«

Die Dienstaufsicht über alle Anstalten hat für Emil von Krausewitz auch als Unternehmer praktische Bedeutung: Wenn in seinen Werken, was sehr häufig vorkommt, eilige Aufträge auszuführen sind und - trotz noch so vielen unbezahlten Überstunden der Belegschaft - ein starker Mangel an Arbeitskräften herrscht, dann läßt Herr von Krausewitz einfach den Schulunterricht ein paar Wochen lang ausfallen, die Schulkinder sowie alle Arbeitsfähigen aus dem Altersheim und dem Krankenhaus in seiner Fabrik mitarbeiten, und das kostet ihn nicht einmal Lohn. Denn diese Hilfskräfte bekommen nur täglich einen Teller Suppe und einen Kanten Brot. (Daß die Schulkinder dadurch weniger lernen, schadet nichts; Bildung ist nach Herrn von Krausewitzens Überzeugung ohnehin nichts für die unteren Stände.)

Auch die Frauen und älteren Töchter der Fabrikarbeiter sind, neben ihrer sonstigen Beschäftigung, zu unentgeltlichen Arbeiten für die gnädigen Herrschaften verpflichtet. Sie putzen in der Villa des Chefs, jäten Unkraut im Park, reinigen nach Feierabend die Fabrik- und Büroräume, waschen die Wäsche der Familie von Krausewitz und helfen in der Werksküche Gemüse putzen und Kartoffeln schälen. Es macht nichts, daß sie dabei um Freizeit und Schlaf kommen, denn - so meint Emil von Krausewitz - Muße bringt die Leute nur auf dumme Gedanken.

Die Arbeiter selbst haben täglich, außer sonntags, vierzehn Stunden lang im Betrieb zu arbeiten, wenn es nötig ist, auch noch länger. Emil von Krausewitz, der selbst Rittmeister der Reserve ist, hält auf strenge militärische Zucht und soldatische Umgangsformen, auch und gerade in seiner Fabrik. Wenn ein Arbeiter von einem Vorgesetzten angesprochen wird, hat er strammzustehen und mit »Jawoll« oder »zu Befehl« zu antworten. Ein Kündigungsrecht gibt es für die Arbeiter und Angestellten nicht, auch keinen Tarif. Urlaub bekommen die Leute nur in Ausnahmefällen, bei besonderem Wohlverhalten und nur bis zu zwei Tagen im Jahr. Die Entlohnung der Arbeiter geht bargeldlos vonstatten: Sie bekommen einmal wöchentlich ein paar Gutscheine, die zum Einkauf in den Geschäften berechtigen, sowie eine Flasche Schnaps aus der von Krausewitzschen Kornbrennerei. Da die Preise in den Läden hoch und die Gutscheine sehr knapp bemessen sind, leben die Beschäftigten der Krausewitz-Werke am Rande des Existenzminimums. Diebstähle aus Hunger kommen leider häufig vor.

Sie werden wie alle anderen kleinen Vergehen - Zuspätkommen, Faulheit, unsoldatische Haltung oder leichte Beschädigung von Werkseigentum - auf unbürokratische Weise durch körperliche Züchtigung geahndet, je nach der Schwere des Falls mit ein paar Ohrfeigen vom Meister oder vom Abteilungsleiter, bei Lehrlingen mit dem Rohrstock, bei Wiederholungstätern wohl auch durch »Sonderbehandlung« im Hinterzimmer des Werkschutz-Wachlokals. Schwere Vergehen wie Befehlsverweigerung, Eigentumsdelikte, die nicht als Mundraub zu entschuldigen sind, grobe Verstöße gegen die Sittlichkeit oder aufwieglerische Reden werden von Emil von Krausewitz selbst in seiner Eigenschaft als Gerichtsherr des Fabrik- und Stadtbezirks bestraft. Dabei hält er sich nicht allzu streng an die Gesetze, sondern verfährt nach eigenem Gutdünken: Er würde zum Beispiel einen Meister, der sich wiederholt an kleinen Mädchen aus dem Kindergarten vergangen hat, deshalb nicht einsperren, denn dann fehlte ihm der ansonsten tüchtige Mann ja im Betrieb; vielmehr würde er den Missetäter mit einer empfindlichen Geldstrafe davonkommen lassen und ihm diese in Raten vom Lohn abziehen. Ein besonders fleißiges, außerdem hübsches und adrettes Mädchen, das als Stenotypistin im Versand arbeitet, bekäme, wenn es etwa zu heiraten versucht hätte, ohne die dafür gesetzlich vorgeschriebene Genehmigung der Personalabteilung einzuholen, nur ein paar Hiebe mit der Reitpeitsche auf das entblößte Gesäß – eine Strafe, die Emil von Krausewitz gern selbst vollzieht. »Der Kerl« dieses Mädchens, ein arbeitsscheuer Aufwiegler, der den Arbeitern einzureden versucht hat, erwachsene Menschen brauchten keine Heiratserlaubnis, und die Leute sollten sich nicht so anstrengen, das Wohlgefallen des gnädigen Herrn zu finden, der ein übler Schinder sei – für »diesen Kerl« gibt es bei Emil von Krausewitz keine Gnade!

Er ließe den Burschen erst mal von seinem Werkschutz zusammenschlagen, dann von zwei Polizisten, die ihm als Kreisbehörde unterstehen, gefesselt zum Gericht der Bezirkshauptstadt bringen. Und dort verurteilte ihn dann der Bruder von Frau von Krausewitz, Herr Oberrat von Knorr, wie zuvor im Familienkreis bei einer guten Flasche Wein abgesprochen, zu einer langen Zuchthausstrafe. Das wäre dann des Burschen Ende, denn es ist üblich, alle »groben« und insbesondere politischen Verbrecher aus Abschreckungs- und Sicherheitsgründen einer befreundeten Macht* zur Verschickung in besonders ferne und unwirtliche Gegenden zu übergeben, »um dort zu den härtesten Arbeiten in den Bergwerken gebraucht zu werden, ohne daß ihnen einige Hoffnung bliebe, jemals wieder in Freiheit zu kommen«.

Indessen brauchen so strenge Maßnahmen nur verhältnismäßig selten ergriffen zu werden. Im allgemeinen »parieren« die Leute, wie Emil von Krausewitz befriedigt feststellen kann. Sie sind von Kindesbeinen an zu Kadavergehorsam und Unterwürfigkeit erzogen – im Elternhaus, im Kindergarten, in der Schule, im Konfirmandenunterricht und beim Gottesdienst, in

---

* Unter König Friedrich Wilhelm III. wurden tatsächlich preußische Abgeurteilte an die Polizei des Zaren von Rußland übergeben und – entsprechend der oben auszugsweise zitierten Anordnung – zu lebenslänglicher Zwangsarbeit nach Sibirien deportiert.

der Lehrzeit und beim Militär, und an allen diesen Erziehungsstätten mit Hilfe des Stocks. Unterernährung von Jugend an und ein so geringes Maß an Bildung, daß man sie größtenteils zu den Analphabeten rechnen muß, haben sie weitgehend willenlos gemacht, und die tägliche harte und lange Arbeit hat ein übriges getan. Zudem achten Emil von Krausewitzens Werkschutzleute, Polizisten und sonstigen Aufpasser äußerst streng auf die kleinsten Anzeichen von dem, was sie »Unbotmäßigkeit« nennen. Und wenn auch die Arbeiter und Angestellten hundertmal zahlreicher und zusammen auch weit stärker sind als die »Ordnungskräfte«, die Emil von Krausewitz unmittelbar zur Verfügung stehen, so hat die in der Person des Chefs verkörperte Obrigkeit doch die beste Rückendeckung, die es gibt: das schwerbewaffnete und gut gedrillte Militär.

Hundertfünfzig Soldaten, unter dem Befehl von vier Offizieren und einem Fähnrich, die sämtlich mit Emil von Krausewitz verwandt oder eng befreundet sind, können innerhalb kürzester Zeit zur Stelle sein, und die Arbeiter wissen, was ihnen dann droht: Die Soldaten sind kräftige Bauernjungen aus weit entfernten Gegenden, die kaum Deutsch verstehen. Sie sind so einexerziert, daß sie auf Befehl ihrer Offiziere ohne Zögern in eine wehrlose Menge schießen und Männer, Frauen und Kinder mit dem Gewehrkolben erschlagen.

Alle fürchten die Soldaten - und hassen sie heimlich -, und das, obwohl fast jeder Arbeiter selbst mehrere Jahre lang beim Militär hat dienen müssen oder in Kürze zum Wehrdienst eingezogen werden wird. Das Regiment, das für sie »zuständig« ist, wird übrigens befehligt von Oberst Otto von Krausewitz, dem Bruder ihres Chefs, und zwischen der Personalabteilung der Krausewitz-Werke und dem Regimentsstab bestehen sehr enge und freundschaftliche Beziehungen.

Polizei, Militär, Gericht, Verwaltungsbehörde, Pfarramt, Schule, Krankenhaus und Betrieb - alles ist miteinander verkettet und untersteht, unmittelbar oder auf vertrackte mittelbare Weise, dem »gnädigen Herrn«. Es gibt für den kleinen Mann keine Möglichkeit, sich dem von Emil von Krausewitz und seinesgleichen beherrschten Apparat zu entziehen. Und da alles - bis zu der Frage, ob man während der Arbeitszeit rasch seine

Notdurft verrichten darf, wie lange und mit welchem bedruckten Blatt als Klosettpapier – streng reglementiert ist, gibt es nur die Wahl, entweder zu gehorchen, jede Demütigung zu schlukken und sich bis zur vollständigen Erschöpfung ausbeuten zu lassen oder dagegen aufzubegehren und dann brutal vernichtet zu werden.

Herr von Krausewitz meint übrigens, daß »seine Leute« noch viel zu wenig leisten und allzu sanft behandelt werden. Er träumt von früheren Zeiten, als man sie noch foltern, rädern und aufhängen lassen konnte. Man sollte sie, so findet er, weit geringer entlohnen und höhere Akkordleistungen erbringen lassen. Man müßte ihnen jegliche Schulbildung vorenthalten und sie mit Kartoffelschalen und Rübenabfällen beköstigen. Dann kämen sie bestimmt nicht wieder – wie vor ein paar Jahren unter ausländischem Einfluß – auf dumme Gedanken und »faselten« von Gleichheit und Brüderlichkeit, ja sogar von Freiheit und Demokratie!

Denn »selbstverständlich« haben weder die Arbeiter und Angestellten noch die Meister und Abteilungsleiter, auch nicht die Ingenieure, Ärzte, Pfarrer und anderen Akademiker, irgendwelche politischen Mitsprache- oder gar Mitentscheidungsrechte. Und Frauen sind nicht einmal privatrechtlich mündig, sondern unterstehen dem Befehl des Ehemanns oder des Vaters. Der ganze Staat beruht auf dem Grundsatz, daß von oben her befohlen und von unten her gehorcht wird. Alle Untertanen, ausgenommen die von Krausewitz und ihresgleichen, sind bloße Werkzeuge, die nicht einmal selbst entscheiden dürfen, ob eine – und gegebenenfalls welche – Zeitungslektüre ihnen frommt. Für die Demütigungen und Tritte, die sie von oben erhalten, dürfen sie sich nur dadurch rächen, daß sie sie verstärkt nach unten hin weitergeben. Und wenn sie selbst die Untersten sind – und nicht einmal ein Kind haben, das sie schlagen können –, dann müssen sie sich damit abfinden oder versuchen, durch eifriges Katzbuckeln und Anschwärzen von Kollegen ein Stückchen höher zu kommen.

Aber staatsbürgerlich unmündig und bloße Befehlsempfänger der Obrigkeit sind sie alle, selbst der Sohn des Gastwirts, der Rechtswissenschaft studiert hat; der Eigentümer des Supermarkt-Konzerns in der Hauptstadt, der fünfmal mehr an Steuern an den Staat entrichtet als Emil von Krausewitz zu zahlen hätte, wäre er nicht als Adliger von allen Abgaben befreit; der Frankfurter Bankier, bei dem Herr von Krausewitz neulich einen Kredit aufnehmen mußte, weil er den Betriebsgewinn eines ganzen Jahres in einer Nacht beim Kartenspiel mit »Standesgenossen« verloren hat, und auch der Chefingenieur der Krausewitz-Werke, der von der Leitung des Unternehmens mehr versteht als alle Mitglieder der vierunddreißigköpfigen Sippe derer von Krausewitz zusammen. Ihnen allen, auch den Universitätsprofessoren, bürgerlichen Konzernherren, Großkaufleuten und Finanzmagnaten, billigt der von den Krausewitzen und ihresgleichen geformte Obrigkeitsstaat keinerlei staatsbürgerliche Rechte zu. »Es ziemt dem Untertanen, seinem Könige und Landesherren schuldigen Gehorsam zu leisten und sich bei der Befolgung der an ihn ergehenden Befehle mit der Verantwortlichkeit zu beruhigen, welche die von Gott eingesetzte Obrigkeit dafür übernimmt; aber es ziemt dem Untertanen nicht, die Handlungen des Staatsoberhauptes an den Maßstab seiner beschränkten Einsicht anzulegen und sich in dünkelhaftem Übermute ein öffentliches Urteil über die Rechtmäßigkeit derselben anzumaßen*.«

Bei einer solchen Lage der Dinge wäre es heutzutage äußerst schwierig, wenn nicht unmöglich, die Wirtschaft in Gang zu halten, nicht einmal mit den brutalsten Mitteln der Unterdrükkung. Gerade die wirtschaftlich Stärksten, die Konzernherren und Finanzgewaltigen, aber auch die akademisch gebildete technisch-wissenschaftliche Führungsschicht, würden sich nicht völlig entmündigen lassen und sich zumindest ihren eigenen, privaten Freiheitsraum zu schaffen versuchen und außerdem ein Mitspracherecht bei allen die Wirtschaft betreffenden Entscheidungen fordern.

Und so war es auch schon im frühen 19. Jahrhundert: Das begüterte Bürgertum, die Kaufherren, Fabrikanten und Ban-

---

* Zitat aus einem Schreiben des königlich preußischen Ministers des Innern und der Polizei von Rochow vom 15. Januar 1838, Beschwerden über die Entlassung von sieben Göttinger Universitätsprofessoren betreffend, die gegen die willkürliche Aufhebung der Verfassung im Königreich Hannover protestiert hatten.

kiers, die Universitätsprofessoren und ihre bürgerlichen Studenten, viele Ärzte, Schriftsteller und Gelehrte - sie alle begehrten jetzt auf, forderten den zumindest wirtschaftlichen Zusammenschluß der deutschen Kleinstaaten sowie Verfassungen, die ihnen gewisse staatsbürgerliche Mitspracherechte garantieren sollten. Sie schlossen sich zu gemeinsamem Vorgehen zusammen und überschütteten die Regierungen und den Bundesrat mit Denk- und Bittschriften, in denen immer schärfere Töne angeschlagen wurden.

Die Interessen der wohlhabenden und gebildeten Bürger waren in wesentlichen Punkten denen des Adels und der Fürsten genau entgegengesetzt: Lag beispielsweise den Feudalherren an der Aufrechterhaltung der Kleinstaaterei und des jede bürgerliche Mitsprache ausschließenden Absolutismus, an hohen Zöllen auf Inlandsgüter und an einer Knebelung der Industrie, die der Landwirtschaft der adligen Güter die spottbilligen Arbeitskräfte zu entziehen drohte, so setzten sich die Fabrikanten und Handelsherren für ein wirtschaftlich - und möglichst auch politisch - geeintes Deutschland, für einen zollfreien Binnenmarkt und für Schutzzölle gegen ruinöse Einfuhren aus dem Ausland sowie für die Freizügigkeit der Landbevölkerung ein. Vor allem aber wollten sie über gewählte Parlamente mitwirken an der Gesetzgebung, an der Festsetzung der Steuern und an der Kontrolle der Staatsausgaben.

Die Studentenschaft bürgerlicher Herkunft forderte darüber hinaus die »Einheit und Freiheit des deutschen Vaterlandes«, in ihren radikaleren Teilen sogar »eine große deutsche Republik« und »die gewaltsame Beseitigung der Tyrannen«.

Von den Universitäten Jena und Gießen ausgehend, war im Sommer 1815 die sogenannte Burschenschaftsbewegung entstanden. Ihre Gründer waren vor allem Kriegsteilnehmer unter den Studenten, die als Freiwillige die letzten Feldzüge gegen Napoléon mitgemacht hatten. Wie das Lützowsche Freikorps, dem besonders viele freiheitlich gesinnte Studenten beigetreten waren, wählten auch die Burschenschaften Schwarz-Rot-Gold zu ihren Farben. In ihren »Grundsätzen«, die anläßlich einer großen Feier auf der Wartburg bei Eisenach in der Nacht vom 17. zum 18. Oktober 1817 bekanntgegeben wurden, hieß es:

»Ein Deutschland ist, und ein Deutschland soll sein und bleiben ... Der Wille des Fürsten ist nicht Gesetz des Volkes, sondern das Gesetz des Volkes soll Wille des Fürsten sein ... Freiheit und Gleichheit ist das Höchste, wonach wir zu streben haben ...«

In den weiteren »Grundsätzen« der Burschenschafter wurden die wirtschaftliche Einheit Deutschlands und die Freizügigkeit des Verkehrs, Rechtsgleichheit in allen deutschen Staaten, Abschaffung aller Adelsprivilegien sowie volle Rede- und Pressefreiheit gefordert. Im 29. Grundsatz hieß es: »Die Leibeigenschaft ist das Ungerechteste und Verabscheuungswürdigste.« Und zur angeblichen »Bauernbefreiung« in Preußen, bei der sich nur die Wohlhabendsten freikaufen konnten, wurde erklärt: »Der Mensch ist nur frei, wenn er auch die Mittel hat, sich selbst nach eigenen Zwecken zu bestimmen ... Diejenigen, welche den Leibeigenen dieses Mittel niemals hätten entziehen sollen, haben keine heiligere Pflicht, als sie ihnen zurückzugeben.« Ein anderer »Grundsatz« forderte politische Rechte entsprechend den Leistungen des einzelnen Bürgers für den Staat sowie Verfassungen mit ausreichenden Garantien gegen die Willkür der Fürsten.

Mit alledem fand die Burschenschaftsbewegung an den Universitäten ganz Deutschlands zahlreiche Anhänger. Aber gleichzeitig setzte ihre Verfolgung durch die Regierungen ein, besonders in Preußen und Österreich. Viele Studenten wurden vom Studium ausgeschlossen, ihre Wortführer verhaftet und zu langen Freiheitsstrafen verurteilt. Auch eine Reihe von Professoren, die mit den Burschenschaftern sympathisierten, wurden gemaßregelt oder gar unter Verlust ihrer Pensionsansprüche aus dem Amt gejagt. Und nachdem im März 1819 der Schriftsteller August von Kotzebue, der in zahlreichen Aufsätzen die deutsche Einigungsbewegung verhöhnt und die freiheitlichen Bestrebungen der Studenten verspottet hatte, zudem kaiserlich russischer Staatsrat und »politischer Beobachter« des Zaren in Deutschland war, bei einem Attentat des Burschenschafters Karl Sand den Tod gefunden hatte, ging man noch schärfer gegen alle vor, die in Deutschland mehr Rechte und Freiheiten forderten und für die politische Einigung des Landes eintraten.

Österreichs Staatskanzler Fürst Metternich lud im August 1819 die Vertreter aller in seinen Augen »zuverlässigen« deutschen Staaten - Preußen, Bayern, Hannover, Baden, Kurhessen, Nassau und beide Mecklenburg - zu einer Konferenz nach Karlsbad ein. Die »Karlsbader Beschlüsse«, die dann gefaßt wurden, stellten die Universitäten unter strengste polizeiliche Aufsicht, verschärften die Vorzensur der Presse, legten den Artikel der Bundesakte, der den Untertanen der deutschen Fürsten eine Verfassung versprochen hatte, in einem Sinn aus, der jede Einschränkung der fürstlichen Souveränität verbot und gaben dem »Bundestag«, wo Preußen und Österreich zusammen über eine starke Mehrheit verfügten, das Recht, Truppen gegen jeden deutschen Staat aufzubieten, der »infolge einer Widersetzlichkeit der Untertanen« nicht mehr in der Lage war, Bundesbeschlüsse zu vollstrecken. Klarer ausgedrückt: Kleinstaaten, die - wie etwa das Großherzogtum Sachsen-Weimar - die Aktivität der Burschenschafter und anderer »Volksaufwiegler« stillschweigend duldeten oder gar dem Bürgertum das Recht gaben, ein Parlament zu wählen, das die Regierung ihres Fürsten ein wenig kontrollieren durfte, mußten fortan damit rechnen, von preußischen, österreichischen und bayerischen »Bundestruppen« besetzt und zur Rückkehr zur alten »Ordnung« gezwungen zu werden.

Außerdem wurde eine Bundesbehörde zur gemeinsamen »Unterdrückung der demagogischen Umtriebe« geschaffen, die Vollmachten erhielt, in allen Bundesstaaten Nachforschungen anzustellen. Die erste Einrichtung auf dem Wege zur staatlichen Einheit Deutschlands in der Neuzeit war also eine Art von Gestapo, eine auf Denunzianten und Spitzel angewiesene Geheimpolizei zur brutalen Abwürgung aller freiheitlichen oder auch nur nationalen Regungen - ein Umstand, den wir uns merken sollten, weil ihm mehr als nur symbolische Bedeutung zukommt! Und schon Arnold Ruge, ein Vorkämpfer für eine republikanische Verfassung in ganz Deutschland, der als Mitglied einer geheimen Nachfolgeorganisation der verbotenen Burschenschaften Ende 1823 in Heidelberg verhaftet und in das Zentralgefängnis für »Demagogen« in Köpenick bei Berlin eingeliefert worden war, konnte spotten, daß »ganz Deutschland unter Preußen vereinigt« wäre, allerdings im Kerker.

Die »Karlsbader Beschlüsse« wurden noch lange Zeit immer wieder verlängert, und auch die Zentralbehörde zur Unterdrükkung der »Demagogie« blieb jahrzehntelang bestehen. Die von den Burschenschaften entfachte national-liberale Bewegung konnte zwar niemals völlig unterdrückt werden und hatte im wohlhabenden Bürgertum und bei der etablierten Intelligenz zahlreiche Sympathisanten. Aber sie bedeutete bald keine Gefahr mehr für die feudale Reaktion, die sich bis gegen Ende der zwanziger Jahre des 19. Jahrhunderts im uneingeschränkten Besitz der Macht in Deutschland fühlen konnte. Mit Hilfe der Polizei, der Beamtenschaft und eines Netzes von Spitzeln und Zuträgern, das die Zentralbehörde über das ganze Land gelegt hatte, vermochten die herrschenden Mächte alle fortschrittlichen Regungen niederzuhalten und eine brutale Willkür auszuüben.

Besonders Preußen, dem die Schwärmer eine Führungsrolle bei der Einigung Deutschlands zugedacht und auf das sie alle ihre Hoffnungen gesetzt hatten, tat sich hervor bei der Unterdrückung jeder patriotischen Regung. Es schonte dabei nicht einmal die eigenen Helden, nämlich die Männer, die die »Befreiungskriege« geistig vorbereitet und angeführt hatten: Ernst Moritz Arndt etwa, Professor der Geschichte an der preußischen Universität Bonn und Verfasser so populärer Lieder wie »Was ist des Deutschen Vaterland?« oder »Der Gott, der Eisen wachsen ließ«, wurde aus dem Amt gejagt und zwanzig Jahre lang mit Berufsverbot belegt. Die Predigten des berühmten Berliner Theologieprofessors und Sekretärs der Preußischen Akademie der Wissenschaften, Friedrich Ernst Daniel Schleiermacher, wurden polizeilich überwacht. Johann Gottlieb Fichtes *Reden an die deutsche Nation* wurden von der Zensur verboten und beschlagnahmt. Der volkstümliche »Turnvater« Friedrich Ludwig Jahn mußte eine längere Freiheitsstrafe verbüßen und blieb noch zwei Jahrzehnte lang unter Polizeiaufsicht. Wilhelm von Humboldt, bis 1819 preußischer Minister, mußte wegen seines Protestes gegen die Extremistenverfolgungen und Berufsverbote von seinem Amt zurücktreten. Und es gibt kaum einen namhaften deutschen Dichter oder Schriftsteller jener Zeit, dessen Bücher, Theaterstücke oder Aufsätze nicht zu gewichtigen Teilen der strengen Zensur zum Opfer fielen, kaum einen Gelehrten von Rang, der nicht gemaßregelt wurde.

Doch sosehr man auch, in Preußen wie in den meisten übrigen deutschen Staaten, jeden freiheitlichen Gedanken zu unterdrücken und jede Lockerung der Zensur zu verhindern verstand; sosehr man bemüht war, die Zeit aufzuhalten, die Verhältnisse des 17. und 18. Jahrhunderts wiederherzustellen und vor allem von den Vorrechten des Adels und der Souveränität der kleinen Landesherren nichts preiszugeben – *ein* Fortschritt ließ sich zwar behindern, aber nicht wirklich aufhalten: Es war der Fortschritt der Technik und mit ihm der des Transportwesens, des Verkehrs und vor allem der Industrie.

1816 war erstmals ein Dampfschiff auf deutschen Flüssen eingesetzt worden; 1830 fuhren schon zwölf Dampfer auf dem Rhein. 1835 verkehrte zwischen Nürnberg und Fürth die erste deutsche Eisenbahn mit Dampfantrieb; sie benötigte für die sechs Kilometer lange Strecke knapp zehn Minuten. In den folgenden Jahren kamen immer neue Eisenbahnen hinzu, auch über längere Strecken, so zum Beispiel die etwa hundert Kilometer lange Bahnverbindung zwischen Leipzig und Dresden.

Die ersten Lokomotiven hatte man aus England einführen müssen. Erst 1841 machte das erste in Deutschland gebaute Dampfroß, ein Erzeugnis der Fabrik des gelernten Zimmermanns August Borsig in Berlin, seine Probefahrt. Auch in der Industrie hatte die Verwendung der Dampfkraft Fortschritte gemacht: 1830 gab es im Königreich Preußen bereits 245 Dampfmaschinen mit zusammen 4 485 PS Leistung, davon 815 PS in der Schiffahrt, 2 382 PS im Bergbau und Hüttenwesen; der Rest diente zur Energieerzeugung in Getreide- und Papiermühlen sowie in der Textilindustrie.

Wie rückständig die deutsche Industrie dennoch war, zeigen Vergleiche mit dem Stand in den westeuropäischen Ländern: Noch für 1837 wird etwa die durchschnittliche Jahresleistung eines westfälischen Holzkohle-Hochofens mit 9 410 Zentnern Eisen angegeben; zur gleichen Zeit produzierten die belgischen Koks-Hochöfen rund 90 000 Zentner im Jahr, also fast das Zehnfache, ganz abgesehen davon, daß die Herstellungskosten bei der Verwendung von Koks unvergleichlich niedriger waren. Und während in England die Kohlenförderung zwischen 1820 und 1840 von 12,5 auf 30 Millionen Tonnen im Jahr anstieg, konnte sie in den deutschen Staaten nur von 1,5 auf 3,4 Millionen Tonnen gesteigert werden. Im gleichen Zeitraum entwickelte sich die Roheisenerzeugung folgendermaßen: 1820 produzierte England etwa 370 000 Tonnen; zwanzig Jahre später waren es dort bereits 1 390 000 Tonnen. In Deutschland dagegen stieg die Produktion von Roheisen von 90 000 Tonnen im Jahre 1820 auf nur 190 000 Tonnen im Jahre 1840.

So winzig uns diese Mengen heute vorkommen mögen, so gering sie auch im Vergleich mit den damaligen industriellen Leistungen der westlichen Nachbarn waren und so geradezu rührend bescheiden uns die mit Dampf erzeugten Energiemengen und Streckenrekorde der ersten deutschen Eisenbahnen heute erscheinen: Sie waren der Beginn einer industriellen Revolution, und dessen waren sich die Menschen damals auch bereits bewußt.

Einige der deutschen Fürsten wehrten sich mit allen ihnen zu Gebote stehenden Mitteln gegen die anbrechende Neuzeit. Kurfürst Friedrich Wilhelm I. von Hessen-Kassel setzte noch im Jahre 1850 gegen alle Vorstellungen seiner Ratgeber ein Verbot durch, in seinem Ländchen Eisenbahnen, Fabriken und sonstigen »neumodischen Unfug« zu betreiben. Und König Ernst August von Hannover, ein besonders engstirniger Landesherr, erklärte zornig: »Ich will keine Eisenbahn in meinem Land. Ich will nicht, daß jeder Schuster und Schneider so rasch reisen kann wie ich!«

Aber alles Zetern half nichts. Die Industrialisierung nahm, besonders im Westen Deutschlands, einen kräftigen, bald geradezu stürmischen Aufschwung; die Eisenbahnstrecken dehnten sich, nach zaghaften Anfängen, rasch über das ganze Land aus, und ihr »stählernes Band«, wie man es nannte, dem entlang seit 1844 auch schon Telegrafendrähte liefen, trug ganz wesentlich dazu bei, daß die Menschen in den deutschen Klein- und Kleinststaaten einander näher kamen als je zuvor. In der Neujahrsnacht 1834 waren zudem unter dem Jubel des Volkes die Zollschranken gefallen, zwar nicht überall im »Deutschen Bund«, aber doch zwischen einigen der wichtigsten Mitgliedstaaten. Zunächst hatten sich Preußen, Hessen, Bayern und Württemberg sowie eine Reihe von mitteldeutschen Zwergstaaten zum Deutschen Zollverein zusammengeschlossen, dem bald auch Baden, Nassau und Frankfurt beitraten. Allerdings blieben Hannover, Oldenburg, Schleswig-Holstein, Mecklenburg und die Hansestädte dem Zollverein fern; Österreich war erst gar nicht zum Beitritt aufgefordert worden, und innerhalb des Zusammenschlusses blieb es bei dem alten Durcheinander von Währungen, Maßen und Gewichten. Aber es war doch ein großer Fortschritt, vor allem für die Großhändler und Fabrikanten, die nun endlich einen großen, etwa 23 Millionen Menschen umfassenden Inlandsmarkt erhielten. Doch ehe am 1. Januar 1834 viele - wenngleich längst nicht alle - Schlagbäume fielen und am 7. Dezember 1835 die erste deutsche Dampfeisenbahn von Nürnberg aus ihre Fahrt antreten konnte, war innerhalb des »Deutschen Bundes« einiges andere in Bewegung gekommen.

In den Jahren zwischen 1820 und 1830 hatte sich in den großen, mittleren, kleinen und kleinsten Staaten des »Deutschen Bundes« die Bevölkerung überraschend stark vermehrt, vor allem in Preußen. Das Königreich verzeichnete eine etwa doppelt so starke Bevölkerungszunahme wie die zum »Deutschen Bund« gehörenden Teile Österreichs und hatte um 1830 bereits knapp 14 Millionen Einwohner - etwa ebenso viele wie alle übrigen Staaten des Bundes, außer Österreich. Dieser sehr beträchtliche Bevölkerungszuwachs, der zugleich das preußische Übergewicht in Deutschland kräftig verstärkte, war größer als je zuvor in der deutschen Geschichte.

Einer der Hauptgründe für die rasche Zunahme der Bevölkerung war der seit 1817 gewaltig angestiegene Kartoffelanbau. Die Kartoffel war im Verlauf einer furchtbaren Hungersnot - infolge der Kriegsereignisse, eines monatelangen Regens, entsprechend katastrophaler Ernteausfälle und eines großen Viehsterbens -, die im Jahre 1817 ganz Deutschland heimsuchte, zum Volksnahrungsmittel geworden. In den nächsten zwölf Jahren (und später erst recht) ersetzte sie der Masse der Bevölkerung weitgehend das Brot, so daß lange nicht so viele Menschen mehr verhungerten wie in früheren Zeiten. Daß auch der Adel, besonders die Rittergutsbesitzer, den zunehmenden Kartoffelanbau nicht nur duldeten, sondern kräftig förderten, hatte ganz andere Gründe: Die Kartoffel machte die Gutsherren reich, denn sie eignete sich einmal vorzüglich zum Futter für die Schafe, zum anderen war sie ein billiger Rohstoff für die Schnapsbrennerei. Und beides, Schäferei und Brennerei, waren damals die einträglichsten Zweige der Gutswirtschaft.

Indessen darf die Tatsache, daß nun weniger Menschen an Unterernährung starben, die Gesamtbevölkerung daher sprunghaft zunahm (und das Hauptanbaugebiet der Kartoffeln, das Königreich Preußen, davon am meisten profitierte), nicht darüber hinwegtäuschen, daß die Masse der Bevölkerung in Deutschland dennoch am Rande des Existenzminimums lebte. Mehr als 70 von 100 Deutschen wohnten noch immer auf dem Lande; die überwiegende Mehrheit von ihnen litt unter der verschärften Ausbeutung durch die adligen Großgrundbesitzer, mußte in so primitiven Verhältnissen dahinvegetieren, wie man es heute nur noch in den dürftigst entwickelten Ländern Afrikas, Asiens und Lateinamerikas kennt, und beneidete nicht selten das Vieh um dessen schonendere Behandlung, gepflegtere Unterkunft und regelmäßige, ausreichende Nahrung.

Aber auch die breite Unterschicht der Bevölkerung in den Städten lebte in bitterer Armut. Ihre Lage hatte sich ständig verschlechtert. Die Steuern, die auf Brot, Salz, Fleisch, Bier und anderen Lebens- und Genußmitteln lagen, wurden laufend erhöht – mancherorts stiegen sie von 1820 bis 1830 auf das Doppelte, ohne daß die Löhne ebenfalls angehoben worden wären. Im Gegenteil, bei erheblich verlängerter Arbeitszeit, steigendem Akkord und gleichbleibender Entlohnung sanken die tatsächlichen Löhne, und da die Preise infolge der wachsenden Besteuerung gleichzeitig stiegen, nahm die Verelendung der Lohnabhängigen in besorgniserregender Weise zu.

Die politische Rechtlosigkeit, der Hochmut der Herrschenden, ihre dauernden Schikanen und die Brutalität ihrer Polizei, die strenge Zensur und die unerfüllte Sehnsucht nach staatlicher Einheit der ganzen Nation sorgten dafür, daß auch die wirtschaftlich Bessergestellten immer unzufriedener wurden, und machten vor allem das gebildete Bürgertum zu einem erbitterten Gegner des rückschrittlichen Regimes der großen und kleinen Landesherren.

Doch der Haß auf die Fürsten und der Unmut, den ihre Willkürherrschaft in allen Volksschichten hervorrief, wagten nicht, sich Luft zu machen, bis im Hochsommer 1830, wieder von Frankreich her, Nachrichten von revolutionären Ereignissen kamen, die die Menschen in Deutschland, ja im ganzen von der »Heiligen Allianz« unterdrückten Europa aufhorchen ließen: Ende Juli 1830 war in Paris nach dreitägigen, sehr heftigen Kämpfen der letzte Bourbonenkönig, Karl X., vom Volk gestürzt und aus dem Land gejagt worden; an seine Stelle war ein gemäßigt liberaler »Bürgerkönig« getreten, der Parlamentswahlen ausgeschrieben hatte und den Forderungen nach Aufhebung der Zensur und erweiterten bürgerlichen Rechten und Freiheiten sofort nachgekommen war (womit zugleich denen, die mehr, nämlich die Republik und die Änderung der Besitzverhältnisse durchzusetzen versucht hatten, der Wind aus den Segeln genommen worden war – ganz wie es das begüterte Bürgertum gewünscht hatte).

Die revolutionäre Bewegung griff binnen weniger Wochen von Frankreich über Belgien auf die preußischen Rheinlande über, wo in Aachen, Jülich und Elberfeld Arbeiter die strengen Versammlungsverbote durchbrachen und in Massen gegen Lohnkürzungen demonstrierten. Aber die Polizei, die rechtzeitig alarmiert und verstärkt worden war, stellte »Ruhe und Ordnung« rasch wieder her.

Als schwieriger erwies sich dies in Berlin, wo am 16. September, ausgelöst durch die willkürliche Verhaftung einiger arbeitsloser Handwerksgesellen, Tausende auf die Straße gingen und für »Verfassung und Pressefreiheit« demonstrierten. Die Unruhen hielten sechs Tage lang an; die Polizei zeigte sich machtlos, und erst der Einsatz der gesamten, 14 000 Mann starken Berliner Garderegimenter brachte den Volksaufstand zum Erliegen. Etwa zweihundert Personen wurden verhaftet und im Schnellverfahren zu Strafen zwischen vierzehn Tagen Arrest bei Wasser und Brot sowie zehn bis zwanzig Peitschenhieben und drei Jahren Zwangsarbeit verurteilt.

Auch in anderen deutschen Staaten kam es zu Unruhen. In Sachsen, wo es schon in den Wochen vor der französischen Juli-Revolution zu Massendemonstrationen gegen das absolutistische Regime gekommen war, ging die Bevölkerung Anfang September wieder auf die Straße. Militär und Polizei erwiesen sich auch gemeinsam als zu schwach, der Volksbewegung Einhalt zu gebieten, und diese breitete sich schnell über das ganze Königreich Sachsen aus. Besonders im Vogtland und im Erzgebirge nahm, wie der österreichische Gesandte am Dresdener Hof nach Wien berichtete, der Aufstand »den ernsthaftesten Charakter« an. Und dann vollzog sich etwas, das in weniger ausgeprägtem Maße auch schon in Preußen, beispielsweise in Aachen, geschehen war: Die Ober- und Mittelschicht des städtischen Bürgertums verständigte sich mit dem bedrohten Königtum, stellte mit Hilfe bewaffneter Bürgerwehr, Schützenvereinen und Kommunalgarden die »Ruhe und Ordnung« wieder her, erwies sich dabei als mindestens ebenso brutal wie zuvor die Polizei und handelte sich für die Verhinderung des Umsturzes, wie das Volk ihn sich erhofft hatte, eine gemäßigt liberale Regierung und eine Verfassung ein, die allerdings nur den Begüterten einige wenige politische Rechte gewährte, aber von den enttäuschten Volksmassen zähneknirschend hingenommen werden mußte, weil diese sich gegen Staatsmacht *und* Bürgerwehren machtlos fühlten.

In Kurhessen, wo Anfang September 1830 die Getreidesteuer und infolgedessen auch die Brotpreise kräftig erhöht worden waren, kam es fast gleichzeitig mit den Unruhen in Sachsen vor allem in Kassel zu einer Erstürmung der Bäckerläden durch hungrige Tagelöhner und Handwerksgesellen. Daraus entwickelte sich in der Landeshauptstadt rasch ein allgemeiner Aufruhr, und das Volk zog in Massen vor das kurfürstliche Schloß, forderte freie Wahlen und parlamentarische Kontrolle der Regierung, Zoll- und Steuererleichterungen sowie Aufhebung der Zensur. Der Kurfürst ging zum Schein auf alle Wünsche ein, zog aber gleichzeitig seine Armee in der Umgebung von Kassel zusammen. Erst als die Kasseler daraufhin eine Bürgergarde bildeten und das Zeughaus zu stürmen drohten, lenkte der Landesherr ein und bewilligte - nachdem es auch in Hanau zu schweren Unruhen gekommen war und das Volk dort alle Zollämter gestürmt und zerstört hatte - eine liberale Verfassung, deren Hauptnutznießer wiederum das Besitzbürgertum war.

Im Großherzogtum Hessen-Darmstadt kam es Ende September 1830 zu einer Erhebung der Bauern, die in bewaffneten, mehrere tausend Mann starken Haufen gegen die Hauptstadt vorrückten und die Abschaffung von Fronen und Adelsvorrechten forderten. Durch Einsatz aller verfügbaren Truppen wurde der Aufstand jedoch rasch niedergeschlagen, wobei sich das liberale Bürgertum auf die Seite der Regierung stellte und das Land zum »Gehorsam gegen die Obrigkeit« aufrief.

Dagegen erhob sich im Herzogtum Braunschweig im September 1830 nahezu die gesamte Bevölkerung gegen den allen verhaßten Herzog Carl. Als sich sogar die Offiziere der Wache weigerten, den Landesherrn gegen die anrückende Volksmenge zu schützen, ergriff der Herzog die Flucht. Sein Schloß wurde niedergebrannt, er selbst für abgesetzt erklärt. Aber damit war die Revolution auch schon zu Ende, denn nun übernahmen bewaffnete Bürgerwehren, unterstützt vom Militär und von Teilen des Adels, die Wiederherstellung von »Ruhe und Ordnung«. Der jüngere Bruder des abgesetzten Herzogs wurde dessen Nachfolger, und als das enttäuschte Volk noch einmal aufbegehren wollte, unterdrückten die Bürgerwehren den Aufruhr schon im Keim.

Auch im Königreich Hannover, vor allem in Göttingen, kam es im Herbst 1830 zu Unruhen, die, obwohl sie scheiterten, eine erhebliche Liberalisierung der Verhältnisse bewirkten. In Bayern, Württemberg und Baden, wo es bereits Verfassungen gab, hatten die Ereignisse in Norddeutschland zur Folge, daß die Regierungen von sich aus die Zensur lockerten, Pressefreiheit gewährten und Steuererleichterungen bewilligten, ohne daß die Bürgerschaft Kampfmaßnahmen zu ergreifen brauchte.

Alles in allem verschafften die von der französischen Juli-Revolution ausgelösten Unruhen der Bürgerschaft zahlreicher deutscher Kleinstaaten etwas mehr Freiheit und einige politische Rechte; für die breite Unterschicht in Stadt und Land, zumal für die abhängigen Bauern, änderte sich so gut wie nichts. Es hatte sich gezeigt, daß das Besitzbürgertum, sobald seine eigenen Forderungen einigermaßen befriedigt waren, lieber ein Bündnis mit den ihm verhaßten alten Gewalten einging, um gemeinsam das Volk niederzuhalten, als daß es tiefgreifende Veränderungen zu riskieren bereit gewesen wäre, die auch eine Infragestellung der eigenen Besitzverhältnisse hätten bewirken können.

Für die Herrschenden in den deutschen Staaten waren die Ereignisse des Herbstes 1830 ein schwerer Schock, und sie sahen auch keinen Trost darin, daß sich die Besitzbürger als entscheidender Ordnungsfaktor erwiesen hatten, war doch die Hilfe der verachteten Bürger mit - vom Standpunkt der Feudalherren aus - viel zu großen Zugeständnissen erkauft worden. Und die Landesherren samt dem reaktionären Adel hätten zweifellos, kaum daß sich die Unruhen wieder gelegt hatten, die ihnen abgepreßten Liberalisierungen rückgängig zu machen versucht, wäre nicht ihr Plan vereitelt worden durch ein - wiederum außerhalb Deutschlands sich abspielendes - revolutionäres Ereignis: die Erhebung des polnischen Volks gegen die zaristische Unterdrückung im Spätherbst 1830.

Der Aufstand der Polen, der, für die Russen völlig überraschend, am 29. November ausbrach, vereitelte die Absicht des Zaren, in Mittel- und Westeuropa militärisch einzugreifen und alle revolutionären Bewegungen zu vernichten. Die »Heilige Allianz«, in deren Rahmen die russische Intervention mit den Höfen von Wien und Berlin bereits abgesprochen war, wurde durch den Polenaufstand für anderthalb Jahre aktionsunfähig.

Umgekehrt rüttelte der Freiheitskampf der Polen die nach den gescheiterten September-Erhebungen verzagenden Menschen in Deutschland wieder auf. Überall bildeten sich Vereine zur Unterstützung der polnischen Patrioten; mehr als hundertfünfzig deutsche Gedichte, darunter eins von Grillparzer, ein anderes von Lenau und etliche von Platen, zeugen von der Anteilnahme, die die Deutschen damals am Geschehen in Polen nahmen. Und als nach der Niederwerfung des Aufstands und dem Fall von Warschau Zehntausende von polnischen

Flüchtlingen Deutschland überschwemmten, wurden sie überall festlich empfangen und mit großer Opferbereitschaft unterstützt.

Natürlich waren diese und andere von den Behörden bald verbotene Aktivitäten noch keine einheitliche Bewegung. Es fehlte der organisatorische Zusammenhalt und erst recht jede Strategie. Auch beschränkte sich die Politisierung, die die September-Unruhen bewirkt hatte, im wesentlichen auf das gebildete Bürgertum, die Studentenschaft und auf Teile der Handwerksgesellen, während die breite Masse der Tagelöhner und Bauern zwar zutiefst unzufrieden, aber von den geistigen und politischen Strömungen der Zeit noch gar nicht erfaßt und sich der eigenen Stärke kaum bewußt war.

Einen Versuch, dies zu ändern, stellte das Hambacher Fest dar, zu dem radikal-demokratische Liberale, die das Paktieren der gemäßigt-liberalen Besitzbürger mit den alten Mächten entschieden ablehnten, im Mai 1832 eingeladen hatten. Fast dreißigtausend Menschen kamen daraufhin auf dem Schloß Hambach bei Neustadt an der Haardt zusammen, und es waren nicht mehr nur Studenten, Professoren und Kaufleute, sondern vornehmlich Handwerker, Gesellen, Bauern sowie zahlreiche polnische Revolutionäre, denen zu Ehren man – neben den Farben Schwarz-Rot-Gold, die das Fest beherrschten – auch die polnische Fahne gehißt hatte.

Eine Volkskundgebung solchen Ausmaßes hatte Deutschland noch nicht erlebt. Die Behörden wagten nicht, dagegen einzuschreiten, auch nicht, als einige der Redner, vor allem die Zeitungsverleger Philipp Jakob Siebenpfeiffer, Herausgeber des pfälzischen *Westboten,* und Johann Georg August Wirth, dessen *Deutsche Tribüne* gleichfalls in der bayerischen Rheinpfalz erschien, sehr radikale Töne anschlugen. Vor allem Wirth sprach unverblümt vom »Hochverrat der Könige an der Menschheit« und erklärte, daß das Glück des Volks von der Beseitigung der Monarchien abhinge.

Das Hambacher Fest erregte großes Aufsehen in ganz Deutschland, und vor allem im Westen und Südwesten verstärkte sich die politische Anteilnahme der Kleinbürger, Handwerksgesellen und Bauern. Ein preußischer Landrat, der im

Auftrag seiner Regierung Südwest- und Süddeutschland bereiste, meldete Ende Juli 1832 dem kommandierenden General in Koblenz, daß »ein organisiertes System der Revolution durch Klubs, Preß-, Vaterlands- und Polenvereine, Volksfeste, Reden, Zeitungen und Flugschriften« bestehe und es den Behörden an Kraft, nicht selten auch an dem Willen fehle, »solchem Unwesen Einhalt zu tun«. Diese Beurteilung war jedoch sehr übertrieben. Weder war das »System der Revolution« organisiert – zumal in den untersten Volksschichten fehlte noch jeder Ansatz dessen, was man später die Arbeiterbewegung nannte – noch ließen es die Herrschenden am Willen fehlen, ihre Macht zu verteidigen und revolutionäre Strömungen mit aller Härte zu unterdrücken. Sie warteten nur noch auf eine Gelegenheit.

Als Anfang 1833 einige Dutzend Studenten, zusammen mit polnischen Offizieren, die Frankfurter Konstabler- und Hauptwache im Handstreich besetzten und damit das Signal zum bewaffneten Aufstand, nicht nur in der Freien Reichsstadt, sondern überall in Deutschland geben wollten, jedoch vom eilig anrückenden Militär überwältigt wurden, ehe sie Verstärkung erhalten hatten, da setzte – eingeleitet von den Regierungen Österreichs und Preußens – eine allgemeine Verfolgung und Unterdrückung der Opposition und eine weitgehende Einschränkung früher gewährter Rechte ein.

Österreich, Preußen und Rußland vereinbarten eine Erneuerung der »Heiligen Allianz« und versprachen sich gegenseitige militärische Hilfe im Falle von Unruhen. Die Maßnahmen gegen die Universitäten und die Pressezensur wurden erheblich verschärft. Auch die in einigen Staaten bereits bestehenden Landtage wurden einer scharfen Kontrolle unterworfen und in ihren Rechten stark beschnitten.

Der Bundestag mußte Preußen und Österreich das Recht zugestehen, die Stadt Frankfurt militärisch zu besetzen, was auch sofort geschah, und zugleich wurde die Zentralbehörde zur Untersuchung aller »gegen den Bestand des Deutschen Bundes gerichteten Unternehmungen« mit neuen, erweiterten Vollmachten ausgestattet. In den folgenden Monaten füllten sich, besonders in Preußen, die Gefängnisse in einem solchen Maße, daß die eilige Errichtung neuer Haftanstalten befohlen werden mußte. Und oft genügte schon der Verdacht demokratischer Gesinnung, daß auch gänzlich Unbeteiligte eingesperrt und schmählich mißhandelt wurden.

Eines der vielen Opfer der allgemeinen Demokratenverfolgung jener Tage wurde der Mecklenburger Fritz Reuter, damals noch Student in Jena. Er kam 1833 auf dem Weg ins heimatliche Stavenhagen nach Berlin, wurde dort festgenommen und nach einer äußerst harten Behandlung im »Hausvogtei« genannten Polizeigefängnis nach dreijähriger Untersuchungshaft wegen angeblicher Beteiligung an »hochverräterischen burschenschaftlichen Verbindungen« zum Tode verurteilt, zu dreißig Jahren Festung »begnadigt« und erst 1840 amnestiert. In seinem Buch *Ut mine Festungstid* hat der plattdeutsche Dichter über seine Erlebnisse als politischer Gefangener zusammenfassend geschrieben: Als wir eingesperrt wurden, waren wir noch keine Demokraten; als wir herauskamen, waren wir's alle.

In den Jahren nach dem »Frankfurter Wachensturm« feierte die von Preußen und Österreich ausgehende feudal-absolutistische Reaktion in Deutschland wahre Triumphe, und da das Besitzbürgertum, wie wir noch sehen werden, in dieser Zeit vornehmlich mit Geldverdienen beschäftigt war – die Nürnberg-Fürther Eisenbahn erwirtschaftete beispielsweise schon im ersten Jahr ihres Bestehens so viel Gewinn, daß den Aktionären 20 Prozent Dividende auf das einbezahlte Kapital ausgeschüttet werden konnten –, blieb die Kritik an den für das Volk unerträglichen Zuständen nur noch einigen mutigen Intellektuellen überlassen. Unter ihnen ragt der frühverstorbene Dramatiker Georg Büchner hervor, der im Winter 1833 als Student von Straßburg nach Gießen kam. Er setzte sich entschieden dafür ein, »daß man sich an die niederen Volksklassen wenden müsse« und begann 1834 mit der Herausgabe des *Hessischen Landboten,* der unter dem Wahlspruch »Krieg den Palästen, Friede den Hütten« zur ersten eindeutig sozialrevolutionären Zeitung Deutschlands wurde. Die Bundeszentralbehörde zur Verfolgung demokratischer Umtriebe bezeichnete den *Hessischen Landboten* als eine der »bösartigsten revolutionären Schriften, welche unter den gröbsten Schmähungen deutscher Souveräne unumwunden zum Aufruhr auffordert«. Die sofort eingeleitete Großfahndung nach den Verfassern und Verbreitern dieser Zeitung zwang Georg Büchner zur Flucht, erst nach Straßburg, dann nach Zürich, wo er schon 1837 an Typhus starb. Mehrere enge politische Freunde Büchners wurden jedoch verhaftet, unter ihnen der Pfarrer Friedrich Ludwig Weidig, der im Gefängnis seinen grausamen Mißhandlungen durch den Hofgerichtsrat Georgi erlag.

Danach starb in Deutschland jede öffentliche oppositionelle Bewegung aus, bis im Sommer 1837 der König Ernst August von Hannover die vier Jahre zuvor dem Land gewährte Verfassung kurzerhand außer Kraft setzte und sieben Göttinger Professoren, unter ihnen die Brüder Grimm, aus ihren Ämtern jagte, weil sie gegen sein Vorgehen protestiert hatten. Drei der Professoren, der Historiker Friedrich Christoph Dahlmann, der Literaturhistoriker Georg Gottfried Gervinus und der Germanist Jacob Grimm, wurden sogar des Landes verwiesen. »Professoren, Huren und Ballettänzerinnen kann man überall für Geld haben«, bemerkte dazu König Ernst August, als ihm einige berühmte Gelehrte, unter ihnen Alexander von Humboldt, klarzumachen versuchten, daß er mit der Vertreibung der Wissenschaftler seinem Lande und damit sich selber schade.

Tatsächlich wurde Ernst August zu einer Symbolfigur der verhaßten Reaktion, während man die mutigen Professoren, die »Göttinger Sieben«, als Volkshelden feierte. Die scharfen Maßnahmen der Herrschenden, die diese neuerlichen oppositionellen Regungen sofort zu unterdrücken versuchten, bewirkten indessen nur, daß die erlahmte liberale Bewegung wieder zu erstarken begann. Ihr wichtigstes Sprachrohr wurden die *Halleschen Jahrbücher,* die Arnold Ruge, zusammen mit Ernst Theodor Echtermeyer, von Anfang 1838 an herausbrachte. Ruge, der bis dahin schon zweimal längere Festungsstrafen hatte verbüßen müssen, erkannte bereits klar die Zeichen der Zeit: den sich verschärfenden Gegensatz zwischen den Bürgern, vor allem den wirtschaftlich erstarkten Fabrikanten, auf der einen und dem »halbfeudalen, halbbürokratischen monarchischen Regime« – wie der Fabrikant Friedrich Engels es formulierte – auf der anderen Seite. Weniger klar als Engels, der sich da keine Illusionen machte, sah Ruge den zweiten, sich noch schneller verschärfenden Gegensatz zwischen den Besitzenden, gleich ob adlig oder bürgerlich, und der Masse der Besitzlosen.

10. Die braven Bürger und der Ludergeruch der Revolution

Um 1840 hatten die großen und kleinen Staaten des »Deutschen Bundes« zusammen schon fast 46 Millionen Einwohner. Allein im Königreich Preußen lebten jetzt nahezu 16 Millionen Menschen. Die Industrialisierung hatte beträchtliche, der Eisenbahnbau geradezu stürmische Fortschritte gemacht. Die Länge der Schienenwege war von 140 Kilometern im Jahre 1838 auf rund 550 Kilometer im Jahre 1840 gestiegen, und 1845 hatten die Dampfeisenbahnen bereits 2300 Kilometer betriebsfertige Strecken zur Verfügung.

Wenngleich immer noch fast drei Viertel der Bevölkerung Deutschlands außerhalb der Städte lebten und vornehmlich in der Landwirtschaft tätig waren, so hatte sich doch bereits eine deutliche Strukturveränderung ergeben. Die Anzahl derer, die die Landwirtschaft nur noch nebenbei betrieben und ihren Haupterwerb in der Rübenzuckerfabrikation, in Schnapsbrennereien und beim Eisenbahnbau fanden, nahm stetig zu und förderte, zusammen mit der von den Gutsherren energisch betriebenen Auflösung von Pachtverträgen und Einbeziehung von freigemachten Bauernstellen in die zu Großbetrieben ausgeweiteten Rittergüter, die Bildung eines Landarbeiter-Proletariats.

Gleichzeitig nahm die Abwanderung vom Land in die größeren Städte in rasch wachsendem Maße zu. Viele junge Leute hofften, dort als Handwerksgesellen bessere Arbeitsbedingungen und ein freieres Leben zu finden als auf den großen Gütern. Aber das städtische Handwerk konnte sich schon damals gegen die sich stürmisch entwickelnde Industrie kaum noch behaupten, und das Überangebot von Arbeitskräften drückte auf die Löhne. Bei den sehr rasch wachsenden Einwohnerzahlen – in Berlin zum Beispiel lebten 1835 schon 265 000 Menschen, 1846 waren es bereits 408 000 – wurde die Lage der breiten Unterschicht zunehmend schlechter; die Ausbeutung wuchs, und die Masse der Handwerksgesellen, Dienstboten und Fabrikarbeiter mußte bei immer längeren Arbeitszeiten und steigendem Akkord mit Hungerlöhnen auszukommen versuchen. Bettel, Gelegenheitskriminalität und Straßenprostitution nahmen in erschreckendem Maße zu.

Man errechnete damals, daß eine vier- bis fünfköpfige Familie bei äußerst bescheidenen Ansprüchen mit vier Talern in der Woche gerade auskommen könnte. Aber nur sehr wenige Familienväter hatten einen so hohen Wochenlohn. Im Durchschnitt verdiente ein Berliner Fabrikarbeiter, der an sechs Wochentagen je zwölf bis dreizehn Stunden schwere körperliche Arbeit verrichtete, nicht mehr als drei Taler und einige Groschen*. Beim Eisenbahnbau gab es zwei bis zweieinhalb Taler wöchentlich, und in Städten wie Breslau, Hamburg, Altona, Dresden oder Köln betrug der Tagelohn durchschnittlich etwa sechseinhalb Groschen. Der Lohn der Frauen war noch weit geringer. Weißnäherinnen und Strickerinnen kamen selbst in Berlin auf höchstens vier Groschen am Tag, häufig waren es aber nur zwei bis drei Groschen. In den meisten Arbeiterhaushalten mußten auch die Kinder in die Fabrik, weil sonst die Familie verhungert wäre. In der Textilindustrie arbeiteten Kinder schon vom vierten Lebensjahr an, und auch das in Preußen 1839 erlassene Verbot, Jugendliche unter neun Jahren in Fabriken, Zechen und Hüttenwerken zu beschäftigen, änderte wenig. Fabrikanten und Eltern setzten sich – wenn auch aus unterschiedlichen Gründen – über diese »weltfremde« Verordnung kurzerhand hinweg.

Besonders groß war die Not bei den Baumwoll- und Leinenwebern. Der durchschnittliche Wochenlohn lag mit zwei Talern drei Groschen erheblich unter dem Existenzminimum. Die Bandwirker von Elberfeld-Barmen kamen auf durchschnittlich anderthalb Taler Wochenlohn, weil – wie es in einem Bericht aus dem Jahre 1847 heißt – »durch Spulen und Kettenscheren so viele Kinder und alte Leute Arbeit« fänden. In vielen Spinnereien waren über 70 Prozent der Belegschaft Kinder im Alter zwischen fünf und zwölf Jahren.

---

* Ein Taler hatte 30 Silbergroschen zu je 12 Pfennigen.

Dabei waren die Verhältnisse im Rheinland und in Westfalen, woher diese Angaben stammen, immer noch um einiges besser als in Sachsen und Schlesien; die Löhne in Elberfeld-Barmen galten als die höchsten im ganzen Westen. Dennoch mußte die *Barmer Zeitung* im Jahre 1845 bekennen, daß »der Lohn der Arbeiter kaum für das tägliche Brot reicht ...« Für die meisten Familien waren Kartoffeln die einzige Nahrung, aber auch die Wohnverhältnisse waren miserabel: »Der hohen, unerschwinglichen Miete wegen wohnt der Arbeiter in den entlegensten Gassen, in armseligen Höhlen ohne Luft und Sonne. Der Hausrat, die Bettung, die Kleidung, die Kost eines Bettlers, eine Unreinlichkeit, ein Qualm, eine Ausdünstung, die kaum zu atmen erlauben.«

In der Textilindustrie der preußischen Provinz Schlesien, wo die Löhne der Arbeiter noch niedriger, ihr Hunger und Elend noch größer waren als in Westdeutschland, setzte im Winter 1843/44 eine Absatzkrise ein, besonders bei Webereierzeugnis-

Schusterwohnung am Sonntag (Federlithographie von Theodor Hosemann, 1845).

sen. Die Fabrikanten waren gezwungen, ihre Preise herabzusetzen, und weil sie keine Gewinneinbußen erleiden wollten, kürzten sie die ohnehin äußerst kargen Löhne ihrer Arbeiter. Besonders hart betroffen waren die großen Weberdörfer Langenbielau mit über zwölftausend und Peterswaldau mit knapp sechstausend Einwohnern, die ersten hauptsächlich Heimarbeiter der Gebrüder Dierig, die zweiten vornehmlich Beschäftigte der Firma Zwanziger.

Im Frühsommer 1844 erreichte die Not der Weber ein nicht länger zu ertragendes Ausmaß, und es kam zu schweren Unruhen. Über deren Ursachen heißt es im Bericht des Kreislandrats von Reichenbach, daß nicht allein der Hunger die Weber zur Empörung getrieben hätte, sondern auch ihr »wirklicher, langgenährter Haß gegen einzelne durch ihren Arbeitsschweiß reich gewordene und im Überfluß hochmütig schwelgende Fabrikherren«.

Langenbielau und Peterswaldau bildeten den Ausgangspunkt und das Zentrum eines Aufstands, den der Schriftsteller Wilhelm Wolff miterlebt und später so geschildert hat:

»Endlich, um zwei Uhr nachmittags, den 4. Juni 1844 trat der Strom über seine Ufer. Eine Schar Weber erschien in Nieder-Peterswaldau und zog auf ihrem Marsche alle Weber aus den Wohnungen rechts und links an sich. Alsdann begaben sie sich nach dem wenig entfernten Kapellenberge, ordneten sich paarweise und rückten so auf das neue Zwanzigersche Wohngebäude los. Sie forderten höheren Lohn und – ein Geschenk! Mit Spott und Drohen schlug man's ihnen ab. Nun dauerte es nicht lange, so stürmte die Masse ins Haus, erbrach alle Kammern, Gewölbe, Böden und Keller und zertrümmerte alles ..., zerriß die Bücher, Wechsel und Papiere ...«

Dabei sangen die Arbeiter ein Lied, das sie selbst verfaßt hatten und das mit den Worten begann: »Ihr Schurken all, ihr Satansbrut, ihr höllischen Kujone, ihr freßt der Armen Hab und Gut, und Fluch wird euch zum Lohne ...«

Von Peterswaldau aus, wo die Aufrührer auch alle anderen Gebäude der Firma Zwanziger verwüsteten, griff der Aufstand auf die Nachbardörfer über. In Langenbielau zertrümmerten am 5. Juni mehrere tausend Weber alle Geschäftsräume der

Gebrüder Dierig. Dann versammelten sie sich vor der Villa ihrer Arbeitgeber, die ihnen eilig Geld und Lebensmittel versprachen und sich auch bereit erklärten, über höhere Löhne und verbesserte Arbeitsbedingungen zu verhandeln. Auf diese Weise konnten die Dierigs die Menge hinhalten, bis das von den Fabrikanten angeforderte preußische Militär in Langenbielau eintraf und sofort in die Volksmenge zu schießen begann. Nach drei Gewehrsalven, die elf Menschen, darunter Frauen und Kinder, töteten und weitere 24 schwer verwundeten, ging die Arbeiterschaft mit Steinen und Knüppeln zum Gegenangriff über. Die Soldaten flüchteten, und mit ihren zurückgelassenen Gewehren und Säbeln bewaffnete sich nun das Volk, stürmte das Dierigsche Haus und verschanzte sich darin.

Der Sieg der aufständischen Textilarbeiter war jedoch nur von kurzer Dauer. Bereits am nächsten Morgen kam das Militär zurück, diesmal in Stärke von vier Kompanien Infanterie und mit mehreren Geschützen. Gleichzeitig riegelten Kavallerieeinheiten das Dorf Langenbielau von den umliegenden Ortschaften ab, die ebenfalls von starken Infanterieverbänden besetzt wurden. Vor dieser Übermacht mußten die Weber kapitulieren; rund hundertfünfzig von ihnen wurden als Gefangene nach Breslau gebracht und dort von einem Sondergericht abgeurteilt, das in rund neunzig Fällen lange Zuchthausstrafen verhängte, darunter auch gegen Minderjährige, von denen der Jüngste gerade fünfzehn Jahre alt war. Alle Verhafteten wurden mißhandelt und auf Anordnung des Gerichts mit bis zu dreißig Peitschenhieben »gezüchtigt«.

Der schlesische Weberaufstand von 1844, die erste Erhebung des deutschen Industrieproletariats, hat zahlreiche Dichter und bildende Künstler zu Werken angeregt, in denen sie sich mit den Unterdrückten und Ausgebeuteten solidarisierten. Gerhart Hauptmann widmete sein in Peterswaldau spielendes Drama *Die Weber* den Aufständischen des Jahres 1844; Käthe Kollwitz schuf einen Zyklus von Radierungen, die das revolutionäre Geschehen jenes Frühsommers zum Gegenstand haben. Und auch Heinrich Heine, der von Zensur und Geheimpolizei verfolgte, zur Emigration nach Frankreich gezwungene

Weberaufstand (Radierung von Käthe Kollwitz, 1897).

große deutsche Dichter, stellte sich mit seinem Gedicht »Die Weber«, dessen Wortlaut nachstehend wiedergegeben ist, auf die Seite der geschundenen Opfer frühkapitalistischer Profitgier. Seine Verse überliefern uns die starke revolutionäre Stimmung, die damals in weiten Teilen der brutal ausgebeuteten deutschen Industriearbeiterschaft herrschte, und sie haben in den hundertfünfzig Jahren, die seitdem vergangen sind, nichts von ihrer Eindringlichkeit verloren. (Übrigens, nichts eingebüßt an Reichtum und wirtschaftlicher Macht hat auch die Textilfabrikantenfamilie Dierig, bis 1945 in Langenbielau, seitdem in Augsburg. Ihre zu einem multinationalen Konzern angewachsene Firmengruppe gehört heute zu den führenden Unternehmen der bundesdeutschen Textilindustrie und erzielt jährliche Inlandsumsätze, die dicht an 500 Millionen DM liegen.)

Die Revolte der schlesischen Weber im Juni 1844 war weder das Werk einer überörtlichen Organisation noch das praktische Ergebnis theoretischer Überlegungen. Sie war ein Ausbruch

Die Weber

Im düstern Auge keine Thräne,
Sie sitzen am Webstuhl und fletschen die Zähne:
„Deutschland, wir weben dein Leichentuch,
Wir weben hinein den dreifachen Fluch –
Wir weben, wir weben!

Ein Fluch dem Götzen, zu dem wir gebeten
In Winterskälte und Hungersnöthen;
Wir haben vergebens gehofft und geharrt,
Er hat uns geäfft und gefoppt und genarrt –
Wir weben, wir weben!

Ein Fluch dem König, dem König der Reichen,
Den unser Elend nicht konnte erweichen,
Der den letzten Groschen von uns erpreßt,
Und uns wie Hunde erschießen läßt –
Wir weben, wir weben!

Ein Fluch dem falschen Vaterlande,
Wo nur gedeihen Schmach und Schande,
Wo jede Blume früh geknickt,
Wo Fäulnis und Moder den Wurm erquickt –
Wir weben, wir weben!

Das Schiffchen fliegt, der Webstuhl kracht,
Wir weben emsig Tag und Nacht –
Altdeutschland, wir weben dein Leichentuch,
Wir weben hinein den dreifachen Fluch.
Wir weben, wir weben!“

Heinrich Heine

der Verzweiflung und des Hasses. Und sie war zum Scheitern verurteilt, nicht allein wegen der Übermacht des preußischen Militärs, sondern auch und gerade deshalb, weil es noch keine sich über ganz Deutschland erstreckende, erst recht keine internationale Organisation der Arbeiterschaft gab und weil dort, wo organisatorische Ansätze vorhanden waren, die festen

Grundsätze fehlten, das klare Programm und die den Kampf und seine Ziele untermauernde Theorie. Ohne diese Voraussetzungen, so schrieb im Herbst desselben Jahres 1844 ein damals gerade vierundzwanzigjähriger Barmer Fabrikantensohn, dessen ganzes Streben auf eine radikale Veränderung der unerträglich gewordenen sozialen und politischen Verhältnisse gerichtet war, an einen engen Freund, »ist doch alles noch halbes Dösen und bei den meisten blindes Umhertappen«.

Der dies schrieb, war Friedrich Engels, Sproß einer wohlhabenden, konservativen und streng protestantischen Bürgerfamilie. Er hatte in Berlin studiert und im heimatlichen Wuppertal das sorglose Leben des Besitzbürgertums wie das Elend des Industrieproletariats kennengelernt. Der junge Mann war 1842 Mitarbeiter der in Köln erscheinenden, sehr fortschrittlichen *Rheinischen Zeitung* geworden. Bei einem Besuch der Redaktion dieses Blattes im November 1842 hatte er dort den Empfänger des zitierten Briefs, Dr. Karl Marx, kennengelernt.

Marx, zwei Jahre älter als Engels und Sohn eines Trierer Notars, hatte in Bonn und Berlin Rechtswissenschaft, Geschichte und vor allem Philosophie studiert. Da es für ihn aussichtslos war, sich um einen Lehrauftrag zu bewerben – er war von jüdischer Herkunft, und auch seine Ansichten waren den Behörden sehr verdächtig –, hatte er sein großes Wissen und seine unermüdliche Arbeitskraft in den Dienst der *Rheinischen Zeitung* gestellt. In einer Reihe von Artikeln entwickelte er eine bis dahin unbekannte Theorie, wonach das Verhalten der verschiedenen gesellschaftlichen Gruppen und Klassen vor allem von materiellen Dingen – vom Mangel an Nahrung etwa oder von krasser Profit- und Machtgier – bestimmt wird und daß zwischen den Herrschenden und den ausgebeuteten Massen ein krasser Unterschied der Interessen, ja ein unüberbrückbarer Widerspruch besteht. »Meine Untersuchung mündete in dem Ergebnis«, schrieb er, »daß Rechtsverhältnisse und Staatsformen weder aus sich selbst zu begreifen sind noch aus der sogenannten Entwicklung des menschlichen Geistes, sondern vielmehr in den materiellen Lebensverhältnissen wurzeln.«

Unabhängig von Marx war Friedrich Engels zu genau den gleichen Erkenntnissen gelangt: Daß so viele Menschen in bitterster Not lebten, obwohl sie unermüdlich arbeiteten, war nicht »göttliche Fügung« noch ein Naturgesetz, sondern das Ergebnis rücksichtsloser Ausbeutung der vielen durch einige Wenige. Und der Staat, sein System und seine Gesetze waren ebenfalls nicht gottgegeben, sondern von den Reichen entsprechend ihren besonderen Bedürfnissen entwickelt worden als Instrumente eines in Form von brutaler Unterdrückung geführten Klassenkampfes der Ausbeuter gegen die Masse der Ausgebeuteten.

Nachdem die *Rheinische Zeitung* im Frühjahr 1843 von den preußischen Behörden verboten worden war, ging Marx nach Paris ins Exil und veröffentlichte seine ersten grundlegenden Erkenntnisse in den von ihm selbst und Arnold Ruge gemeinsam herausgegebenen *Deutsch-Französischen Jahrbüchern*. Friedrich Engels mußte Ende 1842 nach Manchester reisen, um im Büro einer Fabrik zu arbeiten, an der sein Vater beteiligt war. In der englischen Industrie herrschten noch krassere Mißstände als in den deutschen Fabriken. Und Engels, der in Manchester nicht nur die Praxis des bürgerlichen Kapitalismus noch genauer kennenlernte, sondern sich auch theoretisch weiterbildete, kam zu der Erkenntnis, daß die wirtschaftlichen Tatsachen, »die in der bisherigen Geschichtsschreibung gar keine oder nur eine verachtete Rolle spielen, wenigstens in der modernen Welt eine entscheidende geschichtliche Macht sind«. Als Engels im Sommer 1844 von Manchester nach Deutschland zurückkehrte, stattete er Dr. Marx in Paris einen Besuch ab. Sein zehntägiger Gedankenaustausch mit Marx wurde nicht nur der Beginn einer engen, lebenslangen Freundschaft zwischen den beiden in ihren Erkenntnissen völlig übereinstimmenden jungen Männern; es war auch der Anfang einer äußerst fruchtbaren Zusammenarbeit, deren Ergebnisse von ausschlaggebender Bedeutung nicht allein für die geschichtliche Entwicklung Deutschlands, sondern der ganzen Welt waren und noch immer sind. Denn aus der engen Zusammenarbeit zwischen Karl Marx und Friedrich Engels entstanden erst die Grundlagen dessen, woran es den noch weitgehend unorganisierten Massen mangelte: die Weckung des Bewußtseins der eigenen Lage, nicht als einzelne, sondern als Klasse;

das Verständnis für die Gesetzmäßigkeiten des Klassenkampfes und damit die gesamte Theorie des Sozialismus.

Diese Theorie war in jedem Sinne des Wortes revolutionär, aber noch gab es kaum irgendwelche Verbindungen zwischen diesen Theorien und der revolutionären Praxis, zwischen den Denkern, die die Welt verändern wollten, und den ausgebeuteten Massen, die als Produzenten des materiellen Reichtums die entscheidende Kraft jeder gesellschaftlichen und politischen Umwälzung sein sollten.

Es gab zu dieser Zeit in Deutschland noch nichts, was man als Anfänge einer organisierten Arbeiterbewegung bezeichnen könnte. Zwar hatten sich einige Geheimbünde gebildet, vornehmlich aus radikalen Studenten oder wandernden Handwerksburschen. Aber nur einer dieser Bünde, der aus dem »Deutschen Volksverein«, einer Organisation politischer Flüchtlinge in Paris, hervorgegangen war und sich »Bund der Geächteten«, später »Bund der Gerechten« nannte, verdient unsere Aufmerksamkeit.

Der »Deutsche Volksverein« war 1833 in Paris von einigen kleinbürgerlichen, demokratisch gesinnten Intellektuellen gegründet worden. Die kleine Gruppe gab regelmäßig Flugblätter heraus, meist in einer Auflage von 2 000 Stück, wovon ein Großteil von zurückwandernden deutschen Handwerksburschen im Rheinland verteilt wurde. »Die ärmsten und unglücklichsten Leute sind jetzt die, welche die meiste und schwerste Arbeit verrichten, das heißt: der Handwerker, die Fabrikarbeiter und der Bauer«, lautete der Text eines dieser Flugblätter, der noch einige bemerkenswerte Feststellungen enthielt: »Die aber, welche im größten Überfluß leben, sind Müßiggänger... Wie geht das aber zu, werdet Ihr fragen, daß wir in einer verkehrten Welt leben, in welcher das Unterste zu Oberst gekehrt ist und Millionen von Arbeitern darben müssen, damit wenige Müßiggänger schwelgen können? Das kommt daher, antworten wir Euch, daß die Müßiggänger das Geheimnis gefunden haben, Euch für sich arbeiten zu lassen, ohne daß Ihr es merkt, und was mehr ist, Euch glauben zu lassen, daß sie Euch eine Gunst und eine Wohltat erzeigen, indem sie Euch gestatten, für ihre Wollüste Euren Schweiß zu vergießen. Was dies für ein Geheimnis sei, darüber denkt einmal nach.«

Im Frühjahr 1834 wurde der »Deutsche Volksverein« von den französischen Behörden aufgelöst und verboten. Als Nachfolgeorganisation entstand der »Bund der Geächteten«, dessen Führung der Schriftsteller Dr. Jakob Venedey und einige andere Intellektuelle übernahmen. Die meisten der höchstens zweihundert Mitglieder dieses Geheimbundes waren Schriftsetzer, Uhrmacher und andere Facharbeiter, die die Flugschriften ihrer Führer und vor allem die von Venedey herausgegebene Zeitschrift *Der Geächtete* nach Deutschland und in die Schweiz schmuggelten und dort zu verbreiten suchten. Aber bald kam es zu erheblichen Spannungen und Streitigkeiten zwischen den bürgerlichen Intellektuellen in Paris und den einfachen Mitgliedern, teils wegen des sehr selbstherrlichen und undemokratischen Führungsstils der »Zentrale«, teils wegen des Fehlens klarer Kampfziele. Die meisten Anhänger traten aus dem »Bund der Geächteten« aus und gründeten eine neue Propagandaorganisation, den »Bund der Gerechten«.

Dieser Geheimbund, der einen demokratischen Aufbau hatte und in engen Beziehungen zu französischen und schweizerischen Arbeiterorganisationen stand, kann als die Keimzelle der deutschen Arbeiterbewegung angesehen werden. Ein Schneidergeselle aus Magdeburg, Wilhelm Weitling, wurde ihr geistiger Führer. Obwohl er wochentags bis zu vierzehn Stunden, sonntags bis 12 Uhr arbeiten mußte, um seinen Lebensunterhalt zu verdienen, brachte es Weitling fertig, sich ein umfangreiches Wissen anzueignen und eine Monatsschrift herauszugeben, für die er fast alle Artikel selbst verfaßte. Sein Hauptwerk, *Die Garantien der Harmonie und Freiheit,* das 1842 erschien und eine beträchtliche Wirkung, vor allem in der Schweiz, aber auch in Deutschland, Frankreich und England, erzielte, gipfelte in der Feststellung: »Die Reichen drücken alle Lasten tief nach unten, und je stärker die Reichsten und Mächtigsten drücken und je mehr die gedrückten Armen zusammensinken, desto mehr Individuen des Mittelstandes werden unter die Armenpresse geschoben, um die Fehlenden zu ersetzen.«

Auch Marx und Engels waren tief beeindruckt von diesen selbsterarbeiteten Thesen eines Mannes aus den untersten Schichten des Volkes. Marx schrieb 1844 über Weitlings Buch, wenn man »die nüchterne, kleinlaute Mittelmäßigkeit« der bisherigen, von bürgerlichen »Philosophen und Schriftgelehrten« verfaßten deutschen politischen Literatur vergliche mit »diesem maßlosen und brillanten« ersten Auftritt eines Arbeiter-Schriftstellers, wenn man »diese riesenhaften Kinderschuhe des Proletariats« neben die »ausgetretenen politischen Schuhe« des Bürgertums stellte, so müsse man »dem deutschen Aschenbrödel eine Athletengestalt prophezeien«.

Weitling war zu dieser Zeit bereits verhaftet und aus der Schweiz ausgewiesen worden, aber das trug, wie Engels bemerkte, nur dazu bei, Weitlings Gedanken in noch stärkerem Maße zu verbreiten »durch das große Interesse, das sie in allen Gegenden deutscher Sprache« erregten. Doch so wichtig solche und andere Impulse für das Entstehen der Arbeiterbewegung waren, auch wenn sie - anders als Marx und Engels - von Wunschvorstellungen ausgingen anstatt von Gesetzmäßigkeiten und Zwängen, die es zu erkennen galt, so waren sie doch nur ein winziger Teil dessen, was seit dem Ende der »Befreiungskriege« und dem Beginn der Industrialisierung in Deutschland erstmals in Bewegung gekommen war, bloß, sozusagen, eine Faust unter tausend anderen, die an das verschlossene Tor klopften, teils zaghaft, teils bestimmt, teils rebellisch fordernd. Und hinter diesem Tor, das dem Bürgertum wie der Arbeiterschaft den Weg zur Mitbestimmung im Staat und zu gesünderen, freiheitlicheren und gerechteren Verhältnissen versperrte, vermuteten die Einlaß Begehrenden ganz verschiedene Dinge: Die einen erhofften sich ein paar Reformen, die allein dem Großbürgertum ein Mitsprache- und Mitentscheidungsrecht bei der Gesetzgebung sowie volle unternehmerische Freiheit bringen sollten; andere sahen das Heil in der Aufhebung der strengen Zensur, in der Gewährung einiger staatsbürgerlicher Rechte an alle Steuerzahler und in - wenigstens teilweiser - parlamentarischer Kontrolle der Regierung; wieder andere glaubten an eine ganz Deutschland einende, bürgerliche Republik, die Abschaffung der Fürstenherrschaft und sämtlicher Adelsvorrechte, und einige Wenige träumten gar von der Herrschaft des Volkes, von der gewaltsamen Beseitigung aller Überreste des Feudalismus und vom Ende jeglicher Unterdrückung und Ausbeutung. Alle aber warteten noch auf den richtigen Augenblick, auf die zum Aufsprengen des Tores günstige Stunde. Alle spürten, daß der Tag noch nicht gekommen, aber auch nicht mehr sehr fern war.

Am 7. Juni 1840 starb König Friedrich Wilhelm III. von Preußen, der Mitbegründer der »Heiligen Allianz« von 1815. In seinen Nachfolger, Friedrich Wilhelm IV., hatte ein Teil des liberalen Bürgertums große Hoffnungen gesetzt. Allgemein erwartete man vom neuen König einige der überfälligen Reformen, eine Lockerung der Zensur und vor allem die seit langem den Bürgern versprochene Verfassung. Doch Friedrich Wilhelm IV. erfüllte keine der in ihn gesetzten Erwartungen. Er erwies sich als ebenso engstirnig und fortschrittsfeindlich wie seine Vorgänger, und das rief bei der liberalen Opposition große Erbitterung hervor.

In dieser gespannten Lage erschien eine Schrift mit dem Titel *Vier Fragen, beantwortet von einem Ostpreußen*. Ihr Verfasser, Johann Jacoby, war ein sehr angesehener jüdischer Arzt aus Königsberg. Was er schrieb, erregte in ganz Preußen, ja in ganz Deutschland großes Aufsehen. Es war vor allem die feste, selbstbewußte Sprache Jacobys, die die Menschen aufhorchen ließ. Er erklärte, man solle nicht die Teilnahme des Volkes an den Staatsangelegenheiten als eine »gnädig« zu gewährende Gunst »untertänigst« erbitten, sie vielmehr als erwiesenes Recht in Anspruch nehmen. Ein solches Recht ergebe sich aus der Mündigkeit des Volkes, die im Verfassungsversprechen von 1815 ja auch vom Königshaus anerkannt worden wäre. Nun müsse das Volk selbst dafür sorgen, daß es zu seinem Recht käme.

Das waren unerhörte Forderungen, wie sie öffentlich zu äußern bis dahin noch niemand im Deutschland des frühen 19. Jahrhunderts den Mut gehabt hatte! Zugleich war es Jacoby gelungen, in einer klaren, jedermann verständlichen Sprache die von Immanuel Kant gelieferte Definition der Aufklärung als den »Ausgang der Menschen aus ihrer selbstverschuldeten

Unmündigkeit« den praktischen Erfordernissen des Tages anzupassen.

Noch ehe die Behörden zugreifen konnten, war Jacobys Schrift in großer Auflage gedruckt und im ganzen Königreich verteilt. Überall begannen Unterschriftensammlungen, bei denen sich die Bürger mit dem Königsberger Arzt solidarisch erklärten. Jacoby wurde wegen »Hochverrat, Majestätsbeleidigung und frechen, unehrerbietigen Tadels der Landesgesetze« der Prozeß gemacht, der mit seiner Verurteilung zu zweieinhalb Jahren Festung endete. Schon zuvor war seine Flugschrift, auf Antrag Preußens, in allen deutschen Staaten verboten und - soweit man ihrer noch habhaft werden konnte - beschlagnahmt worden.

Beides, Verbot und Verurteilung, machten Johann Jacoby nur noch populärer, seine heimlich nachgedruckte und in ganz Deutschland zirkulierende Flugschrift zur begehrtesten Lektüre der Bürger. Außerdem hob die höchste Instanz des Königreichs das Urteil gegen Jacoby wieder auf, sprach ihn in allen Anklagepunkten frei und bescheinigte ihm überdies, ehrenhaft, mutig und - richtig gehandelt zu haben! Der Chefpräsident des Kammergerichts, Wilhelm Heinrich v. Grolmann, vom König deshalb mit Vorwürfen überschüttet, erbat und erhielt daraufhin seine Entlassung aus dem höchsten Richteramt Preußens. Er setzte damit ein Signal, das die bis dahin eher behutsame höhere Beamten- und Richterschaft des rückständigen Königreichs ermunterte, mehr Kritik am reaktionären Kurs zu wagen. Auch befürchteten nun die regierungstreuen Kreise, der König und sein junkerlicher Anhang könnten den Bogen überspannen und damit den radikalen Demokraten in die Hände spielen.

Tatsächlich spitzte sich die Lage von Monat zu Monat weiter zu. Es gab Mißernten, die einen steilen Anstieg der Lebensmittelpreise bewirkten und die elende Lage des Volks noch verschlimmerten. Eine im Winter 1846/47 beginnende Absatzkrise, auf die die Fabrikanten mit Lohnkürzungen und Massenentlassungen reagierten, führte zu wachsender Unzufriedenheit, auch und gerade im schwer getroffenen Kleinbürgertum. Die politischen Zirkel, Debattierklubs, Bildungsvereine und erst recht die Geheimbünde wurden immer radikaler in ihren Forderungen. Der »Bund der Gerechten«, aus dem im Juni 1847 auf einem geheimen Treffen in London - bei dem Friedrich Engels die Pariser Gruppen und der Schriftsteller Wilhelm Wolff die Brüsseler Anhänger vertrat - ein »Bund der Kommunisten« geworden war, einigte sich bei einem zweiten Treffen im Dezember 1847 auf eine Satzung, deren erster Artikel lautete: »Der Zweck des Bundes ist... die Aufhebung der alten, auf Klassengegensätzen beruhenden bürgerlichen Gesellschaft und die Gründung einer neuen Gesellschaft ohne Klassen und ohne Privateigentum.«

Marx und Engels wurden beauftragt, ein Manifest auszuarbeiten, das die Forderungen einer kommunistischen Partei in Deutschland enthalten sollte. Es wurde wenige Wochen später, unmittelbar vor der schwersten revolutionären Erschütterung der deutschen Staaten seit den großen Bauernaufständen, verabschiedet und durch Flugblätter bekanntgemacht. Dieses als »Kommunistisches Manifest« in die Geschichte eingegangene Dokument, erst recht die wenig später publizierten »Forderungen der Kommunistischen Partei«, die auf den folgenden Seiten im Urtext wiedergegeben sind, gingen in seinen Forderungen weit über das hinaus, was die gesamte bürgerliche Opposition an Reformen verlangte.

Was aber dann in ganz Deutschland, wo es schon seit dem Winter 1846/47 zu immer häufigeren örtlichen Hungerrevolten, Erstürmungen von Bäckerläden und ähnlichen Unruhen gekommen war, im März 1848 eine allgemeine Volkserhebung auslöste, waren nicht Parteiprogramme und Manifeste. Der Anstoß kam wieder einmal von außen, und zwar - auf dem Umweg über Ereignisse in der Schweiz und in Italien - von Frankreich her.

In der Schweiz hatten liberale Bürger, radikale Handwerksgesellen und Kleinbauern die ihnen verhaßte, 1815 vom Wiener Kongreß festgelegte Souveränität der 22 Kantone beseitigt, einen Bundesstaat gebildet, den bevorrechtigten Sonderbund der sieben stockkonservativen, katholischen Kantone aufgelöst und die Jesuiten verjagt. Das unerschrockene Vorgehen der Schweizer hatte erhebliche Auswirkungen und wurde von

Forderungen
der
Kommunistischen Partei
in
Deutschland.

„Proletarier aller Länder vereinigt Euch!“

1. Ganz Deutschland wird zu einer einigen, untheilbaren Republik erklärt.

2. Jeder Deutsche, der 21 Jahre alt, ist Wähler und wählbar, vorausgesetzt daß er keine Kriminalstrafe erlitten hat.

3. Die Volksvertreter werden besoldet, damit auch der Arbeiter im Parlament des deutschen Volkes sitzen könne.

4. Allgemeine Volksbewaffnung. Die Armeen sind in Zukunft zugleich Arbeiter-Armeen, so daß das Heer nicht blos, wie früher, verzehrt, sondern noch mehr produzirt, als seine Unterhaltungskosten betragen.

Dieß ist außerdem ein Mittel zu Organisation der Arbeit.

5. Die Gerechtigkeitspflege ist unentgeltlich.

6. Alle Feudallasten, alle Abgaben, Frohnden, Zehnten, ꝛc. die bisher auf dem Landvolk lasteten, werden ohne irgend eine Entschädigung abgeschafft.

7. Die fürstlichen und andern feudalen Landgüter, alle Bergwerke, Gruben, u. s. w., werden in Staatseigenthum umgewandelt. Auf diesen Landgütern wird der Ackerbau im Großen und mit den modernsten Hilfsmitteln der Wissenschaft zum Vortheil der Gesammtheit betrieben.

8. Die Hypotheken auf den Bauerngütern werden für Staatseigenthum erklärt. Die Interessen für jene Hypotheken werden von den Bauern an den Staat gezahlt.

9. In den Gegenden, wo das Pachtwesen entwickelt ist, wird die Grundrente oder der Pachtschilling als Steuer an den Staat gezahlt.

Alle diese unter 6, 7, 8 und 9 angegebenen Maaßregeln werden gefaßt, um öffentliche und andere Lasten der Bauern und kleinen Pächter zu vermindern, ohne die zur Bestreitung der Staatskosten nöthigen Mittel zu schmälern und ohne die Produktion selbst zu gefährden.

Der eigentliche Grundeigenthümer, der weder Bauer noch

Pächter ist, hat an der Produktion gar keinen Antheil. Seine Konsumtion ist daher ein bloßer Mißbrauch.

10. An die Stelle aller Privatbanken tritt eine Staatsbank, deren Papier gesetzlichen Kurs hat.

Diese Maßregel macht es möglich, das Kreditwesen im Interesse des ganzen Volkes zu regeln und untergräbt damit die Herrschaft der großen Geldmänner. Indem sie nach und nach Papiergeld an die Stelle von Gold und Silber setzt, verwohlfeilert sie das unentbehrliche Instrument des bürgerlichen Verkehrs das allgemeine Tauschmittel, und erlaubt, das Gold und Silber nach außen hin wirken zu lassen. Diese Maaßregel ist schließlich nothwendig, um die Interessen der konservativen Bourgeois an die Revolution zu knüpfen.

11. Alle Transportmittel: Eisenbahnen, Kanäle, Dampfschiffe, Wege, Posten, &c, nimmt der Staat in seine Hand. Sie werden in Staatseigenthum umgewandelt und der unbemittelten Klasse zur unentgeltlichen Verfügung gestellt.

12. In der Besoldung sämmtlicher Staatsbeamten findet kein anderer Unterschied statt, als der, daß diejenigen mit Familie, also mit mehr Bedürfnissen, auch ein höheres Gehalt beziehen als die Uebrigen.

13. Völlige Trennung der Kirche vom Staate. Die Geistlichen aller Konfessionen werden lediglich von ihrer freiwilligen Gemeinde besoldet.

14. Beschränkung des Erbrechts.

15. Einführung von starken Progressivsteuer und Abschaffung der Konsumtionssteuern.

16. Errichtung von Nationalwerkstätten. Der Staat garantirt allen Arbeitern ihre Existenz und versorgt die zur Arbeit Unfähigen.

17. Allgemeine Unentgeltliche Volkserziehung.

Es liegt im Interesse des deutschen Proletariats, des kleinen Bürger- und Bauernstandes, mit aller Energie an der Durchsetzung obiger Maaßregeln zu arbeiten. Denn nur durch Verwirklichung derselben können die Millionen, die bisher in Deutschland von einer kleinen Zahl ausgebeutet wurden und die man weiter in der Unterdrückung zu erhalten suchen wird, zu ihrem Recht und zu derjenigen Macht gelangen, die ihnen, als den Hervorbringern alles Reichthums, gebührt.

Das Comite:

Karl Marx. Karl Schapper H. Bauer. F. Engels.
J. Moll. W. Wolff.

der Bevölkerung Süddeutschlands ebenso lebhaft begrüßt wie von den Italienern, deren nördliche Provinzen unter österreichischer Fremdherrschaft standen. In Mittel- und Süditalien, vor allem in dem besonders rückschrittlichen, morschen und völlig korrupten Kirchenstaat und im Königreich beider Sizilien, hatte das Volk schon in den Monaten zuvor den Kampf um die nationale Einigung, Unabhängigkeit und Freiheit begonnen und bedeutende Teilerfolge errungen.

Angesichts dieser für den Feudalismus in Europa so bedrohlichen Entwicklung ließ der österreichische Staatskanzler Fürst Metternich in Oberitalien große Truppenverbände zusammenziehen und drohte im Verein mit den Regierungen Rußlands, Preußens und auch Frankreichs den Schweizern mit militärischer Intervention, falls sie nicht ihre Reformen rückgängig machten.

Doch noch während die Vertreter der seit mehr als drei Jahrzehnten jede freiheitliche Regung in Europa unterdrückenden »Heiligen Allianz« mit den Abgesandten des französischen Bürgerkönigtums darüber berieten, wie man am wirksamsten gegen die liberalen Strömungen vorgehen könnte und gerade den Papst auffordern wollten, an die Völker Europas zu appellieren und alle revolutionären Bestrebungen zu verdammen, da machte in Frankreich ein Aufstand des Volks von Paris der völlig korrupten Monarchie ein Ende.

Am 25. Februar 1848, nach nur dreitägigen Kämpfen, konnte der »Bürgerkönig« Louis Philippe zur Abdankung gezwungen, die Republik ausgerufen und eine liberale »Regierung der Reformen« eingesetzt werden, in die auch zwei Vertreter der radikalen Arbeiterschaft der Pariser Vororte aufgenommen werden mußten. »Die Ereignisse in Frankreich«, erklärte Fürst Metternich am 1. März seinen Mitarbeitern, »haben meine Berechnungen zunichte gemacht.«

Und wirklich, wie es Metternich, das Haupt der europäischen Reaktion, befürchtet hatte, sprang der revolutionäre Funke sofort von Frankreich nach Deutschland über. Doch er fiel nicht in ein Pulverfaß, sondern – infolge der Zersplitterung der deutschen Nation in Dutzende von Staaten und des Fehlens einer zentralen Hauptstadt, wo in wenigen Stunden ein Sieg für das ganze Land hätte errungen werden können – in mehr als vierzig kleine und kleinste Pulverfäßchen. Das erste stand dicht an der französischen Grenze, im Großherzogtum Baden; es explodierte nicht, aber es brannte knisternd etwa zur Hälfte aus. Führende Liberale der gemäßigten Richtung konnten die Ministerien übernehmen und zumindest einen Teil der vom Volk geforderten Reformen einleiten. Die Bauern rotteten sich zusammen und machten mit den sie bedrückenden Feudallasten selbst ein Ende, ohne weiter auf Widerstand zu stoßen.

Auch in den übrigen deutschen Kleinstaaten ging diese erste Etappe der Revolution erfolgreich und unblutig vonstatten. In Bayern richtete sich die Volkswut vor allem gegen die Tänzerin Lola Montez, die Geliebte Königs Ludwigs I. Die verhaßte Mätresse wurde des Landes verwiesen, der König bald darauf zur Abdankung gezwungen; an seine Stelle trat sein Sohn, Maximilian II., der liberale Minister in sein Kabinett aufnahm und einige der dringendsten Reformen einleiten ließ.

In Württemberg mußte der König am 9. März 1848 vor den Liberalen kapitulieren und ihnen die Regierungsgeschäfte anvertrauen. In einem Brief an den österreichischen Staatskanzler Fürst Metternich vom 11. März gestand er, daß er nicht mehr imstande wäre, die Entwicklung aufzuhalten und »in allem nachgeben« müßte, um sich und seine Familie zu retten. Er flehte Metternich um Hilfe an, aber der konnte, als der Brief ihn erreichte, niemandem mehr helfen.

Am 13. März stand schon ganz Wien in Aufruhr. »Freiheit! Verfassung! Nieder mit Metternich!« hallte es durch die Straßen. Das von der Regierung in Bereitschaft gehaltene Militär erwies sich als machtlos. Noch am Abend mußte Fürst Metternich, der Mann, der fast vier Jahrzehnte lang das Rad der Geschichte zurückzudrehen versucht und ganz Europa in Schrecken gehalten hatte, seinen Rücktritt erklären und ins Ausland fliehen. Sein Sturz wurde im ganzen Habsburger Vielvölkerstaat mit Jubel aufgenommen; Mailand und Venedig verjagten die österreichischen Truppen; auch in Prag, Agram und Budapest übernahmen, wie schon zuvor in Wien, Bürgerausschüsse die Herrschaft. Das Militär wurde überall zurückgezogen; bewaffnete Studenten und Bürgerwehren beherrschten die Straßen, und am 15. März verlas ein kaiserlicher Herold vor der Wiener Hofburg einen Erlaß über die Neuordnung des politischen Lebens, worin die Zensur für abgeschafft erklärt, eine Verfassung sowie die Einrichtung einer Nationalgarde versprochen wurde.

In den Tagen zuvor waren in ganz Süddeutschland, wie schon zuvor in Baden, die Bauern gegen ihre Unterdrücker vorgegangen. »Der Bauernkrieg ist förmlich wieder entbrannt«, meldete die *Deutsche Zeitung,* das in Heidelberg erscheinende Organ der Liberalen, am 14. März, »das schreckliche Losungswort: Krieg den Schlössern! ist bereits durch die Einäscherung einer Zahl derselben durch bewaffnete Banden von Bauern zur greuelhaften Wirklichkeit geworden. Der Aufstand ist da entbrannt, wo auch der Druck der Feudallasten am unerträglichsten war, in den Besitzungen der Fürsten von Hohenlohe*...«

Auch in Bayern, vor allem in Franken, kam es zu Bauernaufständen, die sich besonders gegen die Freiherren von und zu Guttenberg* richteten. Im Südschwarzwald wurden die Fürsten zu Fürstenberg, im Odenwaldgebiet die Fürsten zu Leiningen und in Mainfranken die Fürsten zu Löwenstein* gezwungen, auf alle feudalen Rechte zu verzichten.

Auch in Hannover, Braunschweig und in den thüringischen Zwergstaaten hatten die Bauern einen starken Anteil an der Volkserhebung und erreichten, neben Reformversprechen und der Einsetzung liberaler Regierungen, beträchtliche Zugeständnisse hinsichtlich der Fronen und Abgaben. In Sachsen zwang die Volkserhebung, vor allem die energische Haltung der Leipziger unter Führung des aus Köln stammenden Schriftstellers Robert Blum, den zögernden König, sein reaktionäres Kabinett am 13. März zu entlassen und eine liberale Regierung zu

---

* Alle genannten Hochadelsfamilien zählen noch heute zu den größten Grundbesitzern der Bundesrepublik. Den Fürsten Hohenlohe, Fürstenberg, Leiningen und Löwenstein sowie den Baronen von und zu Guttenberg gehören gegenwärtig zusammen ziemlich genau 60 000 Hektar oder 600 Millionen Quadratmeter. Weitere 100 000 Hektar bundesdeutschen Bodens sind Privateigentum der Herzöge von Arenberg, der Fürsten von Thurn und Taxis, der Barone Riedesel zu Eisenbach und der Grafen und Fürsten zu Erbach.

berufen, die die vom Volk geforderten Reformen verwirklichen sollte.

Der rasche Erfolg der revolutionären Volksbewegung in weiten Teilen Deutschlands ließ natürlich auch die Menschen in Preußen nicht unberührt. Aber noch war dort kein Aufruhr zu bemerken; die von den herrschenden Reaktionären zusammengezogenen Truppen standen zwar in Alarmbereitschaft, doch bis gegen Ende der zweiten Märzwoche verhielt sich das Militär abwartend. Dann aber, am Abend des 14. März, begannen die Offiziere, von sich aus gegen die Bürgerschaft vorzugehen. Sie ließen Kanonen auffahren, Kavalleriepatrouillen jagten durch die Straßen und hieben mit ihren Säbeln wahllos auf die Passanten ein.

Das verstärkte zwar die Erbitterung und Aufregung der Massen, aber erst vier Tage später, nachdem der König in einer Proklamation eine »Reform des Deutschen Bundes«, Beseitigung aller Zollschranken, Gewährung von Pressefreiheit und die Einberufung des Vereinigten Provinziallandtags versprochen, aber gleichzeitig alle verfügbaren Truppen in Berlin zusammengezogen hatte, riß dem Volk die Geduld. Was bedeuteten Versprechungen, wenn Friedrich Wilhelm IV. gleichzeitig Kanonen auffahren und seine angeblich »geliebten Berliner« in die Gewehrmündungen seiner Garden blicken ließ? Als dann auch noch in die Menge vor dem Schloß geschossen wurde – niemand wußte und weiß bis heute genau, woher und warum –, erscholl der Ruf »Verrat! Zu den Waffen!«, und von diesem Augenblick an waren die Berliner nicht mehr zu halten.

»Zwölf Barrikaden erheben sich im Nu in der Königstraße«, berichtete ein Augenzeuge, »aus Droschken, aus Omnibuswagen, aus Wollsäcken, aus Balken, aus umgestürzten Brunnengehäusen bestehend, tüchtige, musterhaft gebaute Barrikaden. Haus an Haus werden die Dächer abgedeckt. Oben am schwindelnden Rande stehen die Menschen, mit Ziegeln in der Hand die Soldaten erwartend ... Alles ist bewaffnet, mit Mistgabeln, mit Schwertern, mit Lanzen, mit Pistolen, mit Planken; die Knaben dringen in die Häuser, um große Körbe mit Steinen auf die Dächer zu tragen ... Gegen 5 Uhr nachmittags war die ganze Stadt, auch in den entlegensten Teilen, mit Barrikaden überdeckt...« Überall wehten schwarz-rot-goldene, als Freiheitsfahnen stürmisch begrüßte Fahnen. Ein blutiger Kampf entbrannte mit dem anrückenden Militär, vor allem in der Gegend um den Alexanderplatz, »wo sich drei Barrikaden von kolossaler Bauart erhoben hatten«. Den ganzen Abend und die Nacht hindurch tobte der Kampf, wobei sich zeigte, daß das in Straßenschlachten ungeübte Militär der Lage nicht gewachsen war. »Zehn, zwölf junge Leute, entschlossen und todbereit, haben die Barrikaden mit wohlgezielten Schüssen, hinter den Barrikaden hervor, aus den Fenstern der Häuser, mit Steinhagel von den Dächern herab, siegreich verteidigt gegen Kanonen, Reiter und Fußvolk; ganze Regimenter mußten weichen«, schrieb der in Berlin lebende Schriftsteller Karl Varnhagen von Ense am 19. März 1848 in sein Tagebuch. Die eigentlichen Kämpfer waren wenig zahlreich, die Gehilfen aber willig und die Masse günstig; so konnte es geschehen, daß zwanzigtausend Mann Truppen nichts ausrichteten.«

Am Abend des 19. März wurde klar, daß mit militärischer Macht nichts mehr zu erreichen war, ja, daß sich die Soldaten, die sich hie und da schon mit dem Volk zu verbrüdern begannen, bald allen Schießbefehlen widersetzen würden. Ein Versuch des Königs, durch eine Proklamation Zwietracht zwischen die aktiven Kämpfer und die übrige Bevölkerung zu säen, indem er die ersten als »fremde Bösewichter«, die zweiten als seine »treuen und lieben Berliner« bezeichnete und die Truppen abzuziehen versprach, sobald alle Barrikaden beseitigt und die gewohnte Ordnung wiederhergestellt wären, scheiterte kläglich. Der König wurde vielmehr gezwungen, die 150 Gefallenen auf seiten des Volkes, deren Leichen man ihm blumengeschmückt vor die Fenster des Schlosses getragen hatte, ehrerbietig zu grüßen, vor den toten Barrikadenkämpfern seinen Hut zu ziehen und sich zu verneigen. Außerdem mußte er seinem Heer den Befehl zum Rückzug aus der Stadt geben. Der Dichter Ferdinand Freiligrath hat diese Demütigung des Hohenzollernkönigs durch das Volk von Berlin in seinem Gedicht »Die Toten an die Lebenden« eindrucksvoll beschrieben.

In diesem Gedicht, das im Juli 1848 entstanden ist, hat Freiligrath aber auch schon erkannt, wie rasch und gründlich dieser

Große Barrikade vor dem Köllnischen Rathaus in Berlin in der Nacht vom 18. zum 19. März 1848.
(Holzschnitt nach einer Zeichnung von J. Kirchhoff)

triumphale Sieg des Volkes über den Machtapparat des verhaßten Junkerstaates vertan wurde: »Weh euch, wir haben uns getäuscht! Vier Monden erst vergangen, und alles feig durch euch verscherzt, was trotzig wir errangen!«

Der zweite Versuch einer großen, allgemeinen deutschen Revolution zur endlichen Beseitigung der feudalistischen Ausbeutung und der Zwergstaaterei, der nach mehr als drei Jahrhunderten, seit der Erhebung der Bauern und Handwerker von 1524/25 unternommen wurde, war nämlich bereits verraten und damit gescheitert, während das Volk noch seinen so rasch errungenen Sieg bejubelte und die Feudalherren nebst ihrem Anhang zitternd und jammernd das große Strafgericht erwarteten.

Die gemäßigten Liberalen, die nun überall in Deutschland an der Macht waren, dachten nur an ihre eigenen großbürgerlichen Interessen, und diesen entsprach keineswegs, was sich die Masse der Bevölkerung erträumt und wofür die Männer auf den Barrikaden gekämpft hatten: gleiche politische Rechte für alle, freie Wahlen, Volksbewaffnung, Beseitigung der Fürstenthrone und Schaffung einer großen, alle Deutschen vereinenden Republik, in der es keine Ausbeutung und Unterdrückung mehr geben sollte. Im Gegenteil, das Großbürgertum, dessen Vertreter jetzt in allen deutschen Hauptstädten die Regierungsgeschäfte übernommen hatten, wollte keine grundlegende Veränderung der Besitz- und Machtverhältnisse, vor allem keine gewaltsame. Schon Mitte März begannen die liberalen Regierungen in den süddeutschen Staaten mit der Besetzung der Dörfer, in denen die Bauern sich erhoben hatten, durch das aus den Städten abgezogene Militär. Überall ließen sie »Ruhe und Ordnung« mit Waffengewalt wiederherstellen, jede »Ungesetzlichkeit« der Bauern streng bestrafen. In den größeren Städten Süddeutschlands, aber auch in den übrigen Staaten, vor allem in Preußen und sogar in Berlin, wurden eilig »Bürgerwehren« aufgestellt.

Dieser Truppe konnte – wie schon bei den Unruhen von 1830/31 – nur beitreten, wer volles Bürgerrecht hatte, in erster Linie Haus- und Grundbesitzer, selbständige Handwerksmeister, Kaufleute und Fabrikanten, nicht dagegen Gesellen, Dienstboten, Arbeiter und Bürogehilfen.

»Die Bewaffnung der Bürger wird mit Eifer und in großer Ausdehnung betrieben«, schrieb am 20. März 1848 der Liberale Otto Camphausen aus Berlin an seinen Bruder Ludolf, Bankier in Köln, der bald darauf preußischer Ministerpräsident wurde, »gebe Gott, daß sie vollendet sei, bevor die Masse das Gelüste ergreift, sich ebenfalls Waffen auszubitten!«

Das Palais des Prinzen von Preußen wird am 20. März 1848 von den Aufständischen zum Nationaleigentum erklärt (zeitgenössische Darstellung).

Noch vor Ende März baten denn auch die Hauptleute sämtlicher Bürgerwehrbezirke von Berlin um die »Rückführung der Truppen in die Hauptstadt« zwecks »Befestigung der erschütterten Grundlagen der Autorität«, und schon am nächsten Tage rückte das vom Volk geschlagene Militär wieder ein. Gleichzeitig erklärte die gerade eingesetzte Regierung Camphausen, daß des Königs Wille weiterhin oberstes Gesetz sei; daß »der Rechtstitel des Volkes, die Revolution, nicht existiere« und daß sie sich für die vom König gnädigst in Aussicht gestellten Reformen einsetze, jeden »Krawall« hingegen scharf verurteile und künftig zu verhindern wissen werde.

Damit war der Bund zwischen dem an die Macht gelangten Großbürgertum und den alten Gewalten geschlossen. Nur zum Schein hielten sich das Junkertum, das Militär und die reaktionäre hohe Beamtenschaft für eine Weile im Hintergrund. Der als besonders brutal, engstirnig und rückschrittlich bekannte und beim Volk verhaßte Bruder des Königs, Prinz Wilhelm von Preußen, erhielt von Friedrich Wilhelm IV. auf

Betreiben der liberalen Regierung hin den dringenden Rat, sich in aller Stille eine Zeitlang außer Landes, am besten nach England, zu begeben, was der Prinz auch bereitwillig tat. Der König selbst gab sich als Freund, zwar nicht des gemeinen Volkes, aber doch des bislang von ihm verachteten Bürgertums, zeigte sich besonders leutselig gegenüber der »Bürgerwehr«, die vor seinem Schloß Wache hielt, und wagte sogar, geschmückt mit Schärpen und Bändern in den – bislang verbotenen und verfolgten – Farben Schwarz-Rot-Gold, einen von den Berlinern argwöhnlich beobachteten »Umritt« durch die Straßen der wieder ruhigen Hauptstadt. Insgeheim aber traf er sich in Potsdam mit den Anführern der Reaktion, Feudalherren und hohen Militärs, um mit ihnen die Möglichkeiten eines Gegenschlags zu beraten und alle Vorbereitungen dafür zu treffen.

Bei dieser Weichenstellung war der weitere Verlauf dessen, was so hoffnungsvoll begonnen hatte und die vom ganzen Volk so heiß ersehnte Befreiung und Einigung hätte bringen können, schon deutlich vorgezeichnet. Und es schien nur noch so, als wäre der Umsturz noch im vollen Gange: In den preußischen Gebieten am Rhein hatte der Regierungsapparat sehr weitgehende Zugeständnisse machen müssen; in den Provinzen, die sich Preußen bei den Teilungen Polens ein halbes Jahrhundert zuvor angeeignet hatte, waren Bauern und Kleinadel in Aufruhr, hatten bereits ein starkes polnisches Heer aufgestellt und standen in Verhandlungen mit Friedrich Wilhelm IV., von dem sie die Gewährung voller nationaler Unabhängigkeit forderten. Überall in Deutschland herrschte eine sehr lebhafte politische Aktivität; in Klubs und Vereinen wurden Programme für eine freiheitliche und gerechte Umgestaltung der gesellschaftlichen Verhältnisse entworfen und diskutiert; es liefen Vorbereitungen für allgemeine Wahlen zu einem gemeinsamen Parlament aller Deutschen von Schleswig bis Südtirol, das in Bälde in Frankfurt am Main zusammentreten, eine Reichsregierung ernennen und eine demokratische Verfassung ausarbeiten sollte; im Elsaß und in der Schweiz sammelten sich Tausende von gutbewaffneten Handwerksburschen und politischen Flüchtlingen, bereit zum Einmarsch nach Deutschland und zum Kampf für die Freiheit. Und in den ersten Apriltagen begann im badischen Bodenseegebiet eine Aktion radikaler Republikaner mit dem Ziel, auf einem Marsch durch Deutschland einen Fürsten nach dem anderen zu entthronen, um auf diese Weise einen geeinten deutschen Freistaat zu schaffen.

Dieser republikanische Putschversuch scheiterte. Die neue liberale Regierung setzte nicht nur die großherzoglich badische Armee gegen die tapfer kämpfenden Republikaner ein, sondern rief auch noch württembergische, bayerische und hessische Truppen zu Hilfe. Diese militärische Übermacht reichte aus, die Aktion schon in ihren Anfängen zu vereiteln. Eine Freischar unter Führung des Dichters Georg Herwegh, die den badischen Republikanern vom Elsaß aus zu Hilfe kommen wollte, wurde von einem württembergischen Regiment umzingelt und vernichtend geschlagen.

Auch bei den Wahlen zur Frankfurter Nationalversammlung zeigte sich die Bereitschaft der in allen deutschen Staaten durch die Märzereignisse an die Macht gelangten gemäßigt liberalen Großbürger, mit den alten Mächten gemeinsame Sache zu machen und das Volk so weit wie irgend möglich von den politischen Entscheidungen fernzuhalten. Anstatt allgemeine, gleiche, geheime und direkte Wahlen durchzuführen, wie sie das Volk einhellig forderte und die vorbereitenden Ausschüsse empfohlen hatten, führten fast alle deutschen Staaten Wahlen durch, bei denen die Handwerksburschen, Tagelöhner, Dienstboten und viele weitere Angehörige der untersten Volksschichten von der Möglichkeit der Stimmabgabe ausgeschlossen blieben. Außerdem wurde fast überall indirekt gewählt, das heißt, die Wahlberechtigten jedes Bezirkes wählten sogenannte »Wahlmänner«, die dann ihrerseits einen Abgeordneten zu bestimmen hatten. Auf diese Weise gelang es, die wahre Volksmeinung umzufälschen und die Anzahl entschieden freiheitlich gesinnter Volksvertreter sehr gering zu halten.

Die so gewählte Nationalversammlung, die am 18. Mai 1848 in der Frankfurter Paulskirche erstmals zusammentrat, stellte weder ein Spiegelbild der sozialen Zusammensetzung des deutschen Volks dar, noch entsprach sie in ihren Mehrheitsverhältnissen den wahren Gegebenheiten. Man hat diese erste deutsche Nationalversammlung später häufig, mal in abwertendem, mal in lobendem Sinn als »Professoren-Parlament« bezeichnet, doch in Wahrheit bildeten ganz andere Gruppen die starke Mehrheit in allen Fraktionen*. Nicht weniger als 152 der insgesamt 812 Abgeordneten** waren Beamte, darunter zahlreiche Regierungs- und Oberpräsidenten, also Spitzenfunktionäre der alten, den Fürsten treu ergebenen Bürokratie. Die zweitgrößte Gruppe war die der Richter und Staatsanwälte, die 110 Abgeordnete umfaßte, darunter Gerichtspräsidenten und Generalstaatsanwälte, die ebenso wenig tiefgreifende oder gar gewaltsame Veränderungen wollte wie die hohen Beamten. Die drittgrößte Gruppe war die der Rechtsanwälte und Notare, die in der Paulskirche mit 106 Abgeordneten vertreten war, von denen die meisten als gemäßigte bis entschiedene Liberale gelten konnten, wobei sie fast ausnahmslos die Interessen des Besitzbürgertums vertraten. Erst an vierter Stelle standen die 94 Professoren, die damit weniger als ein Achtel der Abgeordneten stellten; auch sie waren beinahe sämtlich radikalen Lösungen abhold.

Von den übrigen rund 250 Paulskirchen-Parlamentariern waren 39 Geistliche, unter ihnen der Erzbischof und spätere Kardinal von Köln, Paulus Melchers, sowie mehrere Bischöfe; 18 Offiziere, zumeist im Generalsrang; 46 fast durchweg adlige Gutsbesitzer; 11 fürstliche Diplomaten, zumeist aus dem hohen Adel; 14 Fabrikanten, 35 Großkaufleute und Reeder, 21 Bürgermeister und 44 sogenannte »Privatiers«, wie man wohlhabende Bürger nannte, die von den Zinserträgen ihrer Vermögen lebten, ohne einen Beruf auszuüben.

Sieben Schriftsteller, drei Bibliothekare, vier Handwerksmeister sowie ein paar Dutzend Ärzte, Lehrer und andere Intellektuelle vervollständigten die Palette, an der das auffallendste war, daß es unter den mehr als achthundert Abgeordneten keinen einzigen gab, der aus dem Arbeiter-, Bauern- oder Gesel-

---

* Da es noch keine Parteien gab, bildeten sich erst allmählich Fraktionen loser Art, die sich nach den Orten ihrer Zusammenkünfte nannten, zum Beispiel »Deutscher Hof« oder »Casino«.

** Dabei sind alle mitgezählt, die zu irgendeinem Zeitpunkt Mitglied der Nationalversammlung waren, also auch die bei Tod oder Rücktritt eines Abgeordneten nachgerückten Ersatzmänner.

lenstande kam. Die überwältigende Mehrheit des deutschen Volkes, nämlich mindestens 85 Prozent, hatte in der ersten Nationalversammlung überhaupt keinen Repräsentanten; für sie traten nur einige entschiedene Linke ein, zumeist freiberufliche Intellektuelle - so der aus einfachen Verhältnissen stammende Publizist Robert Blum, der Trierer Rechtsanwalt Ludwig Simon, der Dichter und Professor Ludwig Uhland, der Schriftsteller Julius Fröbel, der deutsch-jüdische Dichter Moritz Hartmann aus Böhmen, von Mai 1849 an auch der Mitunterzeichner des »Kommunistischen Manifests«, Wilhelm Wolff, und der unerschrockene Königsberger Arzt Dr. Johann Jacoby, der den Abgeordneten klarzumachen versuchte, daß sie sich nur im Namen der Volkssouveränität energisch gegen die Fürsten zu wenden brauchten, um alle aufrichtigen Demokraten und damit die überwältigende Mehrheit aller Deutschen hinter sich zu haben. »Wer Deutschlands Einheit will«, erklärte er von der Rednertribüne der Paulskirche aus, »der muß die Macht, die Kraft des Volksparlaments fordern. Wer dieser Macht entgegentritt, wer sie hemmt oder schwächt, ist ein Feind des Vaterlandes!«

Doch die Mehrheit der Nationalversammlung steuerte einen Kurs, der dem des Volkes und seiner wenigen linken Repräsentanten entgegengesetzt war. Zunächst übertrug sie die oberste Gewalt in Deutschland nicht - wie der Abgeordnete Ludwig Simon beantragt hatte und wie es im Sinne der Neugestaltung nötig gewesen wäre - einem Vollziehungsausschuß, der die Beschlüsse des Parlaments energisch in die Tat umzusetzen gehabt hätte, sondern einem Vertreter des alten Regimes und Angehörigen des Hauses Habsburg, dem Erzherzog Johann von Österreich. Alsdann beschloß sie, diesen »Reichsverweser« - so lautete der Titel dieses vorläufigen Staatsoberhaupts aller Deutschen - *nicht* an die Beschlüsse des Parlaments zu binden oder ihn auch nur gegenüber der Nationalversammlung verantwortlich zu machen. Dieser entscheidende Fehler wurde mit 277 gegen 261 Stimmen beschlossen. Erzherzog Johann nahm die Wahl aber erst an, nachdem sich die deutschen Landesfürsten durch ihre Botschafter in Frankfurt mit diesen Entscheidungen der Nationalversammlung einverstanden erklärt hatten. Danach ernannte er im Einvernehmen mit der Parlamentsmehrheit seine Kabinettsminister, die erste Regierung eines erst noch zu schaffenden Deutschen Reiches.

Reichsministerpräsident wurde - es schien wie blanker Hohn, doch die gemäßigte liberale Mehrheit der Paulskirche kam sich dabei sehr schlau vor und erhoffte sich von ihrem Vorschlag ein gutes Einvernehmen mit den Landesfürsten und der Hocharistokratie sowie mit dem Königshaus von England, dessen Verwandter der Erwählte war - ausgerechnet Fürst Carl zu Leiningen, einer der großen Feudalherren, dem seine Bauern erst ein paar Wochen zuvor mit Gewalt die Abschaffung der mittelalterlichen Fronen abgepreßt hatten.

Die übrigen Sitze im Reichskabinett erhielten: ein liberaler Österreicher von Uradel; ein reaktionärer preußischer Generalmajor, ein hanseatischer Großkaufmann, ein rheinischer Industrieller und ein süddeutscher Professor. Aber das war noch nicht einmal das Wesentliche. Entscheidend war vielmehr, daß diese vom Volk in Ehrfurcht bestaunte erste deutsche Zentralregierung ein Kopf ohne Körper war: Das »Reichskabinett« hatte keine Beamten, keine Polizei, keine Armee. Wenn diese Regierung ihre Beschlüsse verwirklichen wollte, war sie auf den guten Willen der deutschen Landesfürsten angewiesen. Deren Bürokratie war aber nur bereit, die fortschrittshemmenden Beschlüsse von Parlament und Reichsregierung zu verwirklichen; jede echte Neuerung wurde hingegen von den reaktionären Beamten einfach nicht zur Kenntnis genommen. Und was fast noch schlimmer war: Die Reichsregierung wurde von keiner auswärtigen Macht diplomatisch anerkannt - ausgenommen von der ungarischen Revolutionsregierung, die ihrerseits von keiner ausländischen Regierung anerkannt worden war -; damit war das »Reichskabinett« nach außen so machtlos wie nach innen und völlig abhängig von den Regierungen der deutschen Einzelstaaten. Je stärker die gegenrevolutionären Kräfte in den Einzelstaaten wurden und je mehr das Paulskirchen-Parlament und »seine« Reichsregierung das Vertrauen des Volkes verloren, desto nachteiliger wirkte sich diese Abhängigkeit von den Kabinetten der Fürsten aus.

Die große Mehrheit der Nationalversammlung merkte indessen gar nicht oder erst viel zu spät, daß sich die mit so großen Erwartungen gewählte und zusammengetretene erste deutsche Volksvertretung selbst gleich zu Anbeginn durch den Verzicht auf einen eigenen Vollziehungsausschuß jeder Möglichkeit beraubt hatte, auch nur die bescheidensten ihrer Forderungen und Beschlüsse wirklich durchzusetzen.

Mit einem Seufzer der Erleichterung darüber, nun von den Mühen der praktischen Durchführung ihrer Entscheidungen durch den prinzlichen »Reichsverweser« und sein Kabinett entlastet zu sein, machte sich das Paulskirchen-Parlament sogleich an das, was es für seine eigentliche Aufgabe hielt, nämlich an die Ausarbeitung einer Reichsverfassung. Glänzende Reden wurden gehalten; die Diskussion wurde auf einem Niveau geführt, wie es in der späteren deutschen Parlamentsgeschichte nie mehr erreicht worden ist. Die Präsidenten, Heinrich von Gagern und Eduard Simson, leiteten die Debatten mit Fairneß und Würde, erfolgreich bemüht, dieser ersten Einübung parlamentarischer Demokratie in Deutschland Ansehen und Respekt zu verschaffen.

Auch die Reichsverfassung, die die Nationalversammlung mit großem Fleiß und redlichem Bemühen ausarbeitete, konnte sich sehen lassen. Sie garantierte die Gleichheit aller Bürger vor dem Gesetz, volle Rede-, Presse- und Versammlungsfreiheit, Abschaffung des Adels als Stand und aller Adelsvorrechte, Beseitigung der Gutsherren-Gerichtsbarkeit und -Polizeigewalt sowie der Zensur, die Aufhebung aller Feudallasten, wenngleich nur gegen »angemessene« Entschädigung der Feudalherren, einheitliche Maße, Münzen und Gewichte in ganz Deutschland, ein deutsches Reichsbürgerrecht sowie eine Volksvertretung, den Reichstag. Die Einzelstaaten sollten indessen fortbestehen, künftig aber mit einheitlicher Außenpolitik und gemeinsamer Armee, und an der Spitze dieses als Staatenbund gedachten Reichs war ein Kaiser vorgesehen.

Obwohl diese Verfassung die Forderung der Volksmassen nach einem Einheitsstaat nur unzulänglich befriedigte, wäre sie dennoch ein bedeutender Fortschritt gewesen, wenn man sie hätte in Kraft setzen können. Doch gerade dies vermochte die Nationalversammlung nicht. Schlimmer noch: Während sie debattierte und in geschliffenen Reden ein Traumbild der deutschen Zukunft entwarf, vollzog sich in den deutschen Staaten ein Wandel der Machtverhältnisse, den die Mehrheit der Paulskirchen-Parlamentarier einfach nicht zur Kenntnis nahm.

Vom Frühsommer 1848 an setzte nämlich in Deutschland die Gegenrevolution ein, wiederum ausgelöst durch Ereignisse in Frankreich. Dort hatte sich ein scharfer Konflikt zwischen dem herrschenden Bürgertum und der mit der Entwicklung höchst unzufriedenen, unter Arbeitslosigkeit und Hunger leidenden Industriearbeiterschaft entwickelt. Am 23. Juni war es zu einem bewaffneten Aufstand von rund vierzigtausend Arbeitslosen gekommen, gegen den die liberale Regierung die vierfache Anzahl von Soldaten und Hilfspolizisten einsetzte. Nach dreitägigem, äußerst hartem Kampf wurden die Arbeiter überwältigt; die Hilfspolizei, großenteils Kriminelle, denen man Straferlaß und hohe Geldprämien zugesichert hatte, richtete unter den entwaffneten Aufständischen ein furchtbares Blutbad an und ermordete mehr als zehntausend Menschen. Von den Überlebenden wurden dreitausendfünfhundert als »Rädelsführer« zu sehr harten Strafen verurteilt.

Dieser Sieg über das revolutionäre Proletariat von Paris gab in ganz Europa den reaktionären Kräften wieder kräftigen Auftrieb. Die alten Mächte schöpften neue Hoffnung, zumal auch der polnische Aufstand von der liberalen preußischen Regierung Camphausen durch den rücksichtslosen Einsatz des königlichen Militärs blutig niedergeschlagen worden war, in Prag die kaiserlich-österreichischen Kanonen über revolutionäre Arbeiter und Studenten gesiegt hatten und in Norditalien die Rückeroberung der von der Habsburger-Herrschaft befreiten Gebiete einige Fortschritte machte.

Aber noch gab es eine Chance für das deutsche Volk, seinen im März errungenen Erfolgen weitere hinzuzufügen und am Ende doch noch den ersehnten demokratischen Einheitsstaat zu schaffen. Und die fortschrittlichen Kräfte in Deutschland, deren kräftiges, weithin vernehmbares Sprachrohr die *Neue Rheinische Zeitung* war, mit der von Köln aus wieder seit dem 1. Juni 1848 Karl Marx, Friedrich Engels, Ferdinand Freiligrath und Wilhelm Wolff ihre Artikel, Kampflieder und Aufrufe ins Land schleuderten und damit die Massen elektrisierten, waren sich dieser Chance durchaus bewußt.

Es ging dabei vordergründig um die Frage, ob das Herzogtum Schleswig wie das ihm eng verbundene Holstein künftig zum Deutschen Reich oder als bloße Provinz zu Dänemark gehören sollten, wie es dessen König, die Deutschen bewußt provozierend, offen anstrebte. Das deutsche Volk stand in seltener Einmütigkeit hinter den mit überwältigender Mehrheit den Anschluß an Deutschland fordernden Schleswig-Holsteinern. Es bildeten sich Freikorps, deren Angehörige aus allen Teilen des im Entstehen begriffenen Reiches zusammengeströmt waren. Diese Freiwilligen, unter ihnen viele Studenten, Handwerksburschen und Arbeiter, hatten erkannt, daß ein Revolutionskrieg gegen Dänemark nicht nur ein Kampf für die Einheit Deutschlands sein würde, sondern ein Auftakt zur zweiten Phase der Revolution, in der es dem Feudalismus den Todesstoß zu versetzen galt.

Wegen der in allen Schichten der Bevölkerung herrschenden Begeisterung für die gewaltsame Befreiung Schleswig-Holsteins konnte weder die Nationalversammlung noch die Botschafterkonferenz des alten »Deutschen (Fürsten-)Bundes« umhin, den Krieg gegen Dänemark zu beschließen. Die Königreiche Preußen und Hannover wurden vom Bundestag beauftragt, militärisch vorzugehen, und die Abgeordneten in der Paulskirche erkärten die schleswig-holsteinische Sache zu einer »Angelegenheit der deutschen Nation«, bei der »die Ehre Deutschlands gewahrt« werden müsse.

Die reaktionäre preußische Führung hatte indessen keinerlei Neigung, ihre Armee für die Sache von »Rebellen gegen einen König von Gottes Gnaden« kämpfen zu lassen. Sie befürchtete - durchaus zu Recht - damit nur der Revolution in Deutschland Vorschub zu leisten. Wenn sie dennoch die Truppen marschieren ließ, so bewog sie dabei - wie dem Dänenkönig brieflich versichert wurde - »einzig der Wunsch, die radikalen und republikanischen Elemente Deutschlands zu verhindern, sich unheilbringend einzumischen«.

Tatsächlich führten die dem dänischen Heer an Stärke weit überlegenen preußischen Truppen unter dem Kommando des Generals von Wrangel bloß einen Scheinkrieg, der - wie Karl Marx bitter bemerkte - nur den Zweck hatte, dem von der Revolution geschlagenen Preußenheer, insbesondere »dem General Wrangel und seinen berüchtigten Garderegimentern eine gewisse Popularität zu verleihen«, zugleich die Armee für den Kampf gegen das eigene Volk zu schulen.

Als den Dänen eine vernichtende Niederlage drohte, weil die Freikorps weit entschlossener vorgegangen waren, als das preußische Oberkommando erwartet hatte, befahl General von Wrangel den Abbruch des Kampfes, löste die Freikorps auf und leitete Waffenstillstandsverhandlungen ein, bei denen die Regierung von Schleswig-Holstein und die »Reichsregierung« in Frankfurt nicht einmal um ihre Meinung gefragt wurden. Im Text des preußisch-dänischen Abkommens wurde die vom Paulskirchen-Parlament anerkannte schleswig-holsteinische Regierung schlicht als »Rebellenregiment« bezeichnet; ihre Gesetze und Verordnungen erklärte man für nichtig.

Die Nationalversammlung in Frankfurt, für die die Nachricht von diesem Waffenstillstand und seinen beschämenden Bedingungen wie ein Donnerschlag kam, lehnte nach erregter Debatte und mit nur knapper Mehrheit die Billigung des preußischen Vorgehens ab und beschloß die sofortige Einstellung aller sich aus dem Waffenstillstandsabkommen ergebenden Maßnahmen. Es war die offene Kampfansage an die alten Mächte in Preußen, und dabei hatte erstmals der linke Flügel des Parlaments einen Sieg errungen. Es müsse sich jetzt zeigen, so hatte Robert Blum vor der Abstimmung unter großem Beifall der Linken erklärt, ob Preußen in Deutschland aufgehe oder Deutschland in Preußen.

Doch vor dieser von Blum aufgezeigten Wahl lag eine ganz andere, nämlich die, entweder das ganze deutsche Volk zum Kampf gegen Dänemark und seine heimlichen Verbündeten aufzurufen, diesen Krieg zu gewinnen und den verräterischen Preußenkönig samt seinen reaktionären Generalen aus dem Land zu jagen oder aber die eigene völlige Ohnmacht festzustellen und sich mit leerem Protest zu begnügen. Der großen Mehrheit der Paulskirchen-Abgeordneten fehlte nicht nur der Mut zum Revolutionskrieg; die meisten fürchteten das Volk weit mehr als die Wiederkehr der alten Mächte. Und so nahm es die Nationalversammlung hin, daß es am Ende doch bei dem Waffenstillstand blieb, den die preußischen Reaktionäre hinter ihrem Rücken mit dem Feind ausgehandelt hatten.

Wie es ihr die *Neue Rheinische Zeitung* schon einige Tage zuvor prophezeit hatte, entschloß sich die Nationalversammlung am 16. September 1848, die preußischen Abmachungen mit Dänemark, die sie selbst noch elf Tage vorher als schändlich, unannehmbar und landesverräterisch bezeichnet hatte, nachträglich zu billigen. Die Furcht der bürgerlichen Mehrheit vor dem Volkskrieg und der »roten Republik« war größer als ihre Angst vor der offenkundigen Blamage.

Um so größer war der Zorn des Volks. Am 17. September forderte eine Massenversammlung von Arbeitern und Handwerksgesellen aus Frankfurt und Umgebung, zusammen mehr als zwanzigtausend Männer, den Austritt der Linken aus der »verräterischen« Nationalversammlung und die Organisation eines Volkskrieges. Dies bot den alten Mächten einen willkommenen Anlaß, Frankfurt durch preußische, osterreichische und andere »Bundes«-Truppen militärisch besetzen zu lassen. Am 19. September kam es zum offenen Kampf, aber trotz tapferster Gegenwehr der Arbeiterschaft erwies sich das Militär als stärker. »Die Artillerie scheint den Kampf in den breiteren Straßen entschieden und dem Militär einen Weg in den Rücken der Barrikadenkämpfer eröffnet zu haben«, berichtete die *Neue Rheinische Zeitung* am 21. September aus Frankfurt. »Der Eifer, womit die Frankfurter Spießbürgerschaft ihre Häuser öffnete und den Soldaten damit alle Vorteile des Straßenkampfes in die Hände gab, die Übermacht der mit den Eisenbahnen rasch hineingezogenen Truppen gegenüber den langsamen, zu Fuß ankommenden Zuzügen der Bauern tat das übrige.«

Die preußische Reaktion nutzte die Selbsterniedrigung des Paulskirchen-Parlaments und den militärischen Sieg über die revolutionäre Arbeiterschaft zu einer weiteren Demonstration ihres Willens, die »alte Ordnung« wiederherzustellen. Die großbürgerlich-liberale Regierung wurde abgelöst; ein preußischer General wurde Ministerpräsident und Kriegsminister; den an der dänischen Front nicht mehr benötigten Oberbefehlshaber von Wrangel ernannte der König zum Militärgouverneur mit besonderen Vollmachten »in den beiden Marken«, was auch die Hauptstadt Berlin einschloß, und den 219 liberalen und demokratischen Abgeordneten des im Mai erstmals gewählten preußischen Landtags, die eine Entschließung des Parlaments gegen die zunehmenden Dreistigkeiten und Brutalitäten des Militärs durchgesetzt hatten, ließ man bedeuten, der König werde ihren Stimmen die doppelte Anzahl Kanonen entgegensetzen.

Die Lage in Berlin hatte sich also gefährlich zugespitzt. Arnold Ruge, der dort das Organ der Demokraten, *Reform*, herausgab, meinte dazu: »Der Augenblick, in dem wir leben, zeigt uns eine solche Spannung der feindlichen Gegensätze . . . , daß wir nichts Geringeres zu erwarten haben als einen neuen allgemeinen Ausbruch der europäischen Revolution. Diese zweite Revolution wird in Deutschland die reelle Demokratie, in Frankreich die soziale Republik hervorbringen.«

Doch in Wahrheit stand nicht die zweite Revolution bevor, sondern die Konterrevolution, die brutale Vernichtung der März-Errungenschaften durch die militärische Übermacht der nach Rache für ihre Niederlagen und Demütigungen dürstenden Fürsten, Generale und Junker. Und in Berlin war nur die Ouvertüre dazu gespielt worden; der erste Akt des grausigen Stücks wurde in Wien aufgeführt.

Dort hatte, genau wie in allen anderen deutschen Großstädten, das Bürgertum mit den alten Mächten paktiert und aus Furcht vor einer weiteren Radikalisierung alle Schlüsselstellungen dem reaktionären Adel überlassen. Aber in Wien war die Arbeiter-, erst recht die Studentenschaft weit besser organisiert und bewaffnet als anderswo. Mehrmals konnten diese revolutionären Kräfte eine Preisgabe der Märzerrungenschaften durch das gemäßigt liberale Bürgertum dadurch verhindern, daß sie zu Tausenden vor die Hofburg zogen, Waffen verteilten und Barrikaden errichteten. Deshalb hatte es der kaiserliche Hof vorgezogen, sich nach Innsbruck abzusetzen; bei den »frommen und gut-kaisertreuen« Tirolern fühlte man sich sicherer als in Wien. Die bürgerlichen Geschäftsleute und Handwerksmeister sahen durch den Wegzug des Hofes ihre Einnahmen in Gefahr; das Besitzbürgertum vergaß darüber alle liberalen Ideale und schlug sich eilig wieder auf die Seite der Reaktion. Ende September fühlte diese sich stark genug, die Politik des Zurückweichens und der zähneknirschenden Duldung aufzugeben und offen zum Gegenangriff überzugehen, sowohl gegen die Revolutionäre in Wien wie gegen die in Ungarn unter Lajos Kossuth. Dadurch sollten die Freiheitsbewegungen innerhalb der Donaumonarchie ihrer wichtigsten Stützen beraubt werden.

Als starke deutsche und italienische Truppenverbände gegen Ungarn in Marsch gesetzt wurden, kam es in Wien zum Volksaufstand. Die Studenten und Arbeiter eroberten einen Teil der zum Kampf gegen die Ungarn bestimmten Geschütze; viele Soldaten faßten daraufhin den Mut, zum Volk überzulaufen. Im Triumph zogen die siegreichen Revolutionäre in die Wiener Innenstadt, stürmten das Regierungsgebäude und hängten den für die Mobilmachung gegen die Ungarn verantwortlichen Kriegsminister als Verräter kurzerhand an einem Laternenpfahl auf. Der aus Innsbruck erst kurz zuvor nach Wien zurückgekehrte kaiserliche Hof ergriff sogleich wieder die Flucht, diesmal nach Olmütz in Mähren, wo bald alle führenden Reaktionäre versammelt waren. Am 16. Oktober 1848 traf auch Feldmarschall Fürst Windischgrätz dort ein. Er wurde mit dem Oberbefehl über eine hunderttausend Mann starke, mit zahlreichen Geschützen ausgestattete konterrevolutionäre Armee beauftragt, die man in aller Heimlichkeit zusammengezogen hatte und die fast ausschließlich aus Kroaten und Panduren bestand. Windischgrätz erhielt den Befehl, die Hauptstadt zu erobern, der Revolution, »koste es, was es wolle«, den Garaus zu machen und sodann die Ungarn anzugreifen.

Die Nachricht von dem bevorstehenden Großangriff auf Wien ging wie ein Lauffeuer durch Deutschland. Alles hielt den Atem an, denn in Kürze mußte sich das Schicksal der Revolution entscheiden. Der Dichter Ferdinand Freiligrath faßte die Stimmung in den Versen zusammen: »Wenn wir noch knien könnten, wir lägen auf den Knien, wenn wir noch beten könnten, wir beteten für Wien ...«

Die Frankfurter Nationalversammlung, die immer noch in der Paulskirche tagte und eine liberale Verfassung diskutierte, nahm von der Bedrohung Wiens kaum Notiz. Sie hatte am

12. Oktober zwei Männer des rechten Flügels als »Reichskommissare« nach Wien entsandt mit dem sehr vagen Auftrag, »alle zur Beendigung des Bürgerkrieges, zur Herstellung des Ansehens der Gesetze und des öffentlichen Friedens erforderlichen Vorkehrungen zu treffen«. Doch die Herren Reichskommissare zogen es vor, sich nicht ins bedrohte Wien, sondern nach Olmütz zu begeben, um sich dort, wie es Friedrich Engels treffend formulierte, »von Windischgrätz anschnauzen, von dem idiotischen Kaiser« - Ferdinand I. war tatsächlich schwachsinnig - »anglotzen und von dem Minister Stadion aufs unverschämteste foppen zu lassen«. Daher sah sich der linke Flügel der Paulskirche veranlaßt, seinerseits die beiden Abgeordneten Robert Blum und Julius Fröbel nach Wien zu entsenden. Sie sollten der bedrohten Stadt die zumindest moralische Unterstützung ihres unmittelbar bevorstehenden Kampfes durch alle fortschrittlichen Kräfte in Deutschland vermitteln.

Am 17. Oktober trafen Blum und Fröbel in Wien ein. Vier Tage später stand die Vorhut des Marschalls Windischgrätz bereits an der Stadtgrenze. Am 23. Oktober war die Hauptstadt von den konterrevolutionären Truppen eingeschlossen, und ein mörderischer Kampf begann. Die bürgerliche Mehrheit im Reichstag und im Stadtparlament hatte alle Maßnahmen, die die Einschließung Wiens hätten verhindern können, hintertrieben, einen Ausfall der Studenten und Arbeiter als »ungesetzlich« verboten und die Hilfe, die die ungarischen Revolutionäre der Stadt anboten, höflich abgewiesen. So war es fast ein Wunder, daß die militärisch ungeübten, schlecht bewaffneten und auch zahlenmäßig weit unterlegenen Verteidiger Wiens dem mörderischen Artilleriefeuer und den pausenlosen Attacken der Panduren und Kroaten viele Tage lang standhielten, auch nachdem am 28. Oktober kaiserliche Truppen in die Stadt einzudringen vermochten, nachdem am 29. Oktober Reichstag, Gemeinderat und die Führung der »Bürgerwehren« zur Unterwerfung rieten und selbst nachdem die verspätet zur Hilfe anrückenden Ungarn am 30. Oktober von den Kaiserlichen zurückgeschlagen worden waren. Bis zum Morgen des 1. November leisteten Arbeiter- und Studentenbataillone in der Wiener Innenstadt verzweifelten Widerstand. Dann, nach nochmaligem schwerem Geschützfeuer, erstürmten die konterrevolutionären Streitkräfte des Marschalls Windischgrätz die letzten Barrikaden und hielten fürchterliche Rache. Mordend, brennend und plündernd fielen die Panduren und Kroaten über die Stadt und ihre Bewohner her. Robert Blum, der bis zuletzt am Barrikadenkampf teilgenommen hatte und gefangengenommen worden war, wurde zusammen mit seinem Kollegen Julius Fröbel und vielen anderen von den Standgerichten zum Tode verurteilt. Und während Fürst Windischgrätz Fröbel begnadigte, weil dieser in Frankfurt für Wien als Mittelpunkt des künftigen Reiches eingetreten war, ließ er Robert Blum am 9. November 1848 hinrichten. Blums Hinweis, als gewählter Abgeordneter der deutschen verfassunggebenden Nationalversammlung sei er unverletzlich, wurde von dem das Erschießungskommando befehligenden Offizier mit der höhnischen Bemerkung abgetan, das werde man ja gleich sehen; dann gab er den Feuerbefehl.

Robert Blum wurde erschossen, nicht obwohl, sondern gerade weil er die Männer der Paulskirche in Wien vertrat. Es war die Kampfansage der Habsburger Reaktion an die deutsche Nationalversammlung, die höhnische Enthüllung der Ohnmacht des Parlaments und der tiefen Verachtung, die ihm darob von den alten Gewalten gezollt wurde.

Die den Menschen zunächst kaum faßliche Nachricht von der Ermordung des Abgeordneten Blum wurde in ganz Deutschland mit großer Erbitterung aufgenommen. Man hoffte auf ein Signal aus Frankfurt, Rache für die Untaten von Wien zu nehmen. Doch die gemäßigt liberale Mehrheit der Nationalversammlung raffte sich nur zu einer lahmen Entschließung auf, die – wie Friedrich Engels dazu bitter bemerkte – »durch den sanften Ton und die diplomatische Zurückhaltung ihrer Sprache eher eine Verunglimpfung ... des ermordeten Märtyrers war als ein Verdammungsurteil über Österreich«.

Der Sieg der Konterrevolution in Wien ermunterte die alten Mächte in ganz Deutschland, besonders aber in Preußen, jetzt zum offenen Gegenangriff überzugehen. Man wußte nun, daß das bislang tonangebende Großbürgertum nichts so sehr fürchtete wie die demokratische Revolution; daß die kleinbürger-

Erschießung Robert Blums am 9. November 1848 in Wien (anonyme Lithographie).

lichen Demokraten unentschlossen und uneinig waren und daß auch sie Angst hatten vor den Arbeiter- und Bauernmassen. So wagte es König Friedrich Wilhelm IV., am 8. November einen neuen Ministerpräsidenten einzusetzen: den Generalleutnant Graf Friedrich Wilhelm von Brandenburg, einen »natürlichen« Sohn Friedrich Wilhelms II., der »der Bastard von Preußen« genannt wurde und als Anführer des erzreaktionären preußischen Junkertums und Anbeter des Prinzips von »Zucht und Ordnung« bekannt war. Gleichzeitig mit dieser Ernennung verfügte der König die Verlegung der Sitzungen des preußischen Landtags von Berlin in die Provinzstadt Brandenburg.

Der Landtag weigerte sich, diesem Befehl zu folgen; die Berliner Arbeiterschaft war kampfentschlossen und erklärte sich dem Parlament gegenüber »bereit und gerüstet, Eurem Rufe Folge zu leisten, wenn man es wagen sollte, die Rechte des Volkes in seinen Vertretern zu verletzen; sie bieten Euch ihren

Arm und ihr Herzblut gegen jeden Feind, der Hochverrat üben wollte an Euch und an den Freiheiten des Volkes«.

Aber die gemäßigt liberale Landtagsmehrheit wollte keine Unterstützung durch bewaffnete Arbeiter. »Wir kämpfen morgen einen entscheidenden Kampf«, schrieb der Abgeordnete Schulze-Delitzsch am 8. November an seine Eltern, »jedoch mit dem festen Entschluß, nur parlamentarische Waffen und nicht die gefährlichen Chancen eines Straßenkampfes zu brauchen. Wir werden das Volk besonders zu Ruhe ermahnen, für unsere Person aber nur der Gewalt der Bajonette weichen ...«

Und so geschah es. Am 10. November rückte General von Wrangel mit den Garderegimentern in Berlin ein. Am selben Tage verkündete das Kommando der Bürgerwehren, der 40 000 Mann starken Militärmacht solle kein gewaltsamer Widerstand entgegengesetzt werden, denn - so lautete die seltsame Begründung - »dieser friedliche Widerstand gegen eine nicht berechtigte Übermacht wird sicher der Sache der Freiheit zum endlichen und gewissen Siege verhelfen«. In den folgenden Tagen wurde die Bürgerwehr aufgelöst und entwaffnet, der Belagerungszustand über Berlin verhängt, der Landtag von Soldaten mit aufgepflanztem Bajonett auseinandergejagt. Unmittelbar vor der Sprengung des Parlaments beschlossen die Abgeordneten noch den Steuerstreik, womit sie einem Vorschlag von Dr. Karl Marx in Köln folgten, der in seiner *Neuen Rheinischen Zeitung* geschrieben hatte: »Das Königtum, es trotzt dem Bürgertum. Besiegt es also auf bürgerliche Weise? Indem man es aushungert. Und wie hungert man es aus? Indem man die Steuern verweigert. Bedenkt es wohl! Alle Prinzen von Preußen, alle Brandenburgs und Wrangels produzieren kein Kommißbrot, Ihr, ihr selbst produziert das Kommißbrot!«

Auch die Nationalversammlung in Frankfurt stimmte dem Vorschlag zu. Sie stellte - diesmal einstimmig - fest, daß Graf Brandenburg sich des Hochverrats schuldig gemacht habe, wodurch jede Steuerverpflichtung gegenüber der preußischen Staatsstreich-Regierung von selbst aufhöre.

Doch nicht mal zu einer so gewaltlosen und angenehmen Form des Widerstands, wie es die Nichtzahlung fälliger Steuern ist, konnte sich das Besitzbürgertum aufraffen. Es wurde zudem von der Regierung mit einer vom König »erlassenen« Verfassung besänftigt. Danach sollte jeder mindestens 30 Jahre alte Mann wählen dürfen, sofern er erheblichen Grundbesitz oder ein stattliches jährliches Einkommen nachweisen konnte. Damit war die Masse des Volks, in der es noch immer gärte, von jeder politischen Willensbildung ausgeschlossen, was dem Besitzbürgertum sehr recht war. Der Liberale Dr. Ladenburg notierte sich Anfang Dezember 1848 in seinem Tagebuch: »Berlin ist ruhig, die Kurse steigen. Die Verfassung ist so freisinnig, als man sie nur wünschen kann. Ich bezweifle nicht, daß sie überall guten Eindruck machen wird.«

Beim Volk, bei den Bauern, Land- und Industriearbeitern, Gesellen und Tagelöhnern sowie bei den fortschrittlichen Teilen der Intelligenz, machte das Vorgehen der preußischen Reaktion alles andere als einen guten Eindruck. Überall im Land kam es zu Revolten und bewaffneten Aufständen, die aber samt und sonders von den rücksichtslos eingesetzten Truppen unterdrückt werden konnten, wobei es viele Tote und Verletzte gab. Dem Widerstand gegen die Reaktion fehlte auch jede zentrale Führung und überörtliche Organisation. Nach Lage der Dinge hätte diese nur bei der Frankfurter Nationalversammlung liegen können. Diese hätte, so sollte man meinen, ja endlich aus ihren Träumen erwacht sein müssen, und die Tatsache ihres Protestes gegen das hochverräterische »Regime des Grafen Brandenburg« könnte uns in solcher Annahme bestärken.

Die Nationalversammlung, zumindest ihre breite, gemäßigt liberale bis konservative Mehrheit, dachte jedoch auch jetzt genausowenig an eine Mobilisierung der Massen wie zuvor. Sie hatte ganz andere, man muß schon sagen: erstaunlich andere Sorgen und Pläne. Im Vordergrund stand, nachdem der Entwurf einer Reichsverfassung schon weit gediehen war, die Frage der deutschen Einheit. Heinrich von Gagern, der als Nachfolger des zurückgetretenen Fürsten zu Leiningen und einem kurzen Zwischenspiel des Ritters von Schmerling »Reichsministerpräsident« geworden war, sprach sich für die Schaffung eines deutschen Bundesstaates aus, dem jedoch Österreich nicht angehören sollte. Sein Antrag wurde mit 261 gegen 224 Stimmen angenommen. Dagegen hatten nicht nur die Österreicher sowie die gesamte Linke gestimmt, sondern auch alle, die eine Vormachtstellung Preußens befürchteten. Sodann befaßte sich die Nationalversammlung eingehend mit der Frage, wer das Oberhaupt dieses kleindeutschen Bundesstaats werden sollte. Mit 258 gegen die 211 Stimmen der Linken entschied man sich für einen der regierenden Fürsten, und als nächstes sprach sich die Mehrheit gegen eine Wahl des künftigen Staatsoberhaupts und für das Erbkaisertum aus, wiederum gegen den heftigen Widerstand der Linken und besonders Ludwig Uhlands. Am 28. März kam es zur Schlußabstimmung. Der sehr gemäßigt liberale Entwurf einer Verfassung für einen kleindeutschen Staatenbund, der nur für die Außenpolitik und das Heerwesen eine zentrale Leitung vorsah, wurde mit großer Mehrheit angenommen, ebenso der Antrag, die erbliche deutsche Kaiserwürde ausgerechnet dem Mann anzutragen, der die Führung der Konterrevolution in Deutschland übernommen und die Rechte des Volks wie des Parlaments mit Füßen getreten hatte: dem Preußenkönig Friedrich Wilhelm IV.!

Indessen hatte die Paulskirchen-Mehrheit ihre Rechnung ohne den Wirt, in diesem Fall: ohne den Kandidaten gemacht. Friedrich Wilhelm IV., der schon zuvor erklärt hatte, er wolle keine Kaiserkrone, die »mit dem Ludergeruch der Revolution« behaftet sei, keine »Schweinekrone«, keine »Wurstbrezel, die nicht von Gottes Gnaden, sondern von Meister Bäcker oder Meister Metzger« käme, kein »Halsband aus ungegerbtem Leder, womit man den König von Preußen an die Revolution binden will«, kurz, der aus seiner Verachtung für die Nationalversammlung wahrlich zu keiner Zeit ein Hehl gemacht hatte, ließ die Herren Abgeordneten, die nach Berlin gereist waren, ihn um gnädige Annahme der Kaiserkrone zu bitten, unverrichteter Dinge wieder abziehen. Er erklärte ihnen unverblümt, die Wahl eines Kaisers und die Gewährung einer Verfassung sei alleinige Sache der Fürsten, und nur wenn die Fürsten ihn dazu aufforderten, sei er bereit, die Führung in einem deutschen Staatenbund zu übernehmen.

Damit war das große Unternehmen, Deutschland auf demokratischem, parlamentarischem Wege zu vereinigen, aufs kläglichste gescheitert. Die große Mehrheit der Abgeordneten jener noch heute von liberalen Geschichtsschreibern und Politikern als vorbildlich gepriesenen ersten deutschen Nationalversammlung in der Frankfurter Paulskirche, auch die meisten der Linken, erwiesen sich als ängstliche, nur die eigenen groß- und kleinbürgerlichen Interessen verfolgende Spießer. Aus Furcht vor den Volksmassen gaben sie nicht nur die revolutionären Errungenschaften preis, sondern schließlich auch noch ihre eigenen Grundsätze.

Die Empörung und Erbitterung über das Versagen der Nationalversammlung und ihre demütigende Behandlung durch den Preußenkönig war im April 1849 überall in Deutschland spürbar. Anfang Mai begannen bewaffnete Aufstände in Sachsen, in der preußischen Rheinprovinz, in der bayerischen Rheinpfalz und im Großherzogtum Baden. Auch in Breslau, in Thüringen, in Kurhessen, Hannover und Braunschweig flakkerte es noch einmal auf.

Besonders heftig waren die Kämpfe in Dresden, wo der König auf die Feste Königstein fliehen mußte und preußische Truppen zur Hilfe rief, die nach tagelangen, verlustreichen Straßenkämpfen den Aufstand schließlich niederschlugen. An diesen Kämpfen beteiligte sich auch Richard Wagner, der anschließend nach Zürich floh. Im Rheinland und in Westfalen, vor allem in Düsseldorf, Elberfeld, Solingen und Iserlohn, aber auch in Neuß und in Prüm, kam es zu Aufständen der Industriearbeiterschaft. Zwanzigtausend Mann preußische Infanterie, zwei Regimenter Ulanen und mehrere hundert Geschütze mußten eingesetzt werden, um die vom Bürgertum ersehnte »Ruhe und Ordnung« wiederherzustellen. Als wirksamstes Mittel gegen die revolutionären Massen erwiesen sich Artilleriegeschosse, sogenannte Kartätschen, die mit gehacktem Blei gefüllt waren. Der rücksichtslose Einsatz dieser Geschosse, auch gegen unbewaffnete Menschenansammlungen, trug dem Oberbefehlshaber der Preußen, dem Prinzen Wilhelm, den Schimpfnamen »Kartätschenprinz« ein.

Nachdem die preußischen Regimenter an Rhein und Ruhr über das Volk gesiegt hatten, setzte eine große »Reinigung« ein. Tausende wurden verhaftet oder ausgewiesen, wobei auch Dr. Karl Marx das Rheinland verlassen mußte. Die *Neue Rheinische Zeitung* wurde verboten. Ihre letzte Ausgabe, datiert vom

Samstag, dem 19. Mai 1849, auf rotem Papier gedruckt, enthielt ein Abschiedswort in Versen von Ferdinand Freiligrath, worin es hieß: »Wenn die letzte Krone wie Glas zerbricht / in des Kampfes Wettern und Flammen, / wenn das Volk sein letztes ›Schuldig!‹ spricht, / dann stehn wir wieder zusammen!« sowie einen Aufruf an die Arbeiter Kölns, sich nicht zu erheben: »Wir warnen Euch ... Nach der militärischen Lage Kölns wäret Ihr rettungslos verloren. Ihr habt in Elberfeld gesehen, wie die Bourgeoisie die Arbeiter ins Feuer schickt und sie hinterher aufs Niederträchtigste verrät ...«

Marx ging von Köln nach Paris, um dort Hilfe für die noch im vollen Aufstand befindliche Pfalz zu organisieren, während Friedrich Engels, der sich zuvor schon an den Barrikadenkämpfen in Elberfeld beteiligt hatte, ein Kommando in der pfälzischen Revolutionsarmee übernahm.

In der Pfalz und auch in Baden war unterdessen eine neue, für die Fürsten sehr gefährliche und für die Revolution hoffnungsvolle Lage entstanden: Die badischen und pfälzischen Truppen hatten ihren Offizieren den Gehorsam verweigert und waren großenteils zu den Aufständischen übergegangen!

Das war bis dahin ohne Beispiel in der deutschen Geschichte, denn mit unmenschlichem Drill, barbarischen Strafen sowie mit geschickter Auswahl von Knechtsnaturen für die Unterführerstellen war es den adligen Offizieren bislang noch immer gelungen, mit den aus dem Volk stammenden Soldaten gegen deren rebellierende Brüder erfolgreich zu kämpfen. Jetzt aber gab es für die Reaktion, zumindest in Baden und in der Rheinpfalz, kein eigenes Machtinstrument mehr.

Noch wenige Wochen zuvor hatte der Großherzog von Mecklenburg dem Preußenkönig Friedrich Wilhelm IV. ein vom Hofdichter Merkel verfaßtes »Werk« übersandt und dazu bemerkt, daß nach seiner Ansicht »Goethe nie Besseres« gelungen sei: »Also heulen durch das Land / die unsaubern Geister, / bis das Kreuz mit fester Hand / drüber schlägt der Meister. / Bei dem ersten Trommelklang / fahren sie davon mit Stank! / Gegen Demokraten / helfen nur Soldaten!«

Aber nun stand die Pfalz in Aufruhr, war der Großherzog von Baden mit seinem Hof ins Elsaß geflüchtet, und es gab keine pfälzischen oder badischen Soldaten mehr, die gegen Demokraten mit Kartätschen hätten helfen können. Im Gegenteil, der Großteil der Truppen war bereit, für die Revolution zu kämpfen und bot sich der Nationalversammlung in Frankfurt als deren bewaffnete Streitmacht an. Aber die Abgeordneten, auch viele der Linken, lehnten diese letzte Chance, die beschlossene Verfassung durchzusetzen, entrüstet ab. Sie wollten keine »Meuterer«, nicht einmal zum eigenen Schutz, obwohl ein preußisches Heer unter dem Kommando des »Kartätschenprinzen« Wilhelm bereits auf dem Marsch nach Frankfurt war.

Die Anzahl der Abgeordneten in der Paulskirche war mächtig zusammengeschrumpft; die meisten der Rechten waren abgereist, so daß die Linke nun sogar die Mehrheit hatte. Als aber am 7. Mai einige entschiedene Republikaner den Antrag stellten, die Volkserhebungen für die Reichsverfassung zu unterstützen, »sämtliche deutsche Truppen unter den Befehl eines von der Zentralgewalt« sprich: Nationalversammlung »zu ernennenden Feldherrn zu stellen und sie auf die Verfassung zu vereidigen«, da zuckten die bürgerlichen Abgeordneten vor »soviel Tollheit«, wie sie es nannten, erschrocken zurück; einige legten ihr Mandat nieder. Und als am 10. Mai endlich mit 188 gegen 147 Stimmen beschlossen wurde, daß »dem schweren Bruche des Reichsfriedens, welchen die preußische Regierung durch unbefugtes Einschreiten im Königreiche Sachsen sich hat zuschulden kommen lassen, durch alle zu Gebote stehenden Mittel entgegenzutreten« sei, schieden weitere liberale Abgeordnete aus dem Parlament aus. Am Ende blieb nur noch die entschieden demokratische Linke übrig, und diese hätte immer noch etwas bewirken und die Aufständischen führen können, wenn sie Wilhelm Wolff gefolgt wäre, der vor der Versammlung erklärte: »Wenn Sie irgend und überhaupt noch einen Einfluß auf das Volk haben wollen, müssen Sie nicht zum Volk in der Weise, wie es ... geschieht, sprechen. Sie dürfen da nicht von Gesetzlichkeit, von gesetzlichem Boden und dergleichen sprechen, sondern von Ungesetzlichkeiten, in derselben Weise wie die Regierungen ...« Aber diese Sprache mochten die Herren Abgeordneten nicht hören; der Präsident entzog Wolff das Wort, und dann fuhren wieder ein paar gemäßigt linke Abgeordnete nach Hause.

Am 30. Mai 1849 zählte die Nationalversammlung nur noch 130 Mitglieder, und diese beschlossen, ihre Tagungen von Frankfurt nach Stuttgart zu verlegen, denn die Mainmetropole war von rund sechzigtausend Mann preußischen Truppen umzingelt, die jeden Augenblick einmarschieren konnten, während in der württembergischen Hauptstadt noch eine gemäßigt liberale Regierung amtierte, die dem »Rumpfparlament« Schutz vor den Preußen, aber auch vor dem empörten Volk gewähren konnte. In Stuttgart wurden dann noch viele schöne und lange Reden gehalten, am Ende auch der »Reichsverweser«, Erzherzog Johann von Österreich, für abgesetzt erklärt, woraufhin dieser, gemeinsam mit dem preußischen Bevollmächtigten, bei der württembergischen Regierung vorstellig wurde, sie möge »dem demokratischen Possenspiel ein Ende« machen. Und so geschah es: Am 18. Juni wurde das »Rumpfparlament« von württembergischen Soldaten auseinandergejagt, das Mobiliar des Sitzungssaals befehlsgemäß in Trümmer geschlagen, die Abgeordneten samt den Zuhörern mit Lanzen und Säbeln angegriffen und durch die Straßen gehetzt. Der erste Versuch, in Deutschland parlamentarische Demokratie zu üben, wurde von einer bürgerlich-liberalen Regierung auf Betreiben preußischer Junker und österreichischer Aristokraten auf eine geradezu jämmerliche Weise beendet.

Währenddessen entschied sich das Schicksal der Revolution in der Pfalz und in Baden. Die Bürgerlichen, die – in Baden mit einer provisorischen Regierung unter Führung des Rechtsanwalts Lorenz Brentano – im Bunde mit der alten Beamtenschaft bemüht waren, schnellstens wieder »Ruhe und Ordnung« herzustellen, versuchten der Revolution dadurch Herr zu werden, daß sie den Truppen und Freikorps Sold, Verpflegung, Waffen und Munition verweigerten. Trotz dieser schweren Hemmnisse und des Mangels an erfahrener Führung schlugen sich die Streitkräfte der Revolution mit großer Tapferkeit und anfangs auch erfolgreich mit den an Zahl und Bewaffnung weit überlegenen preußischen Truppen im Raum Mannheim-Heidelberg sowie zwischen Worms und Kaiserslautern. Am 13. Juni 1849 konnte das pfälzische Freikorps Willich, in dem Friedrich Engels als Adjutant mitkämpfte, gegen beinahe zehnfache Übermacht einen Sieg erringen und ein preußisches Regiment in die Flucht schlagen. In dem kriegserfahrenen polnischen General Mieroslawski, der in Baden Mitte Juni den Oberbefehl übernahm, und in Johann Philipp Becker, den Engels »den einzigen deutschen Revolutionsgeneral« nannte, weil er es verstanden hatte, aus Arbeitern und Handwerksgesellen diszipliniert kämpfende »Volkswehren« zu bilden, fand die Revolutionsarmee, wenn auch entschieden zu spät, tüchtige Führer. Sie brachten den preußischen Vormarsch Mitte Juni zum Stehen, obwohl der Feind in erdrückender Überzahl war. Vom 20. bis 22. Juni tobte die Schlacht bei Waghäusel, in der Prinz Wilhelm von Preußen vergeblich versuchte, die badisch-pfälzische Volksarmee einzukreisen. Die Revolutionäre zogen sich geordnet auf die Murglinie zurück, von Volkswehr-Abteilungen so geschickt und erfolgreich gedeckt, daß selbst die hochmütigen preußischen Kommandanten dieser militärischen Leistung Respekt zollen mußten.

Die Murglinie mit der starken Festung Rastatt im Mittelpunkt bildete Ende Juni 1849 das letzte Bollwerk der deutschen Revolution; nirgendwo sonst wurde noch gekämpft, und auch in Ungarn, auf das die pfälzisch-badischen Aufständischen große Hoffnungen gesetzt hatten, war Kirchhofsruhe eingekehrt, nachdem den dort gegen die Heere des Fürsten Windischgrätz erfolgreich kämpfenden Revolutionären ein starkes russisches Hilfskorps in den Rücken gefallen war.

»Alle Nachrichten stimmen darin überein«, schrieb die *Neue Deutsche Zeitung* vom 1. Juli 1849, daß das Volksheer und namentlich die badischen Soldaten desselben bis zum letzten Atemzug kämpfen würden. Die Artillerie ist vortrefflich und besonders entschlossen. Der Prinz von Preußen schätzt die Widerstandsfähigkeit und Widerstandslust augenscheinlich sehr hoch und bleibt deshalb ruhig in Karlsruhe, bis das bereits abgegangene Belagerungsgeschütz von Koblenz und Verstärkung von Truppen aus Sachsen eingetroffen ist.«

An der Murglinie standen etwa 14 000 Verteidiger. Sie schlugen zwei preußische Armeekorps in einer Gesamtstärke von mehr als 40 000 Mann zurück und wären sicher nun zum erfolgreichen Gegenangriff übergegangen, hätte die liberale württembergische Regierung nicht die von ihr erklärte Neutralität gebrochen und mit einem Heer von 20 000 Mann einen Überraschungsangriff in die Flanke der Volksarmee führen lassen.

Ausmarsch der Hanauer Turner zum Badischen Aufstand (1849).

Das Revolutionsheer brach auseinander. Etwa 8000 Mann konnten, gedeckt von Freikorps und Volkswehren, über den südlichen Schwarzwald entweichen und in der Schweiz Rettung finden; etwa 5600 Revolutionäre wurden in der Festung Rastatt eingeschlossen, ohne Aussicht, gegen die mehr als zehnfache Übermacht der Belagerer noch etwas ausrichten zu können. Dennoch lehnten sie alle Aufforderungen des Kartätschenprinzen«, sich zu ergeben, mit Entschiedenheit ab. Doch nach dreiwöchiger Belagerung mit schwerem Geschütz, dazu ständig bedrängt von der verängstigten Rastatter Bürgerschaft, mußten die Verteidiger am 23. Juli 1849 aufgeben und bedingungslos kapitulieren.

Die preußischen Sieger kannten keine Großmut; ihre Rache war fürchterlich. In der eroberten Festung, wie schon zuvor in der Pfalz und in Nordbaden, wüteten die Standgerichte. Viele hundert Revolutionäre starben unter den Salven der Erschießungskommandos oder in den feuchten Kasematten, wo man sie an Hunger und Typhus zugrunde gehen ließ. Von den Überlebenden wurden die meisten zu langen Zuchthausstrafen verurteilt oder preußischen Strafkompanien zugeteilt.

Friedrich Engels, der mit seinem Bataillon in die Schweiz hatte entkommen können, schrieb: »Das deutsche Volk... wird die großen Herren nicht vergessen, die diese Infamien befohlen haben, aber auch nicht die Verräter, die sie durch ihre Feigheit verschuldeten: die Brentanos von Karlsruhe und Frankfurt...« Doch er irrte sich: Das offizielle Deutschland, vom Bismarck-Reich bis zur heutigen Bundesrepublik, bewahrte den Männern der Paulskirche in Reden und Schulbuchtexten ein ehrenvolles Andenken; die Helden des pfälzisch-badischen Volkskampfes aber sind nahezu vergessen. Und der infamste und brutalste der großen Herren, der »Kartätschen-Prinz« Wilhelm von Preußen, der zudem ein ungebildeter und engstirniger Gamaschenkopf war, wurde nicht nur Deutschlands erstes Staatsoberhaupt und vielbejubelter »Heldenkaiser«; er reitet noch heute, in Bronze gegossen, auf vielen hundert Denkmälern, die seine Untertanen ihm errichtet haben, und es gibt kaum eine westdeutsche Stadt, in der nicht ein Straßenname an ihn, den »Kartätschenprinzen« Wilhelm, erinnert.

11. Mit Eisen, Blut und Schwindel zum Zweiten Deutschen Reich

Das Scheitern der Revolution von 1848/49 hatte in ganz Europa, besonders aber in Preußen und im österreichischen Vielvölkerstaat, ein Wiedererstarken aller reaktionären Kräfte zur Folge. Es gelang diesen, wie Marx es formuliert hat, die politische Entwicklung »in eine frühere Zeit zurückzuwerfen – nicht hinter 1848, nicht hinter 1815, sondern sogar hinter 1807 zurück«, das heißt in die Zeit des absolutistischen Königtums und der feudalistischen Adelsherrschaft vor den Stein-Hardenbergschen Reformversuchen.

Im Königreich Preußen gab es zwar die von Friedrich Wilhelm IV. »gewährte« Verfassung, die einen aus zwei Kammern bestehenden, gewählten Landtag vorsah. Aber – wie es der führende preußische, stockkonservative Verfassungsrechtler Julius Stahl offen aussprach – man konnte sagen, die preußische Verfassung »ist in vieler Hinsicht nur dadurch eine Möglichkeit, daß sie keine Wirklichkeit ist«.

Was die preußische Verfassung so unwirklich machte, war vor allem das Wahlrecht, das eine Einteilung der Urwähler – das waren alle unbescholtenen, fest ansässigen männlichen Steuerzahler über 24 Jahre – in Steuerklassen vorsah. Diejenigen, die in einem Bezirk die meisten Steuern zahlten – und das war oft nur ein einzelner Gutsbesitzer, Fabrikant oder Bankier –, bildeten die erste Klasse; die übrigen Wohlhabenden, meist auch nur ganz wenige Personen, wählten als zweite Klasse, und der große Rest, die Masse der Kleinbauern, Lohnempfänger und die untersten Schichten des Mittelstands, stellte die dritte Klasse. Jede dieser drei Klassen wählte in nicht geheimer, öffentlicher Wahl ein Drittel der Wahlmänner eines Bezirks, und diese bestimmten dann den Abgeordneten.

Dazu kam eine die Städte stark benachteiligende Einteilung der Wahlkreise, die dort, wo man Opposition vermutete, geradezu groteske Formen annahm. So mußten etwa die Bürger von Trier ihre Stimme in einem vier Wegstunden entfernten Dorf abgeben, was zur Folge hatte, daß die Wahlbeteiligung in der dritten Klasse auf 12,5 Prozent sank und die Wahlstimmen der städtischen Unterschicht das Ergebnis kaum noch beeinflussen konnten. Außerdem wurde überall, auf dem Lande wie in den Städten, Druck auf die Wähler ausgeübt: Freiheitlich gesinnten kleinen Ladenbesitzern und anderen Gewerbetreibenden drohte der Landrat offen mit Konzessionsentzug für den Fall einer nicht regierungstreuen Stimmabgabe; Staatsbedienstete mußten – die Wahl war ja öffentlich! – mit Schikanen und sogar mit Entlassung rechnen, falls sie oppositionell wählten, und auf den Gütern ließ der Inspektor die Wahlberechtigten in Reih' und Glied antreten und geschlossen für den Gutsherrn als ihren Wahlmann stimmen.

In den so gewählten Landtagen, in denen die preußische Regierung nur noch einen »Mechanismus zum Geldmachen«, das heißt: zur Steuerbewilligung, sah, war die Opposition natürlich stets in der Minderheit. Zudem hatte das Parlament ja ohnehin nur wenige Rechte gegenüber Regierung und König; es konnte kein Gesetz beschließen, das dem König mißfiel, erst recht keinen Minister stürzen. Und schließlich waren Beschlüsse der von allen drei Steuerklassen gewählten Zweiten Kammer nur gültig, wenn sie die Zustimmung der Ersten Kammer fanden, die allein von den Höchstbesteuerten gewählt wurde. (Von 1854 an wurde die Erste Kammer gar nicht mehr gewählt, sondern als sogenanntes »Herrenhaus« von Vertretern des Hochadels gebildet, deren Sitze in den jeweiligen Familien vererbt wurden; hinzu kamen noch etliche vom König ernannte Mitglieder des Herrenhauses, einige Oberbürgermeister und Universitätsrektoren sowie alle männlichen Erwachsenen der in Preußen regierenden Familie Hohenzollern. Bei diesem »parlamentarischen« System – dem vom König beherrschten Herrenhaus als Erster Kammer und dem nach völlig undemokratischen Grundsätzen und dem Drei-Klassen-Wahlrecht zusammengestellten übrigen Landtag – blieb es im Königreich Preußen bis 1918!)

Beherrscht wurde das preußische Parlament von Junkern und hohen Beamten, vom Landrat aufwärts, und nur deshalb schaffte man die Verfassung nicht gänzlich ab. Die im Landtag geduldete Opposition bestand aus einigen meist großbürgerlichen Liberalen sowie den Vertretern der katholischen Minderheit, Konservativen aus den Polen entrissenen Provinzen sowie aus dem Rheinland und Westfalen.

Daß die Katholiken in Opposition zur preußischen Regierung standen, obwohl sie durchweg antiliberal und erst recht antirevolutionär gesinnt waren, hing nicht zuletzt damit zusammen, daß nach dem Sieg des Rückschritts in Preußen nicht nur eine rücksichtslose Verfolgung aller demokratischen Kräfte einsetzte, sondern auch eine Welle protestantischer Frömmelei.

Die lutherische Kirche wurde vom preußischen Junkertum und von der reaktionären Bürokratie zum wichtigsten Seelenmassage-Werkzeug des Staates gemacht, und dabei wurden natürlich auch die katholischen Interessen in Mitleidenschaft gezogen. Im Staatsdienst forderte man von den Beamten strenge, durch regelmäßige Teilnahme an Gottesdiensten und kirchlichen Veranstaltungen unter Beweis gestellte »Rechtgläubigkeit«, was zu viel Heuchelei und Scheinheiligkeit führte. An den preußischen Schulen wurde der evangelische Religionsunterricht zum wichtigsten Fach erklärt; die Behandlung der deutschen Klassiker wurde ersetzt durch Auswendiglernen von Bibeltexten, Katechismus und Kirchenliedern, und dies mit dem offen erklärten Ziel, aus »entwurzelten Freigeistern« wieder »der Obrigkeit untertane« Staatsbürger zu machen.

Der konfessionelle Gegensatz, der nun wieder aufbrach, wurde noch verstärkt durch die Konflikte zwischen dem protestantischen Preußen und dem katholischen Vielvölkerstaat der österreichischen Habsburger um die Vorherrschaft in Deutschland, die sich nach dem Sieg der Reaktion in beiden Staaten erheblich verschärften. Preußen wollte die Gelegenheit, die ihm das Eingreifen seiner Truppen bei der Niederschlagung des badisch-pfälzischen Aufstands bot, dazu benutzen, seinen Herrschaftsbereich auszudehnen, vor allem wollte es – natürlich auf Kosten der dazwischenliegenden Kleinstaaten – sein eigenes Gebiet zu einem einheitlichen, abgerundeten Ganzen machen. (Bis 1866 bestand das Königreich Preußen aus einem

Ostteil, der von der Mark Brandenburg, Pommern, West- und Ostpreußen, dem Großherzogtum Posen, Schlesien und der Provinz Sachsen gebildet wurde und von Memel, Thorn und Ratibor bis tief nach Mitteldeutschland hineinreichte, und einem Westteil, der sich aus dem Münsterland, dem südlichen Westfalen, der Rheinprovinz und dem Saarland zusammensetzte; zwischen dem Ost- und dem Westteil des Königreichs gab es keine gemeinsame Grenze und nur sogenannte »Vertragsstraßen« für Truppenverschiebungen quer durch das Königreich Hannover und das Kurfürstentum Hessen.)

Das habsburgische Österreich, im Bunde mit dem Zaren von Rußland, dem an einem allzu starken Preußen ebenfalls nicht gelegen war, verstand es geschickt, die Erfüllung der Wünsche Berlins nach Macht- und Gebietserweiterung zu verhindern, und es wäre darüber beinahe zum Krieg zwischen den beiden deutschen Großmächten gekommen.

Auch der Vertrag von Olmütz vom November 1850, von den Ultrareaktionären in Preußen mit dem »Kartätschenprinzen« Wilhelm an der Spitze als »Schande von Olmütz« bezeichnet, weil darin die friedliche Regelung aller Konflikte auf eine für die Berliner Regierung angeblich demütigende Weise geregelt wurde, beendete keineswegs die herrschenden Spannungen zwischen den Reaktionären in Wien und in Preußen. Und der auf Druck Österreichs hin wieder ins Leben gerufene »Deutsche Bund« mit einer ständigen, »Bundestag« genannten Botschafterkonferenz in Frankfurt am Main konnte ebenfalls nur in einem Punkte Eintracht zwischen den Regierungen der großen und kleinen deutschen Staaten erzielen, nämlich wenn es darum ging, zuvor unter revolutionärem Druck »gewährte« Rechte des Volkes wieder abzubauen, Verfassungen aufzuheben, Adelsvorrechte wiederherzustellen und dagegen opponierende Demokraten brutal zu verfolgen.

Diese Triumphe der Reaktion hatten, neben anderem, zur Folge, daß nicht nur verbannte oder von Verhaftung unmittelbar bedrohte Demokraten zu Tausenden aus Deutschland flüchteten, sondern daß auch nicht direkt von polizeilichen Zwangsmaßnahmen Betroffene aus Deutschland auswanderten, meist nach Nordamerika. Das volle Ausmaß dieser Massen-Emigration ist statistisch nur sehr unvollkommen erfaßt worden und läßt sich nur ungefähr errechnen anhand der Passagierlisten der Schiffahrtsgesellschaften und der von den Einwanderungsländern ermittelten Zahlen. Immerhin kann man sagen, daß von 1850 bis 1870 etwa fünf Millionen Deutsche oder rund 12,5 Prozent der Bevölkerung des Jahres 1860 die Wagnisse der Gründung einer neuen Existenz in fremdem Land dem Verbleiben in der unter reaktionärem Druck stehenden Heimat vorzogen. Und diese starke Abwanderung fortschrittlich und freiheitlich gesinnter, entschlossener und zu Wagnissen bereiter Menschen hat sicherlich in erheblichem Maße dazu beigetragen, daß sich Untertanengeist und Rückschrittlichkeit noch mehr ausbreiten und noch fester Fuß fassen konnten.

Es lohnt kaum, sich mit den feinen Unterschieden reaktionärer Willkür in den einzelnen deutschen Staaten näher zu befassen; allenfalls verdient einiges Erwähnung, was für die weitere geschichtliche Entwicklung von Bedeutung ist: So führte eine Einmischung des »Deutschen Bundes« in die inneren Angelegenheiten des Kurfürstentums Hessen und des Königreichs Hannover zur Aufhebung der gemäßigt liberalen Verfassungen in diesen Ländern. Dies wiederum hatte zur Folge, daß die Regierungen in Hannover und Kassel in noch stärkerem Maße auf militärische Hilfe von seiten Preußens oder Österreichs angewiesen blieben als andere Ländchen. Ebenfalls von Berlin abhängig waren die mecklenburgischen Großherzogtümer, wo auf Verlangen der Junker und mit preußischer Hilfe die feudalistischen Verhältnisse der Zeit vor 1755 wiederhergestellt worden waren. Denn nur die ständige Drohung eines Einmarsches preußischer Regimenter konnte ein so ultrareaktionäres Regime aufrechterhalten. Mecklenburg blieb bis ins 20. Jahrhundert hinein von Preußen abhängig und zugleich das rückschrittlichste Land Mitteleuropas. Nur der Kuriosität halber sei angemerkt, daß es dort, zum Beispiel im Schloß zu Schwerin, noch bis 1918 von Menschenkraft betriebene Tretmühlen gab ...

Aber auch in allen übrigen deutschen Staaten feierte der Rückschritt wahre Triumphe. Um alles politische Leben auszutilgen, faßte der »Bundestag« 1854 noch einige Beschlüsse, die die polizeilichen Unterdrückungsmaßnahmen in den Einzelstaaten vereinheitlichen und wirksam ergänzen sollten. Als nächstes wurde die Vereinsgesetzgebung verschärft: Danach waren alle politischen Vereine des Bürgertums polizeilich zu überwachen; die einzelnen Klubs und Gesellschaften durften untereinander keinerlei Verbindung halten; Jugendlichen war die Mitgliedschaft untersagt; jede Versammlung bedurfte polizeilicher Genehmigung und Überwachung, und der anwesende Polizist konnte sie nach eigenem Ermessen jederzeit auflösen. Vereinigungen der Arbeiterschaft, soweit sie noch bestanden, wurden samt und sonders verboten, und zwischen den Polizisten der deutschen Länder wurden Schwarze Listen ausgetauscht, die Tausende von Namen aller im Verdacht demokratischer Gesinnung stehenden Personen enthielten.

War man sich hinsichtlich der konterrevolutionären Maßnahmen auch völlig einig, so konnte diese Harmonie doch nicht darüber hinwegtäuschen, daß gleichzeitig ein Machtkampf zwischen dem protestantisch-junkerlichen Preußen und dem katholisch-konservativen Österreich im Gange war. Ein Großteil dieses Machtkampfes spielte sich auf der diplomatischen Bühne ab, und zwar in der ständigen Botschafterkonferenz des »Deutschen Bundes«, dem Frankfurter »Bundestag«; daneben benutzten die beiden Mächte einzelne Gruppen im Lager des Gegners als ihre Werkzeuge, so Österreich die katholischen Parteien in Preußen und in anderen deutschen Staaten, Preußen hingegen die gemäßigt liberalen Fraktionen und Zeitungen Süddeutschlands.

Botschafter des Königs von Preußen beim Frankfurter »Bundestag« war von 1851 ein preußischer Junker, der sich schon vor den revolutionären Ereignissen von 1848/49 politisch betätigt und im Landtag als Abgeordneter dem reaktionären Flügel angeschlossen hatte. Auch nach den Märzereignissen war dieser Mann, der im Landtag offen erklärt hatte: »Ich bin ein Junker und will meinen Vorteil davon haben!« entschieden gegen jegliche Zugeständnisse an das Volk und für ein unumschränktes Königtum eingetreten. Für die Frankfurter Nationalversammlung hatte er nur Verachtung übrig gehabt. »Nicht durch

Reden und Parlamentsbeschlüsse«, so erklärte er später einmal rückblickend, »werden die großen Fragen der Zeit entschieden – das ist der große Fehler von 1848 und 1849 gewesen –, sondern durch Eisen und Blut.« Zwar stimmte er in diesem einen Punkt weitgehend überein mit Männern wie Karl Marx und Friedrich Engels, aber er wollte etwas deren Vorstellungen völlig Entgegengesetztes, nämlich die Diktatur, beileibe nicht des Proletariats, sondern seiner Klasse, des preußischen Landadels, mit dem König als Symbolfigur und den Bajonetten gutgedrillter Garderegimenter als einzigem Mittel der Verständigung mit dem Volk, falls dieses mitzureden versuchen sollte.

Dabei hatte dieser mütterlicherseits aus dem gebildeten Bürgertum stammende Mann, der seinen Standesgenossen an Intelligenz, Wissen und Witz weit überlegen war, auch für seine eigene Klasse wenig übrig. »Mein Umgang besteht in Hunden, Pferden und Landjunkern«, hatte er 1845 an einen Freund geschrieben, »und bei den letzteren erfreue ich mich einigen Ansehns, weil ich Geschriebenes mit Leichtigkeit lesen kann, mich zu jeder Zeit wie ein Mensch kleide, und dabei ein Stück Wild mit der Akkuratesse eines Metzgers zerwirke, ruhig und dreist reite, ganz schwere Zigarren rauche und meine Gäste mit freundlicher Kaltblütigkeit unter den Tisch trinke ...« Am liebsten hätte er Preußen selbst und allein regiert, und das war ihm dann auch vergönnt – für lange, entscheidende Jahrzehnte. Der Name dieses für die preußische und damit auch für die deutsche Geschichte von 1862 an entscheidend wichtigen, aber auch schon zuvor nicht unwichtigen Mannes ist Otto von Bismarck.

Als preußischer Bundestagsgesandter in den Jahren 1851 bis 1859 führte Bismarck in Frankfurt einen zähen Kleinkrieg um die Gleichberechtigung Preußens mit den den Vorsitz führenden Österreichern und gegen jede Bevormundung durch die Herren aus Wien. Zugleich erkannte er die Möglichkeiten eines Bündnisses zwischen Konservativen seines Schlages und den großbürgerlichen Liberalen, denen ja auch an der Aufrechterhaltung von »Ruhe und Ordnung«, vor allem aber an der Sicherung der Besitzverhältnisse lag. Er sah auch die wachsende Bedeutung des bürgerlichen Großkapitals und die Fortschritte auf dem Gebiet der Industrie, des Verkehrs und des Handels. Er bemerkte die Verschärfung des Gegensatzes zwischen dem immer wohlhabenderen Teil des Großbürgertums und den allmählich ins Proletariat absinkenden kleinen Handwerkern. Und er zog aus alledem für sich die Lehre: »Wir müssen mit den Realitäten wirtschaften und nicht mit Fiktionen«, wobei er zu den letzteren, den bloßen Wunschbildern, die von vielen Junkern angestrebte Rückkehr zu den gesellschaftlichen Verhältnissen zur Zeit des »Soldatenkönigs« rechnete, als jeder Adlige jeden Bürger nicht nur verachten, sondern auch ungestraft mißhandeln konnte; als es noch so gut wie keine Industrie und nur ganz geringe Kapitalansammlungen in Preußen und den übrigen deutschen Staaten gab und als die Landwirtschaft der adligen Gutsherren die fast ausschließliche Grundlage des Wirtschaftslebens bildete, infolgedessen auch mit allen Mitteln geschützt und gefördert werden mußte.

Dies alles hatte sich durch die stürmische Industrialisierung seit etwa 1835 gründlich verändert. Dem Rückschritt der Politik stand ein noch nie erlebter Fortschritt der Technik und der davon profitierenden Industrie gegenüber. Und vor allem konnte man sich bereits – mit dem Beispiel Englands vor Augen – deutlich ausmalen, wohin die Entwicklung bald auch in Deutschland führen würde:

Da war zunächst der rasch wachsende Bedarf an Steinkohle, vor allem für die Eisenbahnen, Dampfschiffe und -maschinen, Kokshochöfen und Gasfabriken. 1848 lag die Steinkohlenförderung im Gebiet des von Preußen beherrschten Zollvereins bei rund 4,5 Millionen Tonnen; 1860 waren es bereits über 12 Millionen Tonnen, und bis 1871 sollte die Förderung auf knapp 30 Millionen Tonnen steigen. Ähnlich war es mit der Förderung von Eisenerz, die sich von 0,7 Millionen Tonnen im Jahre 1848 auf über 2 Millionen Tonnen im Jahre 1857 erhöhte und bis 1869 auf mehr als 3 Millionen Tonnen anstieg. Die Stahlerzeugung machte weit langsamere Fortschritte, aber auch hier wurde Englands Vorsprung, zumindest mengenmäßig, immer geringer. Im Maschinenbau schließlich stieg die Anzahl der Betriebe in Preußen von 188 im Jahre 1849 auf 314 im Jahre 1861. Es waren allerdings noch sehr kleine Betriebe; die durchschnittliche Anzahl der Beschäftigten lag 1849 erst bei 33, 1861 bei 66. Und die Grenzen zwischen Industrie- und Handwerksbetrieben waren fließend: Es gab immer mehr Meister, die acht, zehn und noch mehr Gesellen beschäftigten, während sich die Masse der kleinen Handwerksmeister, zumeist in den Kleinstädten, ohne oder mit einem Gehilfen mühsam durchschlug, daneben noch ein winziges Ladengeschäft sowie etwas Landwirtschaft betrieb.

In der Landwirtschaft, wo bis 1871 noch immer knapp zwei Drittel der Gesamtbevölkerung Deutschlands Beschäftigung fanden, vollzog sich der Übergang von der feudalistischen zur kapitalistischen Ausbeutung auf eine für die Menschen besonders schmerzhafte Weise. Zwar konnten die Bauern von etwa 1850 fast in allen deutschen Staaten die Hörigkeit abschütteln und sich von den Frondiensten freikaufen. Doch das bedeutete im Ergebnis nur, daß sie Land verkaufen und sich zugleich hoch verschulden mußten. Sie gerieten dabei von einer Abhängigkeit in die andere. Viele mußten zusätzliche Lohnarbeit annehmen - entweder bei den Gutsherren, im Straßen- und Eisenbahnbau oder in nahen Industriebetrieben. Sie sanken, auch da, wo sie nicht in die Städte abwanderten, rasch ab in jene Schicht der Besitzlosen, die man als Proletariat zu bezeichnen begann. Die Stellung der zu Agrarkapitalisten gewordenen Junker verstärkte sich dagegen noch, je mehr sie neben der im großen Stil betriebenen Landwirtschaft auch noch in die Industrieproduktion einstiegen. Das war vor allem in Schlesien, im Rheinland und in Westfalen häufig der Fall, wogegen sich der süddeutsche Landadel mehr und mehr in die Hauptstädte zurückzog und dort von den Erträgen seiner verpachteten Ländereien lebte.

Überall in Deutschland nahm die Anzahl der sehr reichen Leute sprunghaft zu. In Preußen, beispielsweise, stieg die Anzahl derer, die ein Jahreseinkommen zwischen 20 000 und 40 000 Talern hatten, von 1852 bis 1867 um weit mehr als das Doppelte an, vor allem in Berlin, Aachen, Köln, Düsseldorf, Breslau und in Oberschlesien. Dennoch waren es im Verhältnis zur Gesamtbevölkerung nur sehr wenige, die von dem wachsenden Wohlstand profitierten: Man schätzt, daß bis 1870 in ganz Deutschland weniger als 20 000 Personen – bei einer Gesamtbevölkerung von fast 50 Millionen! – ein Jahreseinkommen von mehr als 3 000 Talern hatten.

Dem Reichtum des Großbürgertums und der adligen Großgrundbesitzer stand ein Elend der breiten Masse des Volkes gegenüber, das von Jahr zu Jahr zunahm, weil die Preise steil anstiegen, zumal die für Grundnahrungsmittel, wie beispielsweise in Berlin der Preis des Roggenbrots von 1851 bis 1855 um über 60 Prozent. Die Einkommen der Arbeiter, von ihrer Kaufkraft her gesehen, nahmen von 1851 an sogar ständig ab, und zu diesem Sinken der Reallöhne trugen auch und gerade die reaktionären Unterdrückungsmaßnahmen bei. Da den Arbeitern jede gewerkschaftliche Organisation, jede Lohnabsprache und erst recht jeder Streik bei schwersten Strafen verboten war, konnten sie den kräftigen Konjunkturaufschwung nicht für sich ausnutzen, sondern waren davon sogar aufs schwerste betroffen. Die Masse der Lohnarbeiter lebte am Rand des Existenzminimums, zum Teil sogar darunter. Weniger sanft ausgedrückt: Die Menschen schufteten und mußten trotzdem hungern. Arbeitszeiten bis zu 16 Stunden und eine blühende Wirtschaft konnten denen, die mit ihrem Schweiß diese Blüte hervorbrachten, nur ein Leben sichern, das kaum besser war als das des Viehs und oftmals weit schlechter. Für ein Dienstpferd war im Haushalt deutscher Staaten damals ein jährlicher Unterhalt von hundert Talern vorgesehen; für Postpferde wurden oft sogar über 200 Taler gezahlt, »im ganzen also mehr, als ein freier Arbeiter nebst Familie in der Regel zu verdienen imstande ist«, wie ein bürgerlicher Statistiker in einer zeitgenössischen Schrift sachlich feststellte. Das halbverhungerte Industrie- und Landproletariat war besonders anfällig für die »Schwindsucht« genannte Tuberkulose: In Berlin starb jeder dritte Tagelöhner daran; bei den Webern waren es fast 70 Prozent.

Zum Elend und zum Hunger kamen auch noch Demütigungen schlimmster Art, besonders für die Landarbeiter und das städtische Gesinde. Die im Revolutionsjahr 1848 gelockerte preußische Gesindeordnung, die der Herrschaft ein körperliches Züchtigungsrecht einräumte, wurde nach dem Sieg der

Reaktion wieder verschärft und blieb bis 1918 in Kraft. In Mecklenburg wurde nach 1850 die Prügelstrafe wiedereingeführt, und auch in anderen rückständigen deutschen Staaten übernahm der Landadel wieder die Polizeigewalt und mißbrauchte sie zur Unterdrückung der arbeitenden Bevölkerung.

Das wichtigste Mittel, die Massen in Schach zu halten und die Söhne des Volkes zu bedingungslosem Gehorsam und knechtischer Unterwürfigkeit zu erziehen, blieb jedoch das Militär. Besonders im Königreich Preußen waren deshalb die Führer der Reaktion bestrebt, die Armee noch größer und schlagkräftiger zu machen, und sie setzten dabei ihre Hoffnungen auf den Bruder des Königs, den »Kartätschenprinzen« Wilhelm, der 1857 zunächst als Stellvertreter des unheilbar geisteskranken Königs, seit 1858 als Regent die Regierungsgeschäfte übernommen hatte. Da man für eine umfassende Heeresverstärkung und -modernisierung eine Menge Geld brauchte und für dessen Bewilligung die Unterstützung der Liberalen und der hinter diesen stehenden Industriellen und Großkaufleute benötigte, kam man sogleich nach der Einsetzung des Regenten dem Großbürgertum mit einem politischen Kurs- und Regierungswechsel entgegen: Die ultrareaktionären Minister wurden entlassen und durch gemäßigt Liberale ersetzt, und zugleich wurde dem liberalen Bürgertum einige Hoffnung gemacht, man werde ihm in seinen Forderungen ein wenig entgegenkommen.

Diese liberalen Wünsche, die ohne großen Nachdruck vorgebracht worden waren, umfaßten folgende Kernpunkte: Aufhebung der Grundsteuerfreiheit und der gutsherrlichen Polizeigewalt der Junker; Freiheit der Wissenschaft und ihrer Lehre; Verminderung des vorherrschenden Einflusses der lutherischen Landeskirche, vor allem im Schulwesen; Sicherung der bürgerlichen Rechte in der städtischen Verwaltung, der Justiz und bei den Wahlen; eine freie bürgerliche Presse; die Möglichkeit, verfassungswidrig regierende Minister vor Gericht zu stellen, um zu erreichen, daß künftig nicht mehr im Widerspruch zur Verfassung regiert werden könne.

Mit diesem Programm, worin von der nationalen Einigung nicht mehr die Rede war, hatten die Liberalen im Herbst 1858 einen beachtlichen Wahlsieg errungen und beherrschten, zusammen mit einigen gemäßigt Konservativen, den preußischen Landtag. So erschien es ihnen nur natürlich, daß der neue Regent den Tatsachen Rechnung trug und ein gemäßigt liberales Kabinett ernannte; sie priesen ihn dafür als »weise und modern« und sprachen vom Beginn einer »Neuen Ära«.

Was sie dabei übersahen, war der Umstand, daß sich an den wahren Machtverhältnissen im Lande gar nichts geändert hatte; daß sie lediglich dazu ausersehen waren, einige kostspielige Armeereformen durchzuführen. Die Pläne dafür waren schon fertig; ihr geistiger Vater, der erzkonservative General von Roon, löste schon wenige Monate nach Beginn der »Neuen Ära« den liberalen Kriegsminister ab, und Anfang 1860 legte er dem Landtag den Entwurf eines neuen Heeresgesetzes vor. Dessen Kernpunkte waren: Verlängerung der Militärdienstzeit von bisher zwei Jahren auf drei Jahre; eine beträchtliche Vergrößerung des stehenden Heeres; dessen Umrüstung auf Waffen mit weit größerer Feuergeschwindigkeit und die Herauslösung der – von meist bürgerlichen Offizieren kommandierten – Landwehr aus der regulären Feldarmee. Die Kosten dafür wurden mit zunächst sieben Millionen und für die folgenden Jahre mit 9,5 Millionen Talern veranschlagt.

Diese Wünsche der Regierung entsprachen keineswegs den liberalen Vorstellungen, denn ihre Verwirklichung hätte nur eine Stärkung des preußischen Militarismus und der junkerlichen Offiziere auf Kosten des Bürgertums bedeutet. Aber anstatt dies auszusprechen, die Vorlage abzulehnen oder sich die Zustimmung mit der Erfüllung einiger liberaler Grundforderungen abkaufen zu lassen, begnügte sich die Landtagsmehrheit mit einigen Nörgeleien darüber, daß die Vorlage zu kostspielig sei. Daraufhin zog die Regierung sie zurück, ließ sich aber sogleich »für die fernere Kriegsbereitschaft« eine außerordentliche einmalige Ausgabe von neun Millionen Talern bewilligen, mit deren Hilfe sie unter Umgehung einer Parlamentsdebatte noch im Jahre 1860 die große Heeresreform durchführte.

Im Januar 1861, nachdem Friedrich Wilhelm IV. gestorben und der »Kartätschenprinz«-Regent als Wilhelm I. König von

Preußen geworden war, hatte er 81 Infanterieregimenter (anstatt 45), 48 Kavallerieregimenter (zuvor 38) und 18 Artillerieregimenter (früher neun) zu seiner Verfügung. Das so vor vollendete Tatsachen gestellte Parlament bewilligte abermals die Kosten, wenn auch nur noch mit knapper Mehrheit. Der linke Flügel der Liberalen, der sich bald darauf als Fortschrittspartei selbständig machte, hatte gegen den Militärhaushalt gestimmt. Und in den Landtagswahlen vom Dezember 1861 zeigte sich, wie die Stimmung im Volke war: Die neue Fortschrittspartei erhielt 109 Sitze, die rechten Liberalen behielten nur noch 95, und die Konservativen konnten lediglich 15 Sitze behaupten. Doch anstatt nun, wie es die Wahlsieger sich erhofft hatten, ein linksliberales Kabinett zu ernennen und vor allem den Kriegsminister Roon zu entlassen, löste Wilhelm I. den neuen Landtag schon nach wenigen Wochen wieder auf, entließ seine gemäßigt liberalen Minister, die ihre Schuldigkeit ja getan hatten, ersetzte sie durch stramm konservative Junker und setzte Neuwahlen für den Mai des darauffolgenden Jahres 1862 an.

Dieser Wahlkampf wurde von seiten der Regierung in einer Weise geführt, die helle Empörung hervorrief. Der Druck, der auf die Staatsbediensteten und – von seiten der Unternehmer – auf die Arbeiterschaft ausgeübt wurde, war ungeheuer. In manchen Industriezentren, beispielsweise in Saarbrücken und Umgebung, erklärten die Werksleitungen der von der Aufrüstung enorm profitierenden Unternehmen offen, wer bei der – ja nicht geheimen – Wahl nicht konservativ abstimme, werde auf der Stelle entlassen.

Um so überraschender war das Wahlergebnis: Die Opposition erhielt mehr als zwei Drittel aller Landtagssitze; die Konservativen sanken mit nur noch zehn Mandaten zur Bedeutungslosigkeit herab. Und als nach der Sommerpause, die mit fruchtlosen Verhandlungen zwischen Regierung und Opposition angefüllt war, der neugewählte Landtag zusammentrat, strich er sämtliche Ausgaben für die Heeresreform, und dies mit einer Mehrheit von 308 gegen 11 Stimmen.

Damit waren die Regierung, das Königtum und das von den Junkern und Großbürgern befürwortete rückschrittliche Regime in eine ernste Krise geraten. Sie hatten nur noch die

Wahl, entweder gegen fast das gesamte Parlament, die überwältigende Mehrheit des Volkes und die diesem selbst »gnädigst gewährte« Verfassung zu regieren und damit die Gefahr eines neuen Aufstands der Massen heraufzubeschwören oder nachzugeben, was nach Ansicht vieler Konservativer bedeutet hätte, »den letzten Damm einzureißen, der uns vom demokratischen Chaos und der Herrschaft des Pöbels noch trennt«.

König Wilhelm I. bereitete bereits seine Abdankung vor. Der Kronprinz, dem liberale Neigungen nachgesagt wurden und der von seiner Frau, einer englischen Prinzessin, gegen die reaktionäre Politik der Junker und Militärs und für einen bürgerlichen Parlamentarismus britischer Art beeinflußt worden war, hielt sich schon, telegrafisch nach Berlin gerufen, bereit für einen Thronwechsel, und dieser hätte vielleicht das Ende des preußischen Militarismus und der Vorherrschaft des Junkertums bedeutet.

Aber die reaktionären Militärs um den Kriegsminister von Roon hielten noch einige Trümpfe in der Hand: Sie legten dem König ihre seit dem Vorjahr fertigen Pläne für einen militärischen Staatsstreich vor, und zugleich boten sie ihm als Kompromiß zwischen diesem letzten Mittel und der Aufgabe aller konservativen Ziele noch einen Ausweg an: die Berufung eines »starken Mannes« mit dem nötigen diplomatischen Geschick, der das Parlament ohne Staatsstreich und Gewaltanwendung ausschalten sollte.

Dieser Retter in der Not war der Gesandte von Bismarck, der längst nicht mehr Preußens Vertreter beim Frankfurter »Bundestag«, sondern nach einigen Jahren, die er als Missionschef am russischen Zarenhof in St. Petersburg, dem zwischenzeitlichen Leningrad, verbracht hatte, inzwischen Gesandter in Paris geworden war. Von General von Roon herbeitelegrafiert, war er bereits in Berlin eingetroffen. Einen Tag nach der für die preußischen Reaktionäre so katastrophalen Landtagsabstimmung wurde Bismarck von Wilhelm I. zum Ministerpräsidenten ernannt, nachdem er sich bereit erklärt hatte, auch ohne Geldbewilligung durch das Parlament die Heeresreform durchzuführen, bei der es jetzt vor allem um eine Umrüstung auf moderne Waffen ging.

Bismarcks Ziel, durch eine »Revolution von oben« einer Volkserhebung zuvorzukommen, lag zu diesem Zeitpunkt noch in weiter Ferne. Zunächst galt es, gestützt auf das schlagkräftige preußische Heer, die Liberalen wieder in ihre Schranken zu weisen und zugleich ihre wichtigsten Förderer für die Regierungspolitik zu gewinnen. Die Regierung des »starken Mannes« begann dementsprechend mit antidemokratischen Polizeimaßnahmen, Maßregelungen von über tausend höheren Beamten und Richtern, die der liberalen Opposition angehörten, sowie mit einem Abkommen, das Bismarck im Februar 1863 mit dem zaristischen Rußland schloß. Danach durften preußische Truppen nach Russisch-Polen und russische Heeresverbände in die preußischen Ostprovinzen einmarschieren, wenn die Bekämpfung von Aufständen dies nötig machen sollte. Durch dieses Bündnis gelang es den beiden reaktionären Mächten, den 1863 wieder aufflammenden Kampf des polnischen Volkes um seine nationale Unabhängigkeit rasch zu unterdrücken. Zugleich verbesserte sich damit das Verhältnis Preußens zu Rußland, während sich die russisch-österreichischen Gegensätze verschärften.

Der Konflikt mit Österreich wurde von Bismarck angestrebt und schließlich auch mit den raffiniertesten Mitteln herbeigeführt. Die Gründe hierfür lagen vor allem darin, daß im deutschen Volk der Wunsch nach nationaler Einigung so stark geworden war, daß es nicht mehr tunlich schien, sich der Massenbewegung entgegenzustellen. Es war – von Bismarcks preußisch-reaktionärem Standpunkt aus – weit besser, die Stimmung im Volk auszunutzen und die Ziele der Bewegung teilweise und scheinbar zu erfüllen, während man in Wahrheit nur preußische Macht- und Eroberungspolitik betrieb.

Als im Sommer 1863 die österreichische Regierung einen Vorstoß unternahm, um den »Deutschen (Fürsten-)Bund« zu reformieren und zu festigen, blieb Preußen der Konferenz fern, so daß sie ohne Ergebnis bald wieder auseinandergehen mußte. Nachdem er so eine diplomatische Niederlage Österreichs herbeigeführt hatte, trat Bismarck mit einem eigenen Vorschlag an die Öffentlichkeit, der geeignet war, im liberalen Lager Verwirrung zu stiften. Denn überraschenderweise forderte ausgerechnet Preußens erzreaktionärer, das eigene Parlament ständig mißachtender »starker Mann« eine Bundesreform mit einem in ganz Deutschland aufgrund des allgemeinen Wahlrechts vom Volk gewählten Bundesparlament!

Natürlich stieß dieses Projekt – und so war es auch gemeint – auf schärfste Ablehnung durch die Wiener Regierung. Aber nun stand Österreich vor den Deutschen als diejenige Macht da, die sich der nationalen Einigung, wenn sie vom Volk mitgetragen werden sollte, am heftigsten widersetzte.

Etwa zur gleichen Zeit hatte Dänemark wegen der herrschenden Spannungen zwischen den großen Mächten den Augenblick für günstig befunden, Deutschland die schleswigholsteinischen Herzogtümer endgültig zu entreißen. Dies rief eine heftige Aktivität des liberalen Bürgertums hervor, doch vor einem Volkskrieg zur Befreiung Schleswig-Holsteins, wie die Massen ihn führen wollten, schreckten Bürger und Fürsten gleichermaßen zurück. So konnten Preußen und Österreich gemeinsam der Volksbewegung zuvorkommen und selbst den Krieg gegen Dänemark beginnen. Daß sie sich trotz ihrer eigenen Konflikte in der schleswig-holsteinischen Frage zusammenfanden, geschah nur, weil beide Mächte fürchteten, die eine könnte der anderen in der öffentlichen Meinung den Rang ablaufen. Und daß sie sich überhaupt zu militärischem Vorgehen aufrafften, geschah – wie Bismarck dem englischen Botschafter versicherte – nur, weil sie »zwischen der Invasion in Schleswig und der Revolution in Deutschland wählen« mußten.

Dänemark wurde im Frühjahr 1864 von Österreich und Preußen gemeinsam besiegt und mußte die Herzogtümer Schleswig, Holstein und Lauenburg an die Sieger abtreten. Die zwischen Wien und Berlin getroffene Regelung, wonach die Dänemark abgenommenen Gebiete den Eroberern vorläufig gemeinsam gehören, Schleswig von Preußen, Holstein von Österreich verwaltet werden sollte, barg bereits den Keim zu neuen Konflikten zwischen den beiden rivalisierenden Mächten. Dies um so mehr, als sich Preußen das Recht sicherte, im österreichischen Verwaltungsgebiet Befestigungen und Marinestationen anzulegen, außerdem das kleine Lauenburg den Österreichern für 1,8 Millionen Taler abkaufte.

Noch bevor es zu dieser überraschenden, niemand außer Bismarck recht befriedigenden Lösung kam, hatte Preußen jedoch noch einen anderen, das liberale Bürgertum begeisternden Erfolg auf handelspolitischem Gebiet errungen: Es war Bismarck gelungen, den deutschen Zollverein kräftig zu erweitern und sogar das rückständige Kurhessen zum Anschluß zu bewegen. (Dazu mußten der Kurfürst, dessen Mätresse und eine Anzahl hessischer Hofschranzen mit sehr beträchtlichen Summen bestochen werden, doch davon erfuhr die Öffentlichkeit nichts, und zudem zählte, wie stets in der Politik, nur das Ergebnis.) Im April 1865 schloß dieser von Preußen angeführte, fast alle deutschen Kleinstaaten - außer Mecklenburg, Lübeck und Hamburg - umfassende Zollverein einen Handelsvertrag mit Österreich, das darin wie eine auswärtige Macht behandelt wurde, und damit war die wirtschaftliche Ausschließung des Habsburgerreiches aus Deutschland endgültig vollzogen, Preußens Vorherrschaft weiter verstärkt und der Konflikt zwischen Wien und Berlin noch verschärft. Ein Krieg zwischen Österreich und Preußen lag schon in der Luft.

An einer solchen militärischen Auseinandersetzung zwischen den beiden deutschen Führungsmächten waren die übrigen europäischen Regierungen mehr oder minder stark interessiert: Das russische Zarenreich, das während des polnischen Aufstands nur von Preußen unterstützt, von Frankreich, England und Österreich dagegen unter diplomatischen Druck gesetzt worden war, hatte zwar - wie alle anderen Mächte - viel gegen die nationale Einigung Deutschlands, erst recht gegen jedes Aufkommen von Demokratie, bekundete aber Bismarck gegenüber für den Fall eines preußischen Krieges gegen Österreich wohlwollende Neutralität. Der Zar versprach sich von einer solchen Auseinandersetzung eine Schwächung beider deutschen Mächte und von dieser eine Stärkung des russischen Einflusses in Südosteuropa.

Frankreich, wo schon 1851 die Republik durch einen Staatsstreich in eine Militärdiktatur unter dem zum Kaiser gewählten Neffen Napoléons I., der sich Napoléon III. nannte, umgewandelt worden war, hatte einerseits ein natürliches Interesse an der Aufrechterhaltung der deutschen Klein- und Vielstaaterei und wollte auch Preußen nicht allzu stark werden lassen; andererseits stand es in einem Konflikt mit Österreich wegen Italien. Denn die italienische Einigungsbewegung, von der die österreichisch besetzten Teile Oberitaliens bedroht waren, erfreute sich der kräftigen Unterstützung Napoléons III. Schon im ersten Ansturm waren, von den deutschen Demokraten neidvoll beobachtet, fast alle italienischen Zwergstaaten von der Landkarte verschwunden und ihre Fürsten verjagt worden. Im Jahre 1859 hatte sich das neue Königreich Italien auch die bis dahin unter österreichischer Herrschaft stehende Lombardei einverleiben können, so daß seitdem nur noch Venetien von Wien gehalten wurde.

Gegen das Versprechen, im Fall eines Sieges der preußischen Truppen über die Österreicher die Befreiung auch dieser Provinz zu erzwingen, sicherte sich Bismarck Italien als Bundesgenossen und das Wohlwollen Napoléons III. Außerdem stellte Preußen den Italienern 120 Millionen Franken zur Verfügung. Damit sollte die italienische Armee aufgerüstet werden und innerhalb der nächsten drei Monate bereit stehen, bei Ausbruch eines Kriegs zwischen Preußen und Österreich sofort die habsburgische Südflanke anzugreifen. (Insgeheim verhandelte Bismarck auch mit revolutionären Gruppen, die im Fall eines preußischen Angriffs auf Österreich Aufstände in Ungarn, Dalmatien und Slowenien entfachen sollten, doch diese Pläne ließen sich nicht verwirklichen.)

Trotz des geheimen Bündnisses mit Italien, das von Napoléon III. sehr begrüßt wurde, konnte Preußen nicht sicher sein, daß sich Frankreich auch wirklich neutral verhielte. Die Pariser Regierung, die auf eine sehr langwierige kriegerische Auseinandersetzung in Deutschland hoffte, bei der sie dann am Ende die Schiedsrichterrolle zu übernehmen und dafür eine französische Gebietserweiterung am Rhein einzuhandeln gedachte, machte abwechselnd Preußen und Österreich Bündnisangebote, die weder von Bismarck noch vom Wiener Kabinett strikt abgelehnt wurden. England verhielt sich abwartend; da es über keine größeren Landstreitkräfte verfügte, brauchte Bismarck eine direkte Einmischung Londons nicht zu befürchten.

Neben diesen diplomatischen Vorbereitungen, die Preußen eine günstige Ausgangslage verschafften, galt es auch, finanzielle Vorkehrungen für den geplanten Krieg zu treffen. Schon 1864 hatte die Firma Fried. Krupp in Essen, Preußens wichtigste »Waffenschmiede«, der Regierung in Berlin unter ausdrücklichem Hinweis auf die Weigerung der liberalen Landtagsmehrheit, Mittel für das Heer zu bewilligen, einen langfristigen Kredit von zwei Millionen Talern angeboten; jetzt machte Bismarck von diesem Angebot sowie von einer ähnlichen Offerte des saarländischen Stahlindustriellen Stumm gern Gebrauch. Er ließ auch für 13 Millionen Taler Eisenbahnaktien aus preußischem Staatsbesitz heimlich verkaufen, außerdem für rund 40 Millionen Taler Staatsschuldverschreibungen ausgeben, ohne die dafür eigentlich nötige Genehmigung durch das Parlament einzuholen. Mit alledem hatte er genügend Geld für den bevorstehenden Krieg mit Österreich.

Nun brauchte Bismarck nur noch einen Anlaß, um loszuschlagen, sowie eine ihm einigermaßen günstige öffentliche Meinung in Deutschland. Er verwirrte zunächst die Liberalen und täuschte zugleich die politisch noch weitgehend unerfahrene Masse des Volkes, indem er Anfang April 1866 auf der Frankfurter Botschafterkonferenz des »Deutschen (Fürsten-) Bundes« seinen bereits im Jahre 1863 gemachten Vorschlag wieder aufgriff und erneut den Antrag einbrachte, ein frei nach den Grundsätzen des allgemeinen, gleichen und direkten Wahlrechts gewähltes gesamtdeutsches Parlament einzuberufen, das »die Vorlagen der deutschen Regierungen über eine Reform der Bundesverfassung entgegennehmen und beraten« sollte.

In den folgenden Wochen machte Bismarck den deutschen Kleinstaaten auf jede nur mögliche Weise klar, daß Wien bei der Erörterung innerdeutscher Fragen nicht mehr mitzureden habe. Dadurch und durch militärische Maßnahmen in Holstein reizte er Österreich so weit, daß es in Frankfurt die Mobilmachung der Truppen des »Deutschen Bundes« gegen Preußen beantragte. Damit hatten, ganz wie Bismarck es wünschte, die Österreicher die Feindseligkeiten eröffnet; Preußen konnte den Angegriffenen spielen und vier Tage nach dem österreichischen Mobilmachungsantrag, am 15. Juni 1866, den sorgfältig vorbereiteten Krieg beginnen.

Auf seiten Österreichs standen Sachsen, Hannover, Bayern, Württemberg, Baden, Kurhessen, Nassau, Frankfurt und etliche Fürstentümer, während Preußen nur ein paar thüringische und norddeutsche Kleinstaaten als Verbündete hatte. Da zudem im Rheinland die Stimmung der Bevölkerung gegen den »Bruderkrieg« und ganz allgemein in Preußen eine feindselige Haltung gegen das reaktionäre Bismarck-Regime vorhanden war, rechnete man in Deutschland wie überall in Europa mit einer Niederlage der preußischen Truppen, zumal dessen Gegner zahlenmäßig überlegen und gut gerüstet waren: Die mit Österreich verbündeten deutschen Staaten konnten rund 120 000 Soldaten aufbieten; die österreichische Hauptarmee in Böhmen war etwa 250 000 Mann stark, Preußen standen dagegen nur etwa 280 000 Mann zur Verfügung.

Die Wirklichkeit sah indessen ganz anders aus: Hannover, Kurhessen und Sachsen wurden von den Preußen blitzschnell besetzt; der korrupte Kurfürst von Hessen wurde gefangengenommen, sein Heer flüchtete nach Bayern, und bereits vierzehn Tage nach Kriegsausbruch waren die militärischen Aktionen an der preußischen Westfront abgeschlossen. Wenige Tage später, am 3. Juli 1866, wurde die österreichische Hauptarmee von drei getrennt heranmarschierenden preußischen Heersäulen, die sich bei Königgrätz vereinten, so vernichtend geschlagen, daß der Krieg als beendet angesehen werden konnte. Achtzehn Tage hatten genügt, Preußen zur beherrschenden Vormacht in Deutschland zu machen und Österreich aus den deutschen Angelegenheiten endgültig auszuschalten.

Als Beute dieses Feldzugs fielen Schleswig-Holstein, das Königreich Hannover, Kurhessen, Nassau und die bis dahin Freie Stadt Frankfurt an Preußen; Österreich mußte Venetien an Italien abtreten und eine hohe Kriegsentschädigung zahlen, und die süddeutschen Staaten - Bayern, Württemberg und Baden - waren gezwungen, sich in Geheimverträgen zu verpflichten, in jedem künftigen Krieg ihre gesamten Truppen Preußen zur Verfügung zu stellen.

Mit einem Schlage hatte Bismarck sein eigenes Herrschaftsgebiet, das Königreich Preußen, das bislang in einen Ost- und einen Westteil zerrissen gewesen war, zu einem mächtigen

Länderblock gemacht, der von der holländisch-belgisch-französischen Grenze im Westen bis weit nach Polen und Litauen hinein reichte. In diesem Block wirkten die wenigen nicht-preußischen Gebiete - die Hansestädte Hamburg, Bremen und Lübeck, die thüringischen, sächsischen und lippischen Zwergstaaten oder auch Ländchen wie Oldenburg und Braunschweig - wie bloße Einsprengsel, das Königreich Sachsen und die mecklenburgischen Großherzogtümer wie kleine Aussparungen am Rande. Das hochgerüstete, von Junkern und Militärs geführte Preußen war in Deutschland zu einem Riesen unter Zwergen geworden. Aber es war damit noch nicht zufrieden.

Bereits im August 1866, nur wenige Wochen nach dem Sieg über Österreich bei Königgrätz, ließ Bismarck den von ihm für aufgelöst erklärten »Deutschen Bund« in neuer Form auferstehen. Am 18. August vereinte er das Königreich Preußen, das Dänemark abgenommene Herzogtum Lauenburg, die drei norddeutschen Hansestädte, Oldenburg, Braunschweig, Anhalt, zwei der sächsischen Herzogtümer und sechs der souveränen Zwergfürstentümer zu einem »Norddeutscher Bund« genannten Bundesstaat, dem bis Ende Oktober desselben Jahres unter mehr oder weniger sanftem Druck und meist zähneknirschend die beiden mecklenburgischen Großherzogtümer, die nördlichen Provinzen des Großherzogtums Hessen-Darmstadt, das winzige Fürstentum Reuß ältere Linie, Sachsen-Meiningen und schließlich sehr widerstrebend auch das Königreich Sachsen beitraten - zusammen 21 1/2 selbständige deutsche Staaten mit zusammen knapp dreißig Millionen Einwohnern, wovon etwas mehr als zwei Drittel Untertanen des Königs von Preußen waren, der - wie hätte es anders sein können? - mit dem für das Haus Hohenzollern erblichen Präsidentenamt im »Norddeutschen Bund« betraut wurde.

Mit dieser Präsidentschaft erhielt der Preußenkönig den Oberbefehl über alle Streitkräfte im Bund, die alleinige Entscheidung über Krieg und Frieden sowie das Recht, den die Regierungsgeschäfte führenden Kanzler zu ernennen, der auch die Außenpolitik allein bestimmte. Damit war klar, daß nicht die vom Volk ersehnte deutsche Einigung, sondern die Herrschaft Preußens über eine Anzahl nur noch schein-souveräner Vasallenstaaten erreicht worden war. Und daran änderte es wenig, daß Bismarck, um damit das liberale Bürgertum für seine »Blut- und Eisen«-Politik zu gewinnen, dem »Norddeutschen Bund« eine direkt - aber nicht geheim! - gewählte Volksvertretung gewährte, die im Vorgriff auf die weiteren Pläne Bismarcks bereits »Reichstag« genannt wurde. Die Mitwirkungsmöglichkeiten dieses Parlaments an den Staatsgeschäften beschränkte sich - damit sollten die liberalen Großbürger geködert werden - auf das Gebiet der Wirtschaft. Im übrigen traf zu, was ein süddeutscher Demokrat damals schrieb: »Die Verfassung des Norddeutschen Bundes hat drei Paragraphen. Der eine heißt Steuerzahlen, der zweite Soldatwerden, der dritte Maulhalten.«

Während außenpolitisch und militärisch die Führung allein bei Preußen lag, blieben die Mitglieds-Ländchen des »Norddeutschen Bundes« weiterhin völlig selbständig in bezug auf ihre innere Verwaltung, Justiz, Polizei, Kirchenangelegenheiten, Schulen und ständischen Ordnungen, und damit beruhigten sich sowohl die kleinen Landesfürsten, denen die Verjagung des Königs von Hannover und erst recht die Absetzung und Gefangennahme des Kurfürsten von Hessen einen furchtbaren Schreck eingeflößt hatten, als auch die preußischen Junker, die von nationaler Einigung gar nichts hielten, weil sie um ihre Vorrechte bangten.

Die preußischen Landtagswahlen vom Sommer 1866 bescherten unter dem Eindruck des siegreichen Krieges den preußischen Konservativen, die zuvor nur noch 38 Sitze gehabt hatten, nicht weniger als 123 Mandate. Die oppositionelle Fortschrittspartei verlor 60 Sitze und stellte nur noch 83 (vorher 143) Abgeordnete. Und die rechten, das Großbürgertum vertretenden Liberalen bildeten fortan mit 65 (vorher 110) Abgeordneten das Zünglein an der Waage.

Vierzehn Tage nach dem vollständigen Sieg Preußens über Österreich und seine deutschen Verbündeten nahm Bismarck Kontakt mit den Führern des liberalen Bürgertums, auch in den außerpreußischen Staaten, auf. Es ging ihm darum, Frieden zu schließen zwischen seiner die Rechte des Parlaments mißachtenden Diktatur und den Repräsentanten des Kapitals und der Industrie. Man einigte sich rasch: Die preußische

Regierung legte dem neugewählten Landtag einen Gesetzentwurf vor, der die von Bismarck rechtswidrig geschaffenen, aber vollendeten Tatsachen nachträglich guthieß. Als eine breite Landtagsmehrheit für diese seltsame Vorlage stimmte, war das Bündnis besiegelt zwischen Bismarck, den Militärs und Teilen des preußischen Adels auf der einen Seite und den entscheidenden großbürgerlichen Kräften auf der anderen. Das Großbürgertum verzichtete damit auf den Kampf um Demokratie zugunsten der »Revolution von oben«; die nationalstaatliche Einigung Deutschlands wurde nun nicht mehr durch und für das Volk betrieben, sondern durch preußische Bajonette und für die Vorherrschaft des preußischen Unterdrückungs- und Ausbeutungsapparats im ganzen Reich.

Zwar blieben die stockreaktionären Teile des ostelbischen Landjunkertums diesem Bündnis ebenso fern wie auch viele der von ihm noch immer verachteten Bürger, denn nicht alle liberal gesinnten Mittelständler wollten ihre demokratischen Ideale sogleich über Bord werfen. Aber an Widerstand dachten weder die einen noch die anderen. »Sämtlichen in Deutschland herrschenden Klassen«, bemerkte dazu Friedrich Engels voll Bitterkeit, »Junkern wie Bourgeoisie, ist der letzte Rest an Energie so sehr abhanden gekommen, es ist im ›gebildeten‹ Deutschland so sehr Sitte geworden, keinen Willen zu haben, daß der einzige Mann unter ihnen, der wirklich noch einen Willen hat, eben dadurch zu ihrem größten Mann und zum Tyrannen über sie alle geworden ist.«

Diesem Urteil über Bismarck ist nur noch hinzuzufügen, daß er neben Willen und Intelligenz auch einen sonst im Junkertum nicht vorhandenen Sinn für die Stimmungen und Sehnsüchte der Volksmassen hatte. Und er verstand es, seine eigenen Pläne so zu verwirklichen, daß sie äußerlich den Wünschen des Volkes weitgehend zu entsprechen schienen, während sie in Wahrheit genau entgegengesetzte Ziele verfolgten. Erst wenn der Widerstand offenbar wurde, wenn alle Tarnung und Geschmeidigkeit nichts mehr nützte, setzte er – und dann mit aller Brutalität – seine überlegenen Machtmittel ein.

Indessen war vorerst die Masse des Volks noch gar nicht imstande, in die politische Entwicklung einzugreifen. Viele hatten den Verrat des liberalen Besitzbürgertums an der Revolution von 1848/49 überhaupt noch nicht recht begriffen. Und um die von den Bürgern im Stich gelassene demokratische Umgestaltung ganz Deutschlands allein weiterzuführen, dazu fehlten den meisten Arbeitern, Bauern und Handwerksgesellen, erst recht dem proletarisierten Kleinbürgertum und dem Millionenheer der Dienstboten, noch die politische Reife und der nötige organisatorische Zusammenhalt.

Immerhin gab es zu Beginn der sechziger Jahre die ersten Ansätze eines Neubeginns der von der Reaktion zerschlagenen Arbeiterbewegung. Da gab es »Arbeiterbildungsvereine«, meist von liberalen Bürgern gegründet, um das von den Schulen und Kirchen bewußt Versäumte nachzuholen und den untersten Volksschichten, anstatt nur Frömmelei und Untertanengeist, auch ein Mindestmaß an Wissen und Bildung zu vermitteln. In diesen Vereinen wurden die Arbeiter jedoch von der Politik ferngehalten; sie sollten nur gute Stamm- und Facharbeiter, allenfalls noch Wähler der Partei ihrer Arbeitgeber werden.

Doch wie es nun einmal so ist, wenn man Unwissenden Kenntnisse (und Erkenntnisse) verschafft: Die »Arbeiterbildungsvereine« begannen sich immer mehr für Politik zu interessieren, und sie entglitten bald der bürgerlichen Aufsicht und Gängelei. Einige der schon politisch bewußteren Arbeiter suchten nach Möglichkeiten einer selbständigen Organisation, und sie wandten sich Anfang 1863 an einen der Männer, die 1848 das Volk zur bewaffneten Erhebung aufgerufen hatten, der Mitarbeiter der *Neuen Rheinischen Zeitung* gewesen und wegen Aufreizung gegen die Staatsgewalt zu einer Gefängnisstrafe verurteilt worden war. Der Mann ihrer Wahl hieß Ferdinand Lassalle. Er stammte wie Karl Marx aus einer jüdischen Bürgerfamilie und hatte ebenfalls studiert, lebte aber nicht im Exil und war gerade mit einer Rede hervorgetreten, die ihm eine Anklage wegen Aufreizung zum Klassenhaß eingetragen hatte.

Im Februar 1863 entwarf er ein Programm für einen allgemeinen deutschen Arbeiterkongreß, verlangte darin die Beteiligung der Arbeiter an der Produktion, den Aufbau von Arbeiterproduktionsgenossenschaften mit staatlicher Kredithilfe, die Abschaffung des Dreiklassenwahlrechts und weitere Reformen. Dieses - verglichen mit den Erkenntnissen und Lehren von Marx und Engels sehr zahme, den Klassenkampf kaum andeutende und den vorhandenen Staat bereitwillig anerkennende - Lassallesche Programm wurde von dem im Mai 1863 in Leipzig stattfindenden Arbeiterkongreß angenommen, und Lassalle wurde zum Präsidenten des »Allgemeinen Deutschen Arbeitervereins« (ADAV) gewählt, der ersten Parteibildung der Sozialdemokratie in Deutschland.

Diese nichtrevolutionäre, zum Bündnis mit dem reaktionären Kanzler Bismarck gegen das liberale Bürgertum bereite Organisation war auch willens, die gewaltsame, undemokratische »Einigung« Kleindeutschlands ohne Österreich hinzunehmen, die in Wahrheit nur eine Macht- und Gebietserweiterung des reaktionären Preußens war. Kurz, es war ein Fehlstart der Arbeiterbewegung, was Marx und Engels auch sogleich erkannten. Und hinzu kam, daß der hochbegabte Führer, Ferdinand Lassalle, bald ein Opfer seiner persönlichen Schwächen und Eitelkeiten wurde: Er duellierte sich wegen einer Liebesaffäre und fand dabei am 31. August 1864 den Tod. Bei allen Fehlern, die er hatte und beging, blieb ihm das Verdienst, den deutschen Arbeitern ihre »verdammte Bedürfnislosigkeit« vorgehalten zu haben, die es zu überwinden gälte. Auch trug sein ADAV, selbst wenn er es vielleicht gar nicht wollte, erheblich dazu bei, daß sich in der deutschen Arbeiterschaft ein Klassenbewußtsein zu bilden begann. Dafür sorgte schon das von Georg Herwegh gedichtete Bundeslied, das weite Verbreitung fand und dessen Zeilen »Alle Räder stehen still, wenn dein starker Arm es will« zur zündenden Losung der deutschen Gewerkschaftsbewegung wurde.

Das Jahr 1865 stand für die deutschen Arbeiter ganz im Zeichen des Kampfes für ihr Recht auf Streik und Zusammenschluß. Beides galt als ungesetzlich; die Arbeiter sollten sich nicht organisieren oder gar zur Erzwingung höherer Löhne und besserer Arbeitsbedingungen gemeinsam die Arbeit niederlegen dürfen. Doch im Verlauf des Jahres 1865 kam es in vielen deutschen Industriestädten zu Streikbewegungen, deren Vorbereitung und Durchführung großen Mut erforderte. Die

Unternehmer waren ihren Arbeitern nicht nur wirtschaftlich haushoch überlegen, sie hatten auch Polizei, Militär und Justiz auf ihrer Seite, und es gab vor allem auch noch keine Gewerkschaften, die den Ausfall des ohnehin kargen Lohns durch Streikgelder hätten ausgleichen können. Doch gerade aus diesen Erfahrungen heraus schlossen sich Ende Dezember 1865 die Zigarrenarbeiter, die schon 1848 große Solidarität bewiesen hatten, zur ersten gesamtdeutschen Gewerkschaft zusammen. Ihrem Beispiel folgten Anfang 1866 die Buchdrucker, und es dauerte nicht lange, bis die deutsche Arbeiterbewegung auch Anschluß an die sozialistische Internationale Arbeiter-Vereinigung, kurz »Internationale« genannt, gefunden hatte. Diese war am 28. September 1864 in London gegründet worden. Der Anstoß dazu war von der englischen Arbeiterschaft ausgegangen, aber der führende Kopf dieses neuen internationalen Kampfbundes war und blieb Karl Marx.

In Deutschland schlossen sich 1868 auf dem 5. Vereinstag des Verbands deutscher Arbeitervereine in Nürnberg die dort vertretenen 93 Vereine mit überwältigender Mehrheit dieser ersten Internationale an. Die Männer, die dies bewirkten und es zugleich zur »Pflicht der Arbeiter« erklärten, »nachdrücklich und unausgesetzt mit allen Mitteln« den Militarismus und vor allem den preußischen Militär- und Junkerstaat zu bekämpfen, eine Revolution anzustreben und mit ihr eine großdeutsche, freiheitliche und demokratische Republik zu schaffen, waren August Bebel und Wilhelm Liebknecht; sie sorgten dafür, daß sich die Arbeiterschaft von den Parteien des demokratischen Kleinbürgertums löste und eine eigene Partei gründete: die Sozialdemokratische Arbeiterpartei. Das geschah auf dem deutschen Arbeiterkongreß, der im August 1869 in Eisenach tagte. Zu dieser Zeit waren sowohl Liebknecht wie Bebel bereits Abgeordnete des Parlaments des »Norddeutschen Bundes«, des sogenannten »Reichstags«.

Im Programm der neuen Arbeiterpartei, das Bebel ausgearbeitet hatte, hieß es: »Die heutigen politischen und sozialen Zustände sind im höchsten Maße ungerecht... Der Kampf für die Befreiung der arbeitenden Klassen ist nicht ein Kampf für Klassenprivilegien und Vorrechte, sondern für gleiche Rechte und gleiche Pflichten und für die Abschaffung aller Klassenherrschaft...« Weiter hieß es, daß die wirtschaftliche Abhängigkeit der Arbeiter von den Kapitalisten »die Grundlage der Knechtschaft in jeder Form« bilde. Die politische Freiheit wurde zur Vorbedingung für die wirtschaftliche Befreiung der arbeitenden Klassen erklärt, die Partei zu einem Zweig der von Marx geführten Internationale.

August Bebel, der dieses Programm ausgearbeitet hatte, war damals erst 29 Jahre alt. Er war 1840 in Köln als Sohn eines preußischen Unteroffiziers zur Welt gekommen, war mit 13 Jahren Vollwaise geworden und hatte das Drechslerhandwerk erlernt. Als Handwerksgeselle hatte er Süddeutschland und Österreich durchwandert und in Leipzig Anschluß an die Arbeiterbewegung gefunden, deren Führer er bis zu seinem Tode im Jahre 1913 blieb.

Wilhelm Liebknecht, Bebels um 14 Jahre älterer Kampfgefährte, stammte aus einer Beamten- und Gelehrtenfamilie. Wegen Teilnahme an den Kämpfen in Baden und in der Pfalz mußte er 1849 aus Deutschland fliehen, zunächst in die Schweiz und, nachdem er dort ausgewiesen worden war, nach London. Dort zählte er bald zu den Freunden und Anhängern von Marx und Engels. 1862 kehrte er nach Deutschland zurück und betätigte sich hier als unermüdlicher Organisator. Nachdem er 1865 von der preußischen Polizei verhaftet und aus dem Königreich verbannt worden war, hatte auch er sich in Leipzig niedergelassen, wo er die Arbeiterzeitung *Volksstaat* leitete.

Wilhelm Liebknecht und in noch stärkerem Maße August Bebel standen bei der sich ihrer Interessenlage gerade erst bewußt werdenden deutschen Arbeiterschaft in hohem Ansehen. Aber ihre Partei war noch weit davon entfernt, eine Massenbewegung zu sein. Hatte der Lassallesche ADAV etwa zweitausend Mitglieder, so stieg deren Zahl 1867 auf 3 400, 1868 auf 7 274; die 93 Arbeitervereine, die 1868 ihre Delegierten nach Nürnberg entsandten und sich dort der Internationale anschlossen, hatten zusammen etwa 13 000 Mitglieder. Und 1869, bei der Gründung der Sozialdemokratischen Arbeiterpartei in Eisenach, vertraten 262 Delegierte zusammen wenig mehr als zehntausend Arbeiter.

Das war zugleich sehr viel und sehr wenig. Sehr wenig, wenn man in Betracht zieht, daß Deutschland – ohne Österreich – damals rund vierzig Millionen Einwohner hatte, davon etwa sieben Millionen Wahlberechtigte, denn die Frauen waren politisch noch völlig rechtlos. Andererseits waren 10 000 in einer eigenen Partei politisch organisierte Arbeiter schon sehr viel, wenn man bedenkt, daß in weiten Gebieten Deutschlands eine Mitgliederwerbung kaum möglich war, weil die Macht des Landadels, der Kirchen oder auch einzelner Industrieller ausreichte, jede Agitation zu unterbinden; daß der ganze Unterdrückungsapparat der Staaten, vor allem Preußens, gegen die neue Arbeiterpartei eingesetzt wurde, und zwar mit aller Brutalität, und daß schließlich hinter den 10 000 Männern, die sich offen zum Sozialismus bekannten, die fünf- bis zehnfache Anzahl von heimlichen Sympathisanten stand.

Hinzu kam noch ein weiterer Umstand: Nach dem raschen Sieg Preußens über Österreich und seine deutschen Verbündeten, der dem Frankreich Napoléons III. die Chance einer Einmischung und der dabei erhofften Gebietserweiterung ans linke Rheinufer genommen hatte, war mit einem Krieg des erfolgsbedürftigen Franzosenkaisers gegen den »Norddeutschen Bund« zu rechnen. Bismarck suchte diesen Konflikt; er wollte ihn zur Ausdehnung der preußischen Vorherrschaft auf das restliche Deutschland benützen. Aber er war bemüht, den Krieg mit Frankreich so herbeizuführen, daß die Franzosen als Angreifer und Todfeinde der deutschen nationalen Einigung erscheinen mußten. Das war nicht schwer, denn Napoléon III. war wirklich kriegslüstern, schürte alle anti-preußischen und auf die Erhaltung der deutschen Viel- und Kleinstaaterei gerichteten Bestrebungen und brachte es auf diese Weise fertig, daß selbst die Mehrzahl der eingefleischten Preußenfeinde die bevorstehende Auseinandersetzung mit der französischen Militärdiktatur als einen patriotischen Verteidigungskrieg ansah, ganz so, wie es Bismarck wünschte.

Im Sommer 1870 war es dann soweit. Mit raffinierten Tricks und der Verfälschung eines Telegramms, der sogenannten »Emser Depesche«, gelang es Bismarck, Napoléon III. zur voreiligen Kriegserklärung zu zwingen. Noch ehe die weit besser bewaffnete, wenn auch zahlenmäßig etwas schwächere französische Armee ihren Aufmarsch beendet hatte und, wie geplant, zum Main hin vorstoßen konnte, um Süddeutschland vom »Norddeutschen Bund« abzuschneiden und womöglich als Verbündeten gegen Preußen zu gewinnen, fielen die deutschen Truppen ins Elsaß ein, stürmten mit einem Höchstmaß an Begeisterung und Opferbereitschaft eine französische Stellung nach der anderen und brachten den Armeen Napoléons III. vernichtende Niederlagen bei. Am 2. September 1870, weniger als einen Monat nach Kriegsbeginn, mußten die bei Sedan eingeschlossenen Reste der kaiserlichen Armee kapitulieren. Etwa hunderttausend Gefangene, unter ihnen Napoléon III., fielen den Deutschen in die Hände.

Damit war das Schicksal des »zweiten Kaiserreiches« besiegelt. Am 4. September erhob sich die Bevölkerung von Paris und rief die Republik aus. Und damit entfiel für die Deutschen jeder Grund zur Weiterführung des Krieges.

Aber die preußischen Militärs und die Industriellen an Rhein, Ruhr und Saar waren gerade erst auf den Geschmack gekommen, und auch die große Mehrheit des deutschen Bürgertums wurde nun von einem Hurra-Patriotismus schlimmster Art befallen. Gerade das Kleinbürgertum, das, wie Karl Marx damals schrieb, in seinen »Kämpfen für die bürgerliche Freiheit von 1864 bis 1870 ein nie dagewesenes Schauspiel von Unschlüssigkeit, Unfähigkeit und Feigheit gegeben hat«, war entzückt, »die europäische Bühne als brüllender Löwe des deutschen Patriotismus zu beschreiten«. Die Stammtisch-Strategen forderten die Eroberung von Paris, die Abtretung weiter Teile Ostfrankreichs, vor allem Elsaß-Lothringens, und gewaltige Kriegsentschädigungen.

Dagegen veröffentlichte die sozialdemokratische Parteileitung bereits am 3. September 1870 einen Aufruf »An alle deutschen Arbeiter«, worin ein ehrenvoller Friede mit der französischen Republik und der Verzicht auf Eroberungen gefordert wurde. Die Antwort der Militärs war die Verhaftung aller führenden Sozialdemokraten, derer man habhaft werden konnte; sie wurden am 9. September in Ketten auf die ostpreußische Festung Lötzen gebracht. Dort trafen sie einen Mitgefangenen, der schon bei Kriegsausbruch »vorbeugend« in Festungshaft genommen worden war: den inzwischen 65jährigen Dr. Johann Jacoby aus Königsberg.

Jacoby, dessen 1841 veröffentlichte Schrift, *Vier Fragen, beantwortet von einem Ostpreußen,* ganz Deutschland aufgerüttelt hatte; der im November 1848 nach dem Sieg der Reaktion vom Volk als Held gefeiert worden war, weil er Friedrich Wilhelm IV. unerschrocken zugerufen hatte: »Das eben ist das Unglück der Könige, daß sie die Wahrheit nicht hören wollen!«, war seit 1866 ein einsamer, von seinen bürgerlichen Freunden verlassener Mann. Er hatte es gewagt, die »Einigung« Deutschlands durch den preußischen Militär- und Junkerstaat als »das Grab der Freiheit« zu bezeichnen.

Auf freiem Fuß waren im Herbst 1870 von allen Führern der sozialistischen Arbeiterbewegung nur noch Bebel und Liebknecht, die sich als Abgeordnete im »Reichstag« des »Norddeutschen Bundes« für einen sofortigen Friedensschluß mit der französischen Republik und gegen jede weitere Geldbewilligung einsetzten. Auf Betreiben Bismarcks nahm die sächsische Regierung auch die beiden Parlamentarier »wegen Verdachts auf Landesverrat« noch vor Jahresende 1870 in Haft.

Der Krieg ging unterdessen weiter; er war für die Franzosen nun zum nationalen Verteidigungskampf des ganzen Volkes geworden. Doch je erbitterter sich Frankreich wehrte, desto rücksichtsloser wurde die deutsche Kriegsführung. Bismarck forderte, »daß weniger Gefangene gemacht und mehr die Vernichtung des Feindes ... ins Auge gefaßt« würde. Und während nun Dörfer niedergebrannt, Gefangene und Geiseln erschossen wurden, während Paris bereits eingeschlossen war und durch Bombardement und Hunger zur Aufgabe des letzten Widerstands gebracht werden sollte, ging Bismarck daran, seine Pläne zu verwirklichen und ein Deutsches Reich unter Führung Preußens entstehen zu lassen.

Vier Faktoren mußte er dabei berücksichtigen: Die Abneigung aller anderen europäischen Mächte gegen ein übermächtiges, ganz Deutschland beherrschendes Preußen zwang ihn zu größter Eile; die Abneigung des preußischen Königs Wilhelm gegen jedweden Anschein von Demokratie erforderte es, daß die Fürsten selbst den Preußenkönig zu ihrem Kaiser ausriefen; der erbitterte Widerstand der drei noch souveränen süddeutschen Landesherren mußte deshalb rasch und endgültig gebrochen werden, ohne daß ein Zwang erkennbar wurde, und schließlich war es nötig, den sinnlosen Krieg weiterzuführen, bis die »nationale Einigung« unter Dach und Fach war, denn der im Bürgertum entfesselte Hurra-Patriotismus hätte sonst abflauen und einer nüchterneren Beurteilung Platz machen können. Bismarck löste dieses schwierige Problem auf außerordentlich geschickte Weise, indem er Mittel anwandte, die in den Geschichtsbüchern schamhaft verschwiegen werden und die in ihrem vollen Umfang noch heute nicht bekannt, sondern nur zu ahnen sind.

Die wesentlichste Einzelmaßnahme Bismarcks war die massive Bestechung des mächtigsten der drei süddeutschen Fürsten, des Bayernkönigs Ludwig II., der insgesamt etwa sieben Millionen Goldmark dafür erhielt, daß er in einem von Bismarck aufgesetzten Brief an den Preußenkönig diesen »im Namen aller deutschen Fürsten« darum bat, ihr Kaiser zu werden. Aber außer dem sehr geldbedürftigen, zudem von fortgeschrittener Geisteskrankheit befallenen Wittelsbacher waren noch zahlreiche andere hochgestellte und einflußreiche Personen gefügig zu machen, teils mit hohen Bestechungssummen, teils durch Gespräche, die den Straftatbestand der Nötigung erfüllten. Es entbehrt nicht der Ironie, daß die Millionensummen, die Bismarck so freigebig in die Taschen vor allem bayerischer und württembergischer Herren fließen ließ, aus dem beschlagnahmten Vermögen zweier Verbündeter der süddeutschen Herrscher stammten: aus dem »Welfenschatz« des verjagten Königs von Hannover und aus dem – einst durch schamlosen Verkauf ihrer Untertanen als Kanonenfutter an die Engländer gebildeten – Privatvermögen der hessischen Kurfürsten.

Nach einem Kuhhandel um ein paar belanglose Symbole der Souveränität, mit denen die – nunmehr entmachteten – Herrscher von Bayern, Württemberg und Baden das Gesicht zu wahren versuchten, und um Titel, Wappen und Standarte des künftigen Kaisers, dem diese Äußerlichkeiten wichtiger waren als alles andere, kam endlich am 18. Januar 1871 im Spiegelsaal des französischen Königsschlosses zu Versailles die Proklamation des einstigen »Kartätschenprinzen« zum »Deutschen Kaiser« zustande. Auch der »Reichstag« des – nun zum »Deutschen Reich« erweiterten »Norddeutschen Bundes« durfte dabei ein Wörtchen mitreden. Man gestattete dem Parlament, eine Abordnung von dreißig Volksvertretern zu wählen, die nach Versailles reisen und dem Preußenkönig die »untertänigste Bitte« des Reichstags übermitteln sollte, »daß es Eurer Majestät gefallen möge, durch Annahme der deutschen Kaiserkrone das Einigungswerk zu erreichen«.

Wilhelm Liebknecht, wieder aus der Haft entlassen, hatte dieses preußische »Einigungswerk« zuvor in der Parlamentsdebatte als »eine fürstliche Versicherungsanstalt gegen die Demokratie« bezeichnet und mit beißendem Spott hinzugefügt: »Die Krönung des neuen Kaisers, meine Herren, um ihr eine würdige, symbolische Bedeutung zu geben, sie wäre vorzunehmen da draußen auf dem Gendarmenmarkt. Das ist der passende Ort für die Krönung des modernen Kaisers, denn dieses Kaisertum kann in der Tat nur durch Gendarmen aufrechterhalten werden.«

Die Reichstagsabordnung aber reiste, vom liberalen Bürgertum bejubelt, nach Versailles, wo man sie erst einmal zwei Tage lang warten ließ. Dann erst wurden – um es in den Worten des Flügeladjutanten Seiner Majestät auszudrücken, der damit aussprach, welche Meinung die Herrschenden in Preußen von Volksvertretern und erst recht vom Volk hatten – »die dreißig Kerls zum Dienermachen« vorgelassen.

12. Die Diktatur des »Eisernen« Junkers

Das neue deutsche Kaiserreich, wie es Bismarck 1871 seinen eigenen und den königlich preußischen Bedürfnissen entsprechend geschaffen hatte, war eine auf dem Bündnis zwischen Adel und Großbürgertum beruhende Militärdiktatur, die fast ein halbes Jahrhundert lang, bis zum November 1918, Bestand hatte.

1871 lebten in den Grenzen des neuen Deutschen Reiches etwa 41 Millionen Menschen; 1900 waren es bereits 56 Millionen, und wenn man die Einwohner der von 1884 an »erworbenen« deutschen Kolonien und »Schutzgebiete« hinzurechnet, so hatte der Preußenkönig um die Jahrhundertwende rund 68 Millionen Untertanen.

Rund zwei Drittel des Reichsgebiets - ohne die Kolonien, aber mit Elsaß-Lothringen, das Frankreich nach der militärischen Niederlage von 1870/71 an Deutschland hatte abtreten müssen - wurden von dem um Schleswig-Holstein, Lauenburg, Hannover, Kurhessen, Nassau und die Stadt Frankfurt mächtig vergrößerten Königreich Preußen eingenommen, und in Preußen lebten auch zwei Drittel der Reichsbürger.

Das nicht-preußische Drittel Deutschlands wurde von den Königreichen Bayern, Sachsen und Württemberg, den Großherzogtümern Baden, Hessen-Darmstadt, Mecklenburg-Schwerin, Sachsen-Weimar, Mecklenburg-Strelitz und Oldenburg, den Herzogtümern Braunschweig, Sachsen-Meiningen, Sachsen-Altenburg, Sachsen-Coburg-Gotha und Anhalt, den Fürstentümern Schwarzburg-Sondershausen, Schwarzburg-Rudolstadt, Waldeck, Reuß älterer und jüngerer Linie, Schaumburg-Lippe und Lippe-Detmold, den Freien Städten Hamburg, Bremen und Lübeck sowie dem »Reichsland« Elsaß-Lothringen gebildet. Der größte nicht-preußische Staat im Reich war das Königreich Bayern mit (1900) rund sechs Millionen Einwohnern, der kleinste das Fürstentum Schaumburg-Lippe mit 43 000 »Seelen« genannten Staatsbürgern.

Dem Preußenkönig unterstanden als Deutschem Kaiser im Frieden die gesamte Kriegsmarine und alle, fast eine halbe Million Mann starken Landstreitkräfte der Bundesstaaten, ausgenommen die bayerischen, württembergischen und sächsischen Truppen; im Krieg, über dessen Erklärung der Kaiser allein zu befinden hatte, unterstanden ihm auch diese.

Die Außenpolitik sowie die Verwaltung Elsaß-Lothringens, später auch die aller Kolonien und »Schutzgebiete«, war Sache der Reichsregierung, und diese war auch allein zuständig für die Fragen der Staatsbürgerschaft, Freizügigkeit, Paß- und Fremdenpolizei, Zoll- und Handelsgesetzgebung, Maße, Münzen und Gewichte, Ausgabe von Papiergeld, See- und Binnenschiffahrt, Banken- und Versicherungsaufsicht, Presse und Vereinswesen, Gesetzgebung auf dem Gebiet des bürgerlichen und des Strafrechts sowie – ausgenommen in Bayern und Württemberg, wo Sonderrechte bestanden – Post, Telegrafie und Eisenbahnen.

Diese so außerordentlich mächtige Reichsregierung bestand aus einem einzigen verantwortlichen Minister, dem Reichskanzler, der – so bestimmte es die Reichsverfassung – zugleich Vorsitzender des sogenannten Bundesrats, der obersten Instanz im Deutschen Reich, war. In diesem Bundesrat, in dem – so Bismarck – »die Souveränität der verbündeten Fürsten und Regierungen ihren unbestrittenen Ausdruck« finden sollte, saßen die Bevollmächtigten aller Landesfürsten und Freien Städte. Preußen hatte 17 Vertreter, Bayern sechs, Württemberg und Sachsen je vier, Baden und Hessen je drei, Braunschweig und Mecklenburg-Schwerin je zwei und alle übrigen Mitgliedsstaaten je einen.

Die scheinbare Bescheidenheit Preußens, das ja eigentlich seiner Größe und Bevölkerung nach zwei Drittel der insgesamt 58 Bundesratsmitglieder hätte stellen können, wurde durch die Geschäftsordnung ins genaue Gegenteil verkehrt: Die Stimmen Preußens konnten jede Verfassungsänderung und jedes Gesetz verhindern, und umgekehrt waren sie ausschlaggebend in allen »die Aufrechterhaltung der bestehenden Zustände«

betreffenden Fragen sowie auf dem Gebiet des Militärwesens, der Zölle und der Verbrauchssteuern. Dadurch sank der Bundesrat zu völliger Bedeutungslosigkeit herab; sein Präsident konnte als Reichskanzler schalten und walten, wie es ihm beliebte, und als Führer der preußischen Stimmen im Bundesrat seine Politik jederzeit durchsetzen.

Mit der zweiten Kontrollinstanz, dem Reichstag, war es nicht viel anders. Diese aus - angeblich - allgemeinen, freien und sogar geheimen Wahlen hervorgegangene Volksvertretung sollte die Sehnsüchte der deutschen Bürger nach Demokratie stillen. Aber dieser Reichstag, der von den Reaktionären bereits als ein unerhörtes »Zugeständnis an den Pöbel« angesehen wurde, war in Wirklichkeit nur ein Scheinparlament.

Das fing schon beim Wahlverfahren an: Zwar war das ganze Deutsche Reich in 397 (bis 1874 ohne Elsaß-Lothringen nur 382) Wahlkreise eingeteilt, in denen durch Mehrheitsentscheidung der Wähler je ein Reichstagsabgeordneter zum Vertreter von durchschnittlich 100 000 Einwohnern zu wählen war. Aber schon die Wahlkreiseinteilung benachteiligte die erfahrungsgemäß fortschrittlicher wählenden Ballungsgebiete gegenüber dünnbesiedelten, rückständigen und von den Reaktionären beherrschten Gegenden. Und während der nächsten Jahrzehnte blieb es bei dieser Einteilung, die von Wahl zu Wahl ungerechter wurde, weil die rasch wachsenden Großstädte und Industriegebiete dabei gegenüber dem flachen Land immer mehr ins Hintertreffen gerieten.

So waren im Jahre 1900 die rund 770 000 Einwohner Hamburgs von drei, die 1,9 Millionen Berliner von sechs und die etwa 450 000 Menschen im Raum Bochum/Dortmund von zwei, zusammen also 3,12 Millionen Bewohner von Industrie- und Ballungszentren von insgesamt 11 Abgeordneten im Reichstag vertreten, so daß dort auf je 285 000 Einwohner ein Volksvertreter kam. Dagegen hatten die rund 700 000 Untertanen der mecklenburgischen Großherzöge sieben Reichstagsabgeordnete, die zusammen knapp hunderttausend Einwohner von Lippe-Detmold und Waldeck zwei und die 46 000 Einwohner des pommerschen Landeskreises Köslin einen Abgeordneten. Und dieses Mißverhältnis sollte sich, wie wir sehen werden, bis 1918 noch steigern.

Auch konnten in den einzelnen Wahlkreisen keineswegs alle Erwachsenen (ausgenommen Entmündigte und solche, denen die bürgerlichen Ehrenrechte gerichtlich aberkannt worden waren) zur Urne gehen. Von den fast zwei Millionen Berlinern des Jahres 1900 waren beispielsweise weniger als 400 000 wahlberechtigt, denn von der Wahl waren Frauen gänzlich, Männer dann ausgeschlossen, wenn sie noch nicht das 25. Lebensjahr vollendet hatten. Ebenfalls ohne Wahlrecht waren Soldaten, Inhaber in Konkurs gegangener Handwerks- oder Gewerbebetriebe, »Almosenempfänger« - wie man die 14 000 Familienväter nannte, die im Wahljahr Zuschüsse aus öffentlichen Mitteln erhalten hatten - und die etwa 65 000 in Berlin ansässig gewordenen Reichsbürger mit noch anderer als preußischer Staatsangehörigkeit.

Mit allen diesen Einschränkungen der Gleichheit und Allgemeinheit des Wahlrechts war dafür gesorgt, daß die Masse des Volkes, vor allem die Industriearbeiterschaft, im Reichstag stark unterrepräsentiert blieb, Adel und Besitzbürgertum stets die Oberhand behielten und keine oppositionelle Mehrheit aufkommen konnte. Doch auch im unwahrscheinlichen Fall eines überwältigenden Wahlsiegs regierungsfeindlicher Kräfte hätten diese niemals den Kanzler zu stürzen vermocht: Es gab keine Verantwortlichkeit des Regierungschefs gegenüber dem Parlament.

Das also war die Verfassungswirklichkeit in jenem Deutschen Reich, das sich - der für diese Leistung mit der Erhebung in den Fürstenstand belohnte - Bismarck maßgeschneidert hatte. Sie ließ sich auf die kurze Formel bringen: In Deutschland herrscht Preußen, in Preußen Fürst Bismarck. Und mit dieser Regelung war die Masse des liberalen Bürgertums ebenso zufrieden wie die Mehrheit des konservativen Adels.

Das preußische Junkertum behielt seine beherrschende Stellung im Offizierskorps der Armee, in der inneren Verwaltung sowie in den Kreistagen und -ausschüssen, aber auch im preußischen Landtag. Die Hocharistokratie, zumal die außerpreußische und katholische, wurde von Bismarck mit hohen und repräsentativen Ämtern getröstet - so beispielsweise Fürst Chlodwig zu Hohenlohe-Schillingsfürst mit dem Botschafterposten in Paris, später mit dem Amt des Reichsstatthalters in Elsaß-Lothringen; Prinz Heinrich VII. Reuß durfte das Reich in St. Petersburg vertreten; der hannoveranische Graf zu Münster wurde Botschafter in London, und Prinz Gustav zu Ysenburg und Büdingen wurde außerordentlicher Gesandter und bevollmächtiger Minister in Madrid –; andere trösteten sich selbst: Sie legten die in den Zeiten ihrer Souveränität angehäuften Reichtümer nicht mehr nur in Ländereien, Kunstschätzen oder Juwelen an, sondern beteiligten sich nun auch an bürgerlichen Unternehmungen wie Banken- und Versicherungsgründungen, Eisenbahnbau oder der Schaffung neuer Industrien. So wurden zum Beispiel die Fürsten zu Oettingen-Wallerstein, von Thurn und Taxis, zu Castell und zu Löwenstein-Wertheim Großaktionäre der Bayerischen Vereinsbank (und sind es, nebenbei bemerkt, bis heute geblieben); oberschlesische Magnaten wie die Fürsten von Henckel-Donnersmarck oder die Grafen Schaffgotsch gründeten eigene Industriekonzerne, und wieder andere gingen sogar in die Politik. Unter den 397 Reichstagsabgeordneten einer einzigen Legislaturperiode des Bismarckreichs befanden sich: ein Herzog, sechs Fürsten, zwei Erbprinzen, fünfzehn Grafen und einundzwanzig weitere Hocharistokraten, vor allem in der Fraktion des katholischen Zentrums und bei den Konservativen.

In der Gesellschaft des Bismarck-Reiches gaben Adel und Militär den Ton an; der jüngste Leutnant, zumal wenn er ein *von* vor dem Namen hatte und einem vornehmen Kavallerie- oder Gardeinfanterieregiment angehörte, nahm in der gesellschaftlichen Rangordnung einen höheren Platz ein als ein bürgerlicher Universitätsprofessor von Weltruf. Das ganze Streben des wohlhabenden Bürgertums war darauf gerichtet, die Söhne zumindest Reserveoffizier werden zu lassen, die Töchter reich auszustatten und an einen – womöglich adligen – Offizier zu verheiraten oder gar selbst durch »allerhöchste Gnade« des Landesherrn »hoffähig« zu werden.

Das ganze letzte Drittel des 19. Jahrhunderts, von den beschönigend als »Einigungskriege« bezeichneten preußischen Eroberungen der Jahre 1864/66 an, war in Deutschland eine Zeit des kriegslüsternen Säbelrasselns und des wildesten

Nationalismus. Hatte schon der preußische Reaktionär Marcus von Niebuhr im Mai 1849 – in einem bislang unveröffentlichten Brief an seine Frau – voller Begeisterung geschrieben: »Unsere Rüstungen sind wirklich ungeheuer, und ich glaube auch, daß man nicht genug mit imposanter Macht auftreten kann ... Jetzt muß man sich auch gar nichts mehr gefallen lassen, und darum würde ich, so wie die Pfalz unterworfen ist, in die Schweiz einrücken ... und das freche Genf züchtigen«, so glaubte man auch jetzt, wo Preußen-Deutschland militärisch noch weit stärker geworden war, sich selbst, dem Volk und allen Nachbarn immerfort die Überlegenheit seiner Waffen beweisen zu müssen.

Nach dem Sieg über Frankreich von 1871 wurde mehr als die Hälfte der fünf Milliarden Goldfranken, die das französische Volk dem Deutschen Reich als »Kriegsentschädigung« zu zahlen hatte, für zusätzliche Rüstungen ausgegeben. Die Dienstzeit der Soldaten, die Gesamtstärke der Truppen und den Anteil der Militärausgaben am Staatshaushalt – Jahr für Jahr rund siebzig Prozent! – legte Bismarck im Einvernehmen mit dem Generalstab von vornherein so fest, daß das in der Verfassung dem Reichstag zugestandene Bewilligungsrecht zu einer bloßen Anerkennung vollendeter Tatsachen verkümmerte.

Gleichzeitig begann ein Trommelfeuer militaristischer Propaganda, geschürt von einigen mit Geld aus Bismarcks »Welfenfonds« bestochenen Zeitungsschreibern, aber auch von Hochschullehrern wie dem Geschichtswissenschaftler Heinrich von Treitschke, der schon Ende 1870 erklärt hatte: »Ist diese Zeit von Eisen, so bleibt es auch eine Notwendigkeit für die Gesittung der Welt, daß eine Nation bestehe, die neben dem Idealismus der Wissenschaft zugleich den Idealismus des Krieges behüte, ... und dies ist Deutschlands herrlichster Beruf.« So wie Treitschke es sang, so zwitscherten es Tausende von Deutsch-, Geschichts-, Turn- und Religionslehrern in den Schulen, so paukten es Unteroffiziere den Rekruten ein, und so trommelten es die überall im Reich gegründeten Kriegervereine durch die Städte und Dörfer. Höhepunkte dieses militaristischen Rausches bildeten alljährlich die Feiern zum Gedenken an den Sieg bei Sedan und andere Schlachten, aber auch Kaisers Geburtstag.

Daß es dennoch jahrzehntelang nicht zum Krieg mit Frankreich oder anderen Nachbarn Deutschlands kam, lag zum einen daran, daß es Bismarck vorrangig auf die Konsolidierung des Reiches im Innern wie nach außen hin ankam, zum anderen an der gemeinsamen Wachsamkeit Rußlands, Österreichs und Großbritanniens. Diese Mächte waren nicht bereit, ein weiteres Erstarken Preußen-Deutschlands zu dulden, und sie zügelten auch die Rachegelüste der französischen Militärs.

Ein Ventil für den in Deutschland herrschenden nationalistischen Überdruck und die Angriffslust der Militärs, die übrigens von einigen Rüstungsindustriellen noch mit Hilfe aufgekaufter Zeitungen und finanziell unterstützter Vereine kräftig gesteigert wurden, fand sich von etwa 1880 an in Übersee. Hamburger Großkaufleute, vor allem das Übersee-Handelshaus Woermann, sowie eine Großbank – die später in der Deutschen Bank aufgegangene Disconto-Gesellschaft – streckten zu dieser Zeit bereits Fühler aus, wo und wie sich in unterentwickelten Gebieten Afrikas und Asiens koloniale Ausbeutung betreiben ließe. Afrikaforscher wie Gustav Nachtigal oder auch Karl Peters, wegen seiner Grausamkeiten gegenüber den Eingeborenen »Hängepeters« genannt, wurden ausgeschickt. Mit List, Betrug, Alkohol und Gewalt wurden nach und nach eine ganze Reihe von sogenannten Kolonien und »Schutzgebieten« erworben, in denen dann die kaiserliche Reichsregierung die Herrschaft übernahm.

Gegen Ende des Jahrhunderts hieß es darüber in einem amtlichen Bericht: »Erst 1884 trat Deutschland durch ausgedehnte Erwerbungen in Afrika und Ozeanien entschieden in die Reihen der Kolonialmächte ein, so daß sein Kolonialbesitz der Ausdehnung nach unter den zehn in Frage kommenden Staaten heute die dritte Stelle (nach England und Frankreich) einnimmt. Derselbe umfaßt 2,597 Millionen Quadratkilometer« – das war ziemlich genau fünfmal die Fläche des Deutschen Reiches – »mit 11,864 Millionen Einwohnern ... Gegenwärtig setzen sich die deutschen Schutzgebiete aus folgenden Teilen zusammen:

	km²	Bewohner	auf 1 km²
In Afrika			
Togo	87 200	2 000 000	23
Kamerun	493 600	3 500 000	7
Deutsch-Südwestafrika	830 960	200 000	0,2
Deutsch-Ostafrika	941 100	6 164 000	6
In Ozeanien			
Kaiser-Wilhelms-Land	181 650	110 000	0,6
Bismarck-Archipel und Salomoninseln	57 100	250 000	4
Karolinen	1 450	39 000	27
Marianen	626	1 938	3
Marshall-Inseln	405	15 000	4
Samoa	2 588	32 815	12
In Asien			
Pachtgebiet von Kiautschou	501	84 000	168
Zusammen	2 597 180	12 396 753	4

Sämtliche afrikanischen Besitzungen sowie die Marshall-Inseln mit Nawodo stehen unmittelbar unter dem Reich und werden durch dessen Kommissare oder Gouverneure verwaltet. Auch trägt das Reich die für Verwaltung, Schutztruppe u. a. durch die Einnahmen nicht gedeckten Kosten.«

Tatsächlich mußten diese Kolonien zu Lasten der Steuerzahler mit sehr erheblichen jährlichen Zuschüssen bedacht werden; ungeheuere Gewinne daraus zogen hingegen einige wenige großbürgerliche Geschäftsleute und Reeder sowie eine Reihe von Hocharistokraten, die – als Aktionäre von Handels- und Plantagengesellschaften – ein neues, lohnendes Feld zur

Wiederanwendung feudalherrlicher Unterdrückungs-, Folter- und Fronmethoden fanden*.

Es gab indessen noch andere, innenpolitische Gründe für den plötzlich erwachenden Kolonialeifer der Großbürger, Junker und Hocharistokraten. Sie kamen in einem Brief zum Ausdruck, den der Präsident des Deutschen Kolonialvereins, Fürst Hermann zu Hohenlohe-Langenburg, am 29. September 1882 an den saarländischen Rüstungsindustriellen Karl Ferdinand Stumm schrieb: »Nach meiner Überzeugung wäre eine entsprechende Kolonisation der beste Ableiter für die sozialdemokratische Gefahr, die uns bedroht.«

Was er damit meinte, hat der SPD-Reichstagsabgeordnete Wilhelm Liebknecht drei Jahre später im Parlament sehr viel deutlicher ausgesprochen, als er erklärte, indem die herrschenden Klassen »vor die Augen des Volkes eine Art Fata Morgana auf dem Sande und auf den Sümpfen Afrikas« zaubern, wollen sie die soziale Frage einfach exportieren und die Arbeiterschaft vom Klassenkampf ablenken.

Die letzten beiden Zitate werfen die Frage auf, ob es denn im neuen, von Militär, Gendarmerie und Polizei beherrschten Reich tatsächlich eine »soziale Frage« und eine »sozialdemokratische Gefahr« gab.

Eine soziale Frage gab es in der Tat, und sie verschärfte sich in den Jahren nach 1871 ständig dadurch, daß immer neue Massen von Landarbeitern und Kleinbauern in die Großstädte und Industriegebiete abwanderten. Die dadurch auf den Rittergütern fehlenden Arbeitskräfte wurden durch Erntearbeiter aus Russisch-Polen, die für niedrigste Löhne zu arbeiten bereit waren, schnell ersetzt. Und das dadurch sinkende Lohnniveau in der Landwirtschaft verstärkte die Abwanderung der Eingesessenen in die Städte, wo sie nun ihrerseits die Löhne drückten und wo, wegen des sprunghaft ansteigenden Bedarfs an

---

* Vgl. hierzu Bernt Engelmann, *Das Reich zerfiel, die Reichen blieben,* Hamburg, 1972, Seiten 270 ff., vor allem aber Gert v. Paczensky, *Die Weißen kommen,* Hamburg, 1970, das einzige in der Bundesrepublik erschienene Werk, das die Ausbeutungsmethoden in den ehemaligen deutschen Kolonien vollständig und schonungslos enthüllt.

großstädtischem Wohnraum, die Mietpreise emporschnellten. Die Folge war eine Wohnungsnot größten Ausmaßes, besonders in Berlin, wo zwei Drittel der Einwohnerschaft, mehr als 600 000 Menschen, in »Wohnungen« mit höchstens zwei beheizbaren Zimmern lebten. Weitere 162 000 Berliner hausten in sogenannten »Wohnküchen nebst Schlafstube«, und zwar im Durchschnitt zu sieben Personen je Kleinstwohnung. Weitere 90 000 waren »Schlafburschen« oder »Schlafmädchen« einer Arbeiterfamilie, das heißt, sie hatten den Schlafplatz eines Berufstätigen während dessen Arbeitszeit gemietet. In manchen Hauskomplexen am Berliner Wedding hausten mehr als tausend Personen, in der Mehrzahl zusammengepfercht in fünfstöckigen »Mietskasernen« mit vollständig umbauten, luft- und lichtlosen Hinterhöfen und unbeschreiblichen sanitären Verhältnissen.

Auf den sogenannten Schlächterwiesen vor dem Cottbusser Tor, auf dem Rixdorfer Feld sowie vor dem Frankfurter und dem Landsberger Tor entstanden Obdachlosen-Siedlungen von Familien, die, weil sie die steil angestiegenen Mieten nicht mehr hatten aufbringen können, von den Hausherren auf die Straße gesetzt worden waren. Diese Elendsquartiere, nach den Worten des Direktors des preußischen Statistischen Büros »eine bunte Reihe der jammervollsten Hütten aus den wertlosesten Ausschußbrettern und Abbruchsgegenständen zusammengenagelt«, beherbergten zeitweise mehr als 200 000 Menschen.

Jedesmal, wenn die Mieten erhöht und Familien aus ihren Wohnungen hinausgeworfen wurden, kam es zu Tumulten, bei denen die Polizei nur mit Mühe »Herr der Lage« werden konnte. Als Anfang 1873 mitten im Winter einige der »ordnungswidrig« errichteten Obdachlosenbaracken auf polizeilichen Befehl niedergerissen werden sollten, leisteten die Bewohner »Widerstand gegen die Staatsgewalt«; siebenunddreißig von ihnen wurden deshalb vor Gericht gestellt und zu insgesamt 47 Jahren Zuchthaus verurteilt. »Wir dürfen feierlich und offiziell erklären«, so erläuterte der Gerichtspräsident nach der Verhandlung dieses – wie er fand – sehr milden Urteils, »daß die sozialistische Partei ihre Hand bei dem Krawall nicht im Spiele hatte. Aber bedenken Sie, was daraus hätte entstehen *können, wenn* zufälligerweise zu jener Zeit ein größerer Streik ausgebrochen wäre oder wenn einige sozialistische Führer sich der Sache bemächtigt hätten ...«

Streiks kamen in den – von den traditionellen Geschichtsbüchern als eine friedliche und glückliche Zeit gepriesenen, angeblich »goldenen« – Jahren der Bismarck-Diktatur außerordentlich häufig vor, obwohl die Polizei, manchmal auch das Militär, gegen Organisatoren und Streikposten mit äußerster Brutalität vorging. Als beispielsweise im Juni 1871 die etwa dreitausend Bergleute der staatlichen Zechen in Königshütte die Arbeit niederlegten und, als man ihre Anführer verhaftete, diese aus dem Gefängnis befreiten, wurde ein gerade aus dem Krieg heimgekehrtes Bataillon gegen sie eingesetzt. Es hauste »wie in Feindesland«; auf seiten der Arbeiterschaft gab es sieben Tote und zwanzig Schwerverwundete. Gegen 117 Arbeiter wurde sodann ein Strafverfahren durchgeführt, das mit der Verurteilung von fünfundneunzig Angeklagten zu Zuchthausstrafen von zusammen mehr als tausend Jahren endete.

Im Sommer 1872 brach ein Streik im Essener und Oberhausen-Mülheimer Steinkohlenrevier aus, an dem sich rund zwanzigtausend Bergleute beteiligten. Dieser Ausstand dauerte sechs Wochen, brachte den Arbeitern aber keinen Erfolg. Ein starkes Aufgebot an Gendarmerie erstickte schließlich die durch Mangel an Unterstützungsgeldern schon sehr geschwächte Streikbewegung.

Diese und sehr zahlreiche weitere Arbeitskämpfe der siebziger und achtziger Jahre führten immer größere Scharen von Lohnarbeitern zu der Erkenntnis, daß sie ihr Los nur mit Hilfe starker Gewerkschaften zu bessern imstande sein würden, und die Anzahl der gewerkschaftlich organisierten Arbeiter nahm kräftig zu. Auch die Politisierung des Industrieproletariats machte große Fortschritte; immer mehr erkannten, daß die Spaltung der Arbeiterbewegung in eine Partei der Anhänger Lassallescher Ideen, den ADAV, und die Sozialdemokratische Arbeiterpartei marxistischer Prägung unter Führung von Bebel und Liebknecht die Kampf- und Schlagkraft gegen das Ausbeutertum und den Militarismus sehr verminderte. So kam es während eines Massenstreiks der Chemnitzer Metallarbeiter im April 1871, bei dem mehr als 18 000 Arbeiter für die Einführung der Sechzigstundenwoche demonstrierten, zu einem Anschluß aller ADAV-Anhänger an die Sozialdemokratische Partei. Der Erfolg dieses Zusammenschlusses war, daß die Unternehmerschaft nachgab und die wöchentliche Arbeitszeit in den Maschinenbau-Fabriken von 72 auf 62 Stunden herabsetzte. In den folgenden Jahren gab es auch anderwärts solche Zusammenschlüsse oder Kampfbündnisse, und nachdem bei den Reichstagswahlen vom Januar 1874 der ADAV 180 000 Stimmen und drei Abgeordnetenmandate, die Sozialdemokratische Arbeiterpartei mit nur 171 000 Stimmen sogar sechs Sitze hatte erringen können, begannen die Führungen beider Parteien, die Verschmelzung zu einer großen Organisation ins Auge zu fassen. Beschleunigt wurde dieser Prozeß durch die Stimmung in der Mitgliederschaft, zumal der des ADAV, aber auch durch eine Verfolgungswelle, die schon vor den Wahlen begonnen hatte und den ADAV weit härter traf als die an Polizeischikanen, Haussuchungen, Razzien, Verbote und Verhaftungen gewöhnten und darauf eingestellten Sozialdemokraten um Bebel und Liebknecht. In den ersten sieben Monaten des Jahres 1874 wurden allein in Preußen 87 führende ADAV-Mitglieder zu insgesamt 212 Monaten Gefängnis verurteilt; die Berliner ADAV-Zentrale wurde polizeilich geschlossen.

Unter dem Eindruck dieser Verfolgungen gab die ADAV-Führung ihre bis dahin gezeigte Ablehnung eines Zusammengehens mit den Linken auf. Im Mai 1875, nach langen und in Anbetracht der heftigen Verfolgung durch Polizei und Staatsanwaltschaften sehr schwierigen Vorverhandlungen, kamen die Delegierten beider Gruppen in Gotha zusammen und beschlossen dort einstimmig die Verschmelzung ihrer Organisationen zur Sozialistischen Arbeiter-Partei Deutschlands (SAPD).

Das sogenannte Gothaer Programm, auf das man sich einigte, war ein – von Marx und Engels in seinen Schwächen sofort erkannter und kritisierter – Kompromiß. Die Linken um Bebel und Liebknecht hatten den Anhängern Lassalles allerlei theoretische Zugeständnisse gemacht, von deren Unhaltbarkeit sie selbst überzeugt waren. Aber in weit stärkerem Maße nachgegeben hatten die Rechten, denn das Gothaer Programm proklamierte – im Gegensatz zu den Lehren Lassalles – den gemeinsamen internationalen Kampf des Proletariats und die Befreiung der Arbeiterklasse durch Abschaffung des Privateigentums an den Produktionsmitteln. Es forderte ferner allgemeines, gleiches, geheimes und unmittelbares Wahl- und Stimmrecht, die volle politische Gleichberechtigung der Frau, den Ersatz des stehenden Heeres durch Volkswehren mit selbstgewählten Offizieren sowie den gesetzlichen Schutz der Lohnarbeiterschaft gegen Ausbeutung und unmenschliche Arbeitsbedingungen.

Zur Gewerkschaftsfrage hieß es im Gothaer Programm sogar, »daß die Organisation der Gewerkschaften, solange die Lohnarbeit besteht, notwendig ist und die Sache der Arbeiter fördert, soweit es unter den wirtschaftlichen Verhältnissen der heutigen Gesellschaft möglich ist«. Damit war eine von Marx und Engels heftig bekämpfte Hauptthese Lassalles, der ein »ehernes Lohngesetz« und die Unnötigkeit gewerkschaftlichen Kampfes behauptet hatte, zur allgemeinen Erleichterung aus dem Programm verbannt.

Ebenfalls beseitigt wurde die von Lassalle eingeführte, fast diktatorische »Leitung von oben«; statt dessen einigte man sich auf eine straffe, zentral gelenkte Parteiorganisation, bei der die Meinungsbildung und die Kontrolle der gewählten Führung auf demokratische Weise von unten nach oben vor sich gehen sollte.

Die neue Partei, die zur Zeit des Gothaer Kongresses knapp 34 000 Mitglieder zählte und deren Anzahl bis zum Jahresende 1875 auf etwa 38 000 steigen konnte, errang bei den Reichstagswahlen vom Januar 1877 einen überraschenden Erfolg: Mit rund einer halben Million Stimmen – das waren fast zehn Prozent – wurde die Sozialistische Arbeiter-Partei die viertstärkste politische Gruppe im Reich.

War August Bebel noch der einzige sozialdemokratische Abgeordnete des Reichstags von 1871 gewesen, so gab es nun zwölf Sozialisten im Parlament – das war einerseits ein beachtlicher Fortschritt, andererseits bitter wenig. Denn mit fast derselben Anzahl von Wählerstimmen hatten die anderen großen

Parteien – insbesondere die Konservativen, die Nationalliberalen und das katholische Zentrum – durchweg drei- bis viermal so viele Kandidaten in den Reichstag bringen können! Die ungerechte Verteilung der Mandate lag an der für Parteien, die sich auf das Industrieproletariat stützten, äußerst ungünstigen Wahlkreiseinteilung sowie am Wahlsystem, und in den folgenden Jahrzehnten sollte sich dies in noch weit stärkerem Maße zum Nachteil der Linken auswirken.

Indessen waren auch schon diese zwölf Sozialisten im Reichstag für Bismarck mehr als ein bloßes Ärgernis. Im Bunde mit Großindustriellen, Stahlwerks- und Zechenbesitzern, schlesischen Magnaten, ostelbischen Junkern und süddeutschen Hocharistokraten bereitete der Kanzler nämlich gerade eine Schutzzollpolitik vor, die bei den Liberalen, vor allem im mittelständischen Bürgertum, auf ebenso heftigen Widerstand stoßen mußte wie bei der Arbeiterschaft. Zwölf sozialistische Abgeordnete im Reichstag bedeuteten bei dieser Lage nicht nur eine zahlenmäßige Verstärkung der Opposition, sondern – da es sich um die härtesten Kritiker und entschiedensten Gegner der Bismarck-Diktatur handelte – deren dem Kanzler höchst unerwünschte Verschärfung und Ausweitung.

Unter diesen Umständen kam es Bismarck sehr gelegen, daß im Frühjahr 1878 zwei Attentate auf Kaiser Wilhelm verübt wurden. Am 11. Mai gab ein Klempnergeselle in Berlin zwei Revolverschüsse auf den Kaiser ab, von denen keiner traf; der Attentäter wurde sofort ergriffen und wenig später zum Tode verurteilt und hingerichtet. Das von Bismarck zehn Tage nach diesem Anschlag im Reichstag eingebrachte »Ausnahmegesetz zur Bekämpfung sozialistischer Umtriebe« wurde indessen von der liberalen Mehrheit abgelehnt – weniger den von noch stärkerer Verfolgung bedrohten Sozialdemokraten zuliebe als Bismarck zum Trotz und aus begründeter Sorge, daß die Liberalen die nächsten Opfer sein könnten. Übrigens, der jugendliche Attentäter war nur für kurze Zeit Mitglied der SAPD in Sachsen gewesen und aus der Partei wegen Disziplin- und »sittlicher Haltlosigkeit« ausgeschlossen worden.

Nur eine Woche nach dem vorläufigen Scheitern der von Bismarck geplanten Ausnahmegesetze, am 2. Juni 1878, verübte ein Dr. Karl Nobiling, angeblicher Sozialist, wenngleich niemals Mitglied einer Partei, ebenfalls einen Mordanschlag auf Kaiser Wilhelm, schoß eine Schrotladung auf den in offener Kutsche vorüberfahrenden einstigen »Kartätschenprinzen«, verletzte ihn nicht sonderlich schwer und beging nach dieser Tat Selbstmord. Als Bismarck von diesem zweiten Attentat erfuhr, rief er mit mühsam unterdrückter Freude aus: »Jetzt lösen wir den Reichstag auf!« Erst dann erkundigte er sich nach dem Befinden des Kaisers.

Der Reichstag wurde tatsächlich wenige Tage später aufgelöst, und dann begann ein Wahlkampf, der ganz im Zeichen übelster Stimmungsmache gegen »die Kaisermörder und ihre liberalen Helfershelfer« stand. Bis dahin nie gekannte finanzielle Unterstützung wurde allen Kandidaten der »Ordnungs-Parteien« zuteil, und in den Industrierevieren drohten die Unternehmer, jeden auf der Stelle zu entlassen, der die Sozialisten zu unterstützen wage.

Das Wahlergebnis fiel indessen nicht ganz so aus, wie es sich Bismarck und seine politischen Freunde erhofft hatten: Die Sozialisten verloren rund 50 000 (oder 11 Prozent) ihrer Wähler und büßten drei ihrer bisher zwölf Mandate ein; auch die Liberalen aller Richtungen hatten erhebliche Stimmen- und noch größere Mandatsverluste. Die Konservativen verbuchten beachtliche, aber die Mehrheitsverhältnisse nicht entscheidend verändernde Gewinne; stärkste Parteien im Reichstag blieben das katholische Zentrum mit unverändert 93 Mandaten und die Nationalliberalen, deren Fraktionsstärke von 128 auf 98 Abgeordnete zurückgegangen war.

Dennoch gelang es Bismarck nun, das »Sozialistengesetz« durchzubringen; es wurde am 19. Oktober 1878 vom Reichstag verabschiedet und trat bereits drei Tage später durch Verkündung im Reichsgesetzblatt in Kraft. Paragraph 1 des »Gesetzes gegen die gemeingefährlichen Bestrebungen der Sozialdemokratie« bestimmte:

»Vereine, welche durch sozialdemokratische, sozialistische oder kommunistische Bestrebungen den Umsturz der bestehenden Staats- oder Gesellschaftsordnung bezwecken, sind zu verbieten. Dasselbe gilt von Vereinen, in welchen sozialdemokratische, sozialistische oder kommunistische auf den Umsturz der bestehenden Staats- oder Gesellschaftsordnung gerichtete Bestrebungen in einer den öffentlichen Frieden, insbesondere die Eintracht der Bevölkerungsklassen gefährdenden Weise zu Tage treten. Den Vereinen stehen gleich Verbindungen jeder Art.«

Mit dem letzten Satz wurde den Behörden die Möglichkeit gegeben, auch alle Gewerkschaftsorganisationen aufzulösen und ihre Kassen, soweit sie nicht vorher in Sicherheit gebracht worden waren, zu beschlagnahmen. Das sollte vor allem die Arbeiter an Streiks hindern, denn ohne Unterstützung aus den Streikkassen waren längere Arbeitskämpfe kaum durchzuführen.

Zugleich mit dem Verbot und der Auflösung aller Partei- und Gewerkschaftsorganisationen, einem allgemeinen Verbot von Versammlungen, in denen sozialistische Gedanken Verbreitung finden sollten, sowie von Druckschriften aller Art, wenn sie nach Meinung der Behörden Sympathien für den Sozialismus erkennen ließen, wurde in allen »gefährdeten« Bezirken der sogenannte »kleine Belagerungszustand« verhängt. Das gab der örtlichen Polizei das Recht, verdächtige Personen aus dem betreffenden Bezirk auszuweisen. Und schließlich wurden auch die Genossenschaftsdruckereien, die sich die Arbeiter in vielen Städten aus ihren eigenen kleinen Ersparnissen unter großen Opfern geschaffen hatten, samt und sonders geschlossen, die Maschinen und Satzkästen beschlagnahmt oder zerstört.

Durch alle diese Maßnahmen wurde die deutsche Arbeiterbewegung sehr schwer getroffen. Was ihr an Möglichkeiten des offenen Kampfes verblieb, beschränkte sich auf die Arbeit ihrer Abgeordneten im Reichstag sowie in den Stadt-, Kreis- und Landesparlamenten. Und auch dort hatten die Sozialisten jetzt einen noch schwereren Stand.

Für Bismarck aber schufen die »Sozialistengesetze« eine der wichtigsten Voraussetzungen für das von ihm angestrebte Bündnis zwischen den Handel und Industrie beherrschenden bürgerlichen Großkapitalisten und den alten Mächten des Hochadels und des Junkertums. Und schon acht Monate nach

Angriff gegen die Anhänger der Schutzzollpolitik (anonyme Lithographie).

dem Schlag gegen die Arbeiterbewegung kam als erste Frucht dieses Bündnisses die Schutzzollgesetzgebung zustande, durch die – wie Friedrich Engels es formulierte – ein »großer Raubzug der Junker und Großindustriellen« ermöglicht wurde.

Der von der Regierung mit den Interessengruppen ausgehandelte und vom Reichstag im Juli 1879 verabschiedete neue Zolltarif bestand im wesentlichen aus einer Reihe von hohen Schutzzöllen auf Eisen, Holz, Getreide und Vieh sowie von Finanzzöllen auf Kaffee, Tee und andere Genußmittel. Mit den Schutzzöllen sollte die Einfuhr solcher Waren gedrosselt werden, die im Ausland billiger erzeugt wurden als in Deutschland; sie bewirkten, daß die inländischen Erzeugnisse von Industrie und Landwirtschaft nun auf dem deutschen Markt erheblich teurer werden konnten, ohne daß die Produzenten die ausländische Konkurrenz zu fürchten brauchten; ihre Gewinne stiegen kräftig an, ebenso die Zoll- und Steuereinnahmen des Reichs.

Die Finanzzölle bewirkten ebenfalls Mehreinnahmen der Staatskasse und eine Erhöhung der Inlandspreise für importierte Genußmittel, und sie wurden begleitet von einer starken Erhöhung der indirekten, vor allem die breiten Massen treffenden Steuern für Salz und Zucker. Mit den sehr beträchtlichen Mehreinnahmen an Zöllen und Steuern aber schuf sich das Reich, das heißt: die preußische Staatsführung unter Bismarck, die finanziellen Voraussetzungen für eine weitere Aufrüstung. Damit waren nicht nur die Militärs zufrieden sowie alle an einer Verstärkung des Unterdrückungsapparats interessierten Kreise, sondern auch alle Hersteller von Rüstungsgütern.

So brachten die Jahre 1878/79 den in Deutschland herrschenden Klassen viele Geschenke, den auf freien Handel eingeschworenen liberalen Gegnern der Schutzzoll-Politik eine vernichtende Niederlage und der jungen deutschen Arbeiterbewegung durch die »Sozialistengesetze« eine zunächst völlige Lähmung und weitgehende Zerschlagung ihrer Organisationen, dazu die Verfemung als »Kaisermörder« und »Vaterlandsfeinde«. Die preußische Militärdiktatur des Kanzlers Bismarck hatte, so schien es, auf der ganzen Linie gesiegt, zudem einen wichtigen außenpolitischen Erfolg errungen: ein Bündnis mit Österreich, durch das Bismarck das europäische Kräfteverhältnis weiter zugunsten Preußen-Deutschlands zu verschieben gedachte.

Die sozialdemokratische Arbeiterpartei erholte sich indessen weit rascher und besser von dem schweren Schlag, als es die

Reaktionäre für möglich gehalten hatten. Nachdem sich die erste Verwirrung gelegt und der besonnene Bebel die Oberhand über alle jene behalten hatte, die entweder zum Verzicht auf alle revolutionären Ziele und zur Unterwerfung bereit gewesen oder umgekehrt für Gewaltaktionen aus dem Untergrund eingetreten waren, nahm die Partei den Kampf gegen die »Sozialistengesetze« in sehr wirksamer Weise auf.

Zunächst wurde eine große Unterstützungsaktion für Ausgewiesene und Verhaftete eingeleitet, was der Partei wieder Zusammenhalt gab und zugleich einen halb geheimen, illegalen, halb legalen, unter der Tarnung von Gesangs-, Turn- und Wohltätigkeitsvereinen vor sich gehenden Wiederaufbau ihrer zerschlagenen Organisationen ermöglichte.

Sodann wurde für die verbotene Partei insgeheim ein neues Zentralorgan geschaffen: Bereits Ende September 1879 erschien in Zürich *Der Sozialdemokrat,* und bald fand man auch Mittel und Wege, diese Wochenzeitung von der Schweiz aus ins Deutsche Reich zu schmuggeln und dort in immer mehr Exemplaren zu verbreiten. Das geheime Vertriebsnetz, von den deutschen Arbeitern voller Stolz »die rote Feldpost« genannt, funktionierte glänzend. Nur sehr selten gelang es der Polizei, einzelne Zeitungspakete abzufangen. Im Laufe der Jahre – die »Sozialistengesetze« blieben bis 1890, also zwölf Jahre lang, in Kraft – steigerte sich die Woche um Woche in ganz Deutschland verbreitete Auflage der verbotenen und verfolgten Zeitung auf über zehntausend Exemplare.

Welche Risiken nicht allein »die rote Feldpost«, sondern auch jeder einzelne Leser des *Sozialdemokrat* einging, läßt sich aus zwei Berichten entnehmen. Der erste betrifft den »Vertrieb« des Blattes: »Das erste Mal«, als die Zeitungspakete in einem Ruderboot vom schweizerischen Ufer des Bodensees aus auf die badische Seite geschafft und an einer günstigen Stelle ausgeladen worden waren, »ging es auch gut ab. Als aber das zweitemal die Ballen schon am Lande lagen, erscholl von links und rechts aus dem Weidengebüsch ein fürchterliches Geschrei. Von beiden Seiten stürmten Grenzjäger hervor. Wir erreichten noch die Gondel und ruderten davon. Aber die ›Ware‹ mußten wir zurücklassen. Die Grenzer hatten auch einen Kahn in Bereitschaft. Sie bestiegen ihn und folgten uns nach. Doch erst in der Nähe des Schweizer Ufers holten sie uns ein. Gesetzlich konnten sie uns hier nichts mehr machen... Wir nahmen die Ruder hoch und erklärten den Herren: ›Wenn ihr nicht umkehrt, dann stoßen wir euren Kahn um!‹ Sie gehorchten, fuhren langsam zurück und wollten nun die ›Ware‹ kapern. Doch, o wehe, es war nichts mehr da. Unsere Posten hatten mittlerweile ... die Ballen geborgen.«

Der zweite Bericht – er stammt aus einer katholischen Kirchenzeitung des Bistums Trier – handelt von den furchtbaren Folgen, die die bloße Lektüre eines Artikels von Karl Marx im *Sozialdemokrat* für einen jungen Mann »aus gutem Hause, einzigen Sohn und Ernährer der Stellmacherswitwe S.«, hatte: »Baptist S. hatte an der Feier der ersten hl. Kommunion des Patenkindes seiner Mutter in Luxemburg teilgenommen. Bei der Rückfahrt am Sonntagabend wurde ihm von einem, wie er aussagte, ›besseren Herrn‹ ein Paket mit der Bitte überreicht, es nach Neunkirchen mitzunehmen; dort würde es die angebliche Nichte des Unbekannten, für die es bestimmt, im Laufe des Montags abholen. Ob nun die Verschnürung des Pakets sich unterwegs lockerte oder ob Baptist S. seine Neugierde nicht zu zügeln vermochte, steht dahin. Jedenfalls entdeckte er, daß es sich bei dem Inhalt um verbotene socialistische Schriften handelte.« Anstatt nun das Paket schleunigst bei der Polizei abzuliefern, beging Baptist S., »Handlungsgehilfe im Kontor der Stumm'schen Eisenwerke«, die »Sünde und grobe Ungesetzlichkeit«, die »umstürzlerischen Hetzschriften« einfach im Abteil liegen zu lassen. Ein Exemplar nahm er jedoch mit und wurde dabei ertappt, als er in einer dunklen Ecke eines Gasthauses in Neunkirchen den Leitartikel, verfaßt von dem »sattsam bekannten Revolutionär Dr. Karl Marx« zu lesen begonnen hatte. Er beging nun eine weitere »Sünde«, indem er seinem Entdecker, einem Postbeamten, seine ganzen Ersparnisse, 20 Mark, als Schweigegeld bot, dazu weitere 20 Mark, die er sich aber erst noch verschaffen müßte. Der Postbeamte ging zum Schein auf den Handel ein, erstattete aber am nächsten Morgen Anzeige bei der Gendarmerie, die »pflichtgemäß« nicht nur die Staatsanwaltschaft, sondern auch die Personalabteilung der Stumm'schen Eisenwerke verständigte. Baptist S. wurde fristlos entlassen; sein Lohn für den fast vollendeten Monat wurde einbehalten. Am Werkstor wurde er verhaftet und kam wegen »Verbreitung staatsgefährdender Schriften, versuchter Beamtenbestechung, Verdachts auf Unterschlagung und Geheimbündelei« ins Saarbrückener Untersuchungsgefängnis. Nachdem ihm bei einem Verhör eröffnet worden war, daß man seine Mutter noch am Tag seiner Verhaftung gezwungen hatte, die Werkswohnung sofort zu räumen, erhängte sich Baptist S. in der folgenden Nacht in seiner Zelle und beging so, wie das Kirchenblatt mit erkennbarer Genugtuung feststellte, »eine weitere Todsünde«, womit bewiesen war, daß schon die kleinste Infizierung mit dem marxistischen »Gift des Socialismus« nicht nur das irdische Leben, sondern auch das Seelenheil kosten konnte.

Indessen konnten die »Sozialistengesetze« die deutsche Arbeiterbewegung nur vorübergehend hemmen: Bei den Reichstagswahlen von 1884 errangen die Sozialdemokraten mit 550 000 für sie abgegebenen Wählerstimmen 24 Mandate, doppelt so viele wie vor Verabschiedung der Ausnahmegesetze. Dieser Erfolg war besonders bemerkenswert, weil die Bismarcksche Militärdiktatur in diesem Wahlkampf nicht nur mit Unterdrückungsmaßnahmen gearbeitet hatte, sondern auch mit Lockungen: Sie erfüllte einige wichtige Forderungen der Arbeiterschaft wenigstens teilweise mit dem 1883 verabschiedeten Gesetz über die Krankenversicherung, das den Industrie-, nicht indessen den Landarbeitern, im Krankheitsfall kostenlose Behandlung und eine finanzielle Unterstützung bescherte. Zwei Drittel der Versicherungsbeiträge mußten die Unternehmer zahlen, ein Drittel die Arbeiter selbst.

Im Jahr darauf, 1884, folgte das Gesetz über die Unfallversicherung der Arbeiter. Es sicherte den Opfern von Arbeitsunfällen von der 13. Krankenwoche an eine kleine Unterstützung, den dauernd arbeitsunfähig Gewordenen eine bescheidene Rente. In Aussicht genommen und 1889 auch erfüllt wurde die sozialdemokratische und gewerkschaftliche Forderung nach einer gesetzlichen Alters- und Invalidenversicherung. Allerdings wurde hierbei die Beitragszahlung je zur Hälfte den

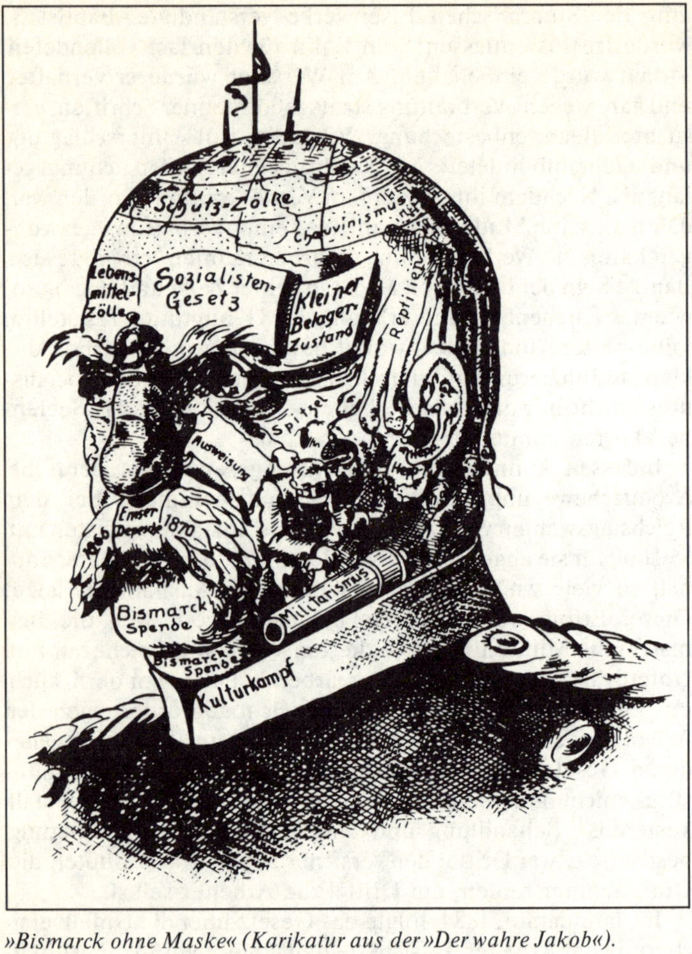

»Bismarck ohne Maske« (Karikatur aus der »Der wahre Jakob«).

Arbeitern und der Unternehmerschaft aufgebürdet. Das Rentenalter war mit 70 Jahren sehr hoch angesetzt, die Rente dagegen sehr niedrig. Wer während dreißig Jahren regelmäßig Beitrag bezahlt hatte, konnte vom 70. Lebensjahr an eine Rente von mindestens 8,50 Mark, höchstens 15,95 Mark monatlich beziehen, und das war allenfalls eine spürbare Beihilfe, keineswegs die Sicherung auch nur des Existenzminimums.

Gleichzeitig mit diesen ersten Sozialgesetzen, die nach Bismarcks eigenem Eingeständnis nie zustande gekommen wären, wenn es keine Sozialdemokratie gegeben hätte, wurden die »Sozialistengesetze« ständig verlängert und verschärft. Doch die Bismarcksche Politik »mit Zuckerbrot und Peitsche« erzielte in der Bekämpfung der Sozialdemokratie nur Scheinerfolge. Zwar verringerten sich die von der Partei bei den Reichstagswahlen des Jahres 1887 errungenen Mandate von 24 auf nur noch elf, aber das war nur die Folge der sich immer nachteiliger für die Sozialisten auswirkenden Wahlkreiseinteilung und des ganzen Wahlsystems. Denn bei der für sie an Reichstagssitzen so verlustreichen Wahl konnten die Sozialdemokraten etwa 220 000 Stimmen mehr gewinnen als 1884, das entsprach einem Stimmenzuwachs von annähernd vierzig Prozent.

Die Jahre 1886/87 standen für die deutsche Arbeiterbewegung ganz im Zeichen des Kampfes gegen den Militarismus. August Bebels Wort, daß man der Bismarck-Diktatur »keinen Mann und keinen Groschen« bewilligen dürfe, wurde im Herbst 1886 von neuem aktuell, denn die Regierung verlangte die Verstärkung des Heeres um zehn Prozent, berief 80 000 Reservisten zu Übungen in Elsaß-Lothringen ein und malte das Gespenst eines unmittelbar bevorstehenden Krieges an die Wand. In Wirklichkeit sollte die Vermehrung der Truppenstärke nur der weiteren Einschüchterung der Massen dienen, und das Kriegsgeschrei war nur ein Wahlpropagandatrick Bismarcks, mit dem er eine ihm gefügige Reichstagsmehrheit zustande zu bringen hoffte. »Je mehr ich über die Kriegsgefahren nachdenke, die der Kanzler für gut befindet, jetzt vorzuführen«, vermerkte Graf Waldersee, damals stellvertretender Generalstabschef, in seinem Tagebuch, »desto fester wird meine Ansicht, daß alles Komödie ist.«

Die außenpolitischen Gefahren, die mit dieser »Komödie« hervorgerufen wurden, nahm Bismarck bewußt in Kauf. Dagegen hieß es im Wahlaufruf der Sozialdemokraten: »Protest gegen die Reaktion in der äußeren Politik, das ist die Devise des Wahlkampfes ... Mit dem Militarismus, welcher ein notwendiger Auswuchs des herrschenden Staats- und Gesellschaftssystems ist, gibt es für die Sozialdemokratie ebensowenig eine Aussöhnung wie mit diesem System selbst.«

Natürlich verschaffte sich Bismarck dennoch, was er wollte: Noch mit den Stimmen der Mehrheit des alten Reichstags wurde die Verstärkung des Heeres beschlossen, und schon Ende 1887 folgte eine weitere Militärvorlage; damit wurde die Dienstzeit verlängert und die Gesamtstärke der preußisch-deutschen Truppen im Fall einer Mobilmachung auf rund 2,7 Millionen Mann erhöht.

Die Rüstungsindustrie, zumal die Herren Krupp und Stumm als wichtigste Waffenproduzenten, konnten mit dieser Entwicklung sehr zufrieden sein, ebenso die Zechenbesitzer, die die Stahlwerke mit Kohle belieferten. Dagegen gärte es bei den Bergarbeitern, besonders denen des Ruhrgebiets, die nicht länger bereit waren, sich für Hungerlöhne in Zehn- und Elfstundenschichten zu Tode zu schuften.

Während im sächsischen Kohlenrevier der sozialdemokratische Einfluß auf die Arbeiterschaft recht stark war, hatte die Partei im Ruhrgebiet erst verhältnismäßig wenige Anhänger, denn die Bergleute an der Ruhr waren überwiegend katholisch und von kirchlicher Seite her leicht beeinflußbar. Es war deshalb für die Sozialdemokraten eine Überraschung, als Anfang 1889 im Raum Bochum ein Bergarbeiterstreik begann, der sich so rasch und gewaltig ausdehnte, daß er zur größten deutschen Streikbewegung des 19. Jahrhunderts wurde.

Wenige Wochen zuvor, am zehnten Jahrestag der »Sozialgesetze«, hatten die deutschen Sozialdemokraten dieses Jubiläum auf ihre Weise »gefeiert«, unter anderem dadurch, daß sie über Nacht überall in Deutschland an Türmen, Fabrikschornsteinen und sogar auf zahlreichen Gebäuden der Polizei rote Fahnen gehißt hatten; im Ruhrgebiet war es indessen nur ganz vereinzelt zu solchen Bekundungen des Fortbestands der Arbeiterbewegung gekommen. Um so erstaunlicher war es, als nun an der Ruhr der Bergarbeiterstreik begann, daß sich die wenig organisierten Kumpel außerordentlich mutig und diszipliniert verhielten. Der sofortige Einsatz preußischer Truppen, bei dem es in Bochum und Bottrop auf seiten der Arbeiter sechs Tote und zehn Schwerverwundete gab, bewirkte nur, daß sich die Streikbewegung nun auf das ganze Revier ausdehnte.

Die Sozialdemokratie unter Führung August Bebels organisierte sogleich eine umfangreiche Unterstützungsaktion für die Streikenden und ihre Familien. Überall in Deutschland, aber auch im Ausland, sogar in Nordamerika, wurden Geld und Lebensmittel gesammelt. Um dem Streik ihrer Kollegen an der Ruhr größeren Nachdruck zu verleihen, legten auch die schlesischen, sächsischen und saarländischen Bergleute die Arbeit nieder. Anfang Mai standen rund hundertfünfzigtausend Bergarbeiter im Streik, davon fast neunzigtausend an der Ruhr. Der Ausstand dauerte bis zum 6. Juni 1889. Gleichzeitig streikten auch rund 20 000 Berliner Maurer.

Die Ergebnisse des großen Bergarbeiterstreiks waren, soweit sie die Erfüllung der Forderungen nach Lohnerhöhung und Arbeitszeitverkürzung betrafen, sehr mager. Dagegen waren die politischen Auswirkungen des Streiks außerordentlich groß. Die Ruhrkumpel waren endlich erwacht und sich ihrer Stärke bewußt geworden; gerade diejenigen, die – wie Friedrich Engels schrieb – »bis jetzt gute Untertanen, patriotisch, gehorsam und religiös«, auch »die besten Soldaten für die Infanterie des 7. Armeekorps« gewesen waren, wurden durch das Streikerlebnis und die Beweise nationaler wie internationaler Solidarität zu klassenbewußten Gewerkschaftern und Sozialdemokraten.

Umgekehrt erlitt Bismarck durch den großen Bergarbeiterstreik des Frühjahrs 1889 eine entscheidende innenpolitische Niederlage, die nicht wenig zu seinem Sturz beigetragen haben dürfte. Dazu kam, daß der Reichstag, dem Ende Oktober 1889 ein leicht veränderter Entwurf des »Sozialistengesetzes« von Bismarck vorgelegt worden war, diesen verwarf und das Ausnahmegesetz nicht mehr verlängerte; den einen war es zu rigoros, den anderen nicht brutal genug gewesen – jedenfalls behielt dieses schärfste Kampfinstrument gegen die Sozialdemokratie nur noch Gültigkeit bis Ende 1890. Und schließlich brachten die Reichstagswahlen vom 20. Februar 1890 dem Fürsten Bismarck eine dritte, geradezu vernichtende Niederlage: Die ihn bislang unterstützenden Parteien verloren die Mehrheit, die Sozialdemokraten errangen nahezu 1,5 Millionen Stimmen und damit immerhin 35 Reichstagssitze (wogegen das katholische Zentrum mit 1,3 Millionen Wählerstimmen 106 Mandate erhielt, die Konservativen mit 1 Million Stimmen 73 Mandate). Disziplin, Geschlossenheit und revolutionärer Kampfgeist hatten die verfemte Arbeiterpartei zur politischen Gruppe mit den meisten Wählern werden lassen.

Genau einen Monat nach diesem triumphalen Wahlerfolg der von ihm zwanzig Jahre lang verfolgten Sozialdemokraten endete Bismarcks Kanzlerschaft. Er wurde vom Kaiser entlassen, nicht mehr von Wilhelm I., dem einstigen »Kartätschenprinzen«, der oft geseufzt hatte, es sei schwer, »unter einem Kanzler« wie dem seinen zu regieren, und der 1888 fast dreiundneunzigjährig gestorben war, sondern von dessen Enkel, dem 29 Jahre alten Wilhelm II. (Dessen Vater, der schwerkranke Friedrich III. von Preußen, war nur für 99 Tage, vom 9. März bis zum 15. Juni 1888, Deutscher Kaiser.)

Der dreiundsiebzigjährige Bismarck, der fast drei Jahrzehnte lang die Geschicke Preußens und des von Preußen beherrschten Reichs allein und diktatorisch gelenkt, drei Kriege geführt und Preußen-Deutschland zur stärksten Militärmacht und zum Hort der Reaktion in Mitteleuropa gemacht hatte, brauchte nach seiner Entlassung nicht zu fürchten, mit 15,95 Mark Altersrente auskommen zu müssen; er, der als hochverschuldeter Krautjunker seine Karriere begonnen hatte, war nun einer der reichsten Männer in Deutschland. (Allein seine Besitzung Friedrichsruh bei Hamburg nebst dem Sachsenwald, ein Beutestück aus dem deutsch-dänischen Krieg von 1864, das er sich von Wilhelm I. hatte schenken lassen, machte den Enkel des »Eisernen Kanzlers«, den langjährigen CDU-Bundestagsabgeordneten Otto 3. Fürsten von Bismarck, und macht dessen Erben noch heute zu DM-Milliardären und Mitgliedern des internationalen Jet-sets!)

Bismarck brauchte auch keine Angst davor zu haben, nun etwa – wie der vom Kirchenblatt des Bistums Trier beschriebene »Sünder« Baptist S. – wegen Unterschlagung, Bestechung und anderer Delikte, deren er sich während seiner Amtszeit schuldig gemacht hatte, angeklagt und in Untersuchungshaft

Karikatur aus dem »Kladderadatsch«.

genommen zu werden. Dabei gab es schwere Verdachtsgründe mehr als genug: Der Reichskanzler, der ja zugleich preußischer Ministerpräsident gewesen war, hatte sich beispielsweise bei der Gründung der Preußischen Centralbodencreditbank mit einer sehr beträchtlichen, ihm von seinem Privatbankier geborgten Summe beteiligt, dann kraft seiner Autorität dieser neuen Bank so immense, zum Teil sogar gesetzwidrige Vorteile verschafft, daß ihre Aktien im Kurs steil anstiegen, wodurch der Kanzler-Aktionär etliche hunderttausend Goldmark Gewinn erzielen konnte. Er hatte viele Jahre lang das preußische Finanzamt um alle fälligen Steuern betrogen, sanfte Mahnungen unbeachtet gelassen, dafür aber einem seiner Pächter, einem Papierfabrikanten, gewaltige Staatsaufträge zugeschanzt, wobei dessen große Gewinne mittelbar auch Bismarck zugute gekommen waren, denn dieser hatte die Pacht entsprechend erhöht.

Schließlich, um ein letztes von vielen möglichen Beispielen zu nennen, eins, das auch den größten Verehrern des »Eisernen Kanzlers« Schwierigkeiten bei der Erfindung von Entschuldigungsgründen bereitet hat, nahm Bismarck bei seiner Entlassung im März 1890 einen Betrag von 231000 Goldmark, die ihm als Reichskanzler aus dem »Welfenfonds« für das einige Tage später ablaufende Haushaltsjahr noch zur Verfügung gestanden hatten, kurzerhand ins Privatleben mit. Während jeder Geldbriefträger, in dessen Kasse man bei einer überraschenden Kontrolle einen Fehlbetrag von wenigen Mark feststellte, dafür nicht nur haftbar gemacht worden wäre, sondern mit Disziplinar- und Strafverfahren, schimpflicher Entlassung und Aberkennung der Pensionsansprüche zu rechnen gehabt hätte, geschah dem Exkanzler gar nichts. Ja man wagte nicht mal, ihn um Auskunft darüber zu bitten, was er mit dem in der Staatskasse fehlenden Betrag, der etwa dem Jahreseinkommen von zwölfhundert Altersrentnern aus dem Arbeiterstand entsprach, angefangen hätte. Dazu waren die preußischen Beamten viel zu respektvoll und unterwürfig, die Machthaber zu sehr geneigt, bei einem der Ihren nahezu alles zu verzeihen.

Die Bürger im Deutschen Reich, die fast drei Jahrzehnte lang die Tyrannei des »Eisernen Kanzlers« ertragen und so manche Mißachtung ihrer mühsam erkämpften Rechte hinzunehmen hatten, auch die »Muß-Preußen« im Rheinland oder Hannover, die im sogenannten »Kulturkampf« zu Beginn der

Bismarck-Ära schikanierten und verfolgten Katholiken und sogar die um ihre Ideale betrogenen Altliberalen wie Konservativen Süddeutschlands – sie alle wurden nun, da »der Alte vom Sachsenwald« entlassen worden war, in überwältigender Mehrheit zu glühenden Verehrern dieses Verächters von Parlament, Demokratie und bürgerlicher Freiheit.

Als brave Untertanen errichteten sie ihm überall in den Städten des Reiches pompöse Denkmäler, darunter so gigantische wie das steinerne Standbild am Hamburger Elbufer. Noch heute gibt es kaum eine größere Ortschaft in der Bundesrepublik, wo nicht eine Hauptstraße oder Allee, ein Platz oder eine Anlage dem Mann zu Ehren so benannt ist und bleibt, von dem Theodor Fontane, ursprünglich einer seiner größten Bewunderer, einmal gesagt hat: »Eines war ihm versagt geblieben: Edelmut. Das Gegenteil davon, das zuletzt die Form kleinlichster Gehässigkeit annahm, zieht sich durch sein ganzes Leben.« Vielleicht kannte Fontane nicht mal das ganze Ausmaß Bismarckscher Gehässigkeit, auch schon in den »besten Jahren« des Kanzlers: Zu Beginn der Sozialistenverfolgung, 1878, wurde ein Sägewerksarbeiter der Bismarckschen Gutsverwaltung in Friedrichsruh, der im Verdacht stand, Sozialdemokrat zu sein, wohl um dem hohen Chef Diensteifer zu beweisen, von den preußischen Behörden aus der Gemeinde ausgewiesen. Der Mann konnte anderwärts keine Arbeit mehr finden, geriet in Not und machte nun seinen gesetzlichen Anspruch auf Armenunterstützung geltend. Für deren Auszahlung war seine Heimatbehörde, die Bismarksche Gutsverwaltung, zuständig. Der millionenschwere Gutsherr und allmächtige Reichskanzler dachte aber nicht daran, seinen gesetzlichen und moralischen Pflichten nachzukommen. Obwohl es sich nur um winzige Beträge handelte, untersagte er jede Zahlung und ließ sich eine bereits überwiesene Rate – weniger als acht Mark – zurückerstatten.

Dennoch – als im Jahre 1950 die Bürger der Bundesrepublik von Meinungsforschern gefragt wurden: »Welcher große Deutsche hat nach Ihrer Ansicht am meisten für Deutschland getan?«, da errang ohne ernsthafte Konkurrenz den ersten Platz: Fürst Otto von Bismarck. Für ihn entschieden sich 41 Prozent der Befragten, darunter viele Sozialdemokraten.

13. ... herrlichen Zeiten – »per Blutbad« – entgegen

»Rekruten Meiner Garde! Ihr habt jetzt vor dem geweihten Diener Gottes und angesichts dieses Altars Mir Treue geschworen. Ihr seid noch zu jung, um die wahre Bedeutung des eben Gesprochenen zu verstehen; aber befleißigt euch zunächst, daß ihr die gegebenen Vorschriften und Lehren immer befolgt. Ihr habt Mir Treue geschworen, das – Kinder Meiner Garde – heißt, ihr seid jetzt Meine Soldaten, ihr habt euch Mir mit Leib und Seele ergeben. Es gibt für euch nur einen Feind, und der ist Mein Feind. Bei den jetzigen sozialistischen Umtrieben kann es vorkommen, daß Ich euch befehle, eure eigenen Verwandten, Brüder, ja Eltern niederzuschießen – was ja Gott verhüten möge –, aber dann müßt ihr Meine Befehle ohne Murren befolgen!«

Dieser Auszug aus einer Ansprache Wilhelms II. anläßlich einer Rekrutenvereidigung der Potsdamer Garderegimenter am 23. November 1891 fand im ganzen Deutschen Reich viel Beachtung. Den einen, den Offizieren, Rittergutsbesitzern, Landräten, Staatsanwälten, Richtern, Polizeipräsidenten, Zuchthausdirektoren, Bischöfen, Rüstungsfabrikanten, Korpsstudenten und Bergassessoren nebst Familien, waren die »schneidigen« Worte Seiner Majestät aus dem Herzen gesprochen. Es galt, so fanden sie, »dem Pack« – so nannten sie die Masse des deutschen Volkes – zu zeigen, daß es zu »parieren« hätte, ihm wieder Ehrfurcht einzuflößen vor Thron und Altar und es mit eiserner Faust niederzuhalten.

Den anderen, den »aufgeklärten«, wohlhabenden und gebildeten Bürgern mit gemäßigt liberalen Ansichten, jagten die Kaiserworte Schauer über den Rücken, doch nicht des Abscheus, sondern des Respekts. Und selbst da, wo aus sehr freisinnigem Munde ein Wort des Unmuts gemurmelt wurde ob soviel Selbstherrlichkeit, Demokratieverachtung und unverhüllter Brutalität, da mischten sich in die Gefühle gekränkten Bürgerstolzes auch die der eigenen Ohnmacht, der leisen Angst, nicht vor den Bajonetten der kaiserlichen Garden, sondern vor ihrer möglichen Unzulänglichkeit im Falle einer Explosion des Volkszorns, und sogar ein wenig Hoffnung, das Militär möge sich im Falle einer Revolution stärker erweisen als »die Straße«.

Angst vor seinem Volk und Vertrauen nur zur Gewalt der Waffen seiner Garden hatte zweifellos auch Wilhelm II., der den Deutschen bei seinem Regierungsantritt versprochen hatte, sie »herrlichen Zeiten« entgegenzuführen. Und er gab dies in seinen Reden immer wieder, wenngleich durch Angeberei und wüste Drohungen verdeckt, zu erkennen, etwa wenn er – wie bei der Einweihung der mit Schießscharten versehenen neuen Berliner Kaserne des Kaiser-Alexander-Garde-Grenadierregiments am 28. März 1901 – den Soldaten zurief: »Alexandriner! ... Wie eine feste Burg ragt eure neue Kaserne in der nächsten Nähe Meines Schlosses auf, das ihr in erster Linie zu schützen stets bereit sein werdet. Ihr seid berufen, gewissermaßen als Leibwache, Tag und Nacht bereit zu sein, um für den König und sein Haus, wenn's gilt, Leben und Blut in die Schanze zu schlagen ... Und wenn es jemals wieder dieser Stadt Berlin einfallen sollte, sich wie damals, im Jahre 1848, gegen ihren Herrscher in frecher Unbotmäßigkeit zu erheben, dann seid ihr, Meine Grenadiere, dazu berufen, die Ungehörigkeit des Volks gegen seinen König mit der Waffe in der Hand zurückzuweisen und mit der Spitze eurer Bajonette die Frechen und Unbotmäßigen zu Paaren zu treiben ...«

Das waren die Töne, die Wilhelm II. liebte, der Mann, der seit 1888 an der Spitze jenes Reiches stand, das sich die Deutschen angeblich erträumt hatten. Aber war dieses Deutsche Reich tatsächlich die Erfüllung des deutschen Traums von 1815 und 1848/49? Vereinte es alle Deutschen? Hatte es ihnen die Freiheit und die Menschenwürde gebracht? War die Kleinstaaterei beseitigt und die Schar der Inhaber von Thronen und Thrönchen endlich verjagt worden? Gab es Gerechtigkeit und Wohlstand für alle, dazu Freundschaft mit den Nachbarvölkern?

Tierschutz
Zeichnung von E. Thöny
„Johann, versuch mal das Wasser, ob es der Gaul saufen kann."

Karikatur aus dem »Simplicissimus« (1899)

In Europa lebten um 1900 etwa 75 Millionen Menschen, die sich als Deutsche fühlten, doch davon nur rund 50 Millionen innerhalb der Grenzen des Deutschen Reiches, die übrigen größtenteils im österreichisch-ungarischen Vielvölkerstaat. Umgekehrt waren von den etwa 72 Millionen Untertanen Kaiser Wilhelms II. ebenfalls nur rund 50 Millionen, die sich als Deutsche fühlten, und wenn man die etwa zwölf Millionen Afrikaner, Chinesen, Malayen, Polynesier und Papua der kaiserlich deutschen Kolonien und »Schutzgebiete« hier unberücksichtigt läßt, so gab es 1900 innerhalb der europäischen Grenzen des Deutschen Reichs unter knapp 57 Millionen Einwohnern immer noch weit über fünf Millionen – oder fast zehn Prozent – Nichtdeutsche.

Nach der amtlichen Statistik von 1900 lebten allein in den preußischen Provinzen östlich der Oder 3,24 Millionen Menschen polnischer Muttersprache, davon 3,09 Millionen, die kein Deutsch verstanden. Dazu kamen weitere 500 000 Angehörige slawischer Völker – mehr als 150 000 Masuren, rund 120 000 Sorben, über 100 000 Kassuben und fast 70 000 Slowaken –, von denen nur ein geringer Prozentsatz einige Deutschkenntnisse hatte, sowie 115 000 Litauer.

Nun muß man aber noch bedenken, daß sich viele Slawen, vor allem zahlreiche Polen, nach mehr als hundertjähriger Unterdrückung ihrer Nation begreiflicherweise scheuten, den preußischen Behörden gegenüber eine andere Muttersprache als Deutsch geltend zu machen; sie befürchteten davon – und leider zu Recht – erhebliche Nachteile für sich und ihre Angehörigen. So darf man annehmen, daß noch weit mehr preußische Untertanen, wenn sie sich hätten frei entscheiden können, als Nichtdeutsche in die Statistik eingegangen wären.

Eine weitere starke Minderheit im preußischen Teil des Deutschen Reiches bildeten die etwa 150 000 Dänen im Norden der 1864 erbeuteten Provinz Schleswig-Holstein, und in dem unter deutscher Statthalterschaft stehenden »Reichsland« Elsaß-Lothringen bekannten sich bei der Volkszählung von 1900 rund 220 000 Einwohner als Franzosen ohne deutsche Sprachkenntnisse. Aber auch die meisten der übrigen 1,5 Millionen deutschsprachigen Elsässer und Lothringer fühlten sich nach dreißig Jahren deutscher Verwaltung gleichfalls als Zwangsbürger des Reiches. Sie erstrebten teils die Selbständigkeit ihrer Heimat, teils – unter Wahrung ihrer besonderen Interessen – die Rückkehr der Provinzen zu Frankreich.

Wäre es nach dem Selbstbestimmungsrecht der Völker gegangen, so hätten sich wahrscheinlich fünf bis sechs Millionen Einwohner des Deutschen Reichs von 1900 für eine andere staatliche Organisation entschieden. Und umgekehrt wären von den rund 26 Millionen Untertanen der österreichischen Habsburger über 9 Millionen Deutsche im Alpenraum, im Donautal und im Gebiet der Sudeten wohl lieber Bürger eines einheitlichen deutschen Staates geworden.

So beantwortet sich die Frage, ob das Reich Kaiser Wilhelms II. alle Deutschen vereinte und so die Sehnsucht des Volks nach nationaler Einigung erfüllte, eigentlich von selbst: Es konnte keine Rede davon sein, und es bestand auch keine Aussicht auf eine baldige Änderung dieses unbefriedigenden Zustands. Die Herrschenden im Deutschen Reich waren, wie seit eh und je, an einem einheitlichen Staat rein deutscher Nation überhaupt nicht interessiert. Den preußischen Junkern und Militärs lag die Aufrechterhaltung ihrer Herrschaft über weite Teile Polens ebenso am Herzen wie die Vormachtstellung in Deutschland. Ihr Ziel, einen möglichst großen Teil der deutschen Zwergstaaten in Preußen aufgehen zu lassen und den Rest, bis auf Österreich, in Abhängigkeit zu halten, hatten sie erreicht. Das deutsche Bürgertum, das die Idee der nationalen Einigung hervorgebracht und jahrzehntelang vornehmlich getragen hatte, war großenteils zum Verräter der eigenen Ideale geworden. Die wirtschaftlich Stärksten hatten sich mit den Junkern und Militärs verbündet und betrieben die Ausbeutung des Volkes auf kapitalistische Weise, oft noch rücksichtsloser und grausamer als einst die Feudalherren. Das Kleinbürgertum, soweit es nicht schon ins Proletariat abgesunken war, berauschte sich an der wachsenden militärischen Stärke des Kaiserreichs, am Glanz des Hofes, am »Kolonialgedanken« und am Größenwahn wilhelminischer Außenpolitik, die »am deutschen Wesen die Welt genesen« lassen wollte, sowie an der strammen, polizeistaatlichen Ordnung, die ihm Schutz vor der

»roten Gefahr« zu gewähren versprach. Nur ein Teil des gebildeten Mittelstandes besaß genügend politischen Instinkt, um die rasch zunehmende Bedrohung des Friedens wie der bürgerlichen Freiheiten zu erkennen, und stellte sich ihr mit unzureichenden Kräften entgegen, wobei man freilich ein Bündnis mit den Sozialisten weit von sich wies.

Die Masse des Volks – ausgenommen die organisierte Industriearbeiterschaft, die den Nationalismus schon weitgehend überwunden hatte – ließ sich von Parademärschen und Hurrageschrei darüber hinwegtäuschen, daß das endlich – wenn auch nur teilweise – geeinte Deutschland wahrlich nicht das Reich war, für das die Väter auf den Barrikaden der Revolution von 1848/49 gekämpft hatten: Es gab nach wie vor – neben der mit der erblichen Kaiserwürde ausgestatteten Familie des verstorbenen »Kartätschenprinzen«, den Hohenzollern, noch 21 regierende Fürstenhäuser im Deutschen Reich. Sie lebten wie die Maden im Speck und trieben auf Kosten des Volkes einen Aufwand, der im umgekehrten Verhältnis zu ihrer völligen Nutzlosigkeit stand. Es gab nirgendwo wirkliche Demokratie. In den preußischen zwei Dritteln des Reiches sorgte das Dreiklassenwahlrecht für krasse Ungleichheit zugunsten der Herrschenden und Besitzenden; in den meisten anderen Bundesländern war es ähnlich, wenn auch nicht so ins Auge springend wie in Preußen. In den mecklenburgischen Großherzogtümern gab es »Verfassungen«, die aus dem Jahre 1755 stammten und bis 1918 galten, fast die Hälfte der Bevölkerung ohne jedes Wahlrecht ließen und in der Praxis nichts anderes bewirkten als die Verewigung der Tyrannei einiger Junker über die Masse abhängiger Bauern und Landarbeiter. Und selbst in den Hansestädten stand die Demokratie nur auf dem Papier: In Hamburg beispielsweise wurden die 160 Abgeordneten des »Bürgerschaft« genannten Parlaments aufgrund einer »Modernisierung« des Wahlrechts im Jahre 1906 so gewählt, daß sich niemals eine andere als groß- und besitzbürgerliche Mehrheit bilden konnte. 40 Abgeordnete wurden allein von den Eigentümern von Haus- und Grundbesitz der Innenstadt gewählt, weitere 40 von den »Notabeln«, zu denen die Mitglieder von Handelskammer und Börse gehörten; die andere Hälfte der Bürgerschaft durften die

Kleinbürger wählen, streng getrennt nach Steuerklassen, wobei die Wohlhabenderen doppelt so viele Abgeordnete stellten wie die mit geringerem Einkommen, und die Industrie- und Hafenarbeiterschaft war durch allerlei Tricks nahezu gänzlich von der Teilnahme an den Wahlen ausgeschlossen.

So also stand es um die politischen Rechte der Deutschen, aber auch sonst konnte von staatsbürgerlicher Gleichstellung keine Rede sein: Es war für einen Jungen aus einer Arbeiter-, Kleinbauern- oder unbemittelten Handwerkerfamilie schon aus wirtschaftlichen Gründen nur in seltenen Ausnahmefällen – zum Beispiel mit einem kirchlichen oder landesfürstlichen Stipendium, das ihn in Abhängigkeit von seinen Förderern brachte – möglich, mehr als Volksschulbildung zu erwerben. Hinzu kam ein von Vorurteilen und Kastengeist geprägtes Auslesesystem der Schulen, das Kleinbürger- und erst recht Arbeiterkindern kaum Chancen gab, die unerläßlichen Voraussetzungen für ein späteres berufliches und gesellschaftliches Fortkommen zu erfüllen.

In besonderem Maße benachteiligt waren die Frauen und Mädchen, die nur ausnahmsweise, wenn ihre Familie wohlhabend und einsichtig genug war, Bildungs- und damit auch Berufschancen erhielten. Noch immer standen sie zeitlebens unter der Vormundschaft erst des Vaters, dann des Gatten oder, wenn sie unverheiratet waren, unter der eines Onkels oder Bruders, was auch durch die Einführung des Bürgerlichen Gesetzbuches (BGB) am 1. Januar 1900 im Bereich des Familien- und Vermögensrechts nur unzureichend verbessert wurde. Immerhin erkannte man im folgenden Jahrzehnt zunehmend an, daß es ein Gebot der Gerechtigkeit sei, »deren Erfüllung auf höherer Kulturstufe nicht abzuweisen ist, der Frau auch vermögens- und familienrechtlich gleiche Rechte einzuräumen wie dem Mann« – so »Meyers Großes Konversationslexikon« von 1908.

Doch in demselben Lexikonartikel zur »Frauenfrage« heißt es weiter: »Daß die *politische Gleichberechtigung* des weiblichen Geschlechts ebenso allgemeine Anerkennung finden werde wie die privatrechtliche, unterliegt starkem Zweifel. Auch gehen die Forderungen der Frauen selbst in der Regel über die Gewährung des bloßen Stimmrechts nicht hinaus ... Die geistige Individualität der Frau sowie das bei ihr vorherrschende Gemütsleben lassen sie für eine tätige Teilnahme am öffentlichen Leben wenig geeignet erscheinen ... Dem Mann der Staat, der Frau die Familie!« Damit waren, ohne daß selbst das gebildete und liberale Bürgertum daran Anstoß nahm, die mehr als die Hälfte der Bevölkerung Deutschlands ausmachenden Frauen vollständig von jeder Teilnahme am öffentlichen Leben ausgeschlossen.

Ein weiterer Schutzwall des die Masse des Volks in Unterdrückung und Ausbeutung haltenden Herrschaftssystems war der Militärdienst. Nur wer eine höhere Schule besucht und dort das Zeugnis der »mittleren Reife« erworben hatte, konnte als »Einjährig-Freiwilliger« eine auf zwölf Monate verkürzte Dienstzeit in einer selbstgewählten Garnison und mit Vorzugsbehandlung ableisten, rasch befördert und in kurzer Zeit Reserveoffizier werden. In aller Regel hatten nur Reserveoffiziere Aussicht auf eine leitende Stellung in der Industrie, einen guten Posten im höheren Staatsdienst oder auch auf Einheirat in eine wohlhabende Kaufmannsfamilie.

Die Aufnahme in den höheren Staatsdienst wurde noch dadurch erschwert, daß ein Universitätsstudium verlangt wurde, außerdem alle Behördenchefs diejenigen Bewerber bevorzugten, die als Studenten einer – meist »schlagenden«, das heißt: Zweikämpfe mit scharfer Klinge ausfechtenden – Verbindung beigetreten waren, womöglich derjenigen, deren »Alter Herr« sie selber waren.

Und Aussicht, einmal in Schlüsselstellungen, etwa in Ministerien oder im diplomatischen Dienst, aufzurücken, hatten ohnehin nur diejenigen jungen Leute, deren familiärer und wirtschaftlicher Hintergrund, Regiments- und Korpszugehörigkeit sowie Denk- und Handlungsweise haargenau dem entsprachen, was die Herrschenden für gut befanden.

Die breite Masse des Volks war im Kaiserreich aber nicht nur ausgeschlossen von allen Bildungs- und beruflichen Aufstiegschancen, erst recht von jeder leitenden, einflußreichen oder auch nur mit höherem Ansehen verbundenen Stellung; sie war auch verachtet, und man zeigte ihr diese Verachtung bei jeder Gelegenheit und in einer Weise, die die Menschenwürde mit Füßen trat.

Während Gutsherren und Fabrikanten ihre Arbeiter, Offiziere ihre »gewöhnlichen«, nicht einjährig-freiwilligen Mannschaften, Herrschaften ihre Dienstboten und Polizeibeamte ihre Arrestanten, sofern sie nicht »von Stand« waren, ohne weiteres duzten, ließen sie sich umgekehrt in der dritten Person - »Haben Herr Direktor noch einen Wunsch?«, »Gestatten Herr Leutnant, daß ich Herrn Leutnant jetzt das Frühstück serviere?« und »Wie gnädige Frau wünschen« - sowie mit allen Gehorsam und Unterwerfung ausdrückenden Beiworten anreden. Ohrfeigen, Fußtritte und Schläge mit der Reitpeitsche hatten nicht nur alle zu erdulden, für die die Gesindeordnung galt, sondern auch Landarbeiter, Soldaten, Lehrlinge und nicht selten sogar unbescholtene Bürger, wenn sie auf einer Polizeiwache gegen ihre ungerechtfertigte Festnahme aufbegehrten, erst recht jeder »schlechtgekleidete« Verdächtige, zumal wenn er arbeits- und obdachlos war und gebettelt hatte.

Die Polizisten und Gendarmen waren durchweg ehemalige Unteroffiziere, die zwölf Jahre und länger Rekruten gedrillt hatten. Die Kommissare, Polizeidirektoren und -präsidenten waren fast ausschließlich Adlige und Reserveoffiziere. Ähnlich war es beim Justizdienst, wo sich Staatsanwälte und Richter gegenüber Beschuldigten aus dem Arbeiterstand im Klassenkampf von oben übten und an »Schneidigkeit« und Brutalität gegenseitig zu übertreffen suchten. Die unteren Justizbeamten, ehemalige Unteroffiziere und Feldwebel, schlugen gegenüber dem Publikum ihren altgewohnten Kasernenhofton an und bedienten sich bei den ihnen anvertrauten Häftlingen der gleichen schikanösen Methoden wie einst bei ihren Rekruten.

Erziehung zu Kadavergehorsam, vollständiger Unterwerfung und Untertanengeist wurde überall im Reich gepredigt, gelehrt und eingebläut, und wie weit der Militarismus die Köpfe der Menschen bereits vernebelt hatte, läßt ein Zitat aus dem Reichstagsprotokoll von 1907 erkennen. August Bebel, der damals siebenundsechzigjährige Führer der Sozialisten, hatte scharfe Kritik am Kasernenhofdrill und besonders an dem bis zum Überdruß exerzierten, ebenso sinnlosen wie anstrengenden Parademarsch geübt. Daraufhin gab ihm der Führer der Konservativen, der Junker und Rittergutsbesitzer

Des Königs Rock
(Zeichnung von Bruno Paul)
„Dein Rock is mir heilig, Piefke, aber in die Fresse hau' ich dir, soviel ich will."

Karikatur aus dem »Simplicissimus« (1904)

Elard von Oldenburg-Januschau – dem wir noch in ganz anderem Zusammenhang begegnen werden – unter dem Beifall und Jubel der Rechten folgende Antwort:

»Herr Abgeordneter Bebel, ich habe die Überzeugung, wenn Ihnen rechtzeitig von einem schneidigen Rekrutenunteroffizier ein gediegener langsamer Schritt in den Leib gepumpt worden wäre, würden Sie wissen, was für Vorzüge ein guter Parademarsch hat. Es ist durchaus notwendig, daß nach einer anstrengenden Übung der Mann gezwungen wird, sich noch einmal zusammenzunehmen, und außerdem ist es eine Notwendigkeit, daß das deutsche Militär sich auch anständig präsentiert, ganz abgesehen davon, daß der Parademarsch ein eminentes Mittel der Disziplin ist.«

Es gab im Deutschen Reich Kaiser Wilhelms II. viele »Mittel der Disziplin«, und dies war auch – vom Standpunkt der herrschenden Klassen aus gesehen – dringend nötig. Denn währcnd dic Wirtschaft des Landes, vor allem der Steinkohlenbergbau, die Eisen- und Stahlerzeugung, die chemische Industrie und der Eisenbahnverkehr, einen gewaltigen, noch Jahrzehnte zuvor von niemandem für möglich gehaltenen Aufschwung genommen hatte, der Reichtum der Unternehmer, Bankiers und Großaktionäre ins Gigantische angestiegen war und auch die Fürsten mit dem Kaiser an der Spitze dabei kräftig mitverdient hatten, waren der Lebensstandard und die Arbeitsbedingungen des zu einem Millionenheer angewachsenen Industrieproletariats kaum besser, in vieler Hinsicht sogar noch schlechter geworden als zu Beginn der Industrialisierung in den dreißiger und vierziger Jahren.

Bei im Durchschnitt elfeinhalbstündiger Arbeitszeit an sechs Tagen der Woche, ohne mehr als zwei, drei – meist unbezahlte – Urlaubstage im Jahr und ständig bedroht von Entlassung und Arbeitslosigkeit, vegetierten die Arbeiterfamilien stets am Rande des Existenzminimums. Nur in den seltensten Fällen reichte der Lohn des Mannes aus, die Seinen dürftig zu ernähren. Fast in allen Arbeiterhaushalten mußten nicht nur die Ehefrauen – meist als Wäscherinnen, Aufwartefrauen, Putzhilfen oder auch als Fabrikarbeiterinnen –, sondern auch die noch schulpflichtigen Kinder mitverdienen. Die Wohnverhältnisse aber waren katastrophal.

»Die Wohnungen der arbeitenden Klassen sind meistens in Kellern und Hinterhäusern gelegen«, heißt es in einem Bericht, den der Amtsarzt eines großstädtischen Wohnbezirks der preußischen Provinz Sachsen seiner vorgesetzten Behörde erstattete. »Die geringe Menge frischer Luft, welche die engen, vierseitig umbauten Hinterhöfe zulassen, wird durch die Ausdünstungen der Abtritte vollends verunreinigt ... An den Wänden und Türen läuft gewöhnlich das Wasser herunter. Oft teilen sich drei bis fünf Dutzend Menschen in die Benutzung einer Wasserstelle, eines Ausgusses und eines Aborts«, die stets außerhalb der Wohnungen, meist im Treppenhaus oder im Hof, gelegen waren. »Alles ist unbeschreiblich schmutzig und verkommen; es wimmelt von Ungeziefer ... Jede Wohnung kostet 20 bis 25 Taler Miete. Wegen dieser hohen Mietpreise sind die Leute genötigt, zahlreiche Schlafburschen aufzunehmen. Es herrscht dadurch, wie nicht anders zu erwarten, wüste Liederlichkeit ... Der Gesundheitszustand, besonders der kleinen Kinder, ist besorgniserregend schlecht.«

Tatsächlich starben gegen Ende des 19. Jahrhunderts in den Industriegebieten Deutschlands zwei Drittel aller Arbeiterkinder noch vor ihrem 15. Geburtstag! Dagegen starb in denselben Gemeinden bei den sogenannten »höheren Ständen« im Durchschnitt nur eins von sieben Kindern in den ersten 14 Lebensjahren. Nahezu alle Arbeiterkinder waren unterernährt, litten an Rachitis und anderen Mangelkrankheiten, und ein erschreckend hoher Prozentsatz war tuberkulosekrank.

Daß auch das Landarbeiter-Proletariat in menschenunwürdigen Behausungen vegetieren mußte, dafür gibt es einen hinsichtlich sozialistischer Neigungen gänzlich unverdächtigen Zeugen: Kaiser Wilhelm II. Bei einem Besuch seiner in der Nähe von Elbing gelegenen, als »landwirtschaftlicher Musterbetrieb« gepriesenen Besitzung Kadinen meinte er, der reichste Großgrundbesitzer Preußens, etwas betroffen: »Der schöne Viehstall ist ja ein wahrer Palast den Arbeiterwohnungen gegenüber!« Doch er sah diesen Zustand offenbar als gottgegeben an, denn er unternahm nichts, ihn zu ändern.

Andere Großunternehmer, besonders die Rüstungsindustriellen, nutzten das Wohnungselend des Proletariats dazu aus, ihre ergebensten und fleißigsten Arbeiter in noch größere Abhängigkeit zu bringen. Sie bauten Werkswohnungen für Verheiratete und machten das Mietverhältnis zum Bestandteil der Arbeitsverträge. Dafür boten sie bei etwas geringeren Mietpreisen bessere Wohnungen als die üblichen Mietskasernen. Das verlockende Angebot war vornehmlich als Fessel gedacht: Wer es annahm, konnte an Streiks oder anderen gewerkschaftlichen Aktionen nicht mehr teilnehmen; er riskierte sonst, mit dem Arbeitsplatz auch die Wohnung zu verlieren.

»Der Mieter übernimmt für sich und seine bei ihm wohnenden, dem Bergmannsstande angehörenden Söhne die Verpflichtung, während der Dauer des Mietvertrages auf der Zeche ›Preußen‹ zu arbeiten«, heißt es beispielsweise in einem solchen Werkwohnungsvertrag jener Zeit, »und zwar für den dortselbst üblichen Schichtlohn oder Gedingesatz. Er verzichtet also für sich und erwähnte Söhne ausdrücklich auf das Recht, während dieser Periode die Arbeit zu kündigen ... Sollte der Mieter diesen Verpflichtungen nicht nachkommen oder er selbst oder einer seiner dem Bergmannsstande angehörenden Söhne willkürlich drei oder mehr aufeinanderfolgende Schichten von der Arbeit ausbleiben, so ist die Vermieterin berechtigt, den Mietvertrag aufzuheben und die Wohnung *sofort* räumen zu lassen, unbeschadet aller Ansprüche, insbesondere auf den vollen Mietzins bis zum Ablauf der Kündigungsfrist ...« Wer streikte, der flog aus der Wohnung, und zwar auf der Stelle, auch wenn seine Frau krank oder hochschwanger war, der Vater im Sterben lag oder eine Schar von kleinen Kindern die Suche nach einer neuen Wohnung stark erschwerte und überdies für die geräumte Wohnung noch für ein Vierteljahr Miete bezahlt werden mußte, während die noch nicht ausbezahlten Lohnansprüche verfielen. Mit solchen Mitteln behielt die Unternehmerseite natürlich leicht die Oberhand.

Klassenbewußte und gewerkschaftlich geschulte Arbeiter verzichteten deshalb, wenn auch schweren Herzens, auf die billigeren und besseren Werkswohnungen. Sie wußten: Das einzige Kampfmittel gegen die unmenschliche Ausbeutung war der Streik, und der war – auch ohne die zusätzliche Belastung eines Werkwohnungsvertrags mit allen seinen Tücken – schwer genug zu führen. Streik bedeutete für die Arbeiterschaft jedesmal einen Dreifrontenkrieg: einmal gegen die ohnehin wirtschaftlich weit stärkeren Unternehmer und deren Hilfstruppen, oft mehrere tausend Mann starke »fliegende Kolonnen« von Spitzeln, Provokateuren und brutalen Schlägern, die schon bei drohender Streikgefahr über besondere Vermittler von weither heranbeordert und in die Großbetriebe eingeschleust wurden; zum anderen gegen die übermächtige Staatsgewalt, die jede Versammlung polizeilich auflöste, Streikbrecher schützte, auch wenn sie gewalttätig wurden, die Streikposten der Arbeiterschaft dagegen, auch wenn sie sich korrekt und diszipliniert verhielten, im Schnellverfahren aburteilte und ins Gefängnis sperrte, mühsam zusammengesparte Streikkassen beschlagnahmte und, wenn alles nichts nützte, durch Großeinsatz von Gendarmerie und Militär die »Ordnung« wiederherstellte. Die dritte Streikfront aber war daheim, der Kampf gegen den Hunger, den jeder längere Streik für die Arbeiter und ihre Familien mit sich brachte, mit weinenden Kindern und einer verzweifelten Frau ...

Die einzige Möglichkeit, einen solchen Dreifrontenkrieg durchzustehen, war eine straffe, die Arbeiterschaft aller Regionen und Industriezweige umfassende, finanzstarke Gewerkschaftsorganisation, die auch auf internationale Solidarität rechnen konnte und im engen Bündnis mit der sozialdemokratischen Partei stand. Zwischen 1890, als erst 227 000 deutsche Arbeiter gewerkschaftlich organisiert waren, und 1900, als sich die Anzahl der Gewerkschaftsmitglieder bereits auf fast 700 000 erhöht und damit mehr als verdreifacht hatte, entstand diese Dachorganisation, zunächst unter dem Namen »Generalkommission der Gewerkschaften Deutschlands« und unter dem Vorsitz des späteren sozialdemokratischen Reichstagsabgeordneten Carl Legien. Im Jahre 1914 hatte dieser Bund, der – zum Unterschied von anderen, von Unternehmern oder Kirchen abhängigen Verbänden – freigewerkschaftlich genannt wurde, schon über zwei Millionen Mitglieder, verfügte über jährliche Mittel von mehr als 10 Millionen Mark und war zur schlagkräftigsten Organisation der sozialistischen Arbeiterbewegung geworden.

Aber bis dahin war es ein weiter und dornenreicher Weg. Schritt für Schritt ging es vorwärts, aber jede kleine Verbesserung der Arbeitsbedingungen, jede Lohnerhöhung, jede Arbeitszeitverkürzung, jede leichte Verbesserung des Jugend-, Mutter-, Unfall- oder Kündigungsschutzes und vor allem das Recht auf Abschluß von Tarifverträgen mußten erst mühsam erkämpft werden – gegen den Widerstand der Regierungen, der Reichstagsmehrheit, des Militärs und der Polizei, der Kirchen und Parteien, der Unternehmerschaft und ihrer Hilfsorganisationen, nicht zuletzt auch gegen die öffentliche Meinung, die erst allmählich zur Anerkennung der Tatsache gebracht werden konnte, daß die Masse der wirtschaftlich Schwächsten nur durch gewerkschaftliche Organisation ein halbwegs menschenwürdiges Dasein zu erkämpfen imstande war. Wie das Bürgertum, wie selbst »aufgeklärte«, den Arbeitern, wie es hieß, »wohlgesonnene« Gebildete um 1890 über die Gewerkschaften dachten, läßt sich aus einem Brief entnehmen, den ein in der evangelischen Kirche sehr aktiver, gemäßigt liberaler westdeutscher Fabrikant damals an einen Freund schrieb: »So nützlich es mir erscheint«, hieß es am Schluß dieses Briefes, »daß sich die Lohnarbeiter und ihre Familien zu wohlgesitteter Geselligkeit, zu gemeinsamem Gesang oder zur Förderung ihrer Frömmigkeit und Bildung zusammenschließen, wohl auch zur gegenseitigen Unterstützung in unverschuldeten Nothfällen, so schädlich für sie selbst wie für uns alle will es mir dünken, wenn solche Vereine den ihnen von Sitte und Gesetz gezogenen Rahmen überschreiten, eine wilde Agitation dulden und am Ende gar sich anheischig machen, mit dem Brotherrn über Löhnung und sonstige, in dessen alleinige Competenz gestellte Fragen zu verhandeln. Dergleichen öffnet ja der Willkür Thür und Thor und müßte auch den braven Arbeiter, zu dessen Wohle es doch angeblich geschehen soll, mißtrauisch stimmen...«

Indessen wurden die deutschen Arbeiter und bald auch die Arbeiterinnen sich ihrer Lage und der einzigen Möglichkeit, der völligen Verelendung zu entrinnen, in rasch zunehmendem Maße bewußt. Und jeder Streik, auch wenn er am Ende erfolglos zusammenbrach, trug zur Bewußtseinsbildung des

Proletariats, auch der nicht unmittelbar Beteiligten, in sehr starkem Umfang bei, brachte den Gewerkschaften neue Erfahrungen, stärkte die Solidarität und verhalf der Arbeiterbewegung im Ganzen zu wachsendem Ansehen.

So setzten beispielsweise die Konfektionsarbeiterinnen und -arbeiter Anfang 1896 nicht nur die Unternehmer, die Behörden und die Bürgerschaft, sondern auch ihre Kolleginnen und Kollegen in anderen, besser organisierten Branchen in Staunen, das sich bald in Respekt verwandelte, als sie plötzlich in einen Massenstreik traten. Bis dahin hatte es selbst unter führenden Gewerkschaftern als aussichtsloses Unterfangen gegolten, die weit verstreuten Heimarbeiterinnen der Konfektionsindustrie, die vereinzelt, teilnahmslos, aufs Barbarischste ausgebeutet und völlig unorganisiert und verelendet waren, für die Gewerkschaftsbewegung zu gewinnen. Nun zeigten mehr als 10 000 Frauen zum ersten Mal in der deutschen Geschichte, daß sie ebensoviel Kampfgeist, Solidarität und Klassenbewußtsein hatten wie ihre männlichen Kollegen.

Von ähnlich großer Bedeutung war der Streik der Hamburger Hafenarbeiter, der im November 1896 begann und bis zum 6. Februar 1897 dauerte. Obwohl sie bei Beginn dieses Streiks nur sehr schwach organisiert waren, legten mit seltener Einmütigkeit binnen kürzester Frist mehr als 18 000 Hafenarbeiter die Arbeit nieder, nachdem ihre Forderungen – 1,50 Mark mehr Wochenlohn und Begrenzung der Arbeitszeit auf täglich 12 Stunden – von den Unternehmern unter Führung des Werftbesitzers Blohm rundweg abgelehnt worden waren. (Der Monatslohn eines Hafenarbeiters lag damals im Durchschnitt bei brutto 61 Mark; das entsprach an Kaufkraft etwa 320 DM heutiger Währung und lag unter dem Existenzminimum, wobei noch zu bedenken ist, daß die Männer dafür 13 bis 14 Stunden täglich zu schuften hatten!)

Hinter den streikenden Hafenarbeitern der Hansestadt stand zur Überraschung der Behörden die gesamte organisierte Arbeiterschaft des Reiches und füllte die magere Streikkasse mit der für damalige Verhältnisse enormen Summe von über 1,6 Millionen Mark, die pfennig- und groschenweise gesammelt worden war. Angesichts der so gestärkten Streikfront ging der Hamburger Senat zu Gewaltmaßnahmen über: Am 21. Dezember wurden alle Streikposten verhaftet, das Betreten des Hafengeländes verboten, Geldsammlungen untersagt und alle schon gespendeten Beträge, deren man habhaft werden konnte, kurzerhand beschlagnahmt. Als auch dies nichts nützte, wurde am 12. Januar 1897 der Belagerungszustand verhängt. Das preußische II. Armeekorps unter dem Kommando des erzreaktionären Grafen Waldersee, das rund um Hamburg stationiert war, wurde mobilisiert. Und Wilhelm II. telegrafierte an General Graf Waldersee: »Sollte es mir zu bunt werden, so müssen sie heran. Ich weiß, wenn es zum Schießen kommen muß, so werden Sie es gründlich tun.« Unter diesem Druck mußten die Hafenarbeiter, die noch am 30. Januar mit großer Mehrheit die Fortführung des Streiks beschlossen hatten, ihn am 6. Februar abbrechen. Sie erklärten sich für »geschlagen, aber nicht besiegt«. Und tatsächlich stieg in den folgenden Wochen die Mitgliederzahl der Hamburger Hafenarbeitergewerkschaft von 5 370 auf über 11 000; das sozialdemokratische *Hamburger Echo* konnte seine Auflage kräftig steigern, und die Unternehmer waren, um einen neuen Streikausbruch zu verhindern, schon bald zu erheblichen Lohnerhöhungen gezwungen.

Von politisch noch größerer Bedeutung war der Streik der Textilarbeiter von Crimmitschau in Sachsen, der am 22. August 1903 begann, als zunächst 600 Spinnereiarbeiter die Arbeit niederlegten, weil ihre Forderung nach Verkürzung der täglichen Arbeitszeit auf zehn Stunden sowie nach einer Lohnerhöhung um zehn Prozent vom Fabrikanten abgelehnt worden war. Als der Unternehmer von seinem Verband Unterstützung zugesagt bekam, mit unbefristeter Aussperrung drohte und Gendarmerie anforderte, traten bis Ende August auch die anderen, rund 9 000 Textilarbeiter des knapp 23 000 Einwohner zählenden Städtchens in den Streik.

Fünf Monate lang hielten die Crimmitschauer Arbeiter aus. Zwar versuchten die Unternehmer durch Anwerbung von Streikbrechern in Böhmen, durch massive Bestechung einzelner Anführer sowie durch Aussperrung in nicht bestreikten Betriebe die Einigkeit der Arbeiter zu erschüttern, aber sie er-

Gebet der Crimmitschauer Fabrikanten
(Zeichnung von E. Thöny)
„Du wirst uns beistehen in diesem Kampfe, o Gott und Herr! Zeige deine Macht an uns und zwinge die Arbeiter durch grimmige Kälte zur Umkehr!"

Karikatur aus dem »Simplicissimus« (1904)

reichten damit nur das Gegenteil. Auch die Verhängung des Belagerungszustands, ein Massenaufgebot von Gendarmen, willkürliche Verhaftungen und kleinliche Schikanen konnten die Streikfront nicht brechen. Die ganze deutsche Arbeiterbewegung blickte voller Stolz auf die Crimmitschauer Kollegen und sammelte 1 270 000 Mark zu deren Unterstützung. Schließlich wurde der Konflikt nach langen und zähen Verhandlungen zwischen dem Unternehmerverband und der Textilarbeitergewerkschaft, die dadurch ihre Anerkennung als Tarifpartner erreichte, Ende Januar 1904 beigelegt.

In den folgenden Jahren nahmen die Streiks im Deutschen Reich in ungewöhnlich starkem Maße zu, vor allem nachdem auf dem sozialdemokratischen Parteitag in Jena im Jahre 1905 beschlossen worden war, die Massenarbeitseinstellung auch als politisches Kampfmittel zu gebrauchen. Die Gründe für diesen Beschluß lagen vornehmlich in der wachsenden Gefahr eines Krieges, den die Herrschenden anstrebten und den es für die Sozialisten zu verhindern galt.

Schon im Herbst 1904 hatte der Generalfeldmarschall Graf Alfred von Schlieffen, seit 1891 Chef des Großen Generalstabs, der Regierung empfohlen, einen Angriffskrieg gegen Frankreich zu führen. Und Wilhelm II. schickte Ende 1905 seinem damaligen Kanzler Bülow einen »Sylvesterbrief«, worin es hieß: »Die Hauptsache aber wäre, daß wir wegen unserer Sozialisten keinen Mann (vom Militär) aus dem Lande nehmen könnten ohne äußerste Gefahr für Leben und Besitz der Bürger. Erst die Sozialisten abschießen, köpfen und unschädlich machen – wenn nötig per Blutbad – und dann Krieg nach außen. Aber nicht vorher und nicht à tempo.«

Tatsächlich war die sozialistische Arbeiterbewegung zu einem mächtigen Bollwerk geworden, das dem preußischen Militarismus gefährlich zu werden begann und dessen Kriegs- und Staatsstreichpläne durchkreuzen konnte. Die sozialdemokratische Partei, die 1890 schon 1,4 Millionen Wählerstimmen im Reich hatte gewinnen können, war seitdem von einer Reichstagswahl zur anderen immer stärker geworden:

1893 konnte sie mit	1,8 Mill. Stimmen	44 Mandate,
1898 mit nahezu	2,2 Mill. Stimmen	56 Mandate,
1903 mit bereits über	3 Mill. Stimmen	81 Mandate

erringen. (Konservative und katholisches Zentrum, die 1903 zusammen nur 2,8 Millionen Wählerstimmen erhalten hatten, waren dagegen – so stark begünstigte das reaktionäre Wahlsystem die bürgerlichen Parteien! – mit insgesamt 154 Abgeordneten im neuen Reichstag vertreten.)

Gegenüber den Wahlen zum Reichstag im Jahre 1871, den ersten nach der Gründung des Kaiserreichs, als genau 101927 Stimmen für die Sozialisten abgegeben worden waren und August Bebel als einziger unter 382 Abgeordneten die Interessen der Arbeiterschaft im neuen Parlament vertreten hatte, bedeutete das Wahlergebnis von 1903 einen Anstieg der sozialdemokratischen Wähler auf das Dreißigfache; August Bebel führte noch immer die Fraktion und hütete das Erbe, das Karl Marx, der 1883 im englischen Exil gestorben war, und Friedrich Engels, bis zu seinem Tode im Jahre 1895 Erster Sekretär der Internationale, hinterlassen hatten.

Bebels alter Mitstreiter, Wilhelm Liebknecht, der im Jahre 1900 starb, fand in seinem Sohn, dem Rechtsanwalt Dr. Karl Liebknecht, geboren 1871, einen ebenso tatkräftigen Nachfolger, und zu den führenden Männern der sozialdemokratischen Partei, zu denen – um nur einige Namen zu nennen – Ignaz Auer, Georg Ledebour, Karl Kautsky, Hugo Haase, Eduard Bernstein, Georg von Vollmar, Franz Mehring, etwas später auch Friedrich Ebert, Philipp Scheidemann und Gustav Noske gehörten, kamen – etwas bis dahin Unerhörtes in der deutschen Politik! – einige sehr bemerkenswerte Frauen: so beispielsweise die preußische Generalstochter Lily Braun geborene von Kretschmann, die Lehrerin Clara Eißner, verheiratet mit dem russischen Sozialdemokraten Ossip Zetkin, die dann von 1890 an die sozialistische Frauenbewegung in Deutschland organisierte, und vor allem die 1871 als Tochter eines wohlhabenden jüdischen Kaufmanns in Russisch-Polen geborene, von 1898 an in Berlin tätige, sozialdemokratische Theoretikerin Rosa Luxemburg.

Wie die meisten dieser Männer und Frauen dachten und handelten, drückte August Bebel, der unbestrittene Führer der deutschen Sozialdemokratie, auf deren Parteitag in Dresden 1903 mit den Worten aus: »Solange ich noch atmen und schreiben und sprechen kann, soll es nicht anders werden: Ich will der Todfeind dieser bürgerlichen Gesellschaft und dieser Staatsordnung bleiben, um sie in ihren Existenzbedingungen zu untergraben und sie, wenn ich kann, zu beseitigen.«

Die Staatsordnung im Deutschen Reich des frühen 20. Jahrhunderts, zu deren Todfeind sich Bebel namens der deutschen Arbeiterbewegung erklärte, war im Grunde noch immer so absolutistisch wie unter dem Preußenkönig Friedrich Wilhelm IV. Nach dem Ende der Bismarckschen Diktatur und dessen Entlassung im Jahre 1890 hatte Kaiser Wilhelm II. den Admiral Graf Caprivi zum neuen Reichskanzler ernannt, einen bloßen Befehlsempfänger, dessen Nachfolger im Jahre 1894 der damals schon 75jährige Fürst Chlodwig zu Hohenlohe-Schillingsfürst wurde. Auf diesen folgte 1900 Bernhard von Bülow, der – seit 1905 Fürst – neun Jahre lang Reichskanzler und preußischer Ministerpräsident war. Und nach Bülows Sturz wurde im Juli 1909 Theobald von Bethmann Hollweg der letzte Kanzler des Kaiserreichs vor Ausbruch des Ersten Weltkriegs.

Keiner dieser Kanzler hatte das Format, die Stärke und die diplomatischen Fähigkeiten Bismarcks, keiner von ihnen vermochte eine eigene Politik zu treiben und die Machtfülle zu nutzen, die sein Amt ihm bot. Statt dessen wurde die deutsche Innen- und Außenpolitik während eines Vierteljahrhunderts weitgehend bestimmt von den Launen und Einfällen Wilhelms II. sowie von einflußreichen Höflingen, ehrgeizigen Militärs, ränkeschmiedenden Geheimräten und profitgierigen Großindustriellen und Bankiers. Aus dem Hintergrund wurden Kanzler gestürzt und neue eingesetzt; der Reichstag hatte auf diese Personalpolitik so wenig Einfluß wie auf die Politik nach außen, die von persönlichen Gefühlen Wilhelms II. gegenüber seinen Verwandten auf den Thronen anderer Länder und von einem seltsamen Imponiergehabe des Kaisers bestimmt war, der keine Gelegenheit ausließ, mit dem Säbel zu rasseln und mögliche Freunde vor den Kopf zu stoßen.

Die von Großmannssucht und Gier nach »Weltgeltung« erfüllte Staatsführung versäumte außenpolitisch nahezu alles, was dem Kaiserreich hätte Bestand geben können. Eine Aussöhnung mit Frankreich wurde gar nicht erst in Erwägung gezogen; das mögliche und mehrfach angebotene Bündnis mit England lehnte man schroff ab und trieb mit allerlei taktlosen Einmischungen, vor allem aber mit einer immer rascheren, immer wahnwitzigere Ausmaße annehmenden Aufrüstung zur See, die nur gegen England gerichtet sein konnte, Großbritannien zu einer Verständigung mit Frankreich. Anstatt sich, wie es Bismarck stets getan hatte, zumindest den Rücken freizuhalten und mit dem russischen Zarenreich ein Bündnis einzugehen, benutzte man die völlige Niederlage Rußlands im Krieg gegen Japan von 1904/05, bei dem es um die Vorherrschaft auf dem ostasiatischen Festland ging, um die Zarenregierung auch in Europa zu demütigen. So zwang das kaiserliche Deutschland im Frühjahr 1909 die darüber tief verbitterten Machthaber in St. Petersburg zur Anerkennung österreichischer Eroberungen auf dem Balkan. Damit förderte das Kaiserreich die Bildung eines gegen Deutschland gerichteten Bündnisses zwischen England und Frankreich auf der einen und dem zaristischen Rußland auf der anderen Seite.

Umgekehrt suchte das kaiserliche Deutschland Bündnisse gerade mit den Mächten, die aufgrund ihrer eigenen Schwäche wenig mehr zu bieten hatten als gefährliche Konflikte mit ihren Nachbarn, nämlich mit dem morschen habsburgischen Vielvölkerstaat Österreich-Ungarn und mit den noch hinfälligeren Resten des einst so mächtigen Türkischen Reiches sowie mit Italien, dessen lange und ungeschützte Küsten es von vornherein ausschlossen, daß es sich – schon gar nicht für seinen Erzfeind Österreich-Ungarn – auf einen Kampf mit den Kriegsflotten Englands und Frankreichs einlassen konnte. Diese Bündnispolitik des deutschen Kaiserreichs, die von habgierigen Balkan- und Nahost-Plänen der Großbanken und der Schwerindustrie sowie von »alldeutschen« Schwärmereien bestimmt wurde, machte Deutschland in starkem Maße abhängig von Österreich, was sowohl politisch wie militärisch große Gefahren barg. Und alle diese Torheiten suchte die kaiserliche Regierung in Berlin dadurch wettzumachen, daß sie eine Aufrüstung betrieb, die alles bisherige in den Schatten stellte: Die Friedensstärke des deutschen Heeres wurde nahezu verdoppelt, seine Kriegsstärke auf fast vier Millionen Mann erhöht; die Kriegsmarine verdreifachte ihre Tonnage und verdoppelte ihr Personal, ihre Panzerung und Geschützstärke. Die Rüstungsausgaben, die 1902 bereits 965 Millionen Goldmark ausgemacht hatten, stiegen für das am 1. April 1913 beginnende Haushaltsjahr auf 2 111 Millionen.

Dazu kam eine propagandistische Kriegsvorbereitung noch nie dagewesenen Ausmaßes, vornehmlich bezahlt von der deutschen Rüstungsindustrie sowie aus Geheimfonds des Generalstabs, wo der General Erich Ludendorff der in Fragen der Aufrüstung maßgebende Mann geworden war. Hauptträger dieser Kriegshetze war der »Alldeutsche Verband«, zu dessen Mitbegründern und Hauptdrahtziehern der Geheimrat Alfred Hugenberg zählte, seit 1909 Generaldirektor des größten deutschen Rüstungskonzerns, der Firma Fried. Krupp in Essen. Vom »Alldeutschen Verband« stark beeinflußt, wirkten außerdem die »Deutsche Kolonialgesellschaft«, der »Deutsche Flottenverein«, der »Ostmarkenverein«, der »Reichsverband gegen die Sozialdemokratie«, der »Deutsche Wehrverein«, der »Jungdeutsche Bund« und zahlreiche Kriegervereine. Vorsitzende dieser Organisationen waren meist Fürsten oder pensionierte Generale. Welchen »Geist« sie verbreiteten, sei an wenigen Beispielen erläutert:

Im Jahre 1912 erschien, kräftig gefördert vom »Alldeutschen Verband« und vom »Deutschen Wehrverein«, das Buch *Deutschland und der nächste Krieg* des Majors Friedrich v. Bernhardi, damals Abteilungschef im Generalstab. Die Kapitelüberschriften dieses damals viel Aufsehen erregenden, binnen kurzer Zeit in 6. Auflage erschienenen Buches, zum Beispiel »Das Recht, Krieg zu führen«, »Die Pflicht, Krieg zu führen«, »Deutschlands historische Mission«, und »Weltmacht oder Untergang«, sprechen für sich selbst.

Nach v. Bernhardi war ein »Eroberungskrieg politische Notwendigkeit« und daher »oberste Pflicht« des Staates. »In enge, unnatürliche Grenzen« eingepfercht, könne das Reich – so lautete eine der Thesen des Buchs – seine großen Ziele ohne Vermehrung seiner politischen Macht, ohne Erweiterung seiner Einflußsphäre und ohne neu zu erobernde Gebiete niemals erreichen. Dazu hatte es einen Angriffskrieg zu führen. Schon der erste Schlag mußte Deutschlands »Erzfeind« Frankreich so »vollkommen zerschmettern«, daß es »niemals wieder Deutschlands Weg kreuzen« könnte. Frankreich, so verlangte Major v. Bernhardi, müßte »als Großmacht ein für allemal vernichtet« werden.

Etwa zur gleichen Zeit begann der »Alldeutsche Verband« bunte Postkarten zu verbreiten, auf denen »Europas Zukunft« dargestellt war: Ein von der normannischen Küste Frankreichs über Belgien und das französische Eisenerzrevier von Longwy bis zum Finnischen Meerbusen reichendes Deutsches Kaiserreich mit angegliederten Vasallenstaaten wie dem »Herzogtum Kurland« und dem »Königreich Polen«.

Und in der *Jungdeutschland-Post,* einer vom »Alldeutschen Verband« geförderten Jugendzeitschrift, hieß es im Frühjahr 1913: »Auch uns wird einmal die hohe, große Stunde eines Kampfes schlagen... Ja, das wird eine frohe, eine große Stunde, die wir uns heimlich wünschen dürfen... Still und tief im deutschen Herzen muß die Freude am Krieg und ein Sehnen nach ihm leben, weil wir der Feinde genug haben und der Sieg nur einem Volke wird, das mit Sang und Klang zum Kriege wie zu einem Feste geht.«

Solche Beispiele ließen sich zu Hunderten anführen, und sie sind beileibe keine krassen Ausnahmen, sondern nur aus der Fülle des damals tagtäglich Dargebotenen herausgegriffen. Umgekehrt gab es außerhalb der Sozialdemokratie kaum noch Stimmen der Vernunft. Zwar hatte schon Ende 1906 der Soziologe Max Weber an den Linksliberalen Friedrich Naumann geschrieben: »Das Maß von Verachtung, welches uns als Nation im Ausland – Italien, Amerika, überall! – nachgerade – mit Recht! das ist das Entscheidende – entgegengebracht wird, weil wir uns dieses Regime dieses Mannes (gemeint war Wilhelm II.) gefallen lassen, ist nachgerade ein Machtfaktor von erstklassiger ›weltpolitischer‹ Bedeutung für uns geworden... Wir werden ›isoliert‹, weil dieser Mann uns in dieser Weise regiert und wir es dulden und beschönigen. Kein Mann und keine Partei, die in irgendeinem Sinn demokratische und zugleich nationalpolitische Ideale pflegt, darf die Verantwortung für dieses Regime, dessen Fortdauer unsere ganze Weltstellung mehr bedroht als alle Kolonialprobleme irgendwelcher Art, auf sich nehmen.«

Aber dies waren auch nur Worte hinter, sozusagen, vorgehaltener Hand. Auch die Liberalen, sogar die Freisinnigen, die die Ideale der Revolution von 1848 auf ihre Fahnen geschrieben hatten, duldeten und beschönigten den immer wilderen Militarismus jener Jahre. Und auch Friedrich Naumman, der wiederholt für ein Wahlbündnis der Freisinnigen mit den Sozialdemokraten eingetreten war, wurde von etwa 1910 an zu einem

Befürworter der wilhelminischen Flotten- und Kolonialpolitik. Es gab im bürgerlichen Lager nur noch wenige Rufer in der Wüste, wie etwa Maximilian Harden, der in seiner Zeitschrift *Die Zukunft* einen unerbittlichen Kampf gegen Wilhelm II. führte, dafür wiederholt mit Festungshaft bestraft wurde, einige der Günstlinge des Kaisers, darunter den Fürsten Eulenburg, durch öffentliche Bloßstellung stürzte und der schließlich seine bürgerlichen Vorurteile überwand und ein entschiedener Sozialist wurde.

Tatsächlich gab es im Wilhelminischen Kaiserreich nur eine politische Kraft, die imstande gewesen wäre, einen Krieg zu verhindern: die Sozialdemokratie. Sie hatte bei den Reichstagswahlen von 1912 fast 4,3 Millionen (oder 35 Prozent) der abgegebenen Stimmen und damit 110 Abgeordnetensitze erringen können, und sie war damit zu der mit weitem Abstand stärksten politischen Partei in Deutschland geworden. Zusammen mit den ihr eng verbundenen Freien Gewerkschaften hätte sie die Pläne des mit den Militärs verbündeten Großkapitals jederzeit durchkreuzen, den Generalstreik ausrufen und »alle Räder still« stehen lassen können. Und genau diesen Kurs verfolgten einige der führenden Sozialdemokraten, an ihrer Spitze Karl Liebknecht und Rosa Luxemburg.

1907 veröffentlichte Liebknecht seine damals aufsehenerregende Schrift *Militarismus und Antimilitarismus,* worin er das weitverzweigte System des preußisch-deutschen Militarismus aufdeckte und seine Gefährlichkeit nachwies. Als ihm daraufhin wegen »Hochverrats« vor dem Reichsgericht in Leipzig der Prozeß gemacht wurde, erklärte er in seiner Verteidigungsrede: »Ich verfolge den Zweck, die Entscheidung über Krieg und Frieden aus dem Dunkel der Kabinette und Diplomatenschleichwege herauszuholen ... an das Licht der Öffentlichkeit ... Ich will, daß die Entscheidung über Krieg und Frieden dem Willen des ganzen Volkes unterstellt werde ... Ich will schließlich, daß unser Heer nicht gegen den ›inneren Feind‹, zum Bürgerkrieg verwendet werde.« Er wurde zu einer längeren Freiheitsstrafe verurteilt, die er auf der Festung Glatz verbüßen mußte. Dorthin schrieb ihm am 10. November 1908 der 68jährige August Bebel: »Wir brauchen tüchtigen Nachwuchs. Leider ist derselbe sehr rar. Du bist der einzige, auf den ich meine Hoffnung setze... Nutze die sechs Monate, die Du noch zu brummen hast, aufs beste aus; es ist der einzige Vorteil, den wir von dem Sitzen haben, daß wir studieren können...«

Noch während seiner Haft wurde Karl Liebknecht zum Mitglied des preußischen Landtags gewählt, 1912 brachte ihn der große sozialdemokratische Wahlerfolg in den Reichstag. Kurz zuvor, im Herbst 1911, war er einer der Redner einer sozialdemokratischen Großkundgebung in Berlin, an der sich nach Polizeiberichten mehr als zweihunderttausend Männer und Frauen beteiligten. Damals erklärte er: »Wir leben in einer großen Zeit. Es kann sich um die Probe auf das Exempel der Kraft des sozialistischen Proletariats handeln. Heute geloben und schwören wir, daß wir zusammenhalten wollen mit den Proletariern in England und Frankreich und mit allen Menschen, die es wollen, den Frieden unter allen Umständen zu erhalten. Es gilt zu kämpfen!... Der Sozialismus ist der Friede. Schüren wir das Feuer des Krieges gegen den Krieg!«

Anfang 1912 begann im Ruhrgebiet ein Streik der Bergarbeiter gegen die wachsende Ausbeutung, an dem sich etwa 250 000 von insgesamt 330 000 Bergleuten beteiligten und der fast drei Monate anhielt, ohne daß die Arbeiter ihre Ziele erreichen konnten. In allen Industrierevieren herrschte eine revolutionäre Stimmung, und im November desselben Jahres, als wegen einer Kriegserklärung der Balkanstaaten Bulgarien, Serbien, Griechenland und Montenegro an die Türkei der Konflikt zwischen den Großmächten sich zuzuspitzen begann, erreichte die Antikriegsbewegung der Sozialisten ihren Höhepunkt. Am 24. und 25. November 1912 tagte in Basel der Außerordentliche Sozialistenkongreß. Eine Woche zuvor fanden in fast allen europäischen Hauptstädten Massenkundgebungen gegen den Krieg statt. In Berlin, wo schon Ende Oktober über 250 000 Sozialdemokraten gegen den Militarismus und jede weitere Aufrüstung demonstriert hatten, strömten die Massen ein zweites Mal in der Hasenheide zusammen, dem traditionellen Neuköllner Versammlungsort der Berliner Sozialisten. Zu den Rednern, die leidenschaftlich für die internationale Verbrüderung des Proletariats zur Verhinderung eines Weltkriegs eintraten, gehörten auch Jean Jaurès, der Führer der französischen Sozialisten, Karl Renner aus Österreich und der britische Arbeiterführer O'Grady.

Eine Woche später verabschiedete der Baseler Kongreß ein Manifest, worin es hieß: »Die Regierungen mögen nicht vergessen, daß sie bei dem gegenwärtigen Zustand Europas und der Stimmung der Arbeiterklasse nicht ohne Gefahr für sie selbst den Krieg entfesseln können ... Die Proletarier empfinden es als ein Verbrechen, aufeinander zu schießen zum Vorteil des Profits der Kapitalisten, des Ehrgeizes der Dynastien oder zu höherer Ehre diplomatischer Geheimverträge.«

Im Frühjahr 1913 brachte die kaiserliche Regierung im Reichstag eine neue Wehrvorlage ein, die eine nochmalige Verstärkung der ungeheueren Rüstungen vorsah. Gegen den heftigsten Widerstand der Sozialdemokratie wurde auch diese Vorlage schließlich angenommen. Zuvor hatte Karl Liebknecht die Machenschaften der großen Rüstungskonzerne enthüllt. Er wies nach, daß die Firma Krupp in Berlin ein Spionagebüro unterhielt, das die geheimen Pläne der Heeresleitung und der Marine auskundschaftete. Hohe Beamte und Militärs, deren Namen Liebknecht nannte, waren bestochen worden, damit sie Krupp auf dem laufenden hielten über alle für das Rüstungsgeschäft wichtigen Vorgänge. Und er legte auch Beweise dafür vor, daß zwischen den großen Rüstungsindustrien aller Großmächte Preisabsprachen getroffen worden seien und daß sie mit allen Mitteln der Propaganda bemüht waren, die Spannungen zwischen den Staaten im Interesse ihres Profits zu steigern.

Liebknechts Enthüllungen bewirkten indessen wenig; nur ein paar Gehilfen der Krupp-Spionage wurden vor Gericht gestellt und gelinde bestraft. Das mit vollen Segeln auf einen Weltkrieg zusteuernde deutsche Kaiserreich konnte nicht – und wollte auch gar nicht – seine als »vaterländische Anstalt« gepriesene Haupt»waffenschmiede« bloßstellen.

So blieb als einzige Hoffnung, den Triumph des Militarismus und den Ausbruch eines ebenso sinnlosen wie mörderischen Krieges aller gegen alle am Ende doch noch zu verhindern, nur die in Basel so eindringlich beschworene internationale Solidarität des in den sozialdemokratischen Parteien organisierten

Proletariats. Und innerhalb der sozialistischen Internationale setzten die Menschen, die das große Völkermorden verhindern wollten, ihre größte Hoffnung auf die deutsche Sozialdemokratie, deren Partei- und Gewerkschaftsorganisation die stärkste und diszipliniertste in der Welt war und die in August Bebel einen Führer hatte, der dafür garantierte, daß das kriegslüsterne kaiserliche Deutschland im Ernstfall »keinen Mann und keinen Groschen« bekäme.

Indessen war in der Sozialdemokratischen Partei Deutschlands längst ein Wandel vor sich gegangen, den die Alte Garde der Arbeiterbewegung nur noch nicht recht wahrhaben wollte und gegen den die Linken in der Partei - Karl Liebknecht, Rosa Luxemburg, Clara Zetkin, Franz Mehring, aber auch Hugo Haase und Georg Ledebour, um nur einige der wichtigsten Namen zu nennen - vergeblich ankämpften. Das hatte sich besonders deutlich gezeigt in der Massenstreikdebatte der Jahre 1905/06. Als im Januar 1905 im Gefolge der - dann gescheiterten - Revolution in Rußland im Ruhrgebiet spontane Streiks der Bergleute ausbrachen, die damit ihre Solidarität mit den russischen Arbeitern bekunden wollten, versuchte die Gewerkschaftsführung, wenngleich vergeblich, diese Streikbewegung zu unterbinden oder wenigstens einzudämmen. Die vorherrschende Meinung der Gewerkschaftsführer faßte Theodor Bömelburg, der Vorsitzende der Bauarbeiter, auf dem Kölner Gewerkschaftskongreß 1905 in den Worten zusammen: »Ungeheure Opfer hat es gekostet, um den augenblicklichen Stand der Organisation zu erreichen, und ungeheure Opfer wird es noch kosten, um die Organisation auf eine noch höhere Stufe der Macht zu heben. Um aber unsere Organisation auszubauen, dazu bedürfen wir in der Arbeiterbewegung der Ruhe!« Auf dem Jenaer SPD-Parteitag, ebenfalls noch im Jahre 1905 und unter dem Eindruck der revolutionären Ereignisse in Rußland, beteuerte Bebel zwar die grundsätzliche Bereitschaft zum Massenstreik »im Notfall«, ließ aber trotz aller verbalen Radikalität erkennen, daß er den Massenstreik nur als Verteidigungsmaßnahme im Falle äußerster Provokation für zulässig hielt. Ganz anders Rosa Luxemburg in ihrer dann veröffentlichten Schrift »Massenstreik, Partei und Gewerkschaften«, worin sie Kritik an dem Organisationsverständnis von Partei und Gewerkschaften übte, die eine quantitativ-formale Vorstellung vom Verhältnis zwischen Organisation und Revolution hätten, wobei sie sich den Umschwung nur in der Form eines friedlichen Machtwechsels vorstellen könnten. Tatsächlich war die ehedem revolutionäre, zu drei Vierteln in der Illegalität arbeitende, ständig verfolgte und unterdrückte und dabei immer stärker gewordene Arbeiterpartei längst zu einer auch von ihren Gegnern anerkannten und respektierten Massenorganisation geworden, einer Partei mit Millioneneinnahmen und -ausgaben, einer 110köpfigen Reichstagsfraktion, der mit Abstand stärksten im Parlament, und mit einer straff gegliederten und zentral geführten Anhängerschaft, die an Disziplin nicht zurückstand hinter ihrem ärgsten Feind, der preußisch-deutschen Armee. Ja, sie war im Grunde dem preußischen Heer an Disziplin weit überlegen, geschah doch die Unterordnung unter die alle bindenden Beschlüsse der gewählten Führung freiwillig und ohne Drill und Prügel.

Diese neue Massenorganisation brauchte einen innerparteilichen Verwaltungsapparat. Bis 1905, als die Bismarckschen »Sozialistengesetze« bereits seit anderthalb Jahrzehnten außer Kraft waren, tat man im Parteivorstand noch immer so, als gäbe es sie noch. Alle eingehende Post wurde schleunigst vernichtet; von keinem ausgehenden Brief wurde eine Kopie gemacht; es gab keine Registratur, keine Kartei, keine Akten, natürlich auch kein Telefon, denn das hätte die Polizei ja abhören können. Dies alles änderte sich, nachdem sich der Parteivorstand 1905 einen Sekretär nahm, dem die Leitung der gesamten Verwaltung übertragen wurde. Es war der damals 34jährige Friedrich Ebert aus Bremen, ein gelernter Sattler, der durch Selbststudium zum Redakteur der Bremer Parteizeitung und zum Mitglied des Stadtparlaments aufgestiegen war. Ein Mann, der entschlossen war, nie mehr die gesetzliche Existenz der Sozialdemokratie zu gefährden, alles offen, nicht mehr im Geheimen zu betreiben, kurz, die Zeit der revolutionären Verschwörung zu beenden und nur noch parlamentarisch-demokratische Ziele mit ebensolchen Mitteln anzustreben.

Ebert war – ohne daß ihm dies selbst schon bewußt gewesen

wäre - ein typischer Vertreter einer neuen, »revisionistisch« genannten Richtung innerhalb der Partei, die den revolutionären Weg zum Sozialismus allenfalls noch in der Theorie wahrhaben wollte, meist aber ganz verwarf und statt dessen vom »Hineinwachsen der Gesellschaft in den Sozialismus« schwärmte, einem allmählichen und gewaltlosen Vorgang, der der Lehre von Marx und Engels gänzlich widersprach.

Mit der Ernennung Eberts zum Parteisekretär und mit der Erfüllung seiner zunächst bescheidenen Wünsche nach einem Telefon, einer Schreibmaschine und einer Registratur durch den darob sehr verwirrten Parteivorstand waren bereits 1905 die Weichen gestellt für alles, was neun Jahre später über Deutschland und die Welt hereinbrach, ohne daß die redlichen Genossen – zu denen gewiß auch Friedrich Ebert gehörte – sich dessen bewußt geworden wären. Dies merkten sie erst nach dem von den Arbeiterparteien in aller Welt mit Bestürzung und tiefer Trauer aufgenommenen Tode des alten Führers und – fern von jeder Theorie der einen oder anderen Art – geradlinigen Klassenkämpfers August Bebel im August 1913. Denn nun wurde nicht, wie es Bebel gewünscht hatte, Karl Liebknecht zum neuen Vorsitzenden gewählt, sondern der bereits sehr einflußreich gewordene, seit 1912 auch dem Reichstag angehörende Parteisekretär Friedrich Ebert.

Ihm gleichberechtigt zur Seite stand - damit trösteten sich manche - der gemäßigt linke Hugo Haase, der dafür zu bürgen schien, daß er eine Preisgabe sozialistischer Grundsätze niemals zulassen würde. Aber dessen ungeachtet war nun jedermann klar, daß die deutsche Sozialdemokratie, nicht zuletzt unter dem starken Druck der überwiegend »revisionistisch« eingestellten Gewerkschaftsführung, auf einen staats- und gesetzestreuen Kurs eingeschwenkt war, und das zu einer Zeit, in der äußerste Kampfentschlossenheit gegen die zum Kriege treibende Führung dieses Staats das Gebot der Stunde gewesen wäre.

Reichsregierung, Generalstab, die in der Wirtschaft tonangebenden Großindustriellen und Bankiers sowie das gesamte Offizierskorps und das den preußischen Staat beherrschende Junkertum waren längst zu einem großen Krieg entschlossen. Er war der einzige ihnen noch möglich erscheinende Ausweg aus einer »Einkreisung« Deutschlands, die sie selbst durch eine Politik der Großmannssucht und säbelrasselnder Provokation, durch unersättliche Profitgier und wahnwitzige Rüstungen herbeigeführt hatten, blind gegenüber der jedem Klarblickenden deutlich erkennbaren Katastrophe, in die dieser Krieg unausweichlich führen mußte.

Es fehlte den Regierungen in Berlin und Wien nur noch ein Vorwand zum Losschlagen. Sie suchten fieberhaft danach, denn es galt, die nur noch 1914 bestehende Überlegenheit der deutschen Rüstung auszunutzen. Auch in St. Petersburg hatte die russische Kriegspartei unter Großfürst Nikolai Nikolajewitsch Oberwasser bekommen, und in Paris waren die unter Führung von Staatspräsident Poincaré und einigen hohen Militärs stehenden Revanchisten* nicht müßig geblieben. Von 1915 an mußte man mit einer erheblichen Verstärkung der französischen und russischen Streitkräfte rechnen.

Eile war also geboten. In Wien war man seit dem Frühjahr 1914 fest entschlossen, Serbien anzugreifen. Die »Ausmerzung« dieses kleinen Staats, der den unterdrückten slawischen Minderheiten im Habsburger Vielvölkerstaat mit russischer Rückendeckung Hilfe im Befreiungskampf versprach, war nach Ansicht der österreichischen Machthaber – wie aus einer Denkschrift vom 20. Mai 1914 hervorgeht – »absolut lebenswichtig« geworden. So kam es der Wiener Regierung sehr gelegen, daß am 28. Juni 1914 das österreichische Thronfolgerpaar, Erzherzog Franz Ferdinand, ein Neffe des greisen Kaisers Franz Joseph I., und dessen Ehefrau, Herzogin Sophie von Hohenberg, bei einem Besuch der an Serbien grenzenden Provinz Bosnien-Herzegowina in deren Hauptstadt Sarajewo von serbischen Studenten ermordet wurde.

Nachdem sich Österreich noch einmal in Berlin erkundigt hatte, ob es auch fest auf deutschen Beistand rechnen könne, und darin nicht nur, wider jede Vernunft, kräftig bestärkt, sondern auch vom Kaiser und vom Reichskanzler Bethmann Hollweg zum sofortigen Angriff auf Serbien nachdrücklich ermun-

* von Revanche = Rache; Revanchisten = ganz auf Rache Eingestellte, Unversöhnliche.

tert worden war, konnte das Drama beginnen. Zunächst stellte Wien der Regierung in Belgrad ein Ultimatum, das in seinen Bedingungen so gehalten war, daß die Annahme einer Selbstpreisgabe Serbiens gleichgekommen wäre. Niemand in Wien rechnete damit, daß die Serben die fürchterlichen Bedingungen dieses Ultimatums annehmen könnten.

Die Serben nahmen es aber dennoch an, wenn auch zähneknirschend, offenbar dazu gedrängt von Rußland, das noch nicht kriegsbereit war, aber zugleich die Deutschen und die Österreicher wissen ließ, daß es feindselige Schritte gegen Serbien nicht dulden werde. Damit war der Aufrechterhaltung des Weltfriedens noch einmal eine gute Chance gegeben. Österreichs »Ehre« war wiederhergestellt; eine mäßige »Züchtigung« Serbiens durch Wien war alle Welt bereit, hinzunehmen. Rußlands Außenminister beeilte sich, dem kaiserlich-deutschen Botschafter auf Ehrenwort zu versichern, daß die Armee des Zaren bisher »kein Pferd und keinen Reservisten« eingezogen habe. Aber die Wiener Machthaber wollten ihren Krieg. Ermuntert von den Militärs in Berlin, erklärten sie am 26. Juli 1914 Serbien den Krieg, obwohl das Land sich zu Unterwerfung und Wiedergutmachung bereit gefunden hatte.

Und während nun österreichische Truppen gegen Serbien marschieren, wird die Chance, daß die Großmächte dem Konflikt fernbleiben, zwar merklich kleiner, aber sie besteht noch immer.

In Berlin zögert man noch ein wenig. Dort will man ja nicht Krieg gegen Serbien, im Grunde auch nicht gegen Rußland führen, sondern am liebsten nur gegen Frankreich, wo sich noch nichts rührt. Auch möchte man – wenigstens zunächst – keinen Konflikt mit England, auf dessen Neutralität die deutsche Führung hofft (obwohl sie weiß, daß dies bloßes Wunschdenken ist, denn England kann es aus Gründen der eigenen Sicherheit nicht gestatten, daß die zu Lande wie zur See hochgerüsteten, nach noch mehr Kolonien und größerem Anteil am Welthandel gierenden Deutschen Frankreich überrennen und sich am Ärmelkanal festsetzen, wo sie die britische Schiffahrt kontrollieren könnten).

Drei Tage lang hält die Welt den Atem an. Dann, am 29. Juli

ordnet Rußland eine Teilmobilmachung seiner Armee in den an Österreich grenzenden Provinzen an. Daraufhin rät der deutsche Generalstab den Kollegen in Wien, das ganze österreichische Heer zu mobilisieren. Am 31. Juli teilt die kaiserliche Reichsregierung den Wiener Machthabern mit, daß Deutschland seine ganze Streitmacht gegen Frankreich einsetzen werde und daß Österreich (wo inzwischen, wie auch in Rußland, die allgemeine Mobilmachung angeordnet worden ist) zunächst die Hauptlast des Krieges mit dem Zarenreich zu tragen haben werde. Gleichzeitig wird im Deutschen Reich der »Zustand drohender Kriegsgefahr« verkündet. Sodann verlangt Berlin von der Regierung in Paris (wo an diesem Tage der »Bebel Frankreichs«, der Sozialistenführer Jean Jaurès von Revanchisten ermordet worden ist) die Zusage strikter Neutralität. Und weil die Kriegstreiber in Berlin fürchten, Frankreich könnte am Ende wirklich neutral bleiben wollen, verlangen sie von Paris die Überlassung der Festungen Toul und Verdun an die Deutschen als »Pfand« für die geforderte Nichteinmischung. Jedermann weiß, daß keine französische Regierung solchem dreisten Verlangen stattgeben könnte und würde.

In der Nacht zum 1. August 1814 fordert die Reichsregierung von Rußland ultimativ, seine Mobilmachung sofort rückgängig zu machen. Am Nachmittag desselben Tages erklärt Berlin dem Zarenreich den Krieg, verkündet gleichzeitig mit Frankreich die allgemeine Mobilmachung aller deutschen Streitkräfte und vernimmt mit gespielter Entrüstung, daß Italien sich für neutral erklärt hat.

Am Morgen des 2. August fordert die Reichsregierung das durch internationale Verträge für »unverletzlich« erklärte Belgien auf, den Durchmarsch deutscher Truppen nach Nordfrankreich zu gestatten. Daraufhin ordnet England als letzte Warnung an Berlin die Mobilmachung seiner Flotte an. Davon unbeeindruckt erklärt die Reichsregierung am Nachmittag des 3. August den Krieg an Frankreich und läßt wenige Stunden später seine Armee in das neutrale Belgien einmarschieren. Am 4. August sind die Chancen, daß ein Weltkrieg noch verhindert werden könnte, nur noch sehr gering. Zwar fuhr den Herren bei Hofe, im Auswärtigen Amt und im Großen Generalstab der Schreck in die Glieder, als nun auch aus London ein Ultimatum kam, das die sofortige Einstellung der Feindseligkeiten gegen Belgien forderte. *Das,* so versicherten sie sich gegenseitig, hatten sie nicht gewollt, doch nun sei es zu spät ... Am selben 4. August 1914 entschied sich im Reichstag zu Berlin, im Fraktionssaal der Sozialdemokraten, das Schicksal des internationalen Sozialismus. Wenn es noch Kräfte gab, die durch einen Massenstreik, eine allgemeine Wehrdienstverweigerung und Notfalls durch Sabotage den Ausbruch des wahnwitzigen Kriegs hätten verhindern können, dann nur die Führer der stärksten antimilitaristischen Partei der Welt.

In der deutschen Arbeiterschaft, vor allem in Berlin und in den sächsischen Industriestädten, war noch ein entschiedener Wille spürbar, den Kriegstreibern in den Arm zu fallen und »alle Räder still«stehen zu lassen. Allein zwischen dem 28. und 30. Juli wurden in dreißig Städten des Reichs Antikriegsdemonstrationen durchgeführt, an denen sich nach Polizeiberichten zusammen rund 250 000 Männer und Frauen beteiligten. In einem Schreiben des Berliner Polizeipräsidenten an den preußischen Innenminister vom 28. Juli 1914 hieß es: »Zu den ... Protestversammlungen der Sozialdemokratie war der Zuzug namentlich im Norden und Osten der Stadt außerordentlich stark. ... Nach Schluß versuchten die Teilnehmer aller Veranstaltungen, in großen, meist nach Tausenden zählenden Ansammlungen nach dem Stadtinnern zu dringen, und es gelang zum Teil erst unter Waffenanwendung, ... die Massen zu zerstreuen ...«

Die Mehrheit der Partei- und Gewerkschaftsführung sowie der Reichstagsfraktion aber war bereits entschlossen, jeden weiteren Widerstand gegen den Krieg zu verhindern. Friedrich Ebert kämpfte mit glühendem Eifer für die Zustimmung der Fraktion zu allen von der Regierung geforderten Krediten. Zwischen ihm und dem anderen Vorsitzenden der sozialdemokratischen Partei, Hugo Haase, entspann sich ein Wortwechsel, der die widerstreitenden Meinungen in der Fraktion deutlich erkennen läßt.

Haase zu Ebert: »Du willst dem Deutschland der Hohenzollern und der preußischen Junker die Kredite bewilligen?«

Ebert: »Nein, diesem Deutschland nicht. Aber dem Deutschland der schaffenden Arbeit, des sozialen und kulturellen Aufstiegs der Massen. Dieses gilt es zu retten!«

Darauf Haase: »Wir, die ›Rotten der Menschen, die nicht wert sind, den Namen Deutsche zu tragen‹ (er zitierte einen Ausspruch des Kaisers über die Sozialdemokraten), wir, die ›vaterlandslosen Gesellen‹ Wilhelms, die wir nicht einmal eines gerechten Wahlrechts... würdig sind – wir sollten... Nein!«

Aber Ebert war nicht mehr umzustimmen. Er erklärte: »Wir zeigen durch die Tat, daß wir nicht diese Menschen sind. Es handelt sich um das Wohl des ganzen Volkes. Wir dürfen das Vaterland, wenn es in Not ist, nicht verlassen. Es gilt, Kinder und Frauen zu schützen...«

Und so beschloß dann die sozialdemokratische Reichstagsfraktion auf Antrag Eberts, wenn auch gegen eine starke Minderheit von entschiedenen Gegnern einer solchen Politik, der kaiserlichen Regierung alle geforderten Kriegskredite zu bewilligen. Haase selbst mußte, gegen seine feste Überzeugung, die Entscheidung im Plenum bekanntgeben. Und so streng war die Disziplin in der SPD, daß die ganze Fraktion so abstimmte, wie die Mehrheit es gefordert hatte. Noch beim Verrat aller ihrer Ideale bewies diese Partei mehr »Haltung« als vier Jahre später derjenige, den am Nachmittag desselben Tages erstmals sozialdemokratische Führer im Schloß besuchen und dem sie nach etwas hölzerner Verneigung die Hand geben durften. August Bebel hatte sich noch kurz vor seinem Tode gerühmt, nie etwas mit einem Regierungsvertreter zu tun gehabt zu haben. Doch das war jetzt vergessen.

Das ganze Volk, die meisten Sozialdemokraten nicht ausgenommen, war bereits von einer Kriegshysterie sondergleichen erfaßt. Alle taten so, als sei das Deutsche Reich von bösartigen Feinden hinterrücks überfallen worden, ohne die geringste eigene Schuld und aus heiterem Himmel.

Der besondere Haß der meisten Deutschen galt seltsamerweise England, von dem man sich verraten glaubte. Nachdem die deutsche Führung die Briten über ein Jahrzehnt lang auf jede erdenkliche Weise herausgefordert, ein Wettrüsten zur

See begonnen und alle englischen Bündnisangebote schroff zurückgewiesen hatte, hieß es nun: »Gott strafe England!«

Noch jahrzehntelang wurde die Schuld der Führung des kaiserlichen Deutschlands am Ausbruch des Kriegs im August 1914 von Politikern wie Historikern mit Entschiedenheit bestritten. Noch heute gibt es Geschichtsbücher, die die Dinge so darstellen, als seien Kaiser, Reichsregierung und Generalstab in den Ersten Weltkrieg »hineingeschlittert«, also wider Willen und ohne eigenes Zutun, arglos, allenfalls etwas übermütig, aber doch im Grunde nur, sozusagen, durch »höhere Gewalt«. Es ist vor allem das Verdienst Fritz Fischers, der in seinem 1964 erschienenen Werk, *Griff nach der Weltmacht,* den starken Anteil der deutschen Führung am Ausbruch des Kriegs von 1914/18 dokumentarisch nachgewiesen hat, wenn heute nur noch verbohrte Nationalisten Deutschlands Unschuld zu beteuern wagen. Und auch die These, niemand hätte 1914 schon ahnen können, wie verhängnisvoll für Deutschland und Österreich die Dinge sich alsbald entwickelten, erweist sich als unhaltbar, nachdem die Geheimen Staatsarchive in Berlin und Wien ihre wohlgehüteten Akten der Forschung geöffnet haben. Ja, es gab schon vor mehr als einem halben Jahrhundert Dokumente, die die behauptete Ahnungslosigkeit widerlegen, und ein besonders eindrucksvolles sei hier angeführt, ein am 30. Juli 1914 geschriebener, in Satz gegebener, dann aber wegen der im Zuge der Mobilmachung einsetzenden Militärzensur nicht mehr veröffentlichter Leitartikel der auflagenstärksten deutschen Tageszeitung, der bürgerlich-linksliberalen *Berliner Morgenpost* aus der Feder ihres langjährigen politischen Mitarbeiters Dr. Arthur Bernstein (siehe nächste Seite).

Nahezu alle Voraussagen dieses prophetischen Leitartikels haben sich dann als richtig erwiesen. Nur die Anzahl der Toten und Verstümmelten sowie die Höhe der Schulden hat Dr. Bernstein zu niedrig eingeschätzt. Und er hat versäumt (oder nicht gewagt) zu erwähnen, daß die militärische Niederlage nicht nur das morsche Habsburgerreich, sondern auch das kaiserliche, von den preußischen Militärs und Junkern beherrschte Deutschland der Hohenzollern vernichten würde, wie es schon Friedrich Engels mehr als zwanzig Jahre vor dem August 1914

Die letzte Warnung

In wenigen Tagen wird die Spannung sich zur Katastrophe gesteigert haben. Es besteht kein Zweifel mehr, die Nikolajewitsche diesseits und jenseits wollen den Krieg. Die Kriegslieferantenpresse winkt freilich ab. Ihr ist das kurante Geschäft lieber und sicherer als eine mehrjährige Hochkonjunktur, die zuverlässig mit einem Boykott der Kanone enden muß. Aber die „ideologisch" verblödete altdeutsche Presse schwelgt. Die Militärs wittern Gloire, und da die verantwortlichen Politiker in Deutschland nie mitzureden haben, wenn die Militärs sich unterhalten, werden Bethmann und Jagow sich bescheiden. Gegen Bethmann sind noch einige besondere Sicherheitsposten aufgestellt; sperrt er sich lange, so wird scharf geschossen, mitten ins Herz seines privatesten Daseins. Schmutzig – aber derzeit „nationale Notwendigkeit". –

Wenn die Kriegshetzer soviel Verstand hätten, wie sie bösen Willen haben, dann würden sie wahrscheinlich weniger Getöse machen. Ihre Rechnung ist falsch, und das wollen wir in aller Kürze doch wenigstens festgestellt haben, ehe denn die Schlacht beginnt, soll heißen, ehe der „Belagerungszustand" jede ausgesprochene Wahrheit mit Festung bedroht. In wenigen Tagen wird niemand mehr die Wahrheit sagen, noch weniger schreiben dürfen.

Darum also im letzten Augenblick: Die Kriegshetzer verrechnen sich. Erstens: es gibt keinen Dreibund. Italien macht nicht mit, jedenfalls nicht mit uns; wenn überhaupt, so stellt es sich auf die Seite der Entente. Zweitens: England bleibt nicht neutral, sondern steht Frankreich bei; entweder gleich oder erst in dem Augenblick, wo Frankreich ernstlich gefährdet erscheint. England duldet auch nicht, daß deutsche Heeresteile durch Belgien marschieren, was ein seit 1907 allgemein bekannter strategischer Plan ist. Kämpft aber England gegen uns, so tritt die ganze englische Welt, insbesondere Amerika, gegen uns auf. Wahrscheinlich aber die ganze Welt überhaupt. Denn England wird überall geachtet, wenn nicht geliebt, was wir von uns leider nicht sagen können. Drittens: Japan greift Rußland nicht an, wahrscheinlich aber uns in freundlicher Erinnerung an unser feindseliges Dazwischentreten beim Frieden von Schimonoseki. Auch die Knackfuß-Apotheose („Völker Europas" usw.) ist in Ostasien nicht vergessen. Viertens: Die skandinavischen Staaten (unsere „germanischen" Brüder) werden uns verkaufen, was sie entbehren können, aber sonst sind sie uns nicht zugeneigt. Fünftens: Österreich-Ungarn ist militärisch kaum den Serben und Rumänen gewachsen. Wirtschaftlich kann es sich gerade 3–5 Jahre selbst durchhungern. Uns kann es nichts geben. Sechstens: Eine Revolution in Rußland kommt höchstens erst dann, wenn die Russen unterlegen sind. Solange sie gegen Deutschland mit Erfolg kämpfen, ist an eine Revolution nicht zu denken.

Dieses in aller Eile und in letzter Stunde. Unsere Botschafter kennen die Lage ganz genau. Auch Herr v. Bethmann muß sie kennen. Es ist nicht denkbar, daß er das Reich durch Unverantwortliche in einen drei- bis fünfjährigen Krieg hineinsteuern läßt, während er aus Scheu vor den Drohungen der Alldeutschen und Militaristen seiner Verantwortlichkeit sich entledigt. Ob wir am Ende dieses furchtbarsten Krieges, den je die Welt gesehen haben wird, Sieger sein werden, steht dahin. Aber selbst wenn wir den Krieg gewinnen, so werden wir nichts gewinnen, denn Österreich-Ungarn wird sich nicht dafür ins Zeug legen, daß das deutsche Reich an Umfang zunimmt. Geld als Kriegsentschädigung wird am Ende des Gemetzels nirgends mehr zu finden sein. Der einzige Sieger in diesem Kriege wird England sein. Deutschland führt den Krieg um Nichts, wie es in den Krieg hineingegangen ist für Nichts. – Eine Million Leichen, zwei Millionen Krüppel und 50 Milliarden Schulden werden die Bilanz dieses „frischen, fröhlichen Krieges" sein. – Weiter nichts.

Dr. Arthur Bernstein

vorausgesagt hatte: Preußen-Deutschland, mit dem Säbel gegründet, werde so enden, wie es begonnen hatte: auf den Schlachtfeldern Frankreichs.

14. Die mörderischsten Lügen der deutschen Geschichte

»Ich bin gezwungen, zur Abwehr eines durch nichts gerechtfertigten Angriffs das Schwert zu ziehen ...« Mit diesen, eine Lüge an die andere reihenden Worten begann ein kaiserlicher Erlaß Wilhelms II. vom 5. August 1914, mit dem dieser Tag zum Bet-Tag bestimmt wurde, an dem alle Deutschen Gott anrufen sollten, damit er mit ihnen sei und ihre Waffen segne. Dabei war der von den Regierungen Deutschlands und Österreichs so sehnlich gewünschte, bewußt herbeigeführte und mit Übereifer vom Zaun gebrochene Weltkrieg für beide Mächte bereits verloren, noch ehe er recht begonnen hatte. Und was beinahe das Schlimmste war: Die Herrschenden in Berlin und Wien, erst recht ihre Heerführer, wußten dies auch, spätestens sechs Wochen nach Beginn der Mobilmachung.

Und im vollen Bewußtsein ihrer unausweichlichen Niederlage opferten sie Leben, Gesundheit, Glück und Ersparnisse von vielen Millionen, die ihnen blind vertrauten. Der seit 1905 in allen Einzelheiten feststehende Plan des kaiserlich deutschen, will heißen: preußischen Generalstabs, der von dem 1913 verstorbenen Generalfeldmarschall Graf Schlieffen entwickelt worden war, ging von einigen Grundvoraussetzungen aus:

Das Deutsche Reich mußte in einem ihm besonders günstig erscheinenden Augenblick seinen beiden möglichen Hauptgegnern, Frankreich und Rußland, zuvorkommen. Deutschland durfte sich nicht auf einen gleichzeitig gegen beide Mächte geführten Kampf einlassen, sondern sie einzeln und nacheinander schlagen. Das Reich mußte seine Anfangsüberlegenheit voll ausnutzen, die vor allem darin bestand, daß es höher gerüstet war als Frankreich oder Rußland für sich genommen und daß das deutsche Feldheer schneller kriegsbereit gemacht und eingesetzt werden konnte als die Armeen seiner Gegner, insbesondere die des schwerfälligen, rückständigen und verkehrstechnisch stark unterentwickelten Zarenreiches. Auch durfte Deutschland keinen langen, auf Abnutzung seiner Gegner zielenden Krieg führen, weil das Deutsche Reich weder genügend Nahrungsmittel noch Rohstoffe hatte und für seine Rüstungsproduktion und Ernährung zu einem großen Teil auf Einfuhren angewiesen war, die seine Gegner leicht abschneiden konnten, vor allem wenn England mit seiner mächtigen Flotte auf deren Seite trat.

Folgerichtig sah der Schlieffen-Plan – den auch ein deutsches Geschichtsbuch des Jahres 1973 noch als einen »Kriegsplan von herrlicher Kühnheit« preist – einen von Deutschland zeitlich bestimmten und ausgelösten *Angriffs*krieg vor, bei dem sich das Deutsche Reich diejenige Macht, die es zuerst mit einem blitzschnell geführten, tödlichen Schlag vernichten wollte, selbst aussuchen konnte. Nach Lage der Dinge mußte dieses erste Opfer Frankreich sein.

Deshalb sollte nach den Plänen des Grafen Schlieffen fast die gesamte deutsche Streitmacht sofort in das neutrale, durch internationale, auch von der deutschen Führung beschworene Garantieverträge geschützte Belgien einfallen, dort bis zum Ärmelkanal vorstoßen, dann von Norden her entlang der Küste tief nach Frankreich eindringen, weit westlich von Paris eine gewaltige Schwenkung nach Osten durchführen, die französischen Armeen im Rücken ihres eigenen Verteidigungssystems packen und vollständig zermalmen. Nur ein Zehntel der deutschen Streitkräfte im Westen sollte währenddessen in Lothringen frontale Scheinangriffe gegen den französischen Aufmarsch führen und sich notfalls über den Rhein nach Süddeutschland zurückziehen, um so die Franzosen noch tiefer in die Falle zu locken.

Nach dem Schlieffen-Plan mußte Frankreich zwischen dem 40. und 45. Tag nach dem Überfall auf Belgien vollständig besiegt sein. Und alsdann sollte sich die im Westen nicht mehr benötigte Hauptmacht des deutschen Heeres gegen Rußland wenden, das nach den Berechnungen des deutschen Generalstabs mindestens neunzig Tage für den Aufmarsch seiner Armeen gegen Deutschland benötigen, zudem seinen Hauptangriff gegen den Habsburger Vielvölkerstaat richten würde. Die deutschen Planer ließen deshalb nur schwache Kräfte an der preußisch-russischen Grenze, um nur ja genug Truppen für den vernichtenden Schlag gegen Frankreich zur Verfügung zu haben.

Der Plan des preußischen Generalstabs setzte weiter voraus, daß England zunächst neutral bliebe, zumindest aber den Franzosen erst zu spät oder gar nicht zu Hilfe käme. Und den für diesen ganzen Angriffskriegsplan – vom Standpunkt der kaiserlich deutschen Führung aus – gefährlichsten Faktor, den mächtigen »Feind im Innern« des Reichs, die Sozialdemokratie und die Freien Gewerkschaften, gedachte man dadurch lahmzulegen und an Meuterei, Generalstreik oder gar Revolution zu hindern, daß man sämtliche Abgeordneten, Parteifunktionäre, Gewerkschaftsführer und Vertrauensleute in der ersten Stunde der Mobilmachung verhaften und in abgelegenen Festungen gefangenhalten wollte – eine Maßnahme, die sich dann als überflüssig erwies und deshalb noch rechtzeitig gestoppt wurde.

Das war in großen Zügen der verwegene Plan einer völlig skrupellosen, größenwahnsinnigen und von deutscher Weltherrschaft träumenden Führung des Reiches. Er wäre schon äußerst riskant gewesen, wenn alle seine Voraussetzungen gestimmt hätten: Dies war indessen keineswegs der Fall: Teils veränderte die Führung des Heeres diese selbst, in plötzlicher Angst vor der eigenen Courage und zum Nachteil der ohnehin nicht allzu großen Erfolgsaussichten, teils kam es anders, als man angenommen hatte:

Die Engländer blieben, als sie die deutschen Armeen auf die Kanalküste zustürmen sahen, nicht neutral; die Mißachtung der Unverletzlichkeit Belgiens durch das Reich gab ihnen die Möglichkeit, die Kriegsgegner in Parlament und Volk zum Schweigen zu bringen und als »Beschützer der Schwachen« an Frankreichs Seite in den Krieg einzutreten. Auch schlug der waghalsige Schlieffen-Plan, nachdem 29 Tage lang »alles wie am Schnürchen geklappt« hatte, am 30. Tag in katastrophaler Weise fehl; der Generalstabschef Helmuth von Moltke, ein Neffe des preußischen Feldherrn von 1870/71, hatte – entgegen den Plänen Schlieffens – den Verteidigungsflügel in Lothringen erheblich auf Kosten des Angriffsflügels verstärkt, auch die Zange, in die die Franzosen genommen werden sollten, stark verkleinert und zudem die Kommandeure der durch Nordfrankreich südwärts vorstürmenden Armeen ohne klare Weisungen gelassen, was sie zu tun hätten, wenn ihnen nun selbst starke französische und britische Verbände im Rücken standen. So kam es zur sogenannten »Marneschlacht«, die es in Wahrheit nie gegeben hat, die vielmehr nichts anderes gewesen ist als ein vorsichtiges Bremsen und ein übervorsichtiger Rückzug der deutschen Angriffsarmeen, mit der erklärten Absicht, nicht durch Übereilung alles aufs Spiel zu setzen.

Damit war jede Chance eines Blitzsieges in Frankreich vertan; der Schlieffen-Plan war gescheitert; der Krieg im Westen erstarrte zu einem Ringen auf der Stelle, und Moltke konnte bereits am 9. September 1914 Kaiser Wilhelm II. in diesmal völlig richtiger Erkenntis der Lage melden: »Majestät, wir haben den Krieg verloren!« Daraufhin wurde er abgesetzt, und an seine Stelle trat der »Mann mit den eisernen Nerven«, der eiskalte preußische Kriegsminister von Falkenhayn. Dessen erste Maßnahme war es, der britischen Berufsarmee neu aufgestellte Armeekorps aus blutjungen Kriegsfreiwilligen entgegenzuwerfen, um so die in der Luft hängende Westflanke zu sichern und die Kanalküste zu erreichen. Die Verluste dieser unausgebildeten und völlig unerfahrenen jungen Leute, die – angeblich, so jedenfalls behauptete der Heeresbericht – beim Sturmangriff das Deutschlandlied singend, kompanieweise von Maschinengewehrfeuer niedergemäht wurden, waren fürchterlich, zudem sinnlos; die strategischen Ziele wurden nicht erreicht. Französisch-britische Gegenangriffe zwangen die deutschen Armeen, ihren Vorstoß aufzugeben, einen Teil des eroberten Gebiets wieder zu räumen, und es begann ein mörderischer Schützengrabenkrieg, bei dem mal die eine, mal die andere Seite geringfügige Geländegewinne erzielen konnte und ganze Armeen bei der Verteidigung oder Eroberung einzelner Hügel verbluten mußten.

Über das Schreckliche, das nun in Flandern und Nordostfrankreich begann und von Monat zu Monat schrecklicher werden sollte, wurde das deutsche Volk zunächst hinweggetäuscht durch einen, wie es schien, triumphalen Sieg im Osten. Dort, wo nach den Berechnungen der deutschen Meisterstrategen noch gar nichts hätte geschehen dürfen, waren schon wenige Tage nach Kriegsbeginn die Russen zum Angriff übergegangen. Zwei Armeen des Zaren hatten die schwachen deutschen Verteidigungskräfte in die Zange genommen und sie zu eiligem Rückzug über die Weichsel gezwungen. Kosakenregimenter standen nun in Ostpreußen, plünderten und brandschatzten die Dörfer und Kleinstädte, und es gab kaum Truppen, die sie von einem weiteren Vormarsch hätten abhalten können.

In aller Eile wurden nun zwei deutsche Armeekorps von der Westfront abgezogen, was die Lage dort noch verschlimmerte; sie erreichten übrigens erst die Ostfront, als sie dort nicht mehr gebraucht wurden. Die über die Weichsel zurückgegangenen deutschen Truppen wurden eilig einem energischen General anvertraut, der sich bei der Eroberung der belgischen Festung Lüttich ausgezeichnet hatte: Erich Ludendorff.

Nur weil nach den strengen Bräuchen der preußischen Armee das Dienstalter des 49jährigen Generalstäblers Ludendorff zu gering war, ihm ein selbständiges Kommando zu übertragen, mußte der Form halber ein Vorgesetzter für ihn gefunden werden. Die Wahl fiel auf den in Hannover seit 1911 im Ruhestand lebenden 67jährigen Generaloberst Paul von Hindenburg und von Beneckendorff, einen Mann ohne eigene Ideen und nennenswerte Begabung, doch mit genügend Dickfelligkeit und starken Nerven ausgestattet, um das schwierige »Wunderkind« Ludendorff gelassen zu ertragen.

Ludendorff bewog Hindenburg, mit den wenigen ihnen zur Verfügung stehenden Truppen eine Umfassungsschlacht gegen die eine der beiden in Ostpreußen eingefallenen Armeen des Zaren zu wagen, ehe diese sich mit der zweiten vereinigen könnte. Der Plan, der – mit den Worten des damaligen britischen Marineministers Winston Churchill – davon ausging, daß man alles aufs Spiel setzen mußte, weil ohnehin bereits alles auf dem Spiel stand, gelang überraschend gut. Dies vor allem deshalb, weil – was Ludendorff und Hindenburg jedoch nicht wußten – die Kommandeure der beiden russischen

Armeen, die Generäle Samsonow und Rennenkampf, aus rein privaten Gründen heftig miteinander verfeindet waren und sich weder gegenseitig über ihre Lage zu verständigen noch, wenn es sich vermeiden ließ, zu unterstützen pflegten. So kam es in der Zeit vom 24. bis 29. August 1914 zur Schlacht bei dem Dörfchen Tannenberg, wo Samsonows Armee, fast hundertfünfzigtausend Mann stark, eingekesselt und vernichtet wurde. Rund fünfzigtausend russische (fünftausend deutsche) Soldaten ließen ihr Leben; über neunzigtausend Russen gerieten in Gefangenschaft, und General Samsonow beging aus Verzweiflung Selbstmord, während die Vorhut der Armee seines Kollegen Rennenkampf nur zwanzig Kilometer hinter den deutschen Linien stand und von dem Untergang der Bruderarmee keine Notiz nahm.

Einige Tage später wurde bei den Masurischen Seen auch die Armee Rennenkampf geschlagen; sie verlor vierzigtausend Mann an Toten, konnte sich aber durch eiligen Rückzug vor der völligen Vernichtung gerade noch retten. Hindenburg wurde durch diese Siege Ludendorffs zur alle überragenden Heldengestalt. Die Hoffnungen der Deutschen waren nun ganz auf ihn und eine von ihm herbeigeführte Kriegsentscheidung im Osten gerichtet. Doch in Wahrheit hatte sich auch dort schon, trotz der triumphalen Befreiung Ostpreußens, längst alles entschieden. Denn da, wo es darauf ankam, an der russisch-österreichischen Front im südpolnischen Galizien, war der Großangriff des habsburgischen Vielvölkerheeres ebenso gescheitert wie der Schlieffen-Plan seiner deutschen Verbündeten im Westen. Die österreichisch-ungarischen Armeen hatten eine katastrophale Niederlage erlitten, zweihunderttausend Mann waren gefallen, weitere hunderttausend in russische Gefangenschaft geraten, und fortan konnte Österreich dem Deutschen Reich nicht nur keine Entlastung mehr bringen, sondern brauchte selbst dringend Hilfe.

Nun wäre es höchste Zeit gewesen, das blutige und sinnlose Abenteuer zu beenden. Jetzt, im Oktober und November 1914, schon ein Vierteljahr nach Kriegsbeginn, wußten die Herrschenden in Deutschland und Österreich-Ungarn, daß ihre wahnwitzigen Pläne gescheitert waren. Zwar würden sie sich, unter den allergrößten Anstrengungen und Opfern ihrer Völker, noch einige Zeit behaupten können, aber die Kriegslage konnte sich nur immer weiter verschlechtern, so daß sie – auch von ihrer eigenen Interessenlage her – hätten versuchen müssen, jetzt noch zu retten, was gerade noch zu retten war.

Statt dessen ließen sie sich von einigen Scheinerfolgen blenden, von Hoffnungen auf ein Wunder und nicht zuletzt von der Begeisterung der Bevölkerungsgruppen, mit denen sie allein in Berührung kamen: Das waren einmal die aktiven Generale, die in überwältigender Mehrzahl das »Kriegspielen« herrlich fanden, denn ohne selbst zu leiden, konnten sie die Leidensfähigkeit des »Menschenmaterials« erproben, sich an ihrer Macht berauschen, scheinbar unbegrenzte Mengen von richtigen, nicht bloß durch Fähnchen dargestellten Divisionen hierhin und dorthin werfen, achtlos »verheizen« und dabei auch noch Karriere machen. Erst recht vom Krieg begeistert waren die alten Exzellenzen, die man aus dem Ruhestand zurückgeholt hatte, und nicht minder zufrieden waren deren Frauen und Töchter, die in den Nestern, in denen sie bislang als Pensionärsanhang gelebt hatten, nun, da Papa ein Kommando führte, wieder tonangebend waren.

Mit dem Krieg und den Verhältnissen, die er geschaffen hatte, äußerst zufrieden waren auch die Herren Rittergutsbesitzer. Sie konnten mit Frauen und Mädchen sowie mit Unmengen von russischen Kriesgefangenen weit billiger produzieren als bisher, hatten keinerlei Absatzsorgen, vielmehr eine von Monat zu Monat steigende, die Preise gewaltig in die Höhe treibende Nachfrage und bald auch einen Schwarzen Markt, wo man für ein von der strengen Bewirtschaftung »abgezweigtes« Fäßchen Butter oder einen der Ablieferungsstelle vorenthaltenen Waggon mit Kartoffeln Phantasiepreise erzielen konnte.

Und vollends glücklich über diesen ihnen vom Himmel bescherten Krieg waren die Herren Fabrikanten, vor allem die Rüstungsindustriellen. Sie zahlten den weiblichen Arbeitskräften, die für sie Granaten drehten, Uniformen schneiderten oder Kochgeschirre preßten, nur etwa halb soviel an Lohn wie früher den Männern. Die wenigen Facharbeiter, die ihnen verblieben waren, mußten sich jetzt absolut alles gefallen lassen, wenn sie nicht an die Front geschickt werden wollten; bald gab es auch Zwangsarbeiter aus den besetzten Gebieten Belgiens und Nordfrankreichs, die man nach Herzenslust ausbeuten konnte, und das einzige, was den deutschen Industriellen und ihren glänzend mitverdienenden Großaktionären und Bankiers ein wenig Sorge bereitete, war die zunehmende Knappheit an Rohstoffen. Deshalb forderten sie, teils selbst, teils durch die von ihnen finanzierten Parteien, Vereine und Presseorgane immer stürmischer die Eroberung dieses oder jenes Gebiets und seine Einverleibung in das künftige, weit größere Deutsche Reich. Diese Ländergier der Interessentengruppen, die dann zur offiziellen Politik der Reichsregierung und Obersten Heeresleitung (OHL) erhoben wurde, trug entscheidend dazu bei, daß – selbst wenn man gewollt hätte – keine Friedensfühler ausgestreckt, Vermittlungsangebote brüsk zurückgewiesen und die sinnlosen Kriegsanstrengungen verstärkt und verlängert wurden. Anfangs gehörte zu den amtlichen Kriegszielen des Deutschen Reiches »nur« die »Eingliederung« des hochindustrialisierten Großherzogtums Luxemburg und Ostbelgiens mit Lüttich sowie der französischen Kohle- und Erzreviere. Nach und nach forderte man außerdem: die Normandie, Calais, Antwerpen, die britischen Kanalinseln sowie »eine deutsche Mündung« des Rheins bei »äußerlicher Unabhängigkeit« der Niederlande.

Im Osten sollten vom russischen Zarenreich Finnland, Lettland, Estland, Litauen, Ostpolen, die Ukraine, die Krim sowie die Erdölgebiete am Schwarzen und am Kaspischen Meer abgetrennt und teils Reichsgebiet, teils Vasallenstaaten unter der Herrschaft deutscher Prinzen und Statthalter werden. Österreich-Ungarn, der ganze Balkan sowie das Türkische Reich bis hin zu den Ölquellen des Irak sollten unter politische Vormundschaft oder militärische Besetzung kommen, vor allem aber »wirtschaftlich beherrscht werden wie Polen und Rußland«.

Später, auf der Bad Kreuznacher Konferenz vom April 1917, als der Kaiser mit seinen Beratern die Kriegsziele des Deutschen Reiches »endgültig« festlegte, wurde noch weit mehr gefordert, nämlich Malta, die Azoren, Madeira, die Kapverdischen Inseln, dazu die Vermehrung des – zu dieser Zeit längst verlorengegangenen - deutschen Vorkriegsbesitzes in Afrika um Nigeria, Guinea, Angola, Dahomey, Französisch Äquatorial-Afrika, Ober-Volta, Belgisch-Kongo nebst Katanga und Uganda, Britisch Somaliland, Kenia, Nordrhodesien, Nord-Mozambique und Madagaskar. Ferner wollte man von Großbritannien und den - am 6. April 1917 an die Seite der Kriegsgegner Deutschlands getretenen - Vereinigten Staaten je dreißig Milliarden Golddollar, von Frankreich vierzig Milliarden Goldfranken Kriegsentschädigung, dazu »als Pfand« einige wichtige Häfen und - das war ein Wunsch des Generalfeldmarschalls Hindenburg - den größten Teil des Handelsschiffsraums dieser Länder.

Mit dieser ungeheuren, maßlosen und, wie es schien, von völlig Wahnsinnigen erträumten Beute an Ländern, Häfen, Bodenschätzen, Stützpunkten, Schiffen und Geld sollten - so Hindenburg in markiger Einfalt - »der deutschen Eiche Licht und Luft« und dem Kaiserreich »Rohstoffe für den nächsten Krieg« verschafft werden.

Zur selben Zeit, im April 1917, da die Herren der OHL und der Reichsregierung, beraten von den führenden Rüstungsindustriellen, mit dem Kaiser diese Kriegsziele festlegten und dabei, von geschulten Ordonnanzen bedient, die erlesensten Speisen und Getränke zu sich nahmen, denn den Herrschenden fehlte es an nichts, mußte die Masse der großstädtischen Bevölkerung, die mit letzter Kraft die Rüstungsindustrie in Gang hielt, von Nahrungsmittelzuteilungen leben, die weniger als die Hälfte des damals von Medizinern ermittelten Existenzminimums ausmachten. Das Volk hatte je Kopf und Tag drei Scheiben (160 Gramm) minderwertiges, vornehmlich aus Kohlrüben gefertigtes Brot, 19 Gramm Fleisch oder Wurst (die mit Sägespänen gemischt war) und sieben Gramm Margarine zur Verfügung.

In den Monaten zuvor, dem »Kohlrübenwinter« 1916/17, waren die Menschen in den deutschen Städten, vor allem die Alten und die Kinder der Arbeiterschaft und des unteren Mittelstands, zu Hunderttausenden an Unterernährung zugrunde gegangen, erfroren - weil es auch keine Kohle gab - oder durch völlige Entkräftung der ersten Grippe erlegen. 1915 hatten die

Sterbefälle bei der Zivilbevölkerung des Deutschen Reichs bereits um 9,5 Prozent zugenommen, 1916 um 14 Prozent, 1917 um 32 Prozent; bei den Sechs- bis Fünfzehnjährigen betrug die Zunahme der Sterbefälle 55 Prozent.

An der französischen Front tobte zu dieser Zeit eine in der Geschichte beispiellose Materialschlacht; allein die Kämpfe um Verdun – das einzunehmen auch die deutsche OHL für aussichtslos hielt, aber dennoch befohlen hatte, um so, wie es hieß, »den Gegner zu zermürben« – kostete Hunderttausenden das Leben. Das Kriegstagebuch eines 1916/17 vor Verdun eingesetzten deutschen Soldaten läßt einen ahnen, was er und seine Kameraden dort durchmachten:

»Unser Bataillon kommt direkt aus der Stellung, die Leute haben nicht geschlafen ... 800 Mann zählt das Bataillon – 800 Mann hat das Bataillon verloren, das wir ablösen sollen ... Vorbei an gesprengten Munitionslagern, aufgerissener Erde, toten Menschen, toten Pferden ... Der Graben kaum knietief, von Unterständen keine Rede. Granaten heulen über uns hinweg, herüber, hinüber, immerzu. Direkt beim Fort der Steinbruch mit dem Bataillonsgefechtsstand. Kein Laufgraben führt hinüber, also im Maschinengewehrfeuer über das freie Feld weg ... Auf lehmbeschmierten Uniformen das leuchtende Rot frischen Blutes, rötliche Pfützen zwischen dem kalkigen Grau des Gesteins ... Müde und verdrossen, von oben bis unten mit Schmutz überzogen, ein grauer Haufen Elend, rücken die Kompanien ein und legen sich zu Tode erschöpft ins Gebüsch. Post wird verteilt. Fast jeder zweite Brief geht zurück: ›Gefallen‹, ›Verwundet‹, ›Vermißt‹ ...«

Soweit die deutschen Soldaten an der Westfront britischen Einheiten gegenüberlagen, hatten alle Granaten, mit denen sie beschossen wurden, Spezialzünder mit der Markierung »KPZ 96/04«. Das bedeutete »Krupp-Patent-Zünder« und brachte der Firma Fried. Krupp in Essen nach dem Kriege sehr viel Geld ein, denn die Herren von der englischen Rüstungsindustrie waren korrekte Kaufleute. Sie zahlten vertragsgemäß an Krupp je Zünder ein Shilling und drei Pence, und da niemand mehr sagen konnte, wie viele Zünder hergestellt und zur Explosion gebracht worden waren, ging man bei der Berechnung einfach von der Anzahl der vor britischen Frontabschnitten gefallenen deutschen Soldaten aus. So hatte ihr Tod am Ende doch noch einen Sinn bekommen, zumindest für Krupp in Essen.

Übrigens, auch die Panzerplatten und Geschütze der mächtigen russischen Festungen in Ostpolen stammten aus dem Hause Krupp, wie die Soldaten, die sie stürmten, verbittert feststellen mußten. Aber es wäre falsch, nun anzunehmen, diese und andere Geschäfte mit dem Feind wären für Krupp besonders gewinnbringend gewesen; die »vaterländische Anstalt« in Essen verdiente ungleich mehr an der Flut von Aufträgen, die das Deutsche Reich und sein österreichischer Verbündeter ihr erteilten. Da in Wien kaum noch Geld für Waffenkäufe vorhanden war, nahm die Familie Krupp damals auch andere Werte in Zahlung, beispielsweise ein kleines Fürstentum nebst schönem Schloß, 170 Millionen Quadratmeter groß und Blühnbach geheißen, dessen 150 Kilometer lange asphaltierte Privatstraßen der Vorbesitzer, Österreichs in Sarajewo 1914 ermordeter Thronfolger Franz Ferdinand, für sich kostenlos von wehrdienstpflichtigen Pionieren hatte anlegen lassen*.

Anstelle von Franz Ferdinand war dessen Neffe Karl Ende 1916 Nachfolger des im Alter von 86 Jahren verstorbenen Kaisers Franz Joseph geworden und hatte als Karl I. den Thron des vor dem vollständigen Zusammenbruch stehenden Habsburgerreiches bestiegen. Österreich, das nicht einmal das kleine Serbien, geschweige denn Rußland zu besiegen vermochte, war seit Mai 1915 auch noch mit Italien und seit August 1916 mit Rumänien im Krieg. Das österreichische Oberkommando hatte deshalb seine besten Regimenter von der Ostfront abgezogen und in Südtirol und am Isonzo eine Offensive gegen die Italiener eingeleitet. Daraufhin waren die Russen zu einem Großangrifff auf Galizien übergegangen, was zum Zusammenbruch der dortigen österreichischen Front führte. Ganze Divisionen liefen einfach davon oder ergaben sich kampflos. Mehr als zweihunderttausend österreichische Gefangene brachten

* Die zu Schloß Blühnbach gehörenden Ländereien wurden 1973 von dem inzwischen verstorbenen Krupp-Erben Arndt von Bohlen und Halbach – angeblich für etwa 70 Millionen DM – an den österreichischen Staat verkauft.

die Kosaken innerhalb von drei Tagen ein. Eine deutsche Armee mußte eingesetzt werden, um den Rückzug zum Stehen zu bringen.

Unter dem Eindruck der schon in vollem Gange befindlichen Auflösung seines Reiches machte der neue Kaiser Karl - ohne Wissen seiner deutschen Verbündeten, die zur selben Zeit Deutschlands Kriegsziele festlegten - einen Versuch, mit den Franzosen über die Beendigung des Kriegs zu verhandeln. Im April 1917 ließ er Poincaré ein Angebot machen, das bezeichnenderweise fast ganz auf Kosten anderer, nicht Österreichs, gehen sollte: Elsaß-Lothringen, hieß es, müsse Frankreich zurückgegeben, Belgien wiederhergestellt und reich entschädigt werden; Serbien sollte sich österreichischem Schutz anvertrauen und ein Stück von Montenegro (heute Albanien) bekommen, Italien dagegen leer ausgehen, allenfalls Österreich das - bereits von den Italienern eroberte - Gebiet von Trient abkaufen dürfen, wofür der Kaiser dann mit Schlesien getröstet werden sollte...

Man sieht, der neue Herrscher Österreich-Ungarns war nicht weniger verblendet als sein seit 28 Jahren die Reichsdeutschen regierender Kollege Wilhelm II. Der hatte fast zur gleichen Zeit, am 7. April 1917, seinen »lieben Untertanen« eine Osterbotschaft zukommen lassen, worin er ihnen - die Untertanen vernahmen es ohne merkliche Anteilnahme - eine Reform des preußischen Dreiklassen-Wahlrechts verhieß. (Es kam dann nicht einmal zu dieser Reform; die preußischen Junker ließen von ihren Vorrechten nicht ab, und Elard von Oldenburg-Januschau, ihr erzreaktionärer Anführer, gab ihrer aller Meinung Ausdruck, als er erklärte, man sollte dem Volk eine Verfassung »einbrennen, daß ihm Hören und Sehen vergeht«. Graf Roon meinte im Landtag: »Der preußische Staat darf nicht durch ein demokratisches Wahlrecht ruiniert werden!«, und General von Kleist rief in derselben Debatte aus: »Das Bürgertum hat durch das allgemeine und gleiche Wahlrecht für den Reichstag schon den Höhepunkt politischer Glückseligkeit erreicht. Es würde ein Übermaß von Glückseligkeit bedeuten, das den Neid der Götter herausfordern müßte, wenn man dem Volke in die linke Hand auch noch das allgemeine und gleiche Wahlrecht für den

Landtag drücken wollte. Auf diesem Wege würden wir bald zur Republik kommen!«)

Was Wilhelm II. zu seinen übereilten Versprechungen bewogen hatte, waren innenpolitische Vorgänge, die nicht die sehr beschäftigten hohen Militärs, wohl aber die Reichsregierung in Berlin mit großer Sorge erfüllten. Es mehrten sich die Streiks und Friedensdemonstrationen der hungernden und ausgebeuteten Arbeiterschaft in den deutschen Rüstungsbetrieben: Hatte es von August bis Dezember 1914 so gut wie keine Arbeitsniederlegungen gegeben, so war 1915 schon über 140mal gestreikt worden, und insgesamt 13 000 Frauen und Männer hatten sich daran beteiligt. 1916 waren bereits 240 Streiks mit insgesamt 125 000 Teilnehmern zu verzeichnen gewesen, und bis zum April 1917 registrierten die Behörden schon mehr Arbeitseinstellungen als im ganzen Vorjahr mit nun schon mindestens 400 000 daran Beteiligten. Und was – für die Regierung – das Schlimmste war: Gewerkschaftsführung und SPD-Parteivorstand schienen nicht mehr in der Lage zu sein, die Anti-Kriegsbewegung zu zügeln, die die Arbeiterschaft erfaßt hatte.

Begonnen hatte der Autoritätsschwund der SPD-Führung mit einer Ein-Mann-Demonstration. Bereits am 2. Dezember 1914 hatte es ein prominenter Reichstagsabgeordneter, Karl Liebknecht, gewagt, sich über alle Parteidisziplin hinwegzusetzen und auch nicht dem Fraktionszwang zu beugen. Als an diesem Tage der Reichstag zur Schlußabstimmung über die zweite Kriegskreditvorlage zusammentrat, stimmte Liebknecht als einziger Abgeordneter gegen die Kredite und gab dazu eine Erklärung ab, in der es hieß: »Dieser Krieg, den keines der beteiligten Völker selbst gewollt hat, ist nicht für die Wohlfahrt des deutschen oder eines anderen Volkes entbrannt. Es handelt sich um einen imperialistischen Krieg, einen Krieg um die kapitalistische Beherrschung des Weltmarkts, um die politische Beherrschung wichtiger Siedlungsgebiete für das Industrie- und Bankkapital ... Der Krieg ist kein deutscher Verteidigungskrieg. Sein geschichtlicher Charakter und bisheriger Verlauf verbieten, einer kapitalistischen Regierung zu vertrauen, daß der Zweck, für den sie die Kredite fordert, die Verteidigung des Vaterlands sei.«

Die Empörung im Reichstag, von der äußersten Rechten bis weit in die sozialdemokratische Fraktion hinein, war ungeheuer. Liebknechts Rede wurde nicht ins Protokoll aufgenommen, er selbst als »Schipper«, das heißt: als Soldat ohne Waffe, der Gräben auszuheben hatte, zum Militär eingezogen. Er erhielt Urlaub nur zur Teilnahme an den Reichstagssitzungen, und es wurde ihm verboten, sich außerhalb des Parlaments politisch zu betätigen. Er und seine Freunde arbeiteten indessen insgeheim weiter. Liebknecht, der wegen seiner der Regierung – aber auch dem um ein friedliches Hineinwachsen der SPD in die bürgerliche Gesellschaft bemühten Parteivorstand – peinlichen Anfragen Berühmtheit erlangte, wurde Anfang 1916 aus der sozialdemokratischen Fraktion ausgeschlossen. Am 1. Mai 1916 organisierte er eine Friedensdemonstration auf dem Potsdamer Platz, an der sich rund zehntausend Männer und Frauen beteiligten. Er wurde daraufhin verhaftet und zu vier Jahren Zuchthaus verurteilt. Es kam deshalb zu Proteststreiks, an denen sich allein in Berlin fast 60 000 Arbeiterinnen und Arbeiter beteiligten.

Wenige Wochen vor der von Liebknecht organisierten Maikundgebung war es zu einer heftigen Auseinandersetzung innerhalb der SPD-Reichstagsfraktion gekommen, als eine Gruppe von Abgeordneten unter Führung von Hugo Haase die Zustimmung zu weiteren Kriegskrediten verweigerte, daraufhin aus der Fraktion ausgeschlossen wurde und fortan als »Sozialdemokratische Arbeitsgemeinschaft« für einen raschen Frieden ohne Eroberungen eintrat.

Die geistige Führung der SPD-Opposition gegen die »Anbiederungspolitik« der Parteimehrheit unter Ebert lag indessen nicht bei einem Mitglied der Reichstagsfraktion, sondern bei einer Insassin des »Königlich preußischen Weibergefängnisses zu Berlin, Barnimstraße«, Rosa Luxemburg. Ihr dort verfaßter, herausgeschmuggelter und im Frühjahr 1916 in Zürich unter dem Decknamen »Junius« erschienener Artikel mit dem Titel »Die Krise der Sozialdemokratie« war die klarste Analyse und die entschiedenste Abrechnung mit der deutschen Führungsschicht und ihren Helfern aus der Arbeiterbewegung, die während des ganzen Kriegs geschrieben wurde. »Städte werden zu

Schutthaufen, Dörfer zu Friedhöfen, Länder zu Wüsteneien, Bevölkerungen zu Bettlerhaufen, Kirchen zu Pferdeställen«, hieß es darin zur Kennzeichnung dessen, was man 1914 in Deutschland einen »frischfröhlichen Krieg« genannt hatte. Und an anderer Stelle: »Geschändet, entehrt, im Blute watend, von Schmutz triefend – so steht die bürgerliche Gesellschaft da. Nicht wenn sie, geleckt und sittsam, Kultur, Philosophie und Ethik, Ordnung, Frieden und Rechtsstaat mimt – als reißende Bestie, als Hexensabbat der Anarchie, als Pesthauch für Kultur und Menschheit – so zeigt sie sich in ihrer wahren, nackten Gestalt.«

Sie zitierte dann zahlreiche führende Sozialdemokraten, die in den Jahren 1914 einen solchen Krieg als Ergebnis der kapitalistischen und imperialistischen Interessenpolitik vorausgesagt hatten, und sie kam zu dem Schluß: »Der am 4. August (1914) offiziell begonnene Weltkrieg war derselbe, auf den die deutsche und die internationale imperialistische Politik seit Jahrzehnten unermüdlich hinarbeitete, derselbe, dessen Nahen die deutsche Sozialdemokratie ebenso unermüdlich seit einem Jahrzehnt fast jedes Jahr prophezeite, derselbe, den die sozialdemokratischen Parlamentarier, Zeitungen und Broschüren tausendmal als ein frivoles imperialistisches Verbrechen brandmarkten, das weder mit Kultur noch mit nationalen Interessen etwas zu tun hätte, vielmehr das direkte Gegenteil von beiden wäre.« Doch »indem sie durch den Burgfrieden dem Militarismus Ruhe im Rücken sicherte, erlaubte ihm die Sozialdemokratie, ohne jede Rücksicht auf andere Interessen als die der herrschenden Klasse, seinen Bahnen zu folgen, entfesselte sie seine ungezügelten inneren imperialistischen Tendenzen, die gerade nach Annexion streben und zu Annexionen führen müssen«. Auf diese Weise, erklärte Rosa Luxemburg, trage die Sozialdemokratie nur zur Verlängerung des Krieges bei, verletze ihre Pflichten als revolutionäre Partei des Proletariats und stärkste Gruppe in der internationalen Arbeiterbewegung, mißachte auch die nationalen Interessen, die man – so Engels – »nur sichern könnte durch Anwendung der revolutionären Maßregeln«. Und mit dieser vorsichtigen Andeutung dessen, was allein noch helfen könnte, schloß der Artikel.

Indessen zogen zunächst nicht die deutschen, sondern die russischen Sozialdemokraten die von Rosa Luxemburg geforderten Konsequenzen. Am 12. März 1917 brach in den Großstädten des Zarenreichs die Revolution aus; bereits am 14. März dankte der Zar ab, eine Woche später wurde er verhaftet; eine liberale Regierung unter dem Fürsten Lwow versprach dem Volk die Schaffung gerechter und freiheitlicher Verhältnisse, zugleich aber auch die Fortsetzung des Krieges bis zu einem ehrenhaften Frieden.

Für die deutsche Führung schien die Revolution in Rußland ein Geschenk des Himmels zu sein: Endlich bot sich die Möglichkeit, zumindest an einer Front zu siegen, denn natürlich mußten sich die Unruhen im Hinterland auf die russischen Soldaten auswirken und deren Kampfgeist weiter vermindern. Um dem ein wenig nachzuhelfen, faßte die deutsche OHL, deren Führung auf das Gespann Hindenburg-Ludendorff übergegangen war, im April 1917 den – wie die Exzellenzen fanden – »ganz kolossalen« Entschluß, den Zusammenbruch des einstigen Zarenreiches dadurch zu beschleunigen, daß sie die Führer des marxistisch-revolutionären Teils der russischen Sozialdemokratie aus deren schweizerischem Exil quer durch das von Deutschland beherrschte Gebiet heimlich nach St. Petersburg fahren ließ – in einem, wie sich fast von selbst versteht, gut bewachten, verschlossenen und versiegelten Eisenbahnwaggon sowie gegen das Versprechen, in Rußland sofort und »mit allen Mitteln« auf die Beendigung des Kriegs mit Deutschland und Österreich hinzuwirken.

Wladimir Iljitsch Uljanow, genannt Lenin, der unbestrittene Führer der Bolschewiki – das bedeutete: Mehrheitsgruppe, denn der revolutionäre Teil der russischen Sozialdemokraten hatte bei den innerparteilichen Auseinandersetzungen die Mehrheit der Delegierten gestellt –, kehrte so nach fünfzehnjährigem Exil mit kaiserlich deutscher Hilfe in sein Heimatland zurück. Am 16. April 1917 traf er in St. Petersburg ein, wo er bald die Führung der revolutionären Bewegung an sich riß.

Am selben Tag begann auch in Deutschland eine revolutionäre Lage heranzureifen. Hervorgerufen durch drastische Kürzungen der ohnehin kärglichen Lebensmittelzuteilungen, traten an diesem Tage große Teile der deutschen Rüstungsarbeiter in den Streik. Allein in Berlin legten mehr als dreihunderttausend Männer und Frauen die Arbeit nieder. Ihre Forderungen waren: eine sofortige Erklärung für einen Frieden ohne Ansprüche auf fremdes Gebiet; Aufhebung des Belagerungszustands und der Zensur; Freilassung aller politischen Gefangenen; bessere Versorgung mit Lebensmitteln und ein demokratisches Wahlrecht in allen Bundesstaaten.

Es gelang zwar der Regierung, nicht zuletzt mit Hilfe der SPD- und Gewerkschaftsführung, den Streik binnen weniger Tage zu beenden, teils durch höhere Fleisch-, Brot- und Kartoffelzuteilungen, teils durch Unterstellung der Arbeiter unter die Befehlsgewalt der örtlichen Militärkommandanten. Aber der Massenstreik bewirkte doch eine starke Politisierung der Arbeiterschaft und machte auf die herrschende Klasse tiefen Eindruck.

Ebenfalls im April 1917 kam es in Gotha zur Gründung einer Unabhängigen Sozialdemokratischen Partei Deutschlands (USPD), die sich von der Mutterpartei, die unter der Führung Eberts die Kriegspolitik weiter unterstützte, organisatorisch trennte. Der neuen USPD, deren Führung Hugo Haase übernahm, unterstützt von einer ganzen Reihe prominenter Reichstagsabgeordneter, aber auch von Karl Kautsky, dem einflußreichsten Theoretiker der alten SPD, schlossen sich – mit einigen ideologischen Vorbehalten – die in der sogenannten Spartakus-Gruppe* vereinigten Linken um Rosa Luxemburg und Karl Liebknecht an. Für die Rest-SPD, die sich, weil ihr die Mehrheit der sozialdemokratischen Reichstagsfraktion treu geblieben war, als Partei der Mehrheitssozialisten bezeichnen konnte, war dies ein schwerer Schlag. Doch die alte Führung setzte ihren Kurs unbeirrt fort. Sie benutzte die immer noch große

* Spartakus war der Anführer eines großen Aufstands der Sklaven gegen die Römer, der im Jahr 73 v. Chr. begann, nachdem es Spartakus gelungen war, mit 70 anderen Sklaven aus Capua zu entfliehen. Binnen weniger Monate sammelte er mehr als 60 000 Mann um sich, besiegte mehrmals römische Heere und fiel in der Entscheidungsschlacht in Lukanien.
Die »Spartakus-Gruppe« des Jahres 1917 erhielt ihren Namen von illegalen Flugblättern, die Karl Liebknecht vom Januar 1916 an unter dem Namen »Spartakusbriefe« herausgab.

Macht, die ihr verblieben war, nicht einmal dazu, jetzt stärkeren Einfluß auf das Gerangel zu nehmen, das im Frühsommer 1917 zwischen dem Kanzler Bethmann Hollweg, der Reichstagsopposition und Ludendorff begann. Und dabei hätte die SPD-Führung mit der bloßen Drohung, den Widerstand gegen den Krieg auszurufen, eine Politik erzwingen können, die Deutschland vor dem Äußersten bewahrt hätte. Die »Mehrheitssozialisten« im Reichstag begnügten sich indessen damit, im Bündnis mit dem Zentrum und den Linksliberalen den Reichskanzler Bethmann Hollweg stürzen zu helfen. Sie überließen die Führung dem Zentrumspolitiker Matthias Erzberger, der – wie damals auch Gustav Stresemann, der Führer der Nationalliberalen – die ausschweifende Kriegszielpolitik der Großindustrie und der Obersten Heeresleitung voll und ganz unterstützte. Dieses Zweckbündnis des Sommers 1917, bei dem schon die Weichen für die Zeit nach dem Kriege gestellt wurden, als die »Weimarer Koalition« aus SPD, Zentrum und Demokraten die Führung in Deutschland übernahm, war das Ergebnis einer großangelegten Intrige, bei der die Mehrheit der beteiligten Reichstagsabgeordneten die mißbrauchten Tölpel waren, die – ohne sich dessen bewußt zu werden – genau das taten, was Ludendorff wollte: die völlige Entmachtung der Zivilisten einschließlich Kanzler und Kaiser durch eine Diktatur der Militärs, was praktisch hinauslief auf eine Alleinherrschaft Ludendorffs mit dem Feldmarschall Hindenburg als Aushängeschild.

Reichskanzler Bethmann Hollweg war den Militärs lästig geworden, weil er im Sommer 1917 einen Verständigungsfrieden anstrebte, und zwar aus der Erkenntnis heraus, daß a) der Schützengrabenkrieg an der Westfront militärisch nicht zu gewinnen sei, b) das Übergewicht der westlichen Kriegsgegner durch den Kriegseintritt Amerikas binnen weniger Monate gewaltig zunehmen würde, c) die Lage an der Ostfront sich wegen der Revolution in Rußland günstiger entwickelt hätte, als zu hoffen gewesen war, und d) der auf Drängen der OHL begonnene uneingeschränkte U-Boot-Krieg zwar, wie vorausgesehen, die USA an die Seite Englands und Frankreichs gebracht hatte, aber sein Ziel, die Blockade Deutschlands zu brechen und Großbritannien durch Aushungerung in die Knie zu zwingen, nicht erreichen konnte. Denn – wie der Kanzler wußte, aber nicht offen aussprechen durfte – für ein Gelingen des U-Boot-Kriegs, von dem man die entscheidende Wende des großen Ringens erwartete, fehlte es an der wichtigsten Voraussetzung: Deutschland hatte dafür bei weitem nicht genug, nämlich nur etwa 110 Unterseeboote, und der Neubau konnte gerade mit den Verlusten Schritt halten.

Der Kanzler, der aus Schwäche mitschuldig geworden war am Entstehen dieser verzweifelten Lage, suchte nun, wiederum halbherzig, durch einen raschen Verständigungsfrieden den, wie er klar erkannte, letzten Ausweg; die Reichstagsopposition, die in großer Mehrheit jetzt gleichfalls einen Frieden ohne Eroberungen wollte, hätte Bethmann Hollweg dabei kräftig unterstützen können. Statt dessen ließen sich SPD, Zentrum und Liberale von Matthias Erzberger vor den Karren Ludendorffs spannen, dessen Ziel es war, allem »Verständigungs-Gefasel« ein Ende zu machen und einen »Siegfrieden« zu erzwingen, der dem Reich gewaltige Eroberungen bringen und die Weltherrschaft sichern sollte.

Am 14. Juli 1917 mußte Bethmann Hollweg abdanken; Erzberger sorgte für einen ihm genehmen, völlig unbedeutenden Nachfolger, seinen Parteifreund Georg Michaelis, der, zum bloßen Vollzugsbeamten der Obersten Heeresleitung degradiert, den Sozialdemokraten und bürgerlichen Liberalen aber damit schmackhaft gemacht wurde, daß er nicht adlig, folglich als erster bürgerlicher Kanzler eine Verkörperung des endlichen Siegs der Demokratie wäre!

Wie indessen die deutsche Führung über Demokratie noch immer dachte, das erfuhren die Führer der großen Parteien, unter ihnen Friedrich Ebert, schon wenige Tage später. Nachdem der Reichstag am 19. Juli 1917 eine von Erzberger ausgetüftelte, nach Lage der Dinge völlig unzureichende, von den Mehrheitssozialisten als unbefriedigend angesehene, aber befürwortete Friedensresolution angenommen hatte, wurden die maßgebenden Politiker tags darauf von Wilhelm II. empfangen. »Es ist sehr gut, daß der Reichstag einen Frieden des Ausgleichs wünscht«, erklärte ihnen der Kaiser schon zur Begrüßung. »Das Wort ›Ausgleich‹ ist ausgezeichnet!... Der

Ausgleich besteht eben darin, daß wir den Feinden Geld, Rohstoffe, Baumwolle, Öl wegnehmen und aus ihrer Tasche in unsere fließen lassen. Ausgleich – das ist ein ganz famoses Wort!«

Alsdann entwickelte ihnen der Kaiser, wie er die Kriegslage zu sehen geruhte und welche Ziele ihm vorschwebten: »In zwei bis drei Monaten ist England erledigt... Am Schluß des Krieges wird eine große Verständigung mit Frankreich kommen. Dann wird ganz Europa unter Meiner Führung den eigentlichen Krieg gegen England beginnen, den Zweiten Punischen*... Die untere Donau muß später nach dem Schwarzen Meer abgeleitet werden, das ist eine verdiente Strafe für Rumäniens Treubruch!« Und dann erzählte er den Parlamentariern, wie »die preußische Garde in Galizien den Russen den demokratischen Staub aus den Westen geklopft« habe, und schloß seinen Bericht mit den Worten: »Ja, meine Herren, wo die Garde auftritt, da gibt's keine Demokratie mehr!«

Die führenden Politiker des Deutschen Reiches, auch die Konservativen unter ihnen, hörten – so Matthias Erzberger – »mit steigendem Entsetzen« die Narreteien, Unverschämtheiten und arroganten Dümmlichkeiten des Obersten Kriegsherrn. Aber es war keiner unter ihnen, der es gewagt hätte, dem Kaiser zu widersprechen, ihm auch nur mit allem Respekt die Wahrheit zu sagen oder doch zumindest nicht zuzustimmen.

Und so ging der Krieg weiter, noch sechzehn Monate lang. Der allmächtige General Ludendorff verstand es, alle Friedensbemühungen, zumal die des Papstes vom Sommer 1917, zum Scheitern zu bringen, die »Angliederung« großer Teile Belgiens – ohne dessen volle Wiederherstellung kein Friede mit England denkbar war – für »unerläßlich« zu erklären und die Friedensverhandlungen mit Rußland, die im Dezember 1917 begannen, zu einer für alle Welt sichtbaren Demonstration ungezügelter deutscher Eroberungssucht zu machen, die die zaghaften

---

* Im Zweiten Punischen Krieg, 218–201 vor unserer Zeitrechnung, wurde das anfangs siegreiche Karthago schließlich von Rom besiegt, auf sein afrikanisches Gebiet beschränkt, mußte eine sehr hohe Kriegsentschädigung zahlen, fast alle seine Schiffe an Rom ausliefern und sich römischer Oberhoheit unterwerfen.

Reichstagsresolutionen für einen Frieden der Verständigung und des Ausgleichs als heuchlerische Lügen erscheinen ließ.

Am 7. November 1917 hatten in Rußland die Bolschewiki unter Führung Lenins die Macht errungen; wenige Tage später boten sie, wie Lenin es versprochen hatte, dem Reich Verhandlungen über einen Sonderfrieden an. »Jetzt«, so bemerkte hierzu Winston Churchill in seinen Erinnerungen, »hätte sich zweifellos (der deutschen Führung) eine günstige Gelegenheit für Friedensverhandlungen (auch mit seinen westlichen Kriegsgegnern) geboten: Rußland zerschlagen, Italien röchelnd, Frankreich erschöpft, die britischen Armeen verblutet, die U-Boote noch nicht niedergerungen, die Vereinigten Staaten dreitausend Meilen entfernt – alle diese Faktoren schufen eine Lage, die Deutschlands Führerschaft hätte benutzen können..., Frankreich wichtige territoriale Konzessionen und Großbritannien die vollständige Wiederherstellung Belgiens anzubieten. So standen die Grundzüge dieser großen Chance. Es war die letzte.«

Deutschland nutzte die Chance nicht, weder im Westen noch im Osten. Es diktierte auf Geheiß Ludendorffs und der ihn stützenden Großindustrie den Russen in Brest-Litowsk einen Frieden, dessen Härte die Welt den Atem anhalten ließ.

Die Alldeutschen und Konservativen im Reich und ihr bürgerlicher Anhang jubelten auf. »Rußland, das keine Entschädigung geben wollte«, erklärte die *Allgemeine Evangelisch-Lutherische Kirchenzeitung* ihrer Leserschaft, »mußte in letzter Minute unermeßliche Beute hergeben: 800 Lokomotiven, 8 000 Eisenbahnwaggons mit allerlei Schätzen und Lebensmitteln, Gott wußte, daß wir es brauchten. Und weiter brauchten wir Geschütze und Munition, zum letzten Schlag gegen den Feind im Westen. Auch das wußte Gott. So schenkte er uns aus freier Hand, denn Gott ist reich, 2 600 Geschütze, 5 000 Maschinengewehre, zwei Millionen Schuß für die Artillerie, Gewehre, Flugzeuge, Kraftwagen und ungezähltes andere.«

Zu dem ungezählten anderen, das die Russen – zwar nicht »aus freier Hand«, sondern unter der Drohung eines deutschen Einmarschs, gegen den es zu diesem Zeitpunkt keinen organisierten Widerstand gab – in Brest-Litowsk hergeben mußten, gehörten aber auch Finnland, die baltischen Länder, Polen, Bessarabien, die Ukraine, die Krim und der Kaukasus. Und diese gewaltigen Eroberungen banden in den folgenden Monaten die deutschen Armeen, die man eigentlich für die Westfront hatte freibekommen wollen, als für die beabsichtigte Ausbeutung unerläßliche Besatzungstruppen. Es war ein riesiger, wenngleich sinnloser Raub aus purer Gier, begleitet von einem jämmerlichen Gezänk um die Throne und Thrönchen in den erbeuteten Ländern, auf die die Fürstenhäuser der deutschen Zwergstaaten sogleich Anspruch erhoben und wie die Fischweiber zu streiten begannen, während gleichzeitig ein großer Friedensplan des amerikanischen Präsidenten Woodrow Wilson von den Leitartiklern der bürgerlichen Presse als »weltfremde Phantasterei« abgetan und verspottet wurde.

Man tat dem Volk gegenüber in Deutschland noch immer so, als läge der Sieg in greifbarer Nähe und dann die Welt dem Reich zu Füßen.

Lenin, der dem russischen Volk gegenüber nichts zu beschönigen versuchte, erklärte zu dem Diktat von Brest-Litowsk: »Die Masse hat die Wahrheit begriffen, daß wir den schwersten, den erniedrigendsten Friedensvertrag unterzeichnen müssen, weil wir keine Armee haben und neben uns ein Räuber steht ... Wenn man sich nicht anpassen kann, wenn man nicht fähig ist, auf dem Bauch durch den Schmutz zu kriechen, dann ist man kein Revolutionär, sondern ein Schwätzer ... Fort mit den Illusionen, für die euch das Leben gestraft hat und noch mehr strafen wird!«

Der Allrussische Räte-Kongreß nahm daraufhin mit großer Mehrheit die fürchterlichen Friedensbedingungen an. Immerhin erhielten sie die junge, von allen Seiten bedrängte und noch wehrlose Sowjetunion gerade noch am Leben. Und zugleich verleiteten sie, gerade durch ihre Unmäßigkeit, die Führung des Deutschen Reichs zu einer letzten, wie sich rasch zeigte: selbstmörderischen Kriegsanstrengung an der Westfront.

Der Versuch, den Krieg im Westen militärisch zu gewinnen, war von vornherein aussichtslos. Österreich-Ungarn stand, wie die Oberste Heeresleitung sehr gut wußte, unmittelbar vor dem völligen Zusammenbruch und bedurfte dringend militärischer Hilfe; in Deutschland hatte die russische Beute keine für die Masse des Volks spürbare Verbesserung der Lebensmittelversorgung gebracht; die Nahrung, die man den verhungernden Russen geraubt hatte, war in Etappendepots versickert, in Offizierskasinos und -bordellen verpraßt oder auf dem schwarzen Markt verschoben worden. Die Kriegsmüdigkeit des unterernährten, ausgebluteten und abgerackerten Volks nahm immer mehr zu, während der Kampfgeist der Truppe dahinschwand und der eingedrillte Kadavergehorsam laut geäußertem Mißmut, ja hie und da offener Rebellion Platz zu machen begann. Ausgerechnet bei des Kaisers Lieblingsspielzeug, der Hochseeflotte, war es bereits im Sommer 1917 zu den ersten Aufständen gekommen. Sie waren rasch niedergeschlagen worden; die Anführer, die Matrosen Max Reichpietsch und Albin Köbis vom Schlachtschiff »Prinzregent Luitpold«, waren zum Tode verurteilt und erschossen worden; weitere dreiundfünfzig Seeleute hatte man zu langen Zuchthausstrafen verurteilt. Aber die revolutionäre Stimmung war dadurch nicht beseitigt worden.

Trotz alledem entschloß sich General Ludendorff zu einer gewaltigen Offensive an der Westfront. Sie begann Ende März 1918 und dauerte bis Mitte Juli, kostete Hunderttausenden das Leben und brachte »erhebliche Geländegewinne«, außerdem – aber das vertraute Ludendorff nur seinem Tagebuch an – die Erkenntnis, »daß der feindliche Widerstand stärker war als unsere Kraft«, wie nun »einwandfrei erwiesen« wäre. Im übrigen hatte die deutsche Armee nur das Gebiet zurückerobert, das sie 1917 selbst geräumt und vollständig zerstört hatte; eine verwüstete, aus Trichterfeldern, Massengräbern, Mauerresten einstiger Dörfer und eingefallenen Schützengräben bestehende Mondlandschaft. Und dafür waren die letzten Reserven, mit denen man bei sofortigen Friedensverhandlungen noch ein wenig hätte auftrumpfen können, sinnlos geopfert worden.

»Die ganze Erdoberfläche bestand nur noch aus einer Reihe ineinandergreifender Granattrichter, die zur Hälfte mit gelbem, schlammigem Wasser angefüllt waren«, heißt es dazu im Kriegstagebuch eines deutschen Offiziers. »Hunderte und

Aberhunderte unverwundeter Leute, die, während sie zum Angriff vorrückten, in diese Tümpel fielen, sind darin ertrunken ... Die Artillerie und die Tanks blieben im Sumpf stecken. Unverwundete Soldaten zu Hunderten und Verwundete zu Tausenden versanken unrettbar im Schlamm. Die Soldaten ... schliefen in Schlammlöchern. Wenn sie vorwärts wateten, wurden sie niedergeschossen; wenn sie verwundet wurden, ertranken sie ... Die Überlebenden schleppten sich ... von einem Granattrichter zum anderen und rückten im Monat ungefähr ... ein bis zwei Kilometer weit vor.«

Während die deutsche Offensive im Niemandsland steckenblieb und ausflackerte, trafen die ersten amerikanischen Truppen in Frankreich ein. »Der Eindruck, den diese anscheinend unerschöpfliche Flut blühender, kraft- und gesundheitsstrotzender Jugend auf die schwergeprüften Franzosen machte, war überwältigend«, schrieb der französische General Pierrefeu. »Keiner war unter zwanzig und nur wenige über dreißig Jahre alt. So wie sie in ihren Lastwagen die Straße entlangratterten, die Lieder einer neuen Welt mit erhobener Stimme singend, vor Begierde brennend, das blutige Schlachtfeld zu erreichen, schienen sie dem französischen Hauptquartier wie der Pulsschlag eines neuen Lebens.«

Am 8. August 1918 begannen die Truppen der Westmächte mit ihrem großen Gegenangriff. Sie durchbrachen mit »Tanks« genannten Panzerwagen auf breiter Front die deutschen Stellungen und überrollten alle von der Obersten Heeresleitung als »unüberwindlich« gepriesenen und mit hochtrabenden Namen aus der germanischen Sagenwelt belegten Abwehrsysteme und Auffangstellungen.

Bei der Lagebesprechung im Großen Hauptquartier am 14. August 1918 gab Ludendorff eine Schilderung der Situation, die der Staatssekretär des Äußeren, Paul von Hintze, so zusammenfaßte:

Die Oberste Heeresleitung habe »die kriegerische Situation dahin definiert, daß wir den Kriegswillen unserer Feinde durch kriegerische Handlungen nicht mehr zu brechen hoffen dürfen und daß unsere Kriegführung sich als Ziel setzen müsse, durch eine strategische Defensive den Kriegswillen des Feindes mählich zu lähmen. Die politische Leitung beugt sich vor diesem Ausspruch der größten Feldherren, die dieser Krieg hervorgebracht hat und zieht daraus die politische Konsequenz, daß politisch wir außerstande sein würden, den Kriegswillen des Gegners zu brechen und daß wir daher gezwungen seien, dieser Kriegslage in der Führung unserer Politik hinfort Rechnung zu tragen.« Dies bedeutete in dürren Worten: Der Krieg ist militärisch nicht mehr zu gewinnen; jetzt mögen die Politiker sehen, wie sie ihn beenden, solange das Heer den vordringenden Feind noch eine kurze Zeit aufhalten kann.

Doch es geschah gar nichts. Der amtierende Reichskanzler – es war der 75jährige Graf Hertling, der mit Ludendorffs Einverständnis die Nachfolge des nach hunderttägiger Scheinregierung wieder abgetretenen Michaelis hatte übernehmen müssen – hätte nicht einmal gewagt, etwas zu unternehmen, wenn ihm ein Einfall gekommen wäre, was man tun könnte. Der bayerische Graf, dem das *Berliner Tageblatt* in einem Artikel seines Chefredakteurs Theodor Wolff »gepflegte Altersgrazie und die feine Routine eines an den Umgang mit Prinzessinnen gewohnten Hofministers« bescheinigte, wußte nur zu gut, daß in Berlin die Zivilisten den Militärs allemal zu gehorchen und auf deren Befehle zu warten hatten. Und so harrten er und seine Staatssekretäre, Geheimräte und Diplomaten geduldig auf weitere Order der Obersten Heeresleitung, während die Zeit verrann und an der Front weiter gekämpft und gestorben wurde.

Die deutschen Armeen an der Westfront, insgesamt zweieinhalb Millionen Mann, waren zwar auf ein weiter zurückliegendes Verteidigungssystem, die sogenannte »Siegfriedlinie«, gedrängt worden und standen der zahlenmäßig doppelten Übermacht, darunter zwei Millionen Mann frischer amerikanischer Truppen, ohne jede Aussicht auf Sieg gegenüber; aber sie hielten noch immer den größten Teil Belgiens, ganz Luxemburg sowie die nord- und nordostfranzösischen Grenzprovinzen mit ihren reichen Erz- und Kohlevorkommen besetzt. Es hätte also durchaus noch Verhandlungsmöglichkeiten gegeben. Winston Churchill, einer der maßgebenden englischen Politiker des Ersten Weltkriegs, bestätigte dies in seinen Memoiren, wo es dazu heißt: »Die Befreiung des Bodens Frankreichs war der alles beherrschende Ansporn des französischen Volkes zur weiteren Fortsetzung des Kampfes. Die Befreiung Belgiens war immer noch der Hauptgrund für den Entschluß Großbritanniens, Krieg zu führen. Hätte daher Deutschland diese beiden Motive aus dem Weg geräumt, sich mit den Waffen in der Hand an die Grenzen seines eigenen Landes gestellt und sich bereit erklärt, den Frieden eines Besiegten einzugehen, Landbesitz zu opfern und Kriegsentschädigung zu leisten, sich aber andererseits auch entschlossen gezeigt, die Verteidigung seiner Landesgrenzen bis zum Äußersten durchzuführen, falls die Verhandlungen fehlschlugen, gewillt und imstande, einer feindlichen Invasionsarmee Millionenverluste zuzufügen – dann schien und scheint es noch heute, daß Deutschland viel von seinen Prüfungen hätte erspart bleiben können.« Doch die konservativen Kräfte in Deutschland dachten gar nicht daran, sich von solchen rationalen Erwägungen leiten zu lassen.

Die Oberste Heeresleitung, die deutsche Großindustrie und die von ihr finanzierten Alldeutschen hingen noch immer an ihren wahnwitzigen Kriegszielen; sie waren allenfalls bereit, auf Madagaskar und Katanga, Rhodesien und Mozambique zu verzichten, vielleicht noch auf Obervolta und die Kapverdischen Inseln, weil selbst sie einsahen, daß für Eroberungen, die man nie gemacht hatte und in absehbarer Zeit auch nicht mehr machen würde, gegnerische Zugeständnisse kaum zu erwarten waren. Aber alles, was noch in deutscher Hand war, wollten sie unbedingt behalten (und dazu gern noch einiges haben, was die Armee längst geräumt hatte). Schlimmer noch: Die Oberste Heeresleitung, genauer: Hindenburg und Ludendorff, erklärten plötzlich, es müsse nun schleunigst mit dem Krieg, der militärisch verloren sei, Schluß gemacht werden. Und damit nahmen sie der Regierung jeglichen noch vorhandenen Verhandlungsspielraum. Aber gleichzeitig teilte der wakkere Feldmarschall Hindenburg dem Chef des Auswärtigen Amts, Paul von Hintze, wie aus dessen Aufzeichnungen klar hervorgeht, seinen einem Befehl gleichkommenden Wunsch mit, daß bei der Bitte um Waffenstillstand »Die Annexion von Briey-Longwy* zur Bedingung gemacht werden müsse ...«

Am 28. September 1918 – inzwischen hatte Bulgarien kapituliert, und die rumänischen Ölfelder waren endgültig verlorengegangen – befahl Ludendorff »die sofortige Entsendung der deutschen Bitte um Waffenstillstand« und gab zugleich die Anweisung, eine »Umbildung der Regierung oder einen Ausbau derselben auf breiterer Basis« vorzunehmen. Kaiser, Kanzler und Reichstag, daran gewöhnt, von der Obersten Heeresleitung herumkommandiert zu werden, gehorchten, wenn auch stöhnend. Wer auch immer in Deutschland etwas befahl, und wäre es der größte Narr, konnte fest damit rechnen, daß man ihm gehorchte.

Was aber Ludendorff und sein gut dressierter Vorgesetzter Hindenburg jetzt verlangten, war nicht bloß Narretei. Mit forsch getarnter Feigheit und tückischer Schläue verordneten die Herren, die sich vor der Verantwortung nun eilig zu drükken begannen, für das Auslöffeln der von ihnen und ihresgleichen eingebrockten Suppe eine brave neue Regierung »auf breiterer Basis«, und zugleich rührten sie schon heimlich das Gift ein, mit dem die ihnen plötzlich am Herzen liegende Demokratie, sobald sie ihre Schuldigkeit getan und das sauer gewordene Süppchen artig ausgelöffelt hatte, wieder schmerzlos beseitigt werden sollte.

Denn einerseits verlangten »die größten Feldherren, die dieser Krieg hervorgebracht« hatte, von der zu bildenden neuen Regierung die sofortige Bitte um Waffenstillstand, was ja von den Gegnern wie vom eigenen Volk nur als Eingeständnis der endgültigen Niederlage aufgefaßt werden konnte. Andererseits aber gaben sie der Regierung zu verstehen, daß nun »ein erträglicher Friede« ausgehandelt werden müßte, natürlich nicht von ihnen, den alten Militärs, sondern von neuen Männern, die beim Gegner Vertrauen genossen. Sie taten so, als könnten sie jederzeit, falls die Friedensbedingungen nicht erträglich genug ausfielen, den Krieg wieder da fortsetzen, wo sie ihn aufgegeben hatten; als läge es also nur an der Tüchtig-

* Im Gebiet der französischen Städte Briey und Longwy, nahe der belgisch-luxemburgischen Grenze im Departement Meurthe-et-Moselle gelegen, gibt es reiche Eisenerzlager.

keit der verhandelnden Zivilisten und an der Standhaftigkeit des Volks in der Heimat, ob die Dinge nun ein gutes oder ein schlechtes Ende nehmen würden.

In Berlin geschah, was Ludendorff angeordnet hatte. Widerstandslos ergab sich das alte Preußen; keine Hand rührte sich, der Umwandlung des von Bismarck geschaffenen autoritären, fast absolutistischen Regimes in eine parlamentarische Demokratie Einhalt zu gebieten. Wilhelm II. unterzeichnete Verfassungsänderungen von größter Tragweite wie belanglose Ansichtskarten; zwischendurch entließ er den Grafen Hertling und ernannte seinen Vetter, den als sehr liberal geltenden Prinz Max von Baden, zum neuen Reichskanzler, der seinerseits sozialdemokratische, liberale und Zentrumspolitiker an die Spitze der Ministerien stellte. Damit hatte die neue Regierung die geforderte »breitere Basis« und das Vertrauen des Reichstags. Das Hohenzollernreich war auf Befehl Ludendorffs ohne Revolution in eine Demokratie englischer Art, mit einem Schattenkaiser im Hintergrund, verwandelt worden, und da die Mehrheitssozialisten, im Kabinett vertreten durch Philipp Scheidemann, der 1917 neben Ebert Parteivorsitzender geworden war, und Gustav Bauer, einen führenden Mann der Freien Gewerkschaften, sowie durch Dr. Eduard David und Robert Schmidt, brav mitmachten, schien auch die von Ludendorff geforderte »Standhaftigkeit der Heimat« gesichert zu sein.

Bereits am Nachmittag des 3. Oktober 1918 schickte Prinz Max von Baden, nachdem er sich einen Tag lang Ludendorffs Forderung, unverzüglich um sofortigen Waffenstillstand zu bitten, widersetzt hatte, die gewünschte Botschaft an den amerikanischen Präsidenten Wilson ab. »Um weiteres Blutvergießen zu vermeiden, ersucht die deutsche Regierung den sofortigen Abschluß eines Waffenstillstands zu Lande, zu Wasser und in der Luft herbeizuführen«, lautete der Kernsatz. Ehe er die Depesche abschickte, ließ es sich Prinz Max von Baden vom Generalfeldmarschall Hindenburg schriftlich geben, daß »es geboten sei, den Kampf abzubrechen«. Auch Ludendorff wurde nochmals um Bestätigung seiner Forderung gebeten. Er erklärte kategorisch, das Waffenstillstandsersuchen dürfe nicht länger verzögert werden; es »könne von entscheidender Bedeutung werden, ob das deutsche Heer vierundzwanzig Stunden früher oder später die erbetene Waffenruhe erhielte«.

In den folgenden Oktobertagen kam es zu einem regen Notenwechsel zwischen Washington und Berlin, und es wurde dabei immer klarer, daß die Westmächte sich erstens nicht, wie das Auswärtige Amt gehofft hatte, gegeneinander ausspielen ließen; daß sie zweitens vor Abschluß eines Waffenstillstands die Gewähr dafür haben wollten, daß Deutschland nicht noch einmal die Waffen erheben und alle eroberten Gebiete unverzüglich räumen würde und daß drittens keine Bereitschaft bei den Siegern bestand, »mit den militärischen Beherrschern und monarchischen Autokraten Deutschlands« zu verhandeln, vielmehr allein mit »den Vertretern des deutschen Volkes«.

Das war zwar im Sinne Ludendorffs, aber sein ihm sonst so ergebener Generalfeldmarschall konnte ihm da nicht mehr folgen. Friedensverhandlungen ohne sein Mitspracherecht – das war Hindenburg zuviel. Am Tag nach dem Eintreffen der amerikanischen Note, die diese den Marschall so kränkende Bedingung enthielt, erließ er einen Aufruf an alle Soldaten, »den Widerstand mit äußersten Kräften fortzusetzen«.

Aber dazu war es zu spät. Es gab niemandem mehr, der bereit war, für eine zuvor von der Obersten Heeresleitung verlorengegebene Sache noch zu kämpfen und zu sterben. Und auch die oberste Führung war zu solchen persönlichen Opfern selbstverständlich nicht willens. Als Ludendorff am 26. Oktober von Wilhelm II. seines Postens enthoben wurde, zugleich mit Vorwürfen überhäuft, weil der Generalstab ihn – so Wilhelm voll Bitterkeit – »um die Errungenschaften Meines Kaisertums« gebracht habe, lehnte der General das hochherzige kaiserliche Angebot, ihm nun ein Frontkommando zu geben, bescheiden ab.

Im weiteren Verlauf der Unterhaltung zwischen dem Kaiser und seinen Feldherren vernahmen Hindenburg und Ludendorff aus dem Munde Wilhelms II., er wolle sich nun – der Zeitpunkt erschien ihm dazu günstig, und die beiden Generale enthielten sich jedes Kommentars – ein neues Kaiserreich aufbauen – mit Hilfe der braven Mehrheitssozialisten, die ihm schon seit einiger Zeit prächtig zu gefallen begonnen hätten; sie brauchten nur ihren für Hohenzollern-Ohren unschön klingenden Parteinamen ein wenig zu ändern, dann wollte er sich gern an ihre Spitze stellen.

Wir werden noch sehen, wie die SPD-Führung ihrerseits zu diesem kühnen Gedanken stand. Zunächst aber gab es für die Sozialdemokraten und die von ihnen mitgetragene Reichsregierung dringendere Sorgen: Der Eisenbahnverkehr und damit auch die ohnehin völlig unzureichende Lebensmittelversorgung im Reich waren gefährdet; die Waffenstillstandsverhandlungen kamen nicht vom Fleck; Österreich-Ungarns Armee befand sich bereits in voller Auflösung, und das Kaiserreich der Habsburger war auseinandergebrochen wie ein morsches Wrack. Nun gab es für Deutschland nicht einmal mehr die Möglichkeit, bei den Verhandlungen mit den Westmächten auf die intakte Grenzverteidigung des Reiches hinzuweisen. Von Südosten her hätten die Alliierten jetzt, da es keine österreichische Front mehr gab, jederzeit nach Deutschland eindringen und es binnen weniger Wochen erobern können; die befreiten Völker der Donau-Monarchie wären ihnen dabei sogar behilflich gewesen.

Ende Oktober 1918, als jeder in Deutschland wußte, daß der Krieg endgültig verloren und der Zusammenbruch nur noch eine Frage von Tagen war, faßte die Leitung der kaiserlichen Marine den Entschluß, die bislang sorgsam geschonten Riesenschiffe der Hochseeflotte rasch noch einzusetzen, ehe der Waffenstillstand den Möglichkeiten, »Waffenruhm« zu erwerben, einen Riegel vorschob. »Die Hochseestreitkräfte sollen zum Angriff und Schlagen gegen die englische Flotte eingesetzt werden«, so lautete der Befehl.

Aber die Schiffsbesatzungen, die sich schon ausrechneten, wann sie endlich wieder daheim sein und die Uniform für immer ausziehen könnten, wollten nicht mehr mitmachen. Die Heizer löschten die Feuer unter den Kesseln; die Matrosen verweigerten den Gehorsam. Admiral Franz von Hipper, seit August 1918 Chef der Hochseeflotte, ließ daraufhin seine Schlachtschiffe durch Torpedoboote, deren Mannschaften noch gehorchten, blitzschnell umstellen. Einen Augenblick lang schien es, als wollte der Admiral die eigene Flotte zusammenschießen und versenken lassen, aber dann ließ er doch davon ab. Statt dessen stürmten Marinesoldaten die Schlachtschiffe, deren Besatzungen sich nahezu kampflos ergaben. Alle, die von den Offizieren als »Rädelsführer« bezeichnet wurden, kamen in Haft.

Von alledem wußte die Reichsregierung in Berlin nichts. Sie erfuhr auch nicht, daß Admiral von Hipper sein Unternehmen am 31. Oktober aufgab und die ganze Flotte kurzerhand nach Kiel verlegte, wo am 3. November die revolutionäre Bewegung unter den Mannschaften von neuem aufflammte und nun auch aufs Festland übergriff.

Am 4. November erklärten sich bereits zwanzigtausend Marineangehörige mit den streikenden Heizern und Matrosen der Hochseeflotte solidarisch; an den Masten der großen Kriegsschiffe wehten schon rote Fahnen. Am 5. November legten die Arbeiter der Kieler Werften die Arbeit nieder. Die Herrschaft über die Stadt übernahm ein Arbeiter- und Soldaten-Rat, und noch am selben Tag schlossen sich die Arbeiter und Matrosen von Lübeck der Bewegung an.

Zwei am 4. November nach Kiel entsandte Beauftragte der Reichsregierung, der Staatssekretär Conrad Haußmann, ein württembergischer Liberaler, und Gustav Noske, der Militär- und Sicherheitsfachmann des SPD-Parteivorstands, die nach dem Rechten sehen und schnellstens »Ruhe und Ordnung« wiederherstellen sollten, mußten erkennen, daß in den Ostseehäfen nichts mehr auszurichten war. Die Massen wollten Schluß mit dem Krieg machen, und die Admirale, die mit ihrem Befehl zum Auslaufen die Bewegung ausgelöst hatten, waren längst nicht mehr Herr der Lage.

Haußmann und Noske kehrten also zurück nach Berlin und berichteten dem Reichskanzler Prinz Max von Baden, der verzweifelt ausrief: »Warum nur haben mir die Admirale nichts gesagt?« Die Flottenleitung hatte es verschmäht, irgend jemanden, schon gar nicht »die Zivilisten« in Berlin, in ihre späten Angriffspläne einzuweihen. Und so traf der Matrosenaufstand die mit den Waffenstillstandsverhandlungen beschäftigte Reichsregierung gänzlich unvorbereitet.

Am 6. November waren alle Häfen, auch Hamburg und Bremen, in der Hand der Matrosen, Heizer und Werftarbeiter. Am

7. November griff die Bewegung auf München über, wo abends im Landtag »die vorläufige verfassunggebende Versammlung der Arbeiter, Soldaten und Bauern Bayerns« unter dem Vorsitz Kurt Eisners zusammentrat, der Bayern zur Republik erklärte; Eisner, ehemals Redakteur sozialdemokratischer Zeitungen und seit 1917 führend in der bayerischen USPD, übernahm die Leitung der vorläufigen Regierung, nachdem er zuvor und praktisch im Alleingang, zusammen mit seinem Adlatus Felix Fechenbach, einem kriegsversehrten und hochdekorierten Unteroffizier im bayerischen Infanterie-Leibregiment, die Soldaten der Münchner Garnison auf seine Seite gebracht und damit jedes Blutvergießen verhindert hatte. Der 73jährige Bayernkönig Ludwig III. verließ unbehelligt München. Etwas verärgert, aber ohne einen Gedanken an Widerstand unterzeichnete er einige Tage später die Thronverzichtserklärung, und so wie er dankten sie alle ab, die Könige, Großherzöge, Herzöge und Fürsten. Nirgendwo kam es zu ernsthaften Kämpfen, kein einziger Offizier stellte sich schützend vor seinen Landesherrn, kein Garderegiment verteidigte eines der vielen Schlösser.

Von allen Oberhäuptern der deutschen Fürstenhäuser, die in den ersten Novembertagen des Jahres 1918 auf unblutige Weise entthront wurden, sträubte sich nur eins und mußte zur Abdankung erst mühsam überredet und förmlich gedrängt werden: Kaiser Wilhelm II.

Am 29. Oktober hatte der Kaiser bereits seine ihm unsicher gewordene Hauptstadt Berlin verlassen; der Reichskanzler war erst in letzter Minute davon verständigt worden, denn Seine Majestät mißtraute auch seinem Vetter, dem Prinzen Max von Baden, von dem er glaubte, daß er womöglich selbst Kaiser werden wollte. Von Berlin aus reiste Wilhelm II. in seinem luxuriös ausgestatteten Sonderzug in den kleinen Badeort Spa in der belgischen Provinz Lüttich, wo sich das Große Hauptquartier Hindenburgs befand. Hier, außerhalb seines Reiches, unter lauter hohen Offizieren, fühlte sich der Kaiser sicher.

Nachdem Prinz Max von Baden vergeblich versucht hatte, den Kaiser zur Rückkehr nach Berlin zu bewegen, schickte er den bürgerlichen Minister Bill Drews nach Spa mit dem Auftrag, Seiner Majestät die dringende Bitte des Kabinetts, er möge nun abdanken, »schonend« beizubringen. Drews wurde am 1. November von Wilhelm II. im Park des kleinen Schlößchens empfangen, das das Große Hauptquartier seinem Obersten Kriegsherrn bereitgestellt hatte. Der Kaiser, nach Art des »Alten Fritz« auf einen Krückstock gestützt, fuhr den Minister gleich barsch an: »Sie hätten einen solchen Auftrag nach Ihrem Eid ablehnen müssen!« Dann, nach halbstündigem Gespräch, bei dem der Kaiser nichts als Phrasen und Ausflüchte vorbrachte, beendete Wilhelm II. die Audienz: »Als preußischer König und Nachfolger Friedrichs des Großen habe ich die Pflicht, auf meinem Posten zu bleiben!« – und dann lud er den verwirrten Drews zum Mittagessen ein.

Am Mittwoch, dem 6. November 1918, als die Antikriegsbewegung schon die ganze Marine und alle Küstenstädte des Reichs erfaßt hatte, kam endlich der in Berlin sehnsüchtig erwartete Anruf aus dem Großen Hauptquartier. Doch er brachte nicht die erhoffte Abdankung Wilhelms II.; vielmehr teilte Generalleutnant Wilhelm Groener, seit dem 26. Oktober Nachfolger Ludendorffs, im Auftrag des Generalfeldmarschalls von Hindenburg dem Reichskanzler Prinz Max von Baden offiziell mit, daß nun mit dem Krieg Schluß gemacht werden müsse; es bliebe nur noch die Kapitulation, »man« habe jetzt mit der weißen Fahne hinüberzugehen und die gegnerischen Bedingungen, wie sie auch wären, anzunehmen.

Der Kanzler, der den Stand der Verhandlungen kannte und wußte, daß eine Abdankung Wilhelms II. die Vorbedingung eines Waffenstillstands war, bettelte förmlich um acht, um sechs, um wenigstens fünf Tage Zeit. Aber General Groener blieb fest: Innerhalb der nächsten drei Tage müsse Schluß gemacht werden, sonst liefen die Soldaten davon. (Auf den ja eigentlich sehr naheliegenden Gedanken, die Kapitulation wie in den Jahren zuvor den Krieg und die gesamte Politik den Generalen zu überlassen, kam weder der Kanzler noch das Große Hauptquartier. Und so war es denn auch kein hoher Offizier in großer Uniform, der am Ende – am 11. November 1918 – mit der weißen Fahne aus der vordersten deutschen Stellung hinüberging zum Gegner und in einem Eisenbahnwaggon im Wald von Compiègne den Waffenstillstand zu Lande, zu Wasser und in der Luft im Namen des Deutschen Reiches unterschreiben mußte, sondern der Volksschullehrer Matthias Erzberger aus Buttenhausen in Württemberg, führender Abgeordneter des Zentrums im Reichstag, der dafür dann wenige Jahre später von rechtsradikalen Offizieren als »Vaterlandsverräter« ermordet wurde ...)

Am selben 6. November 1918, an dem General Groener im Namen Hindenburgs den Kanzler »anwies«, schleunigst zu kapitulieren, bot die Führung der SPD den Militärs ein Bündnis an: Die Sozialdemokraten erklärten sich bereit, die Monarchie in Deutschland zu erhalten und sich voll hinter »die Ordnungsmacht« des Heeres zu stellen, wenn nur die Generale den Kaiser zur Abdankung bewögen. Anderenfalls, so warnten Ebert und Noske, werde die revolutionäre Welle alle Dämme sprengen. »Wir wissen nicht, ob wir selbst morgen noch auf diesen Stühlen sitzen werden!« fügte Philipp Scheidemann hinzu; die Kieler Matrosen hätten auch anderswo bereits die Macht an sich gerissen.

Fast auf den Knien flehten die Führer der Partei, unter ihnen die Nachfolger August Bebels, der erst seit fünf Jahren tot war, die kaiserlichen Generale an, etwas gegen die revolutionäre Erhebung des Volkes, der Matrosen- und Arbeitermassen, und für die Erhaltung der Hohenzollernherrschaft zu tun. Friedrich Ebert zu General Groener am Telefon: »Herr General, ich bitte Sie dringend, diese letzte Gelegenheit zur Rettung der Monarchie zu ergreifen und beschleunigt die Betreuung eines kaiserlichen Prinzen mit der Regentschaft zu veranlassen!« Weitere SPD-Führer und der Vorsitzende der Freien Gewerkschaften, Carl Legien, beschworen den General, auf Ebert zu hören; die Katastrophe wäre sonst nicht mehr abzuwenden. Aber Groener blieb fest: Alle kaiserlichen Prinzen hätten sich verpflichtet, die Nachfolge Wilhelms II. nicht anzutreten, wenn der Kaiser zurücktrat.

Am 7. November – inzwischen ist Bayern schon Republik geworden – ließ sich Prinz Max von Baden ein neues Druckmittel einfallen, mit dem er hoffte, den widerspenstigen Kaiser zur Abdankung zu bewegen. Zuvor beriet er sich mit Friedrich Ebert: »Wenn es mir gelingt, den Kaiser zu überzeugen, habe ich Sie dann auf meiner Seite im Kampf gegen die soziale Revolution?« fragte er. Ebert erwiderte ohne Zögern: »Wenn der Kaiser nicht abdankt, dann ist die soziale Revolution unvermeidlich. Ich aber will sie nicht. Ich hasse sie wie die Sünde!« Und nun, nachdem sich der Reichskanzler der vollen Unterstützung der SPD-Führung sicher war, teilte er den Herren in Spa und dem Kaiser selbst telefonisch mit, die Mehrheitssozialisten forderten ultimativ den Rücktritt Seiner Majestät; anderenfalls würden sie aus der Regierung austreten und selbst die Revolution anführen; dann müsse auch er um seine Entlassung als Reichskanzler bitten. Auf jede erdenkliche Weise versuchte Max Prinz von Baden seinem kaiserlichen Vetter den Thronverzicht schmackhaft zu machen. Am nächsten Morgen, dem 8. November, kam die Antwort aus Spa, sehr förmlich: »Seine Majestät haben es völlig abgelehnt, auf die Vorschläge Eurer Großherzoglichen Hoheit in der Thronfrage einzugehen, und halten es nach wie vor für ihre Pflicht, auf ihrem Posten zu bleiben.«

Am 8. November abends beraten in Spa der Kaiser, Hindenburg, Groener und Generaladjutant Hans von Plessen - aber nicht über die unvermeidliche Abdankung, die den Krieg endlich beenden, den Bürgerkrieg in der Heimat vermeiden könnte. Vielmehr geht es darum, wie man den »Umtrieben« mit Waffengewalt ein Ende machen und mit »zuverlässigen« Divisionen Berlin erobern könnte. Obwohl man in Spa der »schlappen« Regierung, dem Kanzlerprinzen und seinen »roten Kumpanen«, im Grunde tief mißtraut, bespricht man auch das mit ihnen, wie jede Nacht, telefonisch zwischen 23 Uhr und 1 Uhr früh. »Zunächst handelte es sich darum«, so sagt General Groener einige Jahre später als Zeuge aus, »in Berlin den Arbeiter- und Soldatenräten die Gewalt zu entreißen. Zehn Divisionen sollten in Berlin einmarschieren. Ebert war damit einverstanden und hat zugestimmt, daß sie mit scharfer Munition einrücken.«

Indessen erfährt die Reichskanzlei bereits am nächsten Morgen, dem 9. November, 10 Uhr, daß die Berliner Garnison zu den revolutionären Massen übergegangen sei, als erstes Regiment die von Wilhelm II. zum Schutz des Schlosses und zur »Züchtigung der unbotmäßigen Stadt Berlin« bestimmten

»Alexandriner«, dann die Jüterboger Artillerie und sogar die als »absolut zuverlässig« angesehenen Naumburger Jäger, die man eigens nach Berlin geholt hatte, damit sie die Regierung gegen das kriegsmüde Volk verteidigen sollten.

Zur selben Stunde hält Wilhelm II. Kriegsrat mit Marschall Hindenburg, General Groener und dem herbeigeholten Chef der die Westfront haltenden Heeresgruppe Deutscher Kronprinz, Generalmajor Friedrich Graf von der Schulenburg. Es geht um die vom Kaiser befohlene »Operation gegen die Heimat«. Hindenburg bittet, ihn von Vorschlägen zu entbinden, da es ihm, wie er sagt, »namenlos schwerfällt, seinem Kriegsherrn von einem Entschluß abraten zu müssen«, den er »dem Herzen nach freudig begrüßt«, dessen Ausführung er aber »nach reiflicher Überlegung als unmöglich bezeichnen muß«. Etwas weniger herzlich, aber im gleichen Sinn äußert sich General Groener. Graf Schulenburg und des Kaisers »Schatten«, Generaladjutant von Plessen, treten für sofortigen Einsatz der Fronttruppen gegen die »aufrührerische« Heimat ein, wobei Schulenburg gleich praktische Vorschläge macht: »Dem Heer soll gesagt werden, daß ihm seine Schwesterwaffe, die Marine, mit jüdischen Kriegsgewinnlern und Schiebern zusammen in den Rücken gefallen sei und die Verpflegung sperre.«

Wilhelm II., der inzwischen erfahren hat, daß von sechzehn Kommandeuren der für den Marsch auf Berlin bestimmten Heeresgruppe des Grafen Schulenburg zwölf die Zuverlässigkeit ihrer Mannschaften glatt verneinen, die übrigen sie für zweifelhaft erklärt haben, entscheidet sich jetzt gegen die geplante Strafexpedition und will statt dessen »nach dem Waffenstillstand friedlich an der Spitze der Armee in die Heimat zurückkehren«. Aber da steht Groener auf und sagt dem Kaiser die Wahrheit: »Unter seinen Frontoffizieren und Generalen wird das Heer in Ruhe und Ordnung in die Heimat zurückmarschieren, nicht aber unter dem Befehl Eurer Majestät. Es steht nicht mehr hinter Ihnen!«

Wilhelm II. braust auf, will diese Behauptung schwarz auf weiß haben. Da kommen die Nachrichten aus Berlin, die das Überlaufen der Garderegimenter zum »roten Mob« melden. Wenig später meldet der Adjutant, die Befragung aller erreichbaren Kommandeure aus drei Heeresgruppen habe ergeben, daß General Groener leider Recht habe; die Soldaten sind nicht mehr bereit, für ihren Obersten Kriegsherren zu kämpfen - nicht gegen den Feind und schon gar nicht gegen die Heimat.

Graf Schulenburg macht den närrischen Vorschlag, Seine Majestät möge als Deutscher Kaiser abdanken, aber König von Preußen bleiben. Hindenburg und der gerade eingetroffene Kronprinz begeistern sich für diese - wie sie finden - grandiose Idee. Aus der Reichskanzlei in Berlin wird angerufen: Prinz Max fleht den Kaiser an, nicht länger mit der Abdankung zu zögern; es gehe um Minuten. Schulenburg vertröstet den Kanzler: Des Kaisers Entschluß zur Abdankung sei bereits gefaßt, werde nur noch formuliert und in spätestens 30 Minuten bekanntgegeben. Mit keinem Wort erwähnt der General die von ihm selbst erfundene Einschränkung, die Abdankung nur als Kaiser, nicht als Preußenkönig.

Mit den kümmerlichen Resten seines Kabinetts wartet Prinz Max auf den erlösenden Anruf aus Spa; die sozialdemokratischen Regierungsmitglieder sind abwesend, denn ihr Parteivorstand tagt. Die SPD-Führung beschließt, »zur Verhütung von Schlimmerem« selbst die Macht zu übernehmen. In der Reichskanzlei, wo noch immer kein Bescheid aus Spa eingetroffen ist, entschließt sich Prinz Max von Baden, die ihm ja von Schulenburg klar bestätigte Rücktrittsabsicht als vollendete Tatsache bekanntzugeben.

»Der Kaiser und König hat sich entschlossen, dem Throne zu entsagen«, läßt er der Presse mitteilen. »Der Reichskanzler bleibt noch so lange im Amt, bis die mit der Abdankung des Kaisers, dem Thronverzicht des Kronprinzen des Deutschen Reiches und von Preußen und dem Einsetzen der Regentschaft verbundenen Fragen geregelt sind. Er beabsichtigt, dem Regenten die Ernennung des Abgeordneten Ebert zum Reichskanzler und die Vorlage eines Gesetzentwurfs wegen der sofortigen Ausschreibung allgemeiner Wahlen für eine Verfassunggebende Deutsche Nationalversammlung vorzuschlagen, der es obliegen würde, die künftige Staatsform des deutschen Volkes einschließlich der Volksteile, die ihren Eintritt in die Reichsgrenzen wünschen sollten, endgültig festzustellen.«

Mit dieser Mitteilung hofft Prinz Max die Fürstenherrschaft in Deutschland zu retten, aber dafür ist es inzwischen zu spät. Kurz nach 12 Uhr mittags erscheint eine Abordnung der SPD-Führung in der Reichskanzlei; sie erklärt dem Prinzen, die Lage in Berlin mache es notwendig, sofort eine sozialdemokratische Regierung zu bilden. Der Prinz ist einverstanden. Kurz entschlossen ernennt er Friedrich Ebert zu seinem Nachfolger (wozu er natürlich, genaugenommen, kein Recht hat). Ebert gibt sofort eine Erklärung ab, wonach seine Regierung die Geschäfte übernommen habe, um das deutsche Volk vor Bürgerkrieg und Hungersnot zu bewahren. Er wisse, daß es vielen schwerfallen werde, mit den neuen Männern zusammenzuarbeiten. Aber jeder müsse jetzt auf seinem Posten bleiben; die Organisation dürfe nicht versagen. Von Befreiung vom Joch jahrhundertealter Knechtschaft, vom Ende des Militär- und Obrigkeitsstaats, von gesellschaftlicher Umwandlung, von Abschaffung der Ausbeutung durch Junker und Kapitalisten, von einer freien demokratischen und sozialistischen Republik – von alledem ist in der ersten Regierungserklärung des Führers der größten sozialistischen Partei der Welt mit keinem Wort die Rede.

Aber fast zur gleichen Zeit versucht ein anderer Sozialist, diesem Mangel abzuhelfen. Karl Liebknecht, gerade erst aus dem Zuchthaus befreit, hat die Massen zu einer Kundgebung vor dem von revolutionären Matrosen besetzten kaiserlichen Schloß aufgerufen, von dessen Balkon aus er nun die sozialistische Republik proklamiert:

»Das Alte ist nicht mehr. Die Herrschaft der Hohenzollern, die in diesem Schloß jahrhundertelang gewohnt haben, ist vorüber... Durch dieses Tor wird die neue sozialistische Freiheit der Arbeiter und Soldaten einziehen. Wir wollen an der Stelle, wo die Kaiserstandarte wehte, die rote Fahne der freien Republik Deutschland hissen!«

Die Nachricht, daß Liebknecht die Republik ausgerufen habe, schlägt im Reichstag, wo würdige Herren sehr gemäßigte Debatten führen, wie eine Bombe ein. Philipp Scheidemann, führender Sozialdemokrat, erkennt – wie er selbst schreibt – »wie mit einem Blitzstrahl« die Notwendigkeit, den linken

Genossen in Windeseile Konkurrenz zu machen. »Wer jetzt die Massen vom Schloß her ›bolschewistisch‹ oder vom Reichstag zum Schloß hin ›sozialdemokratisch‹ in Bewegung bringt, der hat gesiegt«, schießt es ihm durch den Kopf.

Minuten später verkündet er vom Balkon des Reichstags aus der dort versammelten Menge ebenfalls die Republik, nun auf mehrheitssozialistisch: »Der Kaiser hat abgedankt! Er und seine Freunde sind verschwunden. Über sie alle hat das Volk auf der ganzen Linie gesiegt. Es lebe die Republik!«

Dann kehrte er zurück ins Reichstagsrestaurant, um – wie er berichtete – »den Rest meiner Wassersuppe zu retten«. Da kam Friedrich Ebert auf ihn zu, dunkelrot im Gesicht vor Zorn, schlug mit der Faust auf den Tisch und schrie ihn an: »Ist das wahr? Ist das wirklich wahr?«

Scheidemann erklärte ihm, »es« sei nicht nur wahr, sondern selbstverständlich. Ebert aber wurde nur noch wütender. »Du hast kein Recht, die Republik auszurufen!« brüllte er,und dann machte er Scheidemann eine Szene, die dieser unbegreiflich fand.

Ebert wollte, wie sich dann zeigte, immer noch die Monarchie erhalten. Während er mit der USPD wegen einer gemeinsamen Regierungsbildung verhandelte, machte er gleichzeitig am Nachmittag dieses 9. November 1918, kurz nach 17 Uhr, dem Prinzen Max von Baden, der zu ihm gekommen war, um sich zu verabschieden, das Angebot, die Regentschaft zu übernehmen – als Reichsverweser oder was immer er wolle.

Prinz Max lehnte ab. »Ich weiß«, sagte er, »daß Sie im Begriff sind, mit den Unabhängigen ein Abkommen zu treffen, und mit der USPD kann ich nicht zusammenarbeiten.« An der Tür wandte sich der Prinz noch einmal zurück: »Herr Ebert, ich lege Ihnen das Deutsche Reich ans Herz!« Und Ebert antwortete: »Ich habe zwei Söhne für dieses Reich verloren ...«

Bis zu dieser Stunde hatten 1 807 000 deutsche Soldaten »für Kaiser und Reich« auf den Schlachtfeldern ihr Leben lassen müssen; von den Soldaten Österreich-Ungarns waren bis dahin 1 342 000 Mann gefallen. England hatte über 800 000, Frankreich 1 245 000 und Italien mehr als 400 000 Tote zu beklagen, und mehr als 1 700 000 russische Soldaten waren für »Zar und

Vaterland« geopfert worden; dazu kamen noch mehr als 1,3 Millionen Tote bei den Heeren der Verbündeten beider Machtblöcke.

Weitere 6 248 000 Deutsche und Österreicher waren verwundet, zu Krüppeln geschossen, an Giftgas erblindet oder dämmerten in Heilanstalten dahin. Hunderttausende von Frauen, Kindern und Greisen waren verhungert. Fast in jeder Familie fehlten Söhne, Väter, Ehemänner, die – wie es der Leitartikler der *Berliner Morgenpost* schon im Juli 1914 vorausgesagt hatte – »für nichts« ihr Leben geopfert hatten als für den Größenwahn und die hemmungslose Habgier einiger weniger, die sich jetzt um die Verantwortung feige drückten, während das erschöpfte Heer weiterkämpfen, die Menschen in der Heimat weiterhungern mußten. (In der Woche vom 4. bis zum 11. November 1918 gab es in den Großstädten des Reichs für jeden Normalverbraucher täglich 25 Gramm minderwertige Wurst, 160 Gramm »Mischbrot«, 7 Gramm Margarine und 10 Gramm Marmelade sowie als Wochenration 45 Gramm Dörrgemüse und 250 Gramm Kartoffeln.)

Der Anführer dieser wenigen, Wilhelm II., saß in einer schönen Villa in Spa am Kaminfeuer, schimpfte über den »schamlosen, empörenden Verrat« des Prinzen Max von Baden und die Treulosigkeit des »Mobs von Berlin«, erklärte gleichzeitig seinen Generalen, er bleibe König von Preußen, und als sie ihn fragend anschauten, was dies zu bedeuten habe, ließ er sich düster vernehmen: »Bis zum äußersten will ich kämpfen, wenn mir noch einige Herren treu bleiben – und wenn wir alle totgeschlagen werden! Meine Frau rät mir zwar, nach Holland zu gehen. Aber das tue ich nicht! Das wäre wie ein Kapitän, der sein sinkendes Schiff verläßt ...« Die Herren stimmten ihm zu.

Alle erwarteten, daß der Kaiser nun an die Front gehen und den Heldentod suchen würde, und er schien dazu auch entschlossen. »Ich werde bei der Truppe bleiben«, erklärte er mit Nachdruck, »bis zum bitteren Ende ...« Dann befahl er, Waffen, Munition und Verpflegung in seine Villa schaffen zu lassen. Vielleicht dachte er wirklich einen Augenblick lang an die Möglichkeit, nach vorn zu seinen Frontsoldaten zu gehen, zu den Männern, die er nur von wohlvorbereiteten, absolut ungefährlichen Besichtigungen her flüchtig kennt. In den Schützengräben wurde zu dieser Zeit – man muß sich dies merken, denn wenig später wird so getan werden, als wären diese Überlegungen am 11. und nicht schon am 9. November angestellt worden – noch geschossen und gestorben. Zwischen dem Abend des 9. November, als der Kaiser an die Front gehen zu wollen schien, und dem Beginn des Waffenstillstands am 11. November 1918, vormittags 11 Uhr, fielen an der Westfront noch Hunderte von deutschen Soldaten. Der letzte Heeresbericht meldete: »Bei Abwehr amerikanischer Angriffe östlich der Maas zeichneten sich durch erfolgreiche Gegenstöße das brandenburgische Reserve-Infanterie-Regiment Nr. 207 unter seinem Kommandeur Oberstleutnant Hennings und Truppen der 192. sächsischen Infanterie-Division unter Führung des Oberstleutnants v. Zeschau ... besonders aus. Infolge Unterzeichnung des Waffenstillstandsvertrages wurden heute vormittag an allen Fronten die Feindseligkeiten eingestellt.«

Auch war der Befehl des Großen Hauptquartiers – Gr. H. Qu. Ia Nr. 9191 geheim op. vom 9. Juli 1918 – noch in Kraft, unterschrieben von General Erich Ludendorff. Darin wurde besonders darauf hingewiesen, daß jeder Soldat, der sich »unerlaubter Entfernung« oder eines anderen Feigheitsdelikts schuldig mache, von seinen Vorgesetzten unnachsichtig und auf der Stelle zu erschießen wäre.

Wilhelm II. hatte keinen Vorgesetzten. Auch eilte es ihm nicht, an die Front zu gehen. »Wenn es denn sein muß – aber nicht vor morgen früh«, ließ er sich zwar bei einem Abschiedsessen – Fasanenkraftbrühe, Seezunge Walewska, Hasenrücken und so weiter – im engsten Kreis vernehmen. Aber es wurde nicht völlig klar, was er nun damit meinte.

Doch am nächsten Morgen, als ihn sein ältester Sohn, der Kronprinz, sprechen wollte, waren der Kaiser und Plessen schon verschwunden. Seine Majestät hatten sich im Morgengrauen mit dem Auto aus dem Staube gemacht und warteten in einem Wachlokal der königlich niederländischen Grenzpolizei bereits seit Stunden mit sonst nie geübter Geduld auf die Erlaubnis zur Einreise ins neutrale Holland.

Zur selben Zeit war Exzellenz Erich Ludendorff, der noch wenige Wochen zuvor fast allmächtige Militärdiktator und Verfasser des G.H.Qu.-Geheimbefehls Nr. 9191, ausnahmsweise nicht in Generalsuniform, sondern in ganz unauffälligem Zivil, mit angeklebtem Bart und blauer Brille getarnt ins gleichfalls neutrale Schweden geflohen.

So blieb nur der alte Marschall Paul von Hindenburg und von Beneckendorff, der Mann, der es »dem Herzen nach freu-

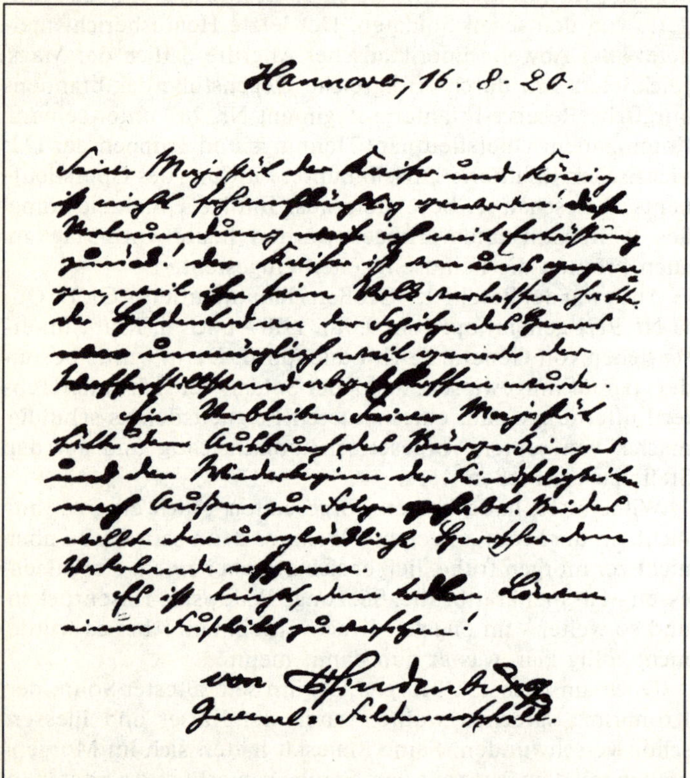

(Umschrift auf nächster Seite)
Kommentar von Kurt Tucholsky:
»Der Löwe hat eine Rente von monatlich ungefähr 50 000 Mark.«

dig begrüßt« hätte, wenn es ihm möglich gewesen wäre, die vom Kaiser gewünschte militärische Straf-»Operation gegen die Heimat« durchzuführen. Ihm war es bald vergönnt, doch noch Rache zu nehmen an denen, die er und seine Freunde dann nur noch »die Novemberverbrecher« nannten. Mit der ganzen Autorität des Nationaldenkmals, als das ihn die deutschen Untertanen ansahen, half er kräftig mit, die Lügen in die Welt zu setzen, die der jungen deutschen Republik, kaum daß sie auf wackligen Beinen stand, schon das tödliche Krebsgeschwür einpflanzten, an dem sie dann zugrunde ging. Doch zunächst durfte Hindenburg sein, wie er fand, »unbesiegtes Heer« heimführen und die Soldaten zu guter Letzt einen »zakkigen Parademarsch kloppen« lassen, der – wie er befriedigt feststellen konnte – »auch auf die Arbeiterschaft seinen Eindruck nicht verfehlte«.

Etwas später schrieb der wieder pensionierte Generalfeldmarschall, voller Verachtung für die Wahrheit, die ihm zweifellos nicht »zackig« genug gewesen war, was sich »tatsächlich« am 9. November 1918 im Anschluß an den Abschiedsschmaus ereignet haben sollte:

»Seine Majestät der Kaiser und König ist nicht fahnenflüchtig geworden! Diese Verleumdung weise ich mit Entrüstung zurück! Der Kaiser ist von uns gegangen, weil ihn sein Volk verlassen hatte. Der Heldentod an der Spitze des Heeres war unmöglich, weil gerade« – gleich nach dem Hasenrücken? – »der Waffenstillstand abgeschlossen wurde. Ein Verbleiben Seiner Majestät hätte den Ausbruch des Bürgerkrieges und den Wiederbeginn der Feindseligkeiten nach Außen« – die allerdings erst zwei Tage später, am 11. November vormittags, endeten, aber wer wird so kleinlich sein? – »zur Folge gehabt. Beides wollte der unglückliche Herrscher dem Vaterlande ersparen. Es ist leicht, dem toten Löwen einen Fußtritt zu versetzen! gez. von Hindenburg, General-Feldmarschall.«

Der »unglückliche Herrscher« baute sich, als Hindenburg diese Lügen niederschrieb, gerade seinen Ruhesitz, Haus Doorn bei Amerongen, für 1,35 Millionen holländische Gulden zu einem repräsentativen Schloß aus. In den Jahren 1919/20 »entnahm« er aus seinem im Vaterlande zurückgebliebenen Vermögen genau 69 063 535,– Mark. Außerdem zahlte das geschlagene und völlig verarmte Deutsche Reich seinem teuersten Pensionär Monat für Monat rund 50 000 Mark Rente – erst unter der Reichspräsidentschaft Friedrich Eberts, dann unter der des Generalfeldmarschalls Paul von Hindenburg und von Beneckendorff (der 1932, diesmal auch mit den Stimmen der Sozialdemokraten, wiedergewählt wurde, denn, so hieß es damals auf den Wahlplakaten, »einen Bessern findst du nicht!«), und schließlich auch unter der »Führer«schaft Adolf Hitlers.

Hindenburgs »toter Löwe« segnete nämlich erst im Sommer 1941 im Alter von 82 Jahren das Zeitliche; er überlebte als rüstiger und steinreicher Rentner die erste deutsche Republik um fast ein Jahrzehnt.

Diese Republik – es war diejenige, die Philipp Scheidemann ausgerufen, Friedrich Ebert nicht hatte haben wollen und keineswegs die andere, die von Karl Liebknecht proklamiert worden war – ließ nicht nur fast alle deutschen Kleinstaaten bestehen, sondern übernahm auch weitgehend die Gesetze und die gesellschaftliche Ordnung des Kaiserreichs. Die Masse der deutschen Kleinbürger und jener, die danach strebten, Kleinbürger zu werden, fand das völlig in Ordnung; die anderen fügten sich oder mußten sich fügen. Und Max Weber, der führende Soziologe jener Zeit, konnte mit einem liberalen Seufzer, doch auch mit gewissem Stolz feststellen: »Die Nation als solche ist eben doch ein Disziplinvolk.«

*

Mehr als siebzig Jahre sind seit damals, seit dem Ende des Ersten Weltkriegs und der Proklamation der ersten Republik, vergangen. Diese »Weimarer Republik« – so benannt nach dem Tagungsort ihrer verfassunggebenden Nationalversammlung – hatte nur vierzehn Jahre Bestand, und diese kurze Zeit war geprägt von Arbeiteraufständen und deren blutiger Niederschlagung, ultrarechten Putschversuchen, der Präsidialdiktatur des Republikfeinds Hindenburg und dem Staatsstreich des reaktionären Reichskanzlers v. Papen, der zusammen mit der von 1930 an herrschenden Massenarbeitslosigkeit und der infolge des Elends zunehmenden Radikalisierung den Weg freimachte für die Errichtung der faschistischen Gewaltherrschaft.

Immerhin bescherte dieser erste Versuch einer Demokratisierung Deutschlands dessen Bewohnern eine Reihe von Fortschritten, von denen sie in den Jahren zuvor kaum zu träumen gewagt hatten: Schon einen Tag nach dem ruhmlosen Untergang der Hohenzollern-Monarchie, am 10. November 1918, wurde vom »Rat der Volksbeauftragten« jedwede Zensur aufgehoben, die Freiheit der Meinungsäußerung in Wort und Schrift garantiert, ebenso die Versammlungs- und Koalitionsfreiheit. Die schändlichen Gesindeordnungen und die Ausnahmegesetze zur Entrechtung der Landarbeiterschaft wurden außer Kraft gesetzt, die Arbeiterschutzbestimmungen wieder eingeführt, und als großartige Neuerungen kamen hinzu: der gesetzliche Achtstunden-Normalarbeitstag und die kommunale Arbeitslosenunterstützung. Als Krönung des Ganzen verkündete der »Rat der Volksbeauftragten«: »Alle Wahlen zu öffentlichen Körperschaften sind fortan nach dem gleichen, geheimen, direkten und allgemeinen Wahlrecht für alle mindestens 20 Jahre alten männlichen *und weiblichen* Personen durchzuführen!«

Damit waren Grundforderungen der deutschen Sozialdemokratie, die ihrerseits in den Idealen der Französischen Revolution und der bürgerlich-demokratischen Bewegung von 1848/49 wurzelten, endlich erfüllt. Aber letztlich waren es gerade diese Verwirklichungen der Ideale von 1789, die die alten Mächte Sturm laufen ließen gegen die »Novemberverbrecher«, wie sie diejenigen nannten, die als Vollstrecker des Volkswillens demokratische Verhältnisse geschaffen und die Ausbeutung eingeschränkt hatten.

Diese Betrachtungsweise setzt voraus, daß die große Französische Revolution von 1789 nicht, wie das in den Geschichtsbüchern üblich ist, als ein abgeschlossenes Kapitel der europäischen Geschichte begriffen wird, das mit dem Sturm auf die Bastille begann und am 18. Brumaire (9. November) 1799 mit dem Staatsstreich des Generals Napoléon Bonaparte endete, vielmehr als ein noch andauernder historischer Prozeß. Dieser begann schon vor 1789 mit der europäischen Aufklärung und der Erklärung der Menschenrechte im fernen Nordamerika, und seine Ideale sind - wie Walter Grab es einmal formuliert hat - »heute noch ebenso wirksam und gültig wie vor zweihundert Jahren«. Es sind dies die *Freiheit,* nicht allein von Willkürherrschaft und gewaltsamer Unterdrückung, sondern auch die Freiheit der wirtschaftlichen Betätigung, der Meinungsäußerung und der Religion oder Weltanschauung, die Freizügigkeit und die freie Teilnahme am politischen Leben; die *Gleichheit* aller, ob Mann oder Frau, arm oder reich, sowohl vor dem Gesetz als auch hinsichtlich der staatsbürgerlichen Rechte und der gesellschaftlichen oder beruflichen Chancen; die einst als *Brüderlichkeit* bezeichnete Solidarität, das heißt: die Verantwortung eines und einer jeden für das allgemeine Wohl und die Verantwortung aller für die Schwachen und Hilflosen sowie das Zusammenstehen für die gemeinsame Sache; schließlich die Sicherheit des Lebens und des Eigentums; die Gewaltenteilung; die Garantie der Rechte politischer, nationaler und religiöser Minderheiten; der legitime Widerstand gegen staatliche Willkür; die Abberufbarkeit der politischen Führung und die unveräußerliche Volkssouveränität. Kurz, diese Ideale der Französischen Revolution sind die Grundvoraussetzungen einer wirklichen freiheitlichen Demokratie, und der Prozeß ihrer Durchsetzung ist noch im vollen Gange, denn er wurde und wird immer wieder unterbrochen, gehemmt oder gar rückgängig zu machen versucht durch blutige Konterrevolutionen, lange Perioden der Reaktion und der Restauration, und als Höhepunkt konterrevolutionären Terrors in Europa ist die zwölfjährige Nazi-Barbarei zu begreifen, die alle Errungenschaften der Französischen Revolution zu beseitigen, ihre emanzipatorischen Ideale zu vernichten trachtete. Der einzige Intellektuelle unter den Nazi-Anführern, Hitlers Propagandaminister Dr. Joseph Goebbels, hat dies offenbar erkannt, denn er erklärte schon im Mai 1933, im Zusammenhang mit dem barbarischen Akt der Bücherverbrennung, daß es »das Jahr 1789 aus der deutschen, aus der europäischen Geschichte auszutilgen« gelte.

Nun, das ist trotz beispiellosen Terrors nicht gelungen. Aber auch nach dem Untergang der Hitler-Diktatur in Schutt und Schande kam der emanzipatorische Prozeß nicht sogleich wieder in Gang. Der Ost-West-Konflikt, der schon bald nach dem Ende des Zweiten Weltkriegs ausbrach, rasch zum Kalten Krieg eskalierte und die 1949 gegründete Bundesrepublik Deutschland zum westlichen Bollwerk gegen den östlichen Kommunismus Moskauer Prägung werden ließ, wirkte als starkes Hemmnis: Der undifferenzierte Antisozialismus im Westen verdächtigte jede fortschrittliche, emanzipatorische Regung als »kommunistisch« und somit staatsfeindlich, und zugleich beschränkte sich die Demokratie dort auf formalen Parlamentarismus und freie Marktwirtschaft.

Im Osten Deutschlands erstarrte der »real existierende Sozialismus« zur Bürokratie und Parteidiktatur, in der – außer im sozialen Bereich – die Grundrechte, von der freien Meinungsäußerung bis hin zur Freizügigkeit, außer Kraft gesetzt wurden. Das Wohlstandsgefälle zwischen BRD und DDR, das die turmhohe Überlegenheit des westlichen, politisch konservativen und wirtschaftlich liberalen Systems zu beweisen schien, ließ keinen Zweifel daran aufkommen, daß das kapitalistische System das bessere war, obwohl es die vollständige Restauration der alten Machtstrukturen betrieb und klerikalkonservative Bedenken gegen jede emanzipatorische Bestrebung geltend machte.

Dennoch machte der im 18. Jahrhundert begonnene Prozeß einer Verwirklichung der Ideale der Französischen Revolution in beiden Teilen Deutschlands Fortschritte: In der BRD Konrad Adenauers und seiner Epigonen war es – wie schon zu Zeiten Metternichs und der »Heiligen Allianz« – zuerst die studentische Jugend, die aufbegehrte gegen das stockkonservative »Establishment«, gegen den »Muff von tausend Jahren unter den Talaren« und gegen die vom größten Pressekonzern betriebene Volksverdummung und -verhetzung. In der DDR, wo der Arbeiteraufstand von 17. Juni 1953 von sowjetischen Panzern niedergewalzt worden war, entwickelten besonders die jüngeren Frauen, die wegen des starken Arbeitskräftemangels überall »ihren Mann stehen« mußten, ein völlig neues Selbstbewußtsein, dessen Qualität und zunehmend politische Bedeutung von den alten Männern an der Spitze der diktatorisch herrschenden Partei verkannt, zumindest völlig unterschätzt wurden. Und zu Beginn der achtziger Jahre bekam die – zuvor als »sektiererisch« und »kommunistisch gesteuert« abgetane – Friedensbewegung, zunächst nur im Westen Deutschlands, eine neue Qualität: Sie entdeckte, gemeinsam mit Umweltschützern, Bürgerinitiativen gegen regionale Mißstände und frauenemanzipatorischen Gruppen, für sich das von der Französischen Revolution proklamierte Prinzip der unveräußerlichen Volkssouveränität und übernahm zugleich von der Studentenbewegung der späten sechziger Jahre basisdemokratische, antiautoritäre Vorgehensweisen, die sie jedoch nunmehr mit dem Prinzip strikter Gewaltlosigkeit verband.

Der 10. Oktober 1981 wurde zu einem historischen Datum, denn da wurde im Westen Deutschlands mit einem Schlage offenbar, welche bedeutenden Fortschritte die ehedem so obrigkeitsgläubigen und -hörigen Untertanen, Männer wie Frauen, in ihrem emanzipatorischen Prozeß gemacht hatten: Gegen den erklärten Willen aller Autoritäten, nicht nur der Regierung, sondern auch der parlamentarischen Opposition, gegen die veröffentlichte Meinung in Presse, Funk und Fernsehen, gegen die Weisungen der Zentralen von SPD, DGB und auch der mächtigen Industriegewerkschaft Metall, erst recht gegen den Willen der Kirchenoberen beider christlichen Konfessionen und schließlich auch entgegen allen Warnungen der Polizei, kam die größte je von der Basis her organisierte Massendemonstration der deutschen Geschichte zustande, die Hunderttausende in Bonn zusammenströmen ließ. Sie beeindruckte die Weltöffentlichkeit vor allem durch ihre absolute Gewaltlosigkeit, ihre friedlich-heitere Ungezwungenheit die strikte, wenngleich ganz unmilitärische Disziplin sowie durch das immens breite gesellschaftliche und politische Spektrum, das sie repräsentierte. Über Nacht wurde so die westdeutsche Friedensbewegung zu einem Faktor der internationalen Politik, den niemand mehr ignorieren konnte. Die in Erwartung von Chaos und Krawall vollzählig präsenten Medien sorgten überdies dafür, daß die Bevölkerung der BRD und ihrer Nachbarländer diese machtvolle, ohne den geringsten Zwischenfall verlaufene Willensbekundung so zahlreicher, in Sonderzügen und Buskolonnen zusammengeströmter Gegnerinnen und Gegner des Rüstungswahnsinns staunend und überwiegend mit Bewunderung zur Kenntnis nehmen konnte, und schon am Abend dieses denkwürdigen Tages begann in den Zentralen der Parteien, Gewerkschaften und Kirchen das große Umdenken und die eilige Korrektur der jeweiligen Programme.

Diese basisdemokratische Bewegung, mal für Frieden und Abrüstung, gegen Giftgasdepots und Tiefflugübungen oder auch gegen kriegerische Aktionen der Großmächte in der sogenannten »Dritten Welt«, mal gegen Umweltzerstörung, atomare Gefahren, Rassismus, Ausländerfeindlichkeit oder auch für mehr Demokratie, mehr Rechte für benachteiligte Gruppen und für die Abschaffung obrigkeitsstaatlicher und klerikal-konservativer Relikte wie beispielsweise den Paragraphen 218 des Strafgesetzbuchs, wurde im Westen Deutschlands in dem auf den 10. Oktober 1981 folgenden Jahrzehnt zu einer aus dem öffentlichen Leben nicht mehr zu verdrängenden Kraft, die zwar bislang noch nicht imstande war, ihre Ziele samt und sonders durchzusetzen, wohl aber viele punktuelle Erfolge erzielen und dem Übermut der Mächtigen deutliche Grenzen ziehen konnte. Vor allem aber wirkte sie zweifellos ermutigend und beispielgebend auf die mutigen basisdemokratischen Gruppen im Osten Deutschlands, die im Herbst 1989 die exakt zweihundert Jahre zuvor proklamierte Volkssouveränität und ihr Recht der Abwählbarkeit einer nicht länger zu ertragenden politischen Führung ausübten.

Indessen, so hat schon Goethe in seinen nachgelassenen »Maximen und Reflexionen« bekümmert festgestellt, *»sobald die Tyrannei aufgehoben ist, geht der Konflikt zwischen Aristokratie und Demokratie unmittelbar an«,* (wobei »Aristokratie« im Sinne des Aristoteles als die Herrschaft einer bevorzugten Klasse aufzufassen ist).

Die Wahlen des Jahres 1990 haben dann wieder der bevorzugten Klasse, ihren Interessenvertretern und deren gläubigen Anhang zum Sieg verholfen. Leicht beklommen beobachten unsere europäischen Nachbarn, wie ein wieder vereintes, noch größeres und stärkeres Deutschland sich einer konservativen Regierung anvertraut hat, die bereits heimlich probiert, ob ihr vielleicht noch größere Stiefel passen. Doch sie – und auch wir – können zuversichtlich sein: Einen Teil ihrer Lektion haben die Deutschen bereits gelernt und verinnerlicht, nämlich die Abkehr von kritikloser Hinnahme obrigkeitlicher Willkür und den endgültigen Verzicht auf militärisches Imponiergehabe und kriegerische Abenteuer.

Sie werden in Bälde auch den Rest ihrer Lektion lernen und den Idealen von 1789 zum Sieg verhelfen. Im Grundgesetz für die Bundesrepublik Deutschland sind die Prinzipien der freiheitlichen Demokratie bereits als *»unmittelbar geltendes Recht«* festgeschrieben. Nun brauchen die Bürgerinnen und Bürger unserer Republik nur noch zu tun, was Johann Jacoby schon 1841 den Deutschen dringend empfahl, nämlich *»das, was sie bisher als Gunst erbeten, als erwiesenes Recht in Anspruch zu nehmen«.*

Personenregister

BERND ENGELMANN

Die unfreiwilligen Reisen des Putti Eichelbaum

320 Seiten, stb 70, DM 16,80

*

»Die unfreiwilligen Reisen des Putti Eichelbaum« fanden zwischen 1933 und 1945 statt. Die Nazis vertrieben den angesehenen Berliner Rechtsanwalt und Notar Curt Eichelbaum, Puttis Vater, gewaltsam aus seiner Praxis am Brandenburger Tor. Mit seiner Familie floh er über die Schweiz, Italien, Frankreich und Kuba in die USA. Ein deutsch-jüdisches Emigrantenschicksal, aber bei aller Dramatik und Tragik keine traurige Geschichte – im Gegenteil! Mit viel Geschick schlägt Putti sich überall durch, ein Stehaufmännchen voll Vitalität und Lebensfreude. Die Geschichte seiner abenteuerlichen Odyssee liest sich wie ein moderner Schelmenroman und doch ist nichts erfunden: Bernt Engelmann hat sie nach einem Bericht seines Jugendfreundes aufgezeichnet.